W0012070

Gerd Koenen **Utopie der Säuberung**

Gerd Koenen

UTOPIE DER SÄUBERUNG

WAS WAR DER KOMMUNISMUS?

Alexander Fest Verlag

VORWORT

Dieses Buch ist ein Essay, das heißt, ein *Versuch* über ein großes, ein viel zu großes Thema. Den Anstoß gab die Publika-

Wir sind dabei, eine Zivilisation zu schaffen, vor der die kapitalistische Zivilisation sich wie der Flohwalzer vor Beethovens heroischen Symphonien ausnehmen wird.

Nikolaj Bucharin, 1928

tion des Pariser ›Schwarzbuches‹ – das ja erst recht die Frage aufwirft, was der Kommunismus als reales Phänomen der Geschichte unseres Jahrhunderts denn eigentlich gewesen ist. Ein einziges Verbrechen? Das wäre wohl zu billig. Eine Ideologie? Damit hat man nur ein anderes Wort, aber keine Erklärung geliefert.

So versucht die vorliegende Darstellung, statt von toten Texten von lebenden Menschen zu sprechen, von dem, was sie angetrieben und bewegt hat, versucht außerdem, die Quellen ihres Radikalismus offenzulegen und die sich überstürzende, innere Dynamik eines Unternehmens zu rekonstruieren, das in seinem totalitären Charakter ohne Beispiel war. Seitenblicke auf den Nationalsozialismus sind dabei nicht tabu. Im Gegenteil, sie werfen ein um so schärferes Licht auf das ganz Einzigartige und Eigentümliche des bolschewistischen Projekts.

Viel zu sehr haben Gegner wie Sympathisanten des »real existierenden Sozialismus« sich die Selbstzuschreibungen der Kommunisten zu eigen gemacht. Das alles ist heute neu zu bewerten. Handelte es sich wirklich um eine Revolution, nicht eher um eine Involution – oder gar um eine Reaktion? War das Unternehmen progressiv, nicht im Kern eher regressiv? War es modern oder antimodern – oder beides: modern-antimodern? Ging es um Egalitarismus oder um Elitismus? Um Internationalismus oder um einen neuartigen Inter-Nationalismus?

7

Über alles dies läßt sich heute, nach dem historischen Zusammenbruch der kommunistischen Regime, auf einer sehr viel gefestigteren Quellenbasis und mit der nötigen Distanz diskutieren. Auch die politischen Grabenkämpfe der Zeiten des Kalten Krieges oder der Entspannungsperiode sind vorbei; sie haben uns alle idiotisiert. Jetzt geht es endlich um die Sache selbst. Kritik wie Polemik dieses Buches dienen daher in erster Linie der Verdeutlichung der eigenen Interpretation und nicht dazu, eine gegnerische Position zu demontieren oder zu bekämpfen.

Dennoch kann man über den Kommunismus mit engagierter Leidenschaft sprechen – und ich ziehe diese Haltung einer »abgeklärten« Teilnahmslosigkeit (ob von links oder von rechts) entschieden vor. Wer die Diskussion zu einer bloßen Debatte zwischen Noch- und Exkommunisten, Gläubigen und Renegaten machen möchte, der schneidet sich selbst von einer der ungeheuerlichsten Erfahrungen des Jahrhunderts ab.

Meine Darstellung konzentriert sich auf das erste, ursprünglichste und dramatischste Beispiel einer kommunistischen Staatsgründung – auf Rußland und die Sowjetunion. Über China und die asiatischen Kommunismen zu handeln, hätte den Rahmen gesprengt und meine Kompetenz überschritten. Und über »den Kommunismus« im allgemeinen zu schreiben, wäre auf dürre Abstraktionen hinausgelaufen.

Was vorliegt, ist kein geschichtlicher Abriß der Sowjetunion, sondern ein historischer Bericht, ein modellhaftes Bild davon, »wie es möglich war«. Wenn ich darauf verzichtet habe, alle Zahlen, Fakten und Zitate einzeln zu belegen, dann weil sie im wesentlichen illustrativen Charakter haben. Sie sollen Argumentationen plastisch machen und ein Gesamtbild ergeben, nicht mehr, nicht weniger. Über jede Einzelheit läßt sich natürlich streiten. Meine Absicht war es, über die Fachhistorie hinaus – auf deren Ergebnisse ich mich gestützt habe – eine These oder mindestens eine begründete Hypothese zu entwickeln. Und zwar so, daß es auch für den allgemein interessierten Zeitgenossen erhellend und nachvollziehbar ist.

Bei Alexander Fest und Gunnar Schmidt möchte ich mich für die Anregung zu diesem Buch und das freundliche und beharrliche Interesse an seiner Fertigstellung bedanken. Benno Ennker, Helmut Fleischer, Karl Schlögel, Matthias Vetter und Markus Wehner waren mir mit sachlichen Hinweisen und kritischen Bemerkungen behilflich. Meine Frau Anna Leszczynska-Koenen war meine erste Leserin und Kritikerin. Verantworten muß ich meine Darstellung selbst. Ich tue es nicht leichten Herzens. Von Nietzsche stammt das Wort: »Wenn du lange in einen Abgrund hineinschaust, blickt der Abgrund auch in dich hinein.«

I

NACH DEM ENDE DES KOMMUNISMUS

ZWEIERLEI ERINNERUNG

Der Kommunismus ist Geschichte geworden. Darin liegt etwas Tröstliches und etwas Beunruhigendes zugleich. Tröstlich ist, daß der Sturz der kommunistischen Regime unendlich viel weniger Blut und menschliches Unglück gefordert hat, als man angesichts ihrer von extremer Gewalt erfüllten Karriere jemals hätte erwarten dürfen. Die Kriege und Bürgerkriege, die nach dem Zusammenbruch des »sozialistischen Lagers« ausbrachen, von Tadschikistan bis Berg-Karabach, von Jugoslawien bis Tschetschenien, gehören bereits einem ganz anderen, neuen historischen Kontext an. Beunruhigend ist, daß mit dem Sturz des sowjetischen Machtblocks und der autoritären Selbstreform der asiatischen kommunistischen Staatsparteien die Massenverbrechen vergangener Jahrzehnte ungesühnt bleiben, zu gesellschaftlichen Naturkatastrophen gerinnen, vergleichbar der »spanischen Grippe«, an die es kaum eine Erinnerung gibt, obschon sie 1918/19 weltweit fast 25 Millionen Opfer forderte – mehr als der vorangegangene Weltkrieg.

Damit versinkt aber die Erinnerung an das ungeheuerste »Experiment« dieses Jahrhunderts, das den Begriff dessen erweitert hat, was Politik bedeuten kann und wozu Menschen im Positiven wie im Negativen fähig sind. Mit dem Kommunismus verknüpft sich die erste politische Massenbewegung der Geschichte, die – wenigstens über zwei, drei Jahrzehnte hinweg – internationalen Charakter hatte und Menschen völlig unterschiedlicher Kulturkreise und Herkunft anzog, Kulis wie Künstler, Arbeiter wie Bürger, Aristokraten wie Intellektuelle, Männer wie Frauen. Die Schriften von

Lenin, Stalin und Mao waren zeitweise ebenso verbreitet wie die Bibel oder der Koran. Auf keinen anderen Führer und Herrscher sind seit Menschengedenken derartige Elogen in allen Sprachen der Welt verfaßt worden wie auf Jossif Wissarionowitsch Stalin zu seinem 70. Geburtstag im Dezember 1949. Und war es nicht erst gestern, daß zumindest die nördliche Hemisphäre dieses Planeten sich in zwei Lager teilte, Ost und West, sozialistische und kapitalistische Staaten, die sich auch in Zeiten der »Entspannung« in atomarer Konfrontation gegenüberstanden? Ganz so, als sei dies nun einmal der gegebene Weltzustand.

In diesem Weltzustand hatten sich alle irgendwie eingerichtet, gerade die Menschen im Westen. Für die einen war die Existenz eines sozialistischen Gegenlagers der probate Grund, sämtliche Probleme zu erklären und den eigenen Anteil daran zu verleugnen. Für andere war statt dessen der Antikommunismus die Ursache aller Übel; der »real existierende Sozialismus« repräsentierte irgendeine vage Gegenoption von »sozialer Gerechtigkeit«, der man gottlob selbst nicht nähertreten mußte.

Den jähen inneren Zusammenbruch der Staaten des »realen Sozialismus« – nach einer längeren Phase der Détente und einem kurzen, mißglückten Versuch des »Umbaus« (der Perestroika) – hatten die westlichen Regierungen so wenig wie die erfahrensten Sowjetologen auf ihrer Rechnung, von den unmittelbar Beteiligten ganz zu schweigen. Noch nie in der Geschichte ist eine Weltmacht und weltumspannende Mächtegruppe derart sang- und klanglos untergegangen wie die von kommunistischen Parteien sowjetischen Typs beherrschten Staaten in der kurzen Spanne von 1989 bis 1991. Wie hatte dieses »sozialistische Lager« um die Supermacht des Ostens sich dann aber überhaupt so siegreich behaupten und über Jahrzehnte hinweg – bis Mitte der Achtziger! – noch stetig weiter ausdehnen können?

1989 hätte man sich auch nicht vorstellen können, daß ausgerechnet die Fraktionen und Kader der früheren kommunistischen Staatsparteien den Übergang auf ein neues geschichtliches Terrain vorantreiben würden. Die ehemaligen Nomenklaturisten waren

nicht nur vorneweg, wenn es darum ging, die lukrativen Großbe-
triebe vom vormaligen Staatsmonopol loszubrechen und auf ma-
fiose Weise zu privatisieren. Auch unter den neuen Privatbankiers,
Großhändlern und Unternehmern stellen frühere Partei- und Kom-
somolaktivisten zumindest einen erheblichen Anteil. Und überall
haben die kommunistischen Einheitsparteien sich im Augenblick
des Umbruchs politisch aufgesplittert: von den smarten Vertretern
einer neuen Sozialdemokratie oder eines betonten Neoliberalismus
über die knorrigen Figuren eines autoritären, »ideologiefreien«
Etatismus bis zu den aufgeklärten Postkommunisten oder den fanatischen Neokommunisten, die häufig zu den Organisatoren und
Ideologen einer völkisch-chauvinistischen und antisemitischen,
von Verschwörungstheorien jeder Art gepeitschten Fundamental-
opposition gehören – wie jener »rot-braunen« Rettungsfront, die
im Sommer 1993 in Moskau in einem letzten Putschversuch das
Rad der Geschichte noch einmal zurückdrehen wollte. Das zeigt
aber, daß es diese Differenzen und Widersprüche innerhalb der
kommunistischen Parteien und Staatsklassen schon gegeben haben muß, lange bevor sie aufgebrochen sind.

Dort, wo die Kommunisten ihre Macht noch behaupten, wie in
China oder Vietnam, ähnelt der einst so militante Machtorden eher
schon – gemäß mexikanischem Vorbild – einer »Partei der institu-
tionalisierten Revolution«, das heißt einem halb traditionellen,
halb modernen Machtkartell, das nach der Lehre Deng Xiaopings
eine entfesselte Marktwirtschaft als Katze benutzen möchte, um
Mäuse zu fangen. Und soweit sich noch Umrisse einer Ideologie erkennen lassen, dann ist es die der »großen Nation« und des »starken Staates«. Diesen übergeordneten Zielen haben auch die Resi-
duen des Sozialismus zu dienen. Mao Tse-tung und Ho Chi Minh
liegen, wie Lenin, als »rote Atatürks« in ihren Mausoleen, mehr
Staatsgründer denn Parteiführer, ins Mythische entrückt. Was vom
einst so virulenten Weltkommunismus noch bleibt, sind Kleinstaa-
ten wie Kuba, auf dem der »Herbst des Patriarchen« andauert,
und Nordkorea, wo sich ein dynastischer Militärstaat von bizar-
rem, ultratotalitärem Gepräge eingebunkert hat.

Alle diese vielfältigen Zusammenbrüche, Übergänge und inneren Differenzierungen haben aber das Phänomen des »Kommunismus« nur noch schwieriger und rätselhafter gemacht. Es bleibt die eigentlich unbegriffene Erfahrung und damit das große Enigma des 20. Jahrhunderts.

Die Weltgeschichte ist kein Weltgericht. Historiker und Publizisten können nicht nachholen, was die betroffenen Staaten, Gesellschaften, Völker und Individuen nicht selbst getan haben. Einen »Nürnberger Prozeß«, wie ihn der Herausgeber des Pariser ›Schwarzbuchs des Kommunismus‹, Stéphane Courtois, im Anschluß an den ehemaligen sowjetischen Dissidenten Wladimir Bukowski verlangt, wird und kann es aus vielerlei Gründen nicht geben, auch nicht in der Form eines wissenschaftlichen oder medialen Welttribunals.

Das ist zunächst kein Einwand, nur eine Feststellung. Wenn die Autoren des ›Schwarzbuchs‹ in erschütternden Dossiers ausbreiten, in welchem Ausmaß die kommunistischen Staaten und Parteien auf »Verbrechen, Terror, Repression« – so der Untertitel – gegründet waren, wenn sie den Versuch unternehmen, auf Grundlage der neuerdings zugänglichen Quellen die Verluste an menschlichen Leben zu beziffern, die dieses Experiment gefordert hat, und wenn sie eine historisch-moralische Gleichbehandlung des kommunistischen »Soziozids« mit den anderen großen »Verbrechen gegen die Menschlichkeit« – insbesondere denen der Nationalsozialisten – einfordern, dann kann es prinzipielle Einwände dagegen kaum geben.

Eine ganz andere Frage ist, ob es sachlich erhellend und analytisch produktiv ist, wenn Courtois in seinem – auch unter den Autoren des Bandes – umstrittenen Vorwort darauf abzielt, den Kommunismus auf der Ebene der schieren Verbrechen dem Nationalsozialismus »anzunähern« (er selbst spricht von einem »rapprochement entre nazisme et communisme en ce qui concerne leurs exterminations«), um sie schließlich fast in eins zu setzen. Das ist nicht mit Ernst Noltes Thesen im »Historikerstreit« zu verwechseln, in denen der Nationalsozialismus vor allem als radikale

Replik auf den Bolschewismus und der Judenmord als eine »asiatische Tat« erschien. Vielmehr erklärt Courtois umgekehrt den Kommunismus, so wie es einige linke Gegner der Bolschewiki in den zwanziger Jahren oder besonders militante Antitotalitaristen der fünfziger Jahre getan haben, zu einer Art rotem Faschismus oder Nazismus: »Die von Lenin erarbeiteten, von Stalin und seinen Schülern systematisierten Methoden lassen an die Methoden der Nazis denken und nehmen sie oftmals voraus.« Im ganzen gesehen sei der Kommunismus sogar noch schlimmer gewesen als der Nationalsozialismus: »Die Fakten zeigen unwiderleglich, daß die kommunistischen Regime rund hundert Millionen Menschen umgebracht haben, während es im Nazismus rund 25 Millionen waren.«

Diese jegliches Fassungsvermögen übersteigende Schreckenszahl von »hundert Millionen« – auf der Banderole der französischen Originalausgabe waren es »nur« 85 Millionen – soll wie ein Donnerwort auf die taube Menschheit niederfahren und sie aufrütteln. Eher könnte sie jedoch neue Taubheit erzeugen. Wo es auf 15 Millionen Tote mehr oder weniger nicht ankommt, da breitet sich Nebel aus, während doch gerade Konturen sichtbar und Sensibilitäten geschärft werden sollten.

Außerdem drängen sich gegen eine derart schlichte Gegenüberstellung sofort eine Reihe sachlicher Einwände auf: So unterstellt diese Rechnung eine Einheitlichkeit und Geschlossenheit »des« Kommunismus, die der historischen Realität nicht entspricht. Und sie berücksichtigt nicht die Dimension der Zeit und des Raumes, das heißt die Kurzlebigkeit und schmalere Basis des Nationalsozialismus sowie die im Rückblick erstaunliche Langlebigkeit und Ausdehnungsfähigkeit der kommunistischen Staatsgründungen. Diese hatten aber nicht zuletzt mit ihrer »antifaschistischen« Legitimation infolge des Weltkrieges zu tun. Es war schließlich Hitler mit seinen Verbündeten, der die Rote Armee in die Mitte Europas gebracht und der Expansion des sozialistischen Lagers ab 1939 entscheidend Vorschub geleistet hat. Wie überhaupt die Verantwortung des Führungspersonals des nationalsozialistischen Deutschen Reiches – Militärs, Diplomaten, Industrielle und Beamte eingeschlossen – für die Entfesselung des Zweiten Weltkrieges als eines monströsen Versklavungs- und Ausrottungskrieges in der oben aufgemachten Rechnung außer acht bleibt. Auf wessen Konto setzt man die mehr als fünfzig Millionen Kriegstoten?

In Wirklichkeit verdunkelt man das eigentlich Beunruhigende der Erfahrungen, die sich in diesem Jahrhundert mit »dem Kommunismus« verbinden, wenn man ihn, wie Courtois, in die gewissermaßen vertraute Gestalt seines unterlegenen historischen Rivalen zurückzuverwandeln versucht. Der pauschale Hinweis auf die Ähnlichkeiten läßt kaum Raum, um die Unterschiede zu benennen, die in Wirklichkeit, wie ich zeigen möchte, viel bezeichnender waren.

Diese Feststellung richtet sich nicht gegen einen sachlichen Vergleich von Bolschewismus und Stalinismus auf der einen, Faschismus und Nationalsozialismus auf der anderen Seite, im Gegenteil, sie enthält ja bereits einen Vergleich. Nichts wirft ein schrofferes Licht auf die Selbstbeschränktheit jenes deutschen »Historikerstreites« vor gut zehn Jahren als die Tatsache, daß er sich in kürzester Frist von der Frage nach dem historischen »Nexus« zwischen Bolschewismus und Nationalsozialismus, um die es ursprünglich ging, auf eine ›Kontroverse um die Einzigartigkeit der nationalsozialistischen Judenvernichtung‹ – so der Titel der Piper-Dokumentation – verengte. Die Formel der »Singularität von Auschwitz« hat seither fast den Rang eines verfassungspatriotischen Konsenses erlangt – der seine richtigen wie seine problematischen Seiten hat. Die Massenverbrechen der Nationalsozialisten, heißt es, seien »mit nichts anderem vergleichbar«, auch nicht mit den exterministischen Praktiken des Stalinismus zur selben Zeit. Der narzißtische Gewinn dieser scheinbar so unnachgiebigen nationalen Selbstkritik ist unübersehbar. Denn es ist ja klar, daß die eigene Läuterung um so bedeutender erscheint, je »einzigartiger« die deutschen Verbrechen waren. Die kürzlich geführte »Goldhagen-Debatte« trug denn auch Züge einer paradoxen Selbstfeier. Hinter der vermeintlichen Bußfertigkeit liegt vielfach eine schillernde nationale Selbstfaszination. Das verträgt sich im übrigen mit einem recht bequemen moralischen Relativismus. Wenn Auschwitz das »absolute Böse« war, dann ist alles andere eben relativ. Das ist allerdings der absurdeste Gebrauch, der sich von dieser Menschheitserfahrung machen läßt.

Vergleichen ist die grundlegende kognitive und wissenschaftliche Operation schlechthin. Ihr Ziel ist es, die Unterschiede, die »differentia specifica«, zwischen den Dingen zu bezeichnen und sie auf diesem Wege näher zu beschreiben und zu definieren, das heißt voneinander abzugrenzen. Spricht man also davon, daß etwas »ähnlich« oder »gleich« sei oder auch »unvergleichbar« und »einzigartig«, so hat man immer schon verglichen. Eine andere Frage ist, ob Vergleiche sinnvoll angesetzt sind. Dinge können in der Tat »singulär«, das heißt mit nichts anderem sinnvoll vergleichbar sein. Wenn man von der »Singularität« der Judenvernichtung oder, verkürzter, der »Singularität von Auschwitz« redet, dann sagt man, daß sich dieser historische Vorgang seinem Charakter nach keinem anderen an die Seite stellen läßt. Was die »Singularität« oder »Unvergleichbarkeit« allerdings *ausmacht*, in welchem Sinne sie zu verstehen ist, das muß man, wenn die Formel nicht leer und rituell bleiben soll, schon näher bezeichnen.

Natürlich können Vergleiche auch moralisch angemessen oder unangemessen sein. So werden ein Mord aus Habgier, ein Totschlag ohne klares Motiv und eine Tötung aus Notwehr vor dem Gesetz wie im Rechtsgefühl der Menschen verschieden bewertet. Von den großen Massenverbrechen des 20. Jahrhunderts, die hier zur Debatte stehen, kann man wohl kaum sagen, daß sie nach moralischen und rechtlichen Maßstäben »unvergleichbar« seien, etwa nach dem Muster »Mord« versus »Totschlag«. Wer die Vernichtung einer bestimmten Kategorie von Menschen – etwa der »Kulaken« oder anderer »Volksfeinde« der Sowjetunion – für historisch verständlicher oder sogar begründeter erklären wollte als die einer anderen Kategorie von Menschen – etwa der europäischen Juden –, landet bei einer ziemlich zynischen Argumentationsweise. Zwar gibt es, wie ich zeigen möchte, wesentliche Unterschiede. Doch sie machen das eine nicht besser und das andere nicht schlimmer, als es ohnehin schon ist.

Deshalb geht es auch nicht an und ist eine Form des moralischen Relativismus – wie er auf der Linken und in einem breiten, liberalen *juste milieu* gang und gäbe war –, den »utopischen«, »universalistischen« und »im Kern humanistischen« Charakter des Kommunismus als eine schützende Folie zwischen sich und die historische Realität zu legen; oder den »rationaleren« Charakter der stalinistischen Massenverbrechen, etwa im Sinne einer »nachholenden Industrialisierung«, geltend zu machen. Was will man damit eigentlich sagen? Daß, je besser (angeblich) die Absichten und die Gesinnung, um so verständlicher (und also verzeihlicher) die Taten und Untaten? Wären demnach Morde und Gewaltakte, die einen angeblich positiven oder konstruktiven Zweck verfolgen, akzeptabler als jene, die das nicht tun?

In Wirklichkeit kann man dieses vordergründig plausible Argument nicht zu Ende denken. Eher müßte man gerade umgekehrt sagen, daß die moralischen Abgründe um so tiefer sind, je »besser« die Motive waren. Für mich jedenfalls – und das verbindet mich mit den Autoren des Pariser ›Schwarzbuchs‹, die fast alle durch die Parteien, Gruppen und Sekten des poststalinistischen, trotzkistischen und maoistischen Kommunismus oder Neokommunismus der siebziger Jahre gegangen sind – handelt es sich auch um einen Teil meiner eigenen Geschichte.

»Die Aufmerksamkeit, die auf die Hitlerschen Verbrechen gerichtet wurde, war vollkommen gerechtfertigt«, schreibt Courtois in seinem Vorwort. »Aber warum dieses schwache Echo der öffentlichen Meinung auf die Zeugnisse über die kommunistischen Verbrechen? … Handelt es sich um die Unmöglichkeit, sie zu verstehen? Oder nicht eher um die bewußte Weigerung zu wissen, aus Furcht zu verstehen?«

Damit ist allerdings ein Problem angesprochen, dessen Dimension die Vermutungen, die Courtois dazu anstellt – über die Raffinesse der kommunistischen Propaganda, die eingefleischte Doppelmoral der »Linken« oder eine unbestimmte Feigheit der öffentlichen Meinung –, bei weitem übersteigt. Es geht darum, daß die kulturelle Erinnerung an den Kommunismus, mit allem, was unter diesem Titel gefaßt werden kann, eine grundlegend andere, positivere ist als die, die es an die faschistischen Regime und insbesondere den Nationalsozialismus gibt. Wie läßt sich diese Differenz erklären?

Der erste Grund liegt auf der Hand. Man ist mit den Nationalsozialisten moralisch und intellektuell deshalb so viel leichter und gründlicher fertiggeworden, weil sie das Kainszeichen des Bösen, des »sacro egoismo«, der brutalen Durchsetzung des »Lebensrechtes des Stärkeren« und des primitiven Hasses gegen die »anderen« viel sichtbarer auf der Stirn trugen; weil sie ganz offen eine Rebarbarisierung des »überzivilisierten« modernen Lebens mit den Mitteln der Unterwerfung und systematischen Ausmerzung betrieben. So daß sie nach einer kurzen Phase der Faszination, die gerade von ihrem ungeschminkten Willen zur Macht und zur Errichtung einer neuen, hierarchischen Ordnung ausging, schließlich die ganze Welt gegen sich aufbrachten und in epochaler Weise besiegt wurden. Und nur deshalb konnte es auch einen »Nürnberger Prozeß« geben, der mehr war als ein Tribunal der Sieger, stützte er sich doch auf ein eklatant verletztes Rechtsempfinden der Völkergemeinschaft.

Die kommunistischen Staaten und Parteien sind niemals besiegt worden. Und einer der Gründe dafür war, daß ihre Berufung auf die »höchsten« und angeblich sogar »ältesten« Ziele der Menschheit viele Beobachter, und selbst viele Gegner, auf erstaunliche Weise in den Bann zu ziehen vermochte. Es gab Zeiten, da die kommunistische Weltbewegung wie ein wahrer Tempel der Künste erschien, in dem vor allem die Schriftsteller eine fast priesterliche Rolle spielten. So daß ein Stephan Hermlin noch im Jahre 1986 über seine großen Stalin-Oden trauernd sagen konnte: »Es sind utopische Gedichte, Gedichte, in denen eine Gestalt und ein Name, wenn Sie so wollen, zu Unrecht, als Symbol für eine große Sache stehen.« Es hat Jahrzehnte gedauert, bis sich der intellektuelle Bann löste. Und es ist eine Tatsache, daß die in dieser extremen Spannung geschaffenen künstlerischen Produkte in die Formensprache und den Kernbestand der Kultur des Jahrhunderts eingegangen sind. In Michail Scholochows ›Der stille Don‹ zum Beispiel besitzen wir das mit einem Nobelpreis gekrönte, ebenso großartige wie affirmative Epos einer der großen politischen Vernichtungsaktionen unseres Zeitalters und mit der Figur des jüdischen Kommunisten Dawid Buntschuk einen positiven Helden des Massenterrors.

Aber weiter: Selbst die erschütternden Schicksale der erschöpften, verstummten, deportierten oder erschossenen Dichter, Theater- und Filmemacher, Maler und Wissenschaftler, aus denen die Kulturgeschichte der Sowjetunion zu einem wesentlichen Teil besteht, erscheinen mittlerweile einer einzigen gewaltigen Epopöe zugehörig und sind eingeschreint in das Fundament jener »Großen Utopie«, die heute immer noch oder schon wieder eher Andacht als Zorn weckt. Und was will man auch sagen? Die, die Jahrzehnte »danach« mit leuchtenden Augen in die Ausstellungen der russischen Avantgarde strömen, eine Aufführung von Eisensteins ›Generallinie‹ oder ›Panzerkreuzer Potemkin‹ mit großem Orchester anschauen oder Bulgakows ›Meister und Margarita‹ verschlingen, sind sich selten im klaren darüber, daß sie es meist mit den fragmentarischen Überlieferungen gebrochener oder vernichteter Existenzen zu tun haben. Und soweit sie es doch sind – erhöht es nicht womöglich den posthumen Reiz dieser »Internationale der guten Menschen«, deren Leben und Arbeit, wie es in Isaak Babels ›Reiterarmee‹ heißt, »mit dem besten Blut gewürzt« war (geschrieben keine zwanzig Jahre, bevor Babel selbst seine schmale literarische Hinterlassenschaft mit seinem Blut zu »würzen« hatte)?

Hier ist man an einem der schwierigsten Punkte angelangt – einem ungeheuren Paradox, das die historische Erfahrung des Kommunismus unserem späten, rekonstruierenden Begreifen beinahe entzieht. Denn alle die so feierlich evozierten Humanismen, Utopismen, Universalismen dienten ja in Wahrheit einer monströsen Umkehrung der Wirklichkeit, einer »Umwertung aller Werte«, wie es sie noch nicht gab. Man versklavte die Arbeiter im Namen der Arbeiterklasse; man erhob Verrat und Denunziation zur revolutionären Tugend; man machte im Namen der »objektiven Wahrheit« aus der Lüge eine Wissenschaft und ersetzte die Realität durch die Fiktion; man löschte das Gedächtnis der Menschen aus und erfand ihre Geschichte neu, während man ihnen versicherte, sie seien gerade dabei, »Geschichte zu schreiben«; man isolierte das Land im Zeichen des Internationalismus vom Rest der Welt; man beraubte Millionen ihrer persönlichen Würde und der moralischen Besserung im Namen der Freiheit; und schließlich brachte man mit unerschütterlich gutem Gewissen Menschen zu Hunderten, zu Tausenden und zu Hunderttausenden um, warf sie in Massengräber, verbrannte sie allmorgendlich in den Krematorien der Hauptstädte oder verscharrte sie einzeln in der Landschaft – im Namen der Menschheit und ihres Fortschritts.

Aber warum *galt* diese Realität, die auch für die Zeitgenossen mit bloßem Auge zu erkennen und zu beschreiben war, so wenig vor den menschheitlichen und geschichtlichen Selbstberufungen dieses Regimes, die sozusagen »noch realer« erschienen? Offensichtlich hing es damit zusammen, daß die Sowjetunion als »Mutterland des Sozialismus« noch über Jahrzehnte für sich in Anspruch nehmen konnte, ein mit der »alten Welt« im Kampf auf Leben und Tod stehender Vorschein einer »neuen Welt« zu sein. Ein nicht geringer Teil der Zeitgenossen, Freunde wie Feinde, war von Beginn an der Meinung, daß die historische Möglichkeit und Zukunftsträchtigkeit des Kommunismus allein schon dadurch bewiesen sei, daß er allen Anfeindungen zum Trotz »existierte«; die Härte der Lebensbedingungen und des Terrors wurde selbst dann noch als Ausnahmezustand angesehen, als sie schon längst zur Regel geworden war. Und hatte man diese Prämisse einmal akzeptiert, dann besaß gerade die Bedingungslosigkeit eines offen erklärten Terrors gegen die »Feinde der Gesellschaft« für viele, sowohl drinnen wie draußen, auch etwas Bezwingendes, sogar Anziehendes, zeugte sie doch von einem Willen, hinter dem starke, sehr starke Motive stehen mußten.

Nicht genug, daß der – angeblich höhere – Zweck die Mittel

heiligte. Sondern vielfach heiligten umgekehrt die terroristischen Mittel den Zweck. So gewann der große Menschenvertilger Felix Dzierzynski in den Augen nicht weniger, auch pazifistisch und religiös empfindender Beobachter schon zu Lebzeiten beinahe die Aura eines Heiligen. Der Expressionist Arthur Holitscher zum Beispiel, der 1920 nach Rußland fuhr, um dort vom »heilenden Wasser des Kommunismus« als einer fünften und letzten Menschheitsreligion zu trinken, fand in Dzierzynski einen gebildeten Mann mit »sanften, ja schüchternen Umgangsformen« und »puritanischer Denkungsart«, der zu Recht von vielen mit Franz von Assisi verglichen worden sei. Schon im zaristischen Gefängnis habe er freiwillig die Unratkübel seiner Mitgefangenen entleert, »weil einer das Niedrigste für alle anderen besorgen muß«. Holitscher zögerte nicht zu verkünden: »Als oberster Kommissar der gefürchteten und wild gehaßten Behörde tut Dzierzynski meines Erachtens etwas Ähnliches: er besorgt das Entsetzliche, aber unumgänglich Nötige in der kommunistischen Gemeinschaft der Regierenden« – indem er den menschlichen Unrat in die Grube beförderte. Man kann Dutzende solcher Beispiele zitieren.

Darin wird offenkundig, daß die Anziehungskraft der totalitären Parteien, Bewegungen, Staaten und ihrer Führergestalten zu einem wesentlichen Teil gerade in dieser Eigenschaft lag und liegt – dem Totalitären. Der französische Jesuit und Philosoph Teilhard de Chardin sprach von seinen eigenen Enttäuschungen und Anfechtungen, als er sagte: »Ist das moderne Totalitätsprinzip nicht eben deshalb so ungeheuerlich, weil es vermutlich das Zerrbild eines wundervollen Gedankens ist und der Wahrheit ganz nahe kommt?«

Während man bei jeder anderen Partei oder Bewegung schaut, wen und was sie konkret vertritt – und ihre Selbstbezeichnungen wie »Sozialdemokraten«, »Christdemokraten« oder »Liberale« allenfalls als grobe Richtungshinweise und als Firmenschilder gelten läßt –, da war und ist man bereit, den totalitären Massenbewegungen des Jahrhunderts ihre jeweilige »Ideologie« aufs Wort zu glauben und sie vor allem als »Weltanschauungsparteien« zu sehen und zu verstehen. Natürlich entsprach das ihrem Anspruch, nicht nur eine Partei unter Parteien zu sein, sondern über eine geschichtlich beglaubigte, einzig gültige Sicht der Welt und der gesellschaftlichen Verhältnisse zu verfügen. Aber ob darin auch die tatsächliche Triebfeder ihres Handelns und der Schlüssel ihrer realen historischen Wirksamkeit lag, ist eine ganz andere Frage.

»Kaum eine geschichtliche Umwälzung hat schon in ihrem eigenen Vollzug eine so enorme Masse an historisch-sein-wollender Selbstdarstellung aufgeboten und ihre Deutung zugleich in höchstem Maße ideologisch mystifiziert«, wie es der Bolschewismus seit den Tagen Lenins getan habe, schrieb Helmut Fleischer in einer seiner Kritiken an den verschiedenen, rein ideologiegeschichtlichen Deutungen des Kommunismus. In diesen erscheint die ganze kommunistische Bewegung des Jahrhunderts nur als die letzte Konsequenz eines »Zeitalters des Marxismus« (Ernst Nolte), als große »Illusion« (François Furet) oder als »vollstreckter Wahn« (Martin Malia). An der höchst realen Rolle der staatlichen Ideologie in den kommunistischen Staaten – sei es als Mittel zur Selbstlegitimation der herrschenden Partei und zur Delegitimierung ihrer Gegner, als Instrument der geistigen Konditionierung der Massen oder als parareligiöse Liturgie und Verkündung – ist kein Zweifel. Auch in der hier vorliegenden Arbeit werden Texte und Äußerungen von Lenin, Stalin oder anderen führenden Vertretern der kommunistischen Parteien und Staaten häufig zitiert, schon wegen der unmittelbaren Direktivkraft, die sie vielfach besaßen. Aber diese Texte sprechen nicht einfach für sich, sondern haben fast immer Subtexte und fallen selbst unter das zu erklärende, zu entziffernde und in die »Sprache des wirklichen Lebens« (Marx) zu übersetzende Material.

Was bedeutet es denn überhaupt, wenn man von »Kommunisten« oder »Bolschewiki« als gesellschaftlichen Subjekten spricht? Auch für sie gilt natürlich, daß weniger zählt, wie sie von sich selbst gedacht und was sie zu tun behauptet haben, als vielmehr, wer sie wirklich waren und was sie tatsächlich getan haben. Welche niederen oder höheren Interessen waren es, die die Führer wie

23

ihre Gefolgsleute als Menschen aus Fleisch und Blut verfolgten, individuell oder kollektiv? Was hat sie überhaupt veranlaßt, in einer bestimmten historischen Situation die absolute Macht zu erobern und diese auch tatsächlich auszuüben? Was haben sie sich jenseits ihrer tönenden Proklamationen, im Rahmen ihres eigenen Lebenshorizontes vorgestellt? Und worauf liefen ihre Ambitionen letzten Endes hinaus?

Es ist eine gängige Vorstellung, daß bestimmte Ideologien eine Art historische Eigenwirkung entfaltet, daß sie sich gewissermaßen wie ein vergiftender geistiger Virus von Mensch zu Mensch und Kopf zu Kopf fortgepflanzt haben. Stéphane Courtois hat dies sogar bis zu der These gesteigert, der in Moskau ausgearbeitete Marxismus-Leninismus sei eine »kriminogene Ideologie« gewesen, die den kommunistischen Parteien der anderen Länder als »eine Art genetischer Code« (une sorte de code génétique) eingeimpft worden sei. Ein sehr merkwürdiger, um nicht zu sagen, obskurer Gedanke.

Der Versuch, hinter einem scheinbar rein *ideo*-logischen, ideengeleiteten Handeln die realen Motivationen der Akteure und die Logiken ihres Handelns sowie die Bedingungen ihrer Siege und ihrer Niederlagen zu rekonstruieren, ist eine Sache. Etwas anderes ist es, in der Art der akademischen »Revisionisten« der achtziger Jahre – die sich diesen Titel ja selbst zugelegt haben – das genuin Totalitäre des Unternehmens überhaupt zu leugnen.

Natürlich ist es ein verständlicher Impuls, die Geschichte der kommunistischen Parteien und Staaten, wie die des Faschismus und Nationalsozialismus auch, nicht aus der Geschichte des Jahrhunderts völlig herauszulösen, insbesondere aus jener Periode der Industrialisierung und der Weltkriege, die Karl Schlögel in einer großartigen Tour de force letzthin als das »stählerne Zeitalter« bezeichnet hat. Dessen Monumente, die Riesenstahlkomplexe von Gary/Indiana oder Pittsburgh/Pennsylvania auf der einen und von Magnitogorsk am Ural auf der anderen Seite, erscheinen als Teil einer einheitlichen Zivilisationsgeschichte mit all ihren Härten,

Mythen und revolutionierenden Wirkungen. Das Beispiel der Sowjetunion »ist in vielem nur die radikalisierte Variante von auch anderswo ›kommenden Dingen‹, nur reiner und klarer hervortretend, weil die Hemmungen, Vermittlungen, Widerstände, die überall vorhanden sind, wo es zu zivilgesellschaftlichen Bildungen gekommen ist, fortgefallen sind«, schreibt Schlögel. »Es sind Aufbruchs- und Katastrophenerfahrungen pur.«

Man könnte sich an Barbara Tuchmans Panorama des dramatischen 14. Jahrhunderts – ›Der ferne Spiegel‹ – erinnert fühlen, jenes Zeitalters also, in dem die Pest hereinbrach und Katastrophen und Verheerungen jeder Art das gesellschaftliche Leben in Europa prägten, aber in dem zugleich auch viele Fundamente der modernen Welt gelegt wurden und produktive Entwicklungen stattfanden – weshalb es in vielem, so die Autorin, dem 20. Jahrhundert gleiche. Und sie spricht auch davon, daß Unglück und Schrecken allein schon durch die Tatsache ihrer Überlieferung *allgegenwärtig* waren – während in den Zwischenräumen all dieser gewaltsamen Einbrüche eben doch gelebt und geliebt, gearbeitet und gedichtet wurde: »In Individuen wie in Nationen schweigt die Zufriedenheit, und das verschiebt die Gewichte der historischen Überlieferung.« Das ist sicher wahr, und man muß es bei der Betrachtung auch des hier untersuchten Themas im Auge behalten.

Doch die Millionen Toten und Abermillionen vernichteter Existenzen des bolschewistischen Zeitalters waren nicht Opfer eines äußeren Verhängnisses, einer »Pestzeit«, sondern eines von Menschen unternommenen Versuchs, die gegebene »alte« Gesellschaft *in toto* umzumodeln und ihre Subjekte in eine neue, gebundene Ordnung zu überführen. Der Terror war dabei kein schierer Exzeß, sondern eine logische Konsequenz dieses beispiellosen Unternehmens. Auch war es nicht so, daß Terror und Kollektivierung nur der Hebel einer beschleunigten Industrialisierung als dem Kernstück einer neuen, »stählernen« Zivilisation gewesen wären. Vielmehr diente die forcierte Industrialisierung ihrerseits der weiteren Kollektivierung und organizistischen Formierung der Gesellschaft und dem Ausbau eines Systems totaler Macht. Auch die

Produktion blieb, soviel authentischer Elan der jugendlichen Aktivisten darin einfloß, in diesen Gewaltzusammenhang eingebettet.

Mehr noch: Gerade im Zuge der Stalinschen Kollektivierungsrevolution erlitt Rußland einen ungeheuren zivilisatorischen Einbruch, wurden menschliche und materielle Produktivkräfte und Ressourcen in einem Maße vernichtet und vergeudet, für das man kaum Parallelen findet und von dem sich das Land bis heute nicht erholt hat. Die zwangsweise Kollektivierung war eben keine *andere* Form von Vergesellschaftung, sondern das *Gegenteil* dessen – eine gesellschaftliche Regression, eine Entdifferenzierung gewaltigen Ausmaßes.

Die bisherigen Totalitarismustheorien leiden an einen ganz anderen Mangel: Sie nehmen fast durchweg eine Rückübertragung der am Faschismus und am Nationalsozialismus gewonnenen Kriterien auf die kommunistischen Gesellschaften vor. Der Begriff des »Totalitarismus«, ob affirmativ oder kritisch verwendet, entstand in den zwanziger Jahren im Kontext des italienischen Faschismus und wurde in den dreißiger und vierziger Jahren auf den deutschen Nationalsozialismus ausgedehnt, lediglich in ganz seltenen Fällen auch auf die Stalinsche Sowjetunion. Selbst die avanciertesten Arbeiten, etwa Hannah Arendts ›Elemente und Ursprünge totaler Herrschaft‹, entwickelten einen theoretischen Rahmen, in dem die sowjetische Entwicklung nur mühsam und auf dem Wege von Analogieschlüssen oder in Form von Seitenblicken unterzubringen war.

Erst im Zuge des »Kalten Krieges«, der in Berlin oder Korea bis an den Rand eines dritten Weltkrieges führte, wurden die Sowjetunion und das um sie entstehende »sozialistische Lager« mit dem Vorwurf konfrontiert, Eigenschaften des gemeinsam gestürzten und in Nürnberg verurteilten nationalsozialistischen Regimes aufzuweisen. In der – völlig legitimen – Gegenüberstellung von westlicher Demokratie und diktatorischem Sowjetsystem wurde der Begriff des »Totalitarismus« systematisch auf bestimmte Merkmale des politischen und gesellschaftlichen Systems verkürzt. Das bedeutete aber, daß er viel zu *unspezifisch* und viel zu *eng* verwendet wurde. Er erstarrte zu einem eigenen »Ismus«.

In Wirklichkeit war die Kategorie des »Totalitären« keiner sozialwissenschaftlichen Klügelei und keiner Propagandaabteilung irgendeiner Regierung entsprungen, sondern dem Bemühen von Zeitgenossen, etwas zu bezeichnen, das es in der Geschichte bis dahin nicht gegeben hatte und vielleicht nicht einmal hatte geben können: den ernstlichen Versuch nämlich, von einem einzigen leitenden Zentrum her Staat, Wirtschaft und Gesellschaft, Kultur und Erziehung und schließlich auch das individuelle Leben der einzelnen Bürger, kurzum das »Totum« eines Gemeinwesens zu erfassen und zu gestalten.

Unter diesem zunächst nicht polemischen, sondern sachlichen Gesichtspunkt läßt sich der Begriff des Totalitären – das wäre meine These – gerade an den kommunistischen Regimen des 20. Jahrhunderts erst in seiner vollen Bedeutung entfalten; während die faschistischen Diktaturen und auch der Nationalsozialismus diesem Begriff nur zum Teil entsprochen haben. Das ist aber keine Frage ihrer moralischen Bewertung oder eines Vergleichs der Zahl der Opfer, der Motivationen der Täter oder der Verantwortung der betreffenden Gesellschaften. Im Gegenteil, wenn der Nationalsozialismus weniger totalitär war, dann weil er auf eine höhere Zustimmung, aktivere Beteiligung und größere Komplizenschaft der deutschen Gesellschaft rechnen konnte. Die verschiedenen sozialen Gruppen, Schichten und Nationalitäten des vormaligen Russischen Reiches, ebenso auch die Chinas und anderer kommunistischen Parteien unterworfener Länder, mußten dagegen für die neue Staats- und Gesellschaftsordnung erst gewaltsam zugerichtet werden. Das bedeutete eine nicht nur metaphorische oder ideologische, sondern blutig-physische »Säuberung« des jeweils vorhandenen Gesellschaftskörpers von oben bis unten, mittels derer alles weggeschnitten, ausradiert und fortgewaschen werden sollte, was als schädlich, feindlich oder gefährlich, das heißt als zu selbständig, zu individuell, zu kosmopolitisch galt.

Obwohl sich ihre führenden Akteure an der Spitze des Fortschritts marschieren sahen, handelte es sich bei den kommunistischen Revolutionen und Staatsgründungen um modern-archaische *Reaktionen* auf jene enormen Schübe der Globalisierung, Pluralisierung, Individualisierung des Lebens, die die *eigentliche* Weltrevolution dieses Jahrhunderts ausgemacht haben. Die Ratio der Errichtung einer Union Sozialistischer Sowjetrepubliken auf dem Boden des alten Russischen Reiches lag in dem Versuch, der am Ende des Ersten Weltkrieges etablierten westlichen Dominanz, die sich auf politische Demokratie, sozialen Pluralismus, privates Eigentum, freie Warenproduktion und ungehemmte Kapitalzirkulation gründete, Paroli zu bieten. Und zwar mit einem grundlegend anders verfaßten, supranationalen Gegenkomplex, der durch diktatorische Machtkonzentration, politische Massenmobilisierung, soziale Homogenisierung, gelenkte Produktion und umfassende Militarisierung gekennzeichnet war – eine »neue Welt«, die der »alten« in der Tat antagonistisch gegenüberstand.

Dieser Versuch also ist 1989 an sein Ende gekommen. Er war ein grausam verfehltes Experiment am Leib lebender Gesellschaften, das halb bewußte und halb bewußtlose Bemühen, eine soziale Mutation herbeizuführen – die eine beunruhigende geschichtliche *Möglichkeit* aufzeigt und weiterhin bleibt. Die ideologischen Titel sind dabei Schall und Rauch. Was zählt, ist die Erfahrung des totalitären Zugriffs auf eine Gesellschaft im ganzen, ihrer sozialen, physischen und mentalen Zurichtung. Wenn ich dies eine »Utopie« nenne, dann nicht im poetischen Sinne einer hochfliegenden, schönen, nur leider unrealisierbaren Idee, sondern als nüchterne Qualifizierung durchaus diesseitiger Machtambitionen und Gesellschaftsvorstellungen lebender Menschen.

Der überwiegend friedliche Zusammenbruch des Kommunismus, der keiner äußeren »Destabilisierung« zuzuschreiben war, sondern von innen heraus erfolgte, sowie die rasche Transformation und Regeneration der Mehrzahl der europäischen »Reformstaaten« haben aber zugleich die Zuversicht genährt, daß Gesellschaften sich gegen alle Versuche ihrer »Säuberung« und Zerstörung am Ende behaupten – und sei es erst in der Generation X.

2

Zur Dynamik der totalitären Bewegungen gehörte es, daß die Ambitionen, Ideen und Interessen, von denen sie getragen wurden, nichts Statisches, sozialökonomisch Vorgegebenes waren, sondern nach vorn in ein Niemandsland unbestimmter Ansprüche und Erwartungen wiesen. Das heißt, sie wurden größtenteils erst im Prozeß der Machteroberung geprägt, so wie auch die »Kader« und aktiven »Massen« erst gesammelt werden mußten, die den neuartigen Bewegungen schließlich die Offiziere und Fußtruppen geliefert haben. Diese bildeten synthetische soziale Subjekte, Keimformen neuer politischer Klassen, die sich einer eindeutigen soziologischen Zuordnung entziehen.

Das war offenbar nirgends möglich ohne die Figur eines Gründers und Führers. Ohne Lenin kein Bolschewismus, ohne Mussolini kein Faschismus, ohne Hitler kein Nationalsozialismus. Ohne sie aber auch keine »proletarische Klasse«, kein »popolo italiano«, kein »deutsches Volk« in dem Sinne, in dem sie dann herbeizitiert und in Marsch gesetzt wurden. Auf dem Höhepunkt seiner Annäherung an die Kommunistische Partei im Jahre 1952 hat Jean-Paul Sartre diesen existentiellen Zusammenhang idealtypisch auf den Punkt gebracht: »Kurz gesagt, die Partei *ist* selber die Bewegung, die die Arbeiter eint, indem sie sie zur Machtergreifung mitreißt ... Wenn die Partei verschwände, zerfiele sie (die Arbeiterklasse) zu Staub.« Und, noch deutlicher: »Sie (die Arbeiter) werden zur Klasse, wenn sie allen Anordnungen der Führer gehorchen.« Man mußte schon ein Freigeist wie Sartre sein, um das so blank heraus zu sagen.

Lenin war allerdings beinahe so frei, als er fünfzig Jahre vor Sartre schrieb, ein sozialistisches Klassenbewußtsein könne der Arbeiterklasse nur »von außen«, von einer auf der Höhe der geschichtlichen Bewegung stehenden Parteiintelligenz, gebracht werden, und dies erst recht in einem Land wie Rußland, »in dem 999 von 1000 der Bevölkerung bis ins innerste Mark demoralisiert sind durch politische Knechtseligkeit und durch einen absoluten Mangel an Verständnis für Parteiehre und Parteibindung«. Auf einen unter tausend kam es also an! Lenin benutzte eine physikalische Metapher, um den Prozeß der Schöpfung eines »Proletariats« – nicht im soziologischen, sondern im revolutionären Sinne – zu beschreiben: Die Partei müsse eine solche »Masse« an Bewußtheit, Entschlossenheit und Organisationskraft in sich konzentrieren, daß sie in der Lage sei, die spontane Bewegung der Klasse zu lenken.

»Gebt uns eine Organisation von Berufsrevolutionären, und wir werden Rußland aus den Angeln heben!« Mit solch großen Versprechungen warb Lenin in der Schrift ›Was tun?‹ für seinen Orden von Berufsrevolutionären. Er irrte sich allerdings. Die Revolution des Jahres 1905/06, die als Eruption sozialer Unzufriedenheit die Revolution des Jahres 1917 noch übertraf, bewirkte zwar einen großen politischen und gesellschaftlichen Umbruch. Doch sie war weit davon entfernt, »Rußland aus den Angeln zu heben«. Im Gegenteil: In den Jahren vor dem Weltkrieg nahm das Reich in der industriellen und agrarischen Produktion, im Aufbau großer städtischer Zentren und moderner Kommunikationen fast amerikanisches Entwicklungstempo auf. Wenn das Gespenst einer alles erschütternden Revolution auch nach 1905 immer im Raume blieb, dann jedenfalls nicht aufgrund einer allgemeinen gesellschaftlichen Stagnation, sondern wegen einer allzu stürmischen Entwicklung, der die Strukturen des Russischen Reiches – wie die des Habsburgischen und des Osmanischen – nur mühsam gewachsen waren. Es bedurfte allerdings der Ausnahmesituation eines Weltkrieges, dessen Umfang, Dauer und Radikalität sich zuvor niemand auch nur annähernd hätte vorstellen können, um das Russische Reich in einen solchen Kollaps wie den im Februar/März 1917

zu treiben. Die Bolschewiki waren davon ebenso überrumpelt wie
alle übrigen radikalen und defätistischen Gruppierungen.

Der Zusammenhang des Weltkrieges mit der Entstehung und dem
Aufstieg der totalitären Bewegungen des Zeitalters ist durchaus
schwierig. Der Weltkrieg war sicherlich ein gewaltiger Generator
ideologischer Zuschreibungen und totalisierte gesellschaftliche
Lösungsvorstellungen. Vor allem mobilisierte er zivile und bewaffnete Massen. Insofern kann man sagen, daß alle großen politischen
Ideologiekomplexe und Massenbewegungen des 20. Jahrhunderts
im Rahmen des Ersten Weltkrieges entstanden sind, der von
George Kennan als »the great *seminal* catastrophe« – im Doppel-
sinne von »ursprünglich« und »schöpferisch« – bezeichnet wurde.
Je länger der Krieg dauerte, um so mehr entwickelte er sich zu
einem allgemeinen Volks- und Völkerkrieg. Die Verbindung von
Imperialismus und sozialen Forderungen, die sich in den Jahren
zuvor überall schon angedeutet hatte, erfuhr jetzt die Ausprägung
einer von Land zu Land unterschiedlich ausgeprägten Ideologie
des Sozialimperialismus, die quer durch alle bisherigen konfessio-
nellen und politischen Lager ging. Der deutschen Kriegsideologie
zufolge drehte sich der Kampf um die Selbstbehauptung des »deutschen Wesens« gegen eine »Welt von Feinden«, die sich dem Deutschen Reich bei seinem Aufstieg zur wirtschaftlichen, kulturellen
und militärischen Großmacht in den Weg stellen wollte. Dazu
wurde das Modell einer angestammten, gebundenen Ordnung und
»sozialen« Monarchie entworfen, die sich im Gegensatz zur formellen, gestaltlosen Demokratie der westlichen Gesellschaften
hierarchisch nach Rang und Wert der Persönlichkeit gliederte und
statt auf den ziellosen Wettbewerb der Einzelinteressen auf eine
sittlich begründete Volksgemeinschaft hinauslief. Der Weltkrieg
wurde mehr und mehr als radikaler Entscheidungskampf zwischen Deutschland und dem bourgeoisen, kapitalistischen, indivi-
dualistischen Westen verstanden.
Umgekehrt entwickelten Frankreich, Großbritannien und die
USA erst in der Konfrontation mit dem »Militarismus« und »Ab-

solutismus« des deutschen Kaiserreiches das Selbstbewußtsein und den politischen Begriff des »Westens«, wie er im weiteren Verlauf des 20. Jahrhunderts gebraucht worden ist. Sein ideologischer Kern bestand aus einer Reihe universaler Prinzipien und Regeln, die für alle Länder und Völker Gültigkeit beanspruchten. Im »Vierzehn-Punkte-Programm« des Präsidenten Wilson, das dem Eingreifen der USA in den europäischen Konflikt den Rang eines Krieges für Demokratie und Völkerrecht verlieh, fanden sie ihre konkrete Anwendung auf die Weltsituation, und in den Statuten des Völkerbundes wurden sie schließlich kodifiziert.

Die neuen, totalitären Ideologien und Bewegungen in Rußland, Italien und Deutschland waren – bevor sie sich irgendwie aufeinander bezogen – vor allem Antithesen dieser universalen Ansprüche der westlichen Siegermächte. Ihre Führer, sofern sie überhaupt schon die Bühne betreten hatten, waren während des Krieges in äußerste Isolation geraten. Es mußte erst die rabenschwarze Verzweiflung eines Zusammenbruchs, einer historischen Niederlage oder eines »gestohlenen Sieges« hinzukommen, um den Gründungsimpuls zu liefern. Insofern waren die Bewegungen und ihre Führer nicht so sehr Produkte des Krieges als vielmehr des »Nachkriegs«.

Vom deutschen Nationalsozialismus gab es im russischen Revolutionsjahr 1917 allenfalls einen vagen Begriff. Kein einziger unter den späteren Nazigrößen spielte irgendeine nennenswerte politische Rolle. Hitler ging nach halbjähriger Verwundung im März 1917 als dekorierter, aber nicht beförderter Gefreiter wieder an die Front, ein schweigsam-fanatischer Meldegänger, der höchstens abends im Unterstand – wie früher an den Münchener Stammtischen – durch jähe weltanschauliche Tiraden über das Versagen der politischen Führung und über das »Geschmeiß«, das sich in der Etappe und in der Heimat breitmache, auffiel. In einem Brief vom Februar 1915, einem der wenigen Zeugnisse aus diesen Jahren, hatte er die Hoffnung geäußert, »daß durch den Strom von Blut, der hier Tag für Tag fließt gegen eine internationale Welt von

Feinden, nicht nur Deutschlands Feinde im Äußeren zerschmettert werden, sondern daß auch unser innerer Internationalismuß (*sic*) zerbricht«. Ansonsten schien er sich von aller Politik fernzuhalten.

Die Novemberrevolution, die er in einem Pommerschen Lazarett erlebte, aktivierte Hitler ebensowenig wie die bayerische Räterepublik, unter der er als demobilisierter Soldat in einer Münchner Kaserne diente. Er hielt sich strikt neutral, legte, um seine Ruhe zu haben, sogar die rote Armbinde an, während er sich doch jederzeit den weißen Freikorps oder zumindest einem regulären Truppenteil außerhalb des »roten« Machtbereiches hätte anschließen können. Diese Gleichgültigkeit und Trägheit in den aufgewühlten Zeiten der Revolution zeigte jedenfalls nicht das Bild eines fanatischen Gegenrevolutionärs – auch wenn Hitler seinen Entschluß, in die Politik zu gehen, später gerne auf den November 1918 zurückdatierte.

Als der mittlerweile dreißigjährige unbekannte Soldat im Herbst 1919 plötzlich zu reden begann und nach den Initiationserlebnissen seiner ersten Auftritte auch gleich beschloß, »Politiker« oder, wie es in einem Polizeibericht hieß, »berufsmäßiger Werberedner« zu werden, da schien er buchstäblich aus dem sozialen Nichts zu kommen, aus der Zwischenwelt der Männerheime, Stammtische und Kasematten. Aber von vornherein lag das Erfolgsgeheimnis seiner steilen Karriere darin, daß er einer in noch unbestimmtem Aggregatzustand befindlichen Masse eine Stimme gab. Folgt man der eindringlichen Deutung von Joachim Fest, dann mutete die Figur Hitlers fast »wie das synthetische Produkt aller Ängste, Pessimismen, Abschieds- und Abwehrgefühle« an, die die Menschen damals bewegten.

Seine »Weltanschauung« war durchweg aus Elementen komponiert, die er sich als Autodidakt in seinen Wiener und Münchener Jahren ziellos-zielstrebig angeeignet hatte. Und das galt insbesondere für seine pseudowissenschaftlich beglaubigten Berufungen auf den »Kampf ums Dasein« und das »Recht des Stärkeren« als universelle Lebensgesetze. Diese sozialdarwinistischen Gemeinplätze waren vor und nach der Jahrhundertwende in zahllosen

Schriften ausgebreitet worden und kehrten nun in Hitlers Rassen-kampfrhetorik trivialisiert und politisch radikalisiert wieder. Auch darin, schreibt Joachim Fest, wurde »die tiefere Übereinstimmung zwischen ihm und dem bürgerlichen Zeitalter kenntlich, dessen il-legitimer Sohn und Zerstörer er war«.

Wenn Hitler, wie er später beteuerte, »vom Marxismus gelernt« hatte, dann meinte er das im Sinne seiner in ›Mein Kampf‹ getroffe-nen Feststellung, marxistische Parteien könnten nur von Gegnern überwunden werden, die »zugleich selber Träger eines neuen, zün-denden Gedankens, einer Idee oder Weltanschauung sind«. Daraus resultierten seine frühen Bemühungen, eine »nationalsozialistische Weltanschauung« auszuarbeiten. Seine erste programmatische Äu-ßerung überhaupt galt dem Versuch, einen »Antisemitismus der Vernunft« zu formulieren, im Gegensatz zu einem bloßen Antise-mitismus der Pogrome, das heißt des Gefühls. Die Juden seien nun einmal »nicht gewillt und auch nicht im Stande, ihre Rasseneigen-arten zu opfern«, die sie in reinerer Form bewahrt hätten als ihre arischen Wirtsvölker. Ihr ganzes Tun und Denken gelte dem Ma-teriellen. »Alles, was Menschen zu Höherem streben läßt, sei es Religion, Sozialismus, Demokratie, es ist ihnen nur Mittel zum Zweck.« Um diese »Rassentuberkulose der Völker« zu bekämp-fen, reiche es nicht, Vorrechte der Juden zu beseitigen; die einzig vernünftige Lösung sei vielmehr »die Entfernung des Juden über-haupt«. Dies war der klar umrissene, unverrückbare innere Kern aller Weltgefühle und Weltanschauungen Hitlers und sein politi-scher Ausgangspunkt.

Die »Deutsche Arbeiter-Partei«, der er beitrat, war zunächst nur ein Ableger der von Münchner Bürgern und Aristokraten getra-genen völkisch-antisemitischen Thule-Gesellschaft, und früh be-reits sah sich Hitler von einem bestimmten gutbürgerlichen Milieu als »Mann aus dem Volk« umworben, von mütterlichen Gönne-rinnen adoptiert und von betuchten Finanziers gesponsert. Bei sei-nem Aufstieg vom »Trommler« zum Parteiführer mit lokaler und regionaler, dann nationaler Statur wurde er immer wieder von Vertretern staatlicher Behörden, die glaubten, ihn und seine Sturmtrupps als Ordnungsfaktor instrumentalisieren zu können, gedeckt oder gefördert. Dieser Irrtum hielt sich bis zu seiner legalen Machtübernahme im Januar 1933.

Die Idee eines »nationalen Sozialismus«, die durch das von Hitler mitverfaßte neue Programm seit Februar 1920 den Parteinamen der »Nationalsozialistischen Deutschen Arbeiterpartei« prägte, war an sich kein Spezifikum, sondern nach dem Ausbruch des Ersten Weltkrieges von einem weiten politischen Spektrum von rechts bis links propagiert worden. Nach der Niederlage galt ein »deutscher«, »preußischer« oder eben »nationaler Sozialismus« erst recht als der einzige Rettungsweg. Davon sprachen Mehrheits-Sozialdemokraten und Gewerkschafter, Liberale aus der Schule Friedrich Naumanns, katholisch-korporatistisch geprägte Ideologen wie der Antibolschewist Eduard Stadtler oder die Anhänger einer »konservativen Revolution« wie Moeller van den Bruck und Oswald Spengler. Hitler besetzte somit bewußt ein sehr breites politisches Feld. Die Zuspitzung ergab sich erst durch die Kombination mit dem völkischen Antisemitismus.

Der Hitlersche »National-Sozialismus« sah sich als Gegenspieler des »marxistischen«, das heißt »jüdischen« Sozialismus, womit – mehr noch als die Spartakisten und Bolschewisten – die Sozialdemokratie mit ihren beiden Flügeln, den Mehrheitlern und den Unabhängigen, gemeint war. Ihr entstammten die eigentlichen Vorkämpfer der neuen Republik, und sie war es auch, die für die Annahme des »Versailler Diktates« verantwortlich gemacht wurde. »Versailles« stand für den Versuch, dem Reich eine fremde Lebensform und Zivilisation aufzuzwingen, es endgültig zu versklaven und zu vernichten. Dem »Nationalsozialismus« fiel seinem Selbstverständnis nach die Aufgabe zu, jene Bedingungen zu schaffen, unter denen der Kampf für einen deutschen Wiederaufstieg zur Weltmacht erneut geführt werden könnte.

Ein ganz anderer Fall war die Figur und Karriere des Benito Mussolini. Gewiß weist die von ihm kreierte Bewegung des »Fascismo« einige typologische Ähnlichkeiten mit der des Nationalsozialismus auf; und auch die sukzessive, von Teilen des Staatsapparates und der alten Eliten gedeckte Übernahme der Macht verlief ähnlich. Doch die Unterschiede sind kaum weniger bemerkenswert. Daß das faschistische Italien Mussolinis schließlich von Hitlers Drittem Reich ins Schlepptau genommen und in den Zweiten Weltkrieg hineingezogen wurde, hatte mit Gemeinsamkeiten des politischen und sozialen Systems oder der Weltanschauung jedenfalls weniger zu tun als mit der Konstellation der Mächte.

Mussolini war in den Vorkriegsjahren ein prominenter und charismatischer Sozialist gewesen, der innerhalb der Sozialistischen Internationale eine ähnlich maximalistische Position vertreten hatte wie Lenin. Als Chefredakteur des Zentralorgans ›Avanti‹ hatte er sich im Juli 1914 heftig gegen den heraufziehenden Krieg gewandt, dann aber in einer jähen, durchaus revolutionär motivierten Entscheidung für den Kriegseintritt Italiens geworben, der die Sache des Sozialismus und die Ambitionen der »unerlösten Nation« in einer großen Mobilisierung der Massen vereinen sollte. Dafür wurde er aus der Partei ausgeschlossen, ohne über eine neue politische Basis zu verfügen. Der Krieg, in den das Land eingetreten war, um an der Zerschlagung des Habsburgerreiches mitzuwirken und darüber zur europäischen Macht zu werden, blieb unpopulär, vor allem wegen der demütigenden Niederlagen und allzu mageren Gewinne. Die große Masse der ehemaligen Parteigenossen Mussolinis strebte nach links und nahm unter dem Eindruck der russischen Entwicklungen die Haltung eines revolutionär gestimmten Defätismus ein. Zu den radikalen Nationalisten, die sich während des Krieges ihrerseits dem Konzept eines korporativen Sozialismus annäherten, hatte die Gruppe um Mussolini nur sporadische Kontakte. Statt also an die Spitze eines großen, nationalrevolutionären Lagers zu treten, wie er es sich zweifellos erhofft hatte, war Mussolini im Mai 1917, als er verwundet von der Isonzofront zurückkehrte, beinahe in die politische Bedeutungslosigkeit abgesunken. Auch vom künftigen »Faschismus« gab es noch nicht einmal den Begriff.

Erst als sich abzeichnete, daß die großitalienisch begründeten

Ansprüche auf die »unerlösten« Gebiete in Istrien und Dalmatien im Versailler Friedensvertrag nur teilweise anerkannt werden würden, bildeten sich unter der Führung Mussolinis im März 1919 jene Kampfgruppen (»fasci di combattimento«), die als Keime der faschistischen Bewegung einige Dutzend patriotischer Sozialisten und nationalistischer Offiziere zusammenschlossen. Es bedurfte allerdings noch einer langen Kette teils illegaler, teils legaler Aktionen, bis Mussolini 1922 seinen »Marsch auf Rom« erfolgreich abschließen und 1925 vor einem halbleeren Parlament die Errichtung der »totalitären«, ungeschmälerten Macht seiner Bewegung und die »Faschisierung« der Gesellschaft im ganzen proklamieren konnte.

Was diesen italienischen Faschismus mit dem deutschen Nationalsozialismus verband, war das eindeutige Primat einer künftigen imperialen Machtentfaltung und Expansion nach außen. Weder Faschismus noch Nationalsozialismus waren in erster Linie Träger einer bürgerlichen antibolschewistischen Konterrevolution, sondern Prätendenten einer eigenen, *rivalisierenden* Revolution im Geiste eines nationalen, korporativen Sozialismus, der wiederum als Basis eines von allen traditionellen Hemmungen befreiten, erneuerten Imperialismus dienen sollte.

Lenin schaute Anfang 1917 bereits auf ein Vierteljahrhundert berufsrevolutionärer Tätigkeit zurück. Der Kern der um seine Person gescharten Partei der Bolschewiki entstammte, trotz eines rapiden Zustroms frischer Kader, noch immer jener klassischen Verbindung einer radikalen Intelligenzija mit einem aufstrebenden und politisierten Arbeitermilieu, die für die Sozialdemokratie Rußlands historisch prägend war. Während Faschisten und Nationalsozialisten sich erst nach dem Ersten Weltkrieg, in der Zeit der beginnenden Versailler Weltordnung konstituierten, kamen die Bolschewiki aus der konsolidierten politischen und weltanschaulichen Tradition des russischen Sozialismus – von der sie sich allerdings radikal zu lösen begannen.

Dabei hatte sich Lenin zu Beginn des russischen Revolutionsjahres in einer kaum weniger isolierten Position befunden als Mussolini, aus einem scheinbar entgegengesetzten Grund, nämlich wegen seiner Strategie eines bedingungslosen »revolutionären Defätismus«. Tatsächlich war diese Strategie mit Mussolinis »revolutionärem Bellizismus« viel enger verwandt, als es aussah. Auch Lenin war in Wirklichkeit revolutionärer Bellizist. Den Konferenzen der Sozialistischen Internationale, die sich mit der bedrohlich anwachsenden Gefahr eines europäischen Krieges beschäftigten, dem Basler Kongreß vom November 1912 und dem in letzter Minute einberufenen Brüsseler Treffen vom 29. Juli 1914, blieb er demonstrativ fern.

Statt dessen konzentrierte er all seine Energien darauf, die Spaltung der russischen Sozialdemokratie – gegen starke Widerstände in den eigenen Reihen – bis zum vollständigen und endgültigen Bruch voranzutreiben, um seine eigene Partei zu bilden. Das war keine Marotte, sondern eine entscheidende Voraussetzung für alles weitere. Es bedeutete die Abkehr von allen historischen Zielen der Arbeiterbewegung und vom Marxismus, die Entwicklung einer völlig neuen, eigenständigen Doktrin, die später Leninismus genannt wurde.

Dabei wußte die Mehrheit der Bolschewiki selbst noch nicht, wohin die Reise ging. Immer wieder scheute sie zurück, suchte sie Anschluß an irgendeine bereits vorhandene Strömung, an irgendein erreichbares Zwischenziel. Und immer wieder trieb Lenin sie zu völlig neuen Ufern. Das war keine blinde politische Hörigkeit und kein mythologischer Akt, sondern reflektierte die Bedingungen einer Revolution, von der alle annahmen, daß sie die »Halbwilden« der russischen Dörfer entfesseln und eine Orgie der anarchischen Zerstörung werden könnte. So war die Alternative für die russischen Sozialisten schroff gestellt: entweder Anschluß an eine breite demokratisch-reformerische Koalition, wie ihn die Mehrzahl der Menschewiki suchte, oder eine revolutionäre Vorwärtsstrategie, von der es möglicherweise kein Zurück mehr geben würde und die deshalb in der kaltblütigsten Weise alles ausnutzen mußte, was ihr in die Hände spielte. Darin lag die absolute Autorität Lenins, die sich immer wieder gerade dann erwies, wenn er sich auf völlig neuen historischen Boden vorgewagt hatte und scheinbar ganz allein stand.

So war es auch mit der Stellung zum Weltkrieg, den er keineswegs fürchtete, im Gegenteil, nur rechnete er nicht damit. Noch Anfang 1913 schrieb er vor dem Hintergrund des Balkankrieges an Gorki: »Ein Krieg zwischen Österreich und Rußland wäre einer Revolution sehr förderlich, nur ist es nicht sehr wahrscheinlich, daß Franz Joseph und Nikolaschka (Zar Nikolaj II.) uns diesen Gefallen tun werden.« Als der Weltkrieg dann zur Tatsache geworden war, begrüßte er ihn jedoch ohne Zögern als den Beginn einer Ära der sozialistischen Revolution: »Je mehr Opfer der Krieg fordern wird, desto klarer werden die Arbeiter den Verrat sehen, den die Opportunisten an der Arbeitersache begehen, desto besser werden sie die Notwendigkeit erkennen, daß man die Waffe gegen die Regierungen und die Bourgeoisie eines jeden Landes richten muß.«

Für die Brechung des »bürgerlich-reformistischen« Einflusses in der sozialistischen Bewegung war die Haltung zum Krieg die beste Scheidemünze. Diejenigen, die sich auf die Seite ihrer jeweiligen Regierung schlugen und den Krieg unterstützten, entlarvten sich damit selbst als »Sozialpatrioten« und konnten für jede künftige revolutionäre Politik abgeschrieben werden. Gefährlicher waren in Lenins Augen aber die, die – wie Kautsky in Deutschland, wie die Anhänger des ermordeten Jaurès in Frankreich oder wie die Mehrzahl der Menschewiki in Rußland – für einen sofortigen »demokratischen Frieden« und eine Rückkehr zum Status quo ante eintraten. Gegen sie mußte der polemische Hauptschlag geführt werden. Frieden war etwas für Jungfrauen und Spießer. Für Lenin kam es ganz im Gegenteil darauf an, den Krieg mit seinen Massenmobilisierungen, sozialen Umschichtungen und wirtschaftlichen Maßnahmen in das Zentrum einer revolutionären Strategie des Übergangs zum Sozialismus zu stellen. Das europäische Staatensystem und die gesamte überkommene Weltordnung würde durch den Krieg radikaler erschüttert als durch jeden beliebigen Volksaufstand, die Macht der Regierungen vorübergehend zwar wachsen, aber letztlich um so mehr geschwächt, je länger der Krieg dauerte. Und wenn der patriotische Rausch einmal vorbei war, würde das sinnlose Gemetzel das schärfste Argument gegen die besitzenden Klassen sein – die damit ihr historisches Lebensrecht in ganz anderer Weise verwirkt haben würden, als es der normale Gang der sozialen Ausbeutung jemals hergab.

Ein »Gegner des Krieges« war Lenin somit nur in einem demagogischen und taktischen Sinne. Was er propagierte, war statt dessen die Verwandlung des Weltkrieges in einen Bürgerkrieg. Und den Anfang würden die russischen Revolutionäre dadurch machen, daß sie sich, wie er schrieb, aktiv für »die Niederlage der Zarenmonarchie, der reaktionärsten und barbarischsten Regierung« unter allen kriegführenden Mächten, einsetzten. Auch dies war kein pazifistisch-demokratischer Selbstzweck. Im Gegenteil: das Eintreten für eine Niederlage des eigenen Landes würde, wie Lenin in dem Artikel ›Über den Nationalstolz der Großrussen‹ klarstellte, eine andere, höhere Form sein, »das Vaterland zu verteidigen« – indem man es nämlich von Grund auf erneuerte und in eine bewaffnete Diktatur des Proletariats nach innen wie nach außen verwandelte.

Lenin nahm es in Kauf, daß er mit dieser extremen, kompromißlos durchgehaltenen Position nicht nur auf den spärlich besuchten Konferenzen der linken Kriegsgegner in Zimmerwald und Kienthal in der Minderheit blieb, sondern selbst in den eigenen Reihen weithin auf Unverständnis oder offene Opposition traf. Das war für ihn nicht wichtig. Wichtig war allein, ob die Dinge selbst sich in die von ihm erwartete Richtung bewegten; und ob es ihm gelingen würde, einen kleinen, schlagfertigen Apparat beisammenzuhalten.

Für diesen Zweck war Lenin auch zu einer sorgfältig abgeschirmten Zusammenarbeit mit den gegnerischen Mächten Rußlands, insbesondere der deutschen Reichsleitung, bereit; und das wohl nicht erst nach seiner Durchschleusung im legendären »plombierten Waggon« im April 1917, sondern bereits seit der ersten Kontaktaufnahme im Jahr 1915. Die lose Kooperation hatte keineswegs nur pragmatische und finanzielle Gründe. Schon in seiner

1916 verfaßten Schrift ›Der Imperialismus als höchstes Stadium des Kapitalismus‹ zeichnete Lenin ein Panorama der Weltpolitik, dem zufolge die »alten« Mächte (England und Frankreich), die sich vornehmlich auf eine extensive koloniale Ausbeutung stützten, ihre Position um jeden Preis gegen die aufsteigenden »jungen« Mächte (Deutschland, Japan und Amerika) verteidigen wollten, die einen moderneren, organisatorisch und technisch avancierteren Entwicklungstyp verkörperten. Die Sympathien der russischen Sozialisten mußten in einer so beschriebenen Konfrontation, wenn auch unausgesprochen, den »jungen« Mächten gehören; erstens, weil diese die »alte« Weltordnung, angefangen mit dem Zarenreich, in Trümmer legten, und zweitens, weil sie mit ihrer staatlich zwangssyndizierten Kriegswirtschaft bereits die unmittelbare sozialökonomische Grundlage eines Übergangs zum Sozialismus schufen.

So konträr die Positionen Lenins und Mussolinis innerhalb der sozialistischen Bewegung waren, so sehr entsprachen sie einander in dem Bestreben, die kriegsmäßige Mobilisierung der Massen für den Übergang zu einer neuen Sozialordnung zu nutzen und aus der Asche des Krieges einen neuen Staatsphönix erstehen zu lassen. Wenn es sich für Mussolini um die Aufhebung der Klassen in einer radikal verwandelten Nation handelte, so für Lenin um die Aufhebung der Klassen und der Völkerschaften des Reiches in einem geschlossenen Staat der proletarischen Diktatur, dessen kriegerische Stellung gegen den Weltimperialismus, und insbesondere gegen die »alten« Mächte England und Frankreich, zugleich der Selbstbehauptung Rußlands als einer Großmacht völlig neuen Typs dienen würde.

Von einem »Weltbürgerkrieg« zu sprechen, der im Jahre 1917 ausgebrochen sei, macht nur dann Sinn, wenn man die Epoche bis 1945 entscheidend durch die revolutionären Ambitionen der Sowjetunion wie der Kommunistischen Internationale auf der einen Seite und die entsprechenden ideologisch-politischen Abwehrreaktionen und Konterrevolutionen auf der anderen Seite geprägt sieht. Nicht nur Ernst Nolte hat das Zeitalter der Weltkriege unter diese Formel vom »Weltbürgerkrieg« stellen wollen. Auch die Mehrzahl seiner linksliberalen Kritiker ging davon aus, daß das Verhältnis von kommunistischen und faschistischen Bewegungen im wesentlichen eines von Revolution und Konterrevolution gewesen sei. Die Kommunisten haben sowieso von jeher die Faschisten als Antikommunisten und sich selbst als geborene Antifaschisten gesehen. Und die Nationalsozialisten versuchten später, ihre Taten als einen im Kern legitimen Verteidigungskampf gegen den Kommunismus darzustellen. Selbst die westlichen Liberalen führten die Verhängnisse des Zeitalters vorzugsweise auf den Kampf der Ideologien und Systeme zurück.

Historisch sinnvoller scheint mir eine ganz andere Sichtweise: Das bolschewistische Sowjetrußland, das faschistische Italien, das nationalsozialistische Deutsche Reich oder das kaiserlich-militaristische Japan, ebenso wie die République Française, die imperiale Monarchie Großbritanniens oder die Präsidialdemokratie der USA, waren Machtkomplexe, deren spezifische Verfassungen ihrer Lage und ihren Ambitionen in der Welt sowie ihren sozialökonomischen Zuständen in vieler Hinsicht entsprachen. Und die begleitenden Ideologien formulierten weltpolitische Ansprüche, die ordnend und mobilisierend nach innen sowie bündnispolitisch nach außen wirken sollten und teilweise auch wirkten. Während die Demokratien des Westens auf die Dynamik ihrer ökonomischen, den Weltmarkt bestimmenden Machtpotentiale setzen konnten, betrieben die faschistischen und kommunistischen Bewegungen die Fortsetzung des Weltkrieges »mit anderen Mitteln«.

Der globale Kampf supranationaler Weltanschauungen und »Lager« ist im Verhältnis dazu letztlich zweitrangig geblieben. Es war kein anderer als Arthur Koestler, der im Jahre 1944 nüchtern feststellte: »Wenn sämtliche politischen ›Ismen‹ nicht existiert hätten, wäre die Gruppierung der kämpfenden Mächte dennoch dieselbe gewesen.«

3

REVOLUTION UND INVOLUTION
DER BOLSCHEWISMUS DES JAHRES 1917

Revolutionen haben ihre eigene Suggestion jenseits ihrer tatsächlichen geschichtlichen Wirkung und Bedeutung. Die Oktoberrevolution der Bolschewiki war vielleicht die suggestivste von allen. Dem Schriftsteller und Korrespondenten der ›Frankfurter Zeitung‹, Alfons Paquet, erschien sie »trotz des Medusenantlitzes, das sie uns entgegenhebt, als das Urbild der Revolution schlechthin«; und daher wurde der Aufenthalt im vom Bürgerkrieg verwilderten Moskau 1918 für ihn ein ans Religiöse grenzendes Erlebnis. Eine ähnliche, ganz anders gefärbte Wirkung hatte sie auf den Korrespondenten des britischen ›Manchester Guardian‹, Morgan Philips Price. Er sah die junge Sowjetrepublik als Menetekel einer allgemeinen Erhebung der proletarischen Völker des Ostens gegen die bourgeoisen Ausbeuternationen des Westens, die er drohend an Carlyles Charakterisierung des revolutionären Frankreich als Nemesis der alten Welt erinnerte: »Diese Republik und nationale Tigerin ist eine Neugeburt – ein Naturakt inmitten leerer Formeln in einem Zeitalter der Formeln ... – schrecklich in ihrer Deutlichkeit und Echtheit, wie der Tod selbst. Was ihr an Echtheit gleichkommt, mag ihr entgegentreten und Trotz bieten. Was ihr aber nicht gleichkommt?« Der Bann hat fast ein Dreivierteljahrhundert angehalten, und noch die vollkommen wirklichkeitsfremden Erwartungen eines westlichen Publikums an die weltverändernde Rolle der Gorbatschowschen »Perestroika« waren ein ferner Widerschein dieser alten Faszination.

So galt es bis vor wenigen Jahren als selbstverständlich, die bolschewistische Oktoberrevolution in eine Reihe mit der Französischen Revolution zu stellen, die sie in mancher Hinsicht fortgesetzt, in ihrer historischen Tragweite aber noch übertroffen habe. Das abrupte Ende der Sowjetunion und des »sozialistischen Lagers« hat dieser Bewertung den Boden entzogen. François Furet verwies auf die »tabula rasa« nach dem Verschwinden des Sowjetreichs, »die in keinem Verhältnis steht zu dem, was nach der Französischen Revolution oder nach dem Fall des Napoleonischen Kaiserreiches blieb«. Darin offenbare sich ein ungewöhnliches Merkmal der Sowjetunion: »eine Weltmacht ohne wirkliche Zivilisation gewesen zu sein«. In der Tat, wenn einige der Institutionen und Rechtsschöpfungen der Französischen Revolution zum Kernbestand der modernen Zivilisation schlechthin gehören, so wird man nichts dergleichen über die bolschewistische Oktoberrevolution sagen können – nicht jetzt und nicht in hundert Jahren.

Die große russische Revolution, die das anachronistische Regime des Zaren stürzte und mit der alle Welt seit langem gerechnet hatte, war die demokratische Revolution des Februar/März 1917. Sie schien historisch überfällig wie der früher oder später zu erwartende Sturz der anderen beiden östlichen Vielvölkerreiche auch – des Osmanischen und des Habsburgischen Reiches. Niemand hatte dagegen den Oktoberumsturz der Bolschewiki auf der Rechnung; und selbst als er eingetreten war, glaubte kaum jemand, daß dieses Regime sich über längere Zeit werde halten können, geschweige, daß es ihm noch einmal gelingen könnte, das zerbrochene Reich auf neuer Grundlage wieder zusammenzufügen. Und tatsächlich gab es für die Machtübernahme der Bolschewiki und das, was anschließend geschah, keinen wirklich zwingenden Grund. Sie war in keinem erkennbaren Sinne historisch *notwendig* – nicht aus damaliger Perspektive und aus heutiger erst recht nicht.

Aber diese von den Bolschewiki initiierte und geführte zweite Revolution – die sich nicht mehr gegen das alte Regime, sondern gegen die junge demokratische Republik richtete – war offensichtlich historisch *möglich*, und das in keinem bloß konjunkturellen, situationsgebundenen Sinne. Vielmehr beschreibt sie eine der beunruhigendsten geschichtlichen Möglichkeiten und Erfahrungen überhaupt. Jahrzehnte später konnte Mao Tse-tung in entrückter Gelassenheit – und völlig zu Recht – über die Kulturrevolution sagen: »*Ich* habe dieses Feuer entfacht.« Dasselbe hätte Lenin über die Oktoberrevolution sagen können und Stalin über die Wendung zur totalen Kollektivierung 1929/30 und über die Entfesselung des Großen Terrors der Jahre 1936/37. Im ironischsten Gegensatz zu allen Lehren des Marxismus haben die Führer der kommunistischen Parteien eine persönliche Entscheidungssouveränität an den Tag legen können, für die man kaum historische Parallelen findet. Natürlich waren es in Wirklichkeit komplexe Bedingungsketten, von denen der Erfolg abhing, und es bedurfte eines »genialen« politischen Instinktes, um die richtigen Momente und Angriffspunkte herauszufühlen. Es mußten mobilisierbare Interessen und starke Motivationen nicht nur der eigenen Parteien und Bewegungen, sondern auch wirklicher »Massen«, vor allem jugendlicher Massen, dahinter stehen. Aber wie wir es auch drehen und wenden: Gerade die Geschichte der kommunistischen Parteien zeigt, was politisches Führertum vermittels organisierter Parteien und mobilisierbarer Massen gegenüber angreifbaren Institutionen und labilen Sozialgefügen in ganz bestimmten Situationen vermocht hat.

Kurz vor seinem Tod hat Lenin selbst darauf hingewiesen, daß seine Politik im Revolutionsjahr 1917 einer napoleonischen Devise gefolgt sei: On s'engage, et puis on voit – man stürzt sich in die Schlacht, und dann sieht man weiter. Er wollte damit die Notwendigkeit unterstreichen, taktisch beweglich zu bleiben, statt einem starren Rezept zu folgen. Wenn er sein Handeln in den Kategorien eines Feldzuges beschrieb, dann war das keine bloße Analogie mehr, sondern bezeichnete eine Realität. Die Revolution der Bolschewiki war in der Tat die Eröffnung eines Feldzuges zur Eroberung der Macht, mittels dessen auf dem Boden eines alten, zerfallenden Reiches ein Großstaat neuen Typs mit vorläufig noch offenen Grenzen gegründet wurde. Und zugleich erwies sie sich als der Beginn eines langen Marschs in ein geschichtliches *Niemandsland* – für das alle Vorstellungen und Kartenwerke der alten Welt nicht mehr galten. Die theoretischen, durchaus mit empirischem Material unterfütterten Texte des Marxismus über »Klassen«, »Eigentumsverhältnisse«, »Produktionsweisen« oder über die »proletarische Diktatur« als Mittel der direkten Demokratie und der »Aufhebung des Staates« waren als Handlungsanweisung für das politische Geschehen etwa so belangvoll wie die theologischen Schriften des europäischen Mittelalters für die Kolonisierung Amerikas.

Will man dem Ereignis der bolschewistischen Oktoberrevolution näher kommen, wird man zunächst versuchen, die historischen Bedingungen zu beschreiben, unter denen sie überhaupt möglich war. Trotzki hat den Erfolg der bolschewistischen Politik später in der richtigen Berechnung des »Parallelogramms der sozialen Kräfte« gesehen – ein Erklärungsmodell, das schon dadurch verblüfft, daß es die divergierenden »sozialen Kräfte« als blind wirkende Faktoren versteht, die durch die bewußte Intervention einer äußeren Kraft, der bolschewistischen Partei, in eine bestimmte Richtung gelenkt werden können. Dieses Bild kommt der historischen Realität zwar durchaus nahe, doch ist es immer noch revolutionär überzeichnet. Näher betrachtet, erscheint der rasende Übergang vom Februar zum Oktober eher als *Involution* denn als Revolution.*

Was Lenin seit 1914 gefordert hatte, ging im Sommer 1917 in Erfüllung: die Verwandlung des Krieges in den Bürgerkrieg – nun allerdings unter den Bedingungen einer demokratischen Republik. Als eine reine »Friedenssehnsucht« der Massen ließ sich das kaum beschreiben. Vielmehr handelte es sich um eine geballte und bewaffnete Akkumulation gesellschaftlicher Ansprüche, die ihren Rechtstitel aus den im Krieg gebrachten Opfern bezog. Man könnte auch sagen: Ein nach innen gerichteter *Revanchegeist*, in dem sich soziale und nationale Motive im Vorwurf des »Verrats« – eines Verrats der Herrschenden an ihrem Volk – eng vermischten, brach sich

---

* Der Begriff der »Involution« bezeichnet in der Medizin einen Prozeß der Rückbildung der inneren Organe. Diese Metapher schien mir passender als etwa der Begriff »Implosion«.

46

Bahn. In dieser Stimmung hatte sich der Übergang der Soldaten zu den Hungerdemonstranten im Februar/März vollzogen, der den Unruhen von vornherein ein völlig anderes Gepräge gab als der Revolution von 1904/05. Der kaum erwartete Effekt war das abrupte und geradezu spurlose Verschwinden des Zarentums rund eine Woche nach Ausbruch der Unruhen und Meutereien. Zu erklären war das nur mit der Überlastung seines unzeitgemäßen Regierungs- und Verwaltungsapparates im Kriege und mit einer müden Realitätsverweigerung, die sich beim Zaren selbst in ganz besonderem Maße fand.

Es entstand ein ungeheures ideelles und materielles Vakuum, das die neue Provisorische Regierung nicht nur nicht ausfüllen konnte, sondern in das sie bald selbst hineingezogen wurde. Am Vorabend der Revolution legte der französische Botschafter Maurice Paléologue seinem italienischen Kollegen in Form eines Vergleichs dar, was ein Sturz des Zarentums in Rußland bedeuten werde. Nehmen wir an, sagte er, eine moderne »Pulververschwörung«, wie es sie in England 1605 schon einmal gab, werde in London auf einen Schlag den König, die Minister, das gesamte Parlament, die obersten Richter und die Militärs in die Luft jagen. Natürlich würde das eine augenblickliche und vollständige Zerrüttung des Staates und einen Stillstand aller gesellschaftlichen Lebensvorgänge zur Folge haben. »Aber es wäre nur eine vorübergehende Ohnmacht; nach einer kurzen Zeit der Bestürzung und Betäubung würde man sehen, wie das öffentliche Leben wieder erwachte, wie es sich durch die spontane Tätigkeit der Provinz- und Stadtbehörden, der geistlichen Körperschaften, der Hochschulen, Klubs, Handelskammern, Syndikate, mit einem Wort durch die zahllosen privaten, geistlichen, politischen ..., literarischen, wissenschaftlichen, sportlichen Gesellschaften usw. aufs neue organisieren würde.« Derartiges sei in Rußland jedoch nicht zu erwarten, »denn der Zarismus ist nicht nur die offizielle Verkörperung der russischen Regierung, er ist auch die Grundlage, das Gerüst, der ganze Bau der russischen Gemeinschaft«. Ein Sturz des Zarismus werde daher zu einer endlosen Reihe von Unruhen, einem vollständigen gesellschaftlichen Zusammenbruch und wahrscheinlich einem Zerfall des Reiches führen. Mit anderen Worten, er wäre »Rußlands Ende«.

Zwar entsprach dieses Bild Paléologues nicht mehr ganz der Realität. Ein erheblicher Teil der vormals staatlich organisierten Aufgaben war längst in die Hände gesellschaftlicher Einrichtungen, vor allem der »kriegswirtschaftlichen Komitees«, übergegangen, in denen Agrarier, Kaufleute, Unternehmer und Arbeitervertreter zusammenwirkten. Aber richtig war trotzdem, daß die neuen Strukturen nur zur Lockerung des alten, bürokratischen Staatsgefüges beigetragen hatten, ohne es annähernd schon ersetzen zu können.

Man kann die Hauptfaktoren dieses Prozesses der gesellschaftlichen Involution in groben Zügen umreißen. Ein erster bedeutender Faktor betrifft die Struktur des im 19. Jahrhundert endgültig und gewaltsam zusammengefügten russischen Vielvölkerreiches: In den nichtrussischen Reichsteilen bildeten sich unmittelbar nach dem Februar/März 1917 nationale Befreiungskomitees und Vorformen eigener Staatlichkeit, natürlich in heftiger Konkurrenz der jeweils vorhandenen Parteien. Aber auch die verschiedenen nationalen oder religiösen Minderheiten schufen sich ihre eigenen Parteien und autonomen Vertretungen. Das Imperium zerfiel im Sommer 1917 in ähnlich kurzer Zeitspanne wie noch einmal – und wohl für immer – im Sommer 1991. Anfangs geschah dies auf verhältnismäßig demokratische und friedliche Weise. Doch durch den fortdauernden Weltkrieg und vor allem dann mit der bolschewistischen Machtergreifung in Petrograd und Moskau wurden die nationalen und sozialen Konflikte zu einem einzigen, unentwirrbaren blutigen Knoten geschürzt. Parallel zum Bürgerkrieg von »Roten« und »Weißen« gab es grausame Kämpfe zwischen nationalen Mehrheiten und Minderheiten, russischen Siedlern und nomadischen Stämmen, Kosaken und ukrainischen Bauern, Kurden und Persern, Armeniern und Aserbeidschanern, zu Banden degenerierten Armee-Einheiten und zu Armeen gewordenen Banden.

In Gebieten wie dem Kaukasus kämpften buchstäblich alle gegen alle. Ein besonderes Kapitel waren die Pogrome in den Dörfern und Shtetln des 1917 endgültig aufgehobenen »jüdischen Ansiedlungsrayons«, die schon mitten im Weltkrieg begonnen hatten und im Bürgerkrieg zu einer festen Übung aller durchziehenden »weißen«, »grünen« oder »roten« Armeen und Banden wurden.

Noch tiefer griff eine Reihe gesellschaftlicher Auflösungserscheinungen im russischen Kernland, die vielfach als »Bolschewismus« bezeichnet wurden, obwohl sie mit der Partei Lenins zunächst sehr wenig zu tun hatten. Aber sie spielten ihr natürlich in die Hände, da sie als einzige bereit war, diesen Tiger zu reiten, für den es seit langem einen mythischen Namen gab: den *russkij bunt* – den russischen Aufruhr. »Bolschewismus« wurde im allgemeinen Sprachgebrauch zum Synonym des »russischen Aufruhrs«.

Seine erste und entscheidende Form war der »Schützengrabenbolschewismus«. Der Bestand der Armee war 1915/16 in militärisch vollkommen sinnloser Weise auf zehn Millionen schlecht ausgebildeter, schlecht ernährter und schlecht bewaffneter junger Männer aufgestockt worden. Dem zivilen Leben entrissen und militärisch nur lose geführt, bildeten diese zehn Millionen im Soldatenmantel eine soziale Kategorie oder »Klasse« eigener Art. Zwischen April und Oktober 1917 desertierten etwa eine Million Soldaten von der Front oder aus den Kasernen. Hunderttausende gingen zurück in ihr Dorf, um bei der Landverteilung und Ernte dabeizusein. Andere blieben in den Städten oder bildeten marodierende Banden in den Wäldern, oft unmittelbar hinter der Front. Offiziere, die sich den Deserteuren in den Weg stellten oder sie zur Rückkehr zur Truppe bewegen wollten, wurden in vielen Fällen umgebracht. Aus Angst vor ihren Soldaten desertierten deshalb auch oft die Offiziere.

Wer waren diese »zaristischen Offiziere« im Jahr 1917? »Das Offizierskorps entsprach in seiner qualitativen und quantitativen Zusammensetzung dem Prozentsatz der wenigstens relativ gebildeten Menschen, die Rußland aufzuweisen hatte. Jeder, den man irgendwie zum Offizier machen konnte, wurde befördert ... Ein gebildeter Mann, der nicht den Offiziersrock trug, war eine Seltenheit ... Eine Ausnahme bildeten die Juden. Juden wurden nicht befördert ... Deshalb bestand ein sehr hoher Prozentsatz der gebildeten Soldaten aus Juden. Sie wurden dann auch in die Komitees gewählt. In den wählbaren Organen der Armee, also auf den verantwortungsvollsten Posten, saßen etwa vierzig Prozent Juden, und zugleich war die Armee von einem tiefeingewurzelten ›irrationalen‹ Antisemitismus durchtränkt und veranstaltete Pogrome.« So Wiktor Schklowski, selbst Sohn eines Juden und gewählter Armeekommissar unter Kerenski, in seinem Bürgerkriegsbericht ›Sentimentale Reise‹.

Die sogenannte Kerenskioffensive im Juni/Juli war der letzte Versuch, zumindest den Kern der Armee und des Staates zu erhalten. Er besaß im übrigen auch einen revolutionären Sinn, ja, er schien auf der Linie der historischen Erfahrungen aller Revolutionen zu liegen, die zur Verteidigung ihrer Errungenschaften stets an die Massen appelliert und durch eine »levée en masse« den Grundstein einer neuen, demokratischen Staatsmacht gelegt hatten. Schklowski, der als Frontkommissar und Sozialrevolutionär versuchte, die Regimenter in Galizien für eine Beteiligung an der Offensive zu gewinnen, wäre von den Soldaten fast gelyncht worden. »Erschöpft, zerquält, von Rußland isoliert, bildeten sie eine eigene Republik.« Ihr Kriegsbolschewismus sei nur die revolutionäre Drapierung eines Rückzugs auf sich selbst gewesen. »Sie flüchteten sich in den ›Bolschewismus‹, wie sich ein Mensch vor dem Leben in irgendeine Psychose flüchtet.« Statt in einer Festigung der Armee und der Staatsmacht, endete die unter roten Fahnen vorgetragene Offensive, an die Kerenski sein gesamtes Prestige geknüpft hatte, in einem Desaster. Die Armee als eine geschlossene, handlungsfähige Korporation hörte auf zu existieren. Sie spaltete sich statt dessen sowohl innerhalb der Mannschaften als auch innerhalb des Offizierskorps in die Fraktionen des heraufziehenden Bürgerkrieges, die in den Garnisonen ihre eigenen Fahnen hißten und ihre eigenen Sprecher wählten.

Wie die Front zerbrach 1917 das gesamte Land in Tausende und aber Tausende »Republiken«, die sich angesichts des bedrohlichen Zerfalls aller etablierten Beziehungen auf sich selbst zurückzogen. Das galt vor allem für die Dorfgemeinden, in denen die neugebildeten Komitees weitgehend in die Fußstapfen der Dorfältesten und Dorfvorsteher traten – nur daß es jüngere, schreibkundige Bauern und von der Front gekommene Soldaten waren, die jetzt den Ton angaben. Die erste, grundlegende Entwicklung bestand in der zwangsweisen Rückführung jenes Drittels oder Viertels selbstwirtschaftender Bauern, die sich seit den Stolypinschen Agrarreformen mit Hof und Land aus der dörflichen Flurgemeinschaft ausgegliedert hatten. Die wohlhabenderen unter ihnen wurden bereits als »Kulaken« bezeichnet – ein Schimpfwort, das etwa dem »Wucherer« entspricht. Doch in der Mehrzahl handelte es sich um mittlere und kleine Bauern, die in den Vorkriegsjahren ihr Stück Land »abgeteilt« hatten und jetzt unter einem scharfen sozialen Druck wieder »eingemeindet« wurden. Dabei waren gerade sie es, die den enormen Aufschwung der russischen Agrarproduktion vor 1914 mitgetragen hatten.

Das handfeste Motiv für diese Neuformierung der traditionellen bäuerlichen Dorfgemeinschaften bildete, wie Orlando Figes gezeigt hat, die Beschlagnahme der Ländereien der benachbarten Gutswirtschaften und die Plünderung ihres lebenden und toten Inventars. Das Dorf faßte gemeinsam den Beschluß zur Konfiskation des Gutslandes und teilte Ländereien wie Inventar nach dem gleichen egalitären Schlüssel auf, nach dem auch die Böden im Dorf selbst zugeteilt wurden: nämlich in aller Regel nach der Größe der Familien. Alle mußten mitmachen, damit alle hafteten. Im übrigen trugen diese illegalen Konfiskationen nicht unbedingt den Charakter eines selbstbewußten Aktes sozialer Gerechtigkeit, sondern waren vielfach schon von dem panischen Gefühl diktiert, für die kommende Zeit der Wirren mit Boden, Saatgut und Geräten versorgt zu sein. Und wenn dabei die Gutshöfe zu Hunderten und Tausenden angezündet wurden und in weiten Gebieten des Landes nachts der Himmel von großen Bränden gerötet war, dann geschah das weniger aus virulentem Haß, als um sicherzugehen, daß die Herrschaften nicht doch eines Tages zurückkehrten.

Für einen kurzen historischen Augenblick schienen die Bauern ihre alte Utopie wahrgemacht zu haben: auf eigenem Boden zu leben, aller Schulden ledig zu sein, keine Steuern zu zahlen und keinen Herrn über sich zu haben. Allerdings waren es nach der Aufteilung aller Guts- und Klosterländereien nur ein bis fünf Hektar, die je nach Bevölkerungsdichte und Kopfzahl auf die einzelnen Bauernfamilien entfielen, vielfach winzige, weit auseinanderliegende Landstücke. Nicht umsonst hatten die Wirtschaftsstatistiker der Vorkriegszeit eine ländliche »Überbevölkerung« von dreißig Prozent und mehr errechnet. Sie war das drückendste soziale Problem Rußlands überhaupt.* Die Zahl der kleinen Höfe hatte sich im Zuge dieses Umbruchs, der im Sommer 1917 begann und im Frühjahr 1918 weitgehend abgeschlossen war, um mehrere Millionen vermehrt, während alle größeren, für den Markt produzierenden Überschußbetriebe verschwunden waren. Der radikale bäuerliche Egalitarismus bedeutete nichts anderes als eine Rückkehr zur Subsistenzwirtschaft. Und das wiederum hieß, daß die Belieferung der Städte mit Lebensmitteln nicht mehr gesichert war, eine galoppierende Teuerung einsetzte, das Geld als Zahlungsmittel immer mehr seine Funktion verlor und das gesamte Reich binnen kurzem auf die Stufe des Naturaltauschs zurückgeworfen werden würde.

In den Städten war nach der österlichen Stimmung der ersten

---

* Das Problem der ländlichen »Überbevölkerung« resultierte in allererster Linie aus der Bevölkerungsexplosion nach der Bauernbefreiung. Von 1864 bis 1913 hatte sich die Einwohnerzahl Rußlands verdoppelt – von 61 auf 122 Millionen Menschen. Der große Aufschwung der Industrie und der ländlichen Gewerbe seit den neunziger Jahren sowie die von der Regierung geförderten sibirischen und südrussischen Ansiedlungskampagnen hatten diese Entwicklung nicht auffangen können. Und die Stolypinschen Agrarreformen von 1907, die den selbständigen, für den Markt produzierenden bäuerlichen Betrieb gefördert und damit eine beträchtliche Steigerung der landwirtschaftlichen Produktion ermöglicht hatten, verschärften die sozialen Widersprüche im Dorf. Dieser Elementarkonflikt entlud sich im Sommer 1917.

Revolutionszeit sehr bald schon eine grimmige Ernüchterung eingezogen. Arbeiter und Angestellte traten sukzessive in den Streik, während die Spielräume für die Erfüllung ihrer Forderungen immer enger wurden. Nach einer Welle neuer, heftiger Streiks und Zusammenstöße im September trat zunehmend die Losung der »Arbeiterkontrolle« in den Vordergrund. Sie bedeutete im Klartext, daß die allenthalben gebildeten Fabrikkomitees namens der Belegschaften die Produkte wie das Inventar der Betriebe als Pfand für ihre Lohnforderungen in Beschlag nahmen. Immer mehr Firmen schlossen – was von den Arbeitern als bewußte »Sabotage« aufgefaßt wurde. Und hier und da begannen die Belegschaften bereits, die Warenlager und die Fabriken selbst auszuverkaufen.

Die galoppierende Inflation, die eine Rückkehr zum Naturaltausch ankündigte, ließ den Raub mehr oder weniger wertvoller Güter zur Massenerscheinung werden. Darin machte sich zugleich ein längst aufgestauter Haß auf die glänzende metropolitane Zivilisation Luft, der nicht nur unter den bäuerlichen Soldaten der Garnison schwelte, sondern auch unter den in die Vorstädte eingeströmten Arbeitern der ersten Generation sowie dem Heer der Dienstleute und Hilfskräfte. St. Petersburg, die 1914 in Petrograd umgetaufte Hauptstadt des Reiches, war neben Berlin die am stürmischsten gewachsene Metropole Europas. Ihr alter aristokratisch-imperialer Stadtkern mit seinen Adelspalais und Schlössern war seit der Jahrhundertwende durch wildwuchernde Prunkbauten, Viertel und Straßenzüge nochmals überbaut und ausgedehnt worden. Die Zeitungen im Sommer und Herbst 1917 sind voll von Meldungen über bewaffnete Raubzüge. Ganze Bibliotheken, Schmuck- und Bildersammlungen verschwanden und tauchten auf den Trödelmärkten wieder auf, von wo sie teilweise ihren Weg ins Ausland fanden.

Diese Plünderungen wurden begleitet von einer Welle der Lynchjustiz, bei der sich vor allem die Soldaten als Ordnungshüter hervortaten, während sie selbst nahmen, was ihnen gefiel, wie sie überhaupt begannen, sich zu Herren über das gesamte Zivil aufzuwerfen. Sie okkupierten die Bahnhöfe, die Eisenbahnen und auch die Straßenbahnen, während die Zivilisten zu Fuß gehen oder zurückbleiben mußten. Viele Bürger verließen die Stadt und zogen sich auf ihre Datschen oder ins weite Land zurück. All diese Entwicklungen markierten den Beginn eines brutalen Enturbanisierungsprozesses, der die Zwei-Millionen-Bevölkerung Petrograds binnen weniger Jahre um zwei Drittel reduzieren sollte.

Maxim Gorki hat in seinen ›Unzeitgemäße Gedanken‹ betitelten Feuilletons das russische Revolutionsjahr 1917/18 als ein gigantisches Pogrom geschildert, in dem die kulturelle Substanz des Landes in rasendem Tempo aufgezehrt wurde. In zahlreichen Zuschriften, die ihn erreichten, ging es immer wieder darum, wie der »Bolschewismus« der Massen sich mit den trübsten Instinkten und Affekten auflud und sich vom historischen Sozialismus zunehmend entfernte. »Man wird von Grauen gepackt, wenn man auf den Straßenversammlungen hört, wie sich Soldaten, die so eifrig die extremsten Parolen der Leninisten verteidigen, von der Pogromhetze gewisser Leute verführen lassen, die ihnen einreden, der jüdische Einfluß im ›Arbeiter-und-Soldaten-Rat‹ sei übermächtig«, hieß es beispielsweise. Und ein Straßenbahnschaffner sagte einer Frau, die ihm erklärte, der Sozialismus kämpfe für die Gleichheit der Völker: »Wir pfeifen auf die Sozialisten! Der Sozialismus ist eine Erfindung der reichen Leute. Wir Arbeiter sind Bolschewiken.«

Wenn Trotzki als Revolutionskünstler vom »Parallelogramm der Kräfte« sprach, so Lenin mit Vorliebe von der sozialen »Elementargewalt«, die durch die Auflösung des jahrhundertealten zaristisch-bäuerlichen Rußlands entfesselt wurde und nicht nur die alte Adelskultur mit einem Schlag weggefegt, sondern auch die modernen, bürgerlich-kapitalistischen und städtischen Sektoren dramatisch destabilisiert hatte. Diese »Elementargewalt« war die wilde bäuerliche Landnahmebewegung in Verbindung mit dem »Bolschewismus« der Soldaten. Lenin sah aber zugleich, daß sich hinter der Fassade einer breiten revolutionären Massenbewegung und eines fieberhaften politischen Aktivismus – vor allem in der

Form des »Meetingismus«, der permanenten Meetings in den Fabriken, auf den Straßen oder im Petrograder Zirkus »Modern« – in Wirklichkeit eine weitgehende *Paralysierung* des gesellschaftlichen Lebens und eine Neutralisierung aller irgendwie tragfähigen sozialen Koalitionen verbarg. Das einzige, was in reflexhafter Weise noch politische und gesellschaftliche Aktionsbündnisse provozierte, war das Gespenst einer blutigen »Konterrevolution«. Die um sich greifende Anarchie galt vielen als Vorstufe einer drohenden Reaktion. Beides trug zur Lähmung der sozialdemokratisch-sozialrevolutionären Mehrheit in der Regierung und in den Sowjets entscheidend bei.

In Wirklichkeit waren die Parteien und Gruppierungen rechts der Mitte noch zersplitterter als die der Linken, allein schon in der grundlegenden Frage ihrer Stellung zur Monarchie. Die Gruppen der protofaschistischen Schwarzhunderter, wie der »Bund des russischen Volkes«, führten allenfalls eine Untergrundexistenz. Allerdings sprangen Teile der Presse in diese Lücke, indem sie gegen die jüdischen Intellektuellen im »Arbeiter-und-Soldaten-Rat« und gegen die »verjudeten« liberal-konstitutionellen Mittelparteien, die Rußland der Anarchie ausgeliefert hätten, hetzten. Lenin sprach im September einmal vom Erfolg »der sich bolschewistisch gebärdenden Lumpen aus der Schwarzhunterpresse«, die »der nahenden Entscheidungsschlacht zwischen Bourgeoisie und Proletariat schadenfroh entgegensehen«. Darin war das bemerkenswerte Eingeständnis enthalten, daß die latente Strömung eines russischen Protofaschismus sich in der Situation der Zuspitzung ihrerseits »bolschewistisch gebärdete« und in erster Linie gegen die Regierung agitierte.

Im Herbst 1917 wurde überall nach dem »starken Mann« Ausschau gehalten, aber er fand sich nicht. Der erste Oberkommandierende Brussilow galt im eigenen Generalstab als zu demokratisch und republikanisch gesinnt. Sein Nachfolger, General Kornilow, war ein unpolitischer Haudegen aus einer armen Kosakenfamilie, dessen Ordnungswünsche sich mit den bonapartistischen Ambitionen Kerenskis in einer Komödie der Irrungen und Wirrungen neutralisierten. Der sogenannte Kornilow-Putsch endete schon, bevor klar war, ob er überhaupt geplant gewesen war. Bereits zwei Monate vor dem bolschewistischen Staatsstreich gab es keinerlei bewaffnete Kräfte mehr, die bereit gewesen wären, zur Verteidigung der Republik in irgendeine ernsthafte Auseinandersetzung einzutreten. Wenn Kerenski in vollkommener Verkennung der Realität mit seiner persönlichen Popularität als letzter Waffe rechnete, dann erinnerte dies fatal an den unerschütterlichen Glauben des Zaren, eine stille Mehrheit seiner treuen Untertanen werde sich in der Stunde der Not für ihn in die Bresche werfen.

Das Wachsen der bolschewistischen »Welle« im Herbst stand in einem bezeichnenden Verhältnis zum Wachsen einer allgemeinen politischen Apathie – oder auch Ernüchterung. Die Wahlen zu den städtischen Dumas und Provinzsowjets im August und September brachten einen dramatischen Fall der Wahlbeteiligung um ein Drittel oder, wie in Moskau, sogar um die Hälfte – und auf dieser Basis einen spektakulären Anstieg der Stimmen für die Bolschewiki. In Petrograd erhielten sie 33 Prozent, in Moskau 51 Prozent der abgegebenen Stimmen, jeweils an die 200.000 Wähler, die unter normalen Umständen 20 bis 25 Prozent ausgemacht hätten. In den Wahlen zu den Provinzsowjets zeigte sich ein ähnliches Bild. Auch hier sank die Wahlbeteiligung erheblich, und es gab deutliche Zeichen eines zunehmenden Desinteresses an diesen Körperschaften, die keine klare Funktion besaßen. Um so mehr stiegen die Stimmenanteile für die Bolschewiki, während die absolute Zahl ihrer Wähler meist gleich blieb. Vor allem in den nordwestlichen und zentralrussischen Gebieten des Reiches repräsentierten sie eine starke Minderheit der städtischen und der werktätigen Bevölkerung.

Die Wahlen standen im übrigen unter dem Eindruck des angeblich bevorstehenden »Kornilow-Putsches«. Die Bolschewiki und die von ihnen gegründeten Roten Garden in den Fabrikvierteln erhielten Zulauf als besonders entschiedene »Verteidiger gegen die Anschläge der Konterrevolution«. Die antibolschewistische Stimmung vom Juli – nach den bewaffneten »Auftritten« der Wyborger Arbeitergarden und Kronstädter Matrosen mit ihren sinnlosen

Exzessen sowie den Enthüllungen der Staatsanwaltschaft über die Geldzahlungen der deutschen Regierung an die Leninisten – geriet darüber in Vergessenheit. Die zeitweilig inhaftierten Parteiführer kamen wieder frei, unter ihnen Trotzki, der sich den Bolschewiki erst im Juni angeschlossen hatte und nun zum Vorsitzenden des Petrograder »Arbeiter-und-Soldaten-Rates« gewählt wurde. Lenin, der sich entgegen dem Rat vieler Parteifreunde der gerichtlichen Untersuchung entzog und im Versteck in Finnland saß, hatte dem Vorwurf des Landesverrats ohnehin keine große Bedeutung beigemessen. Jetzt begann ihm alles zuzuspielen.

Trotzki hat in seiner Autobiographie ›Mein Leben‹ und anschließend in seiner monumentalen ›Geschichte der Russischen Revolution‹ die Versuche der stalinistischen Geschichtsschreibung, den bolschewistischen Machtstreich nachträglich zur heroischen Massenaktion umzustilisieren, brüsk zurückgewiesen – freilich nur, um ein womöglich noch mythologisch-phantastischeres Bild zu zeichnen: »Dürftig und farblos sind die Berichte über die Episoden der Oktobernacht; sie gleichen einem Polizeiprotokoll ... Wo ist der Aufstand? ... In Wirklichkeit hatte dieser von allen Aufständen in der Geschichte am stärksten den Charakter einer Massenbewegung. Die Arbeiter brauchten nicht auf die Straße zu gehen ... Den Soldaten war sogar untersagt, die Kasernen ohne Weisung zu verlassen ... Aber diese unsichtbaren Massen gehen mehr denn je im Gleichschritt mit den Ereignissen.«

Tatsächlich konnte die Regierung unter Kerenski, obwohl die Putschvorbereitungen seit Wochen ruchbar waren, ganze 1.500 bis 2.000 Verteidiger für sich aufbieten, mehrheitlich blutjunge Kadetten, viele davon Juden, die zum ersten Mal zu den Offiziersschulen zugelassen waren; unterstützt durch das legendäre Frauenbataillon, das schon in der Kerenskioffensive im Juli für das Recht der Frauen, Waffen zu tragen und die Revolution zu verteidigen, gekämpft hatte, ohne das Odium der Theatralik losgeworden zu sein; außerdem fand sich eine kleine Abteilung Kosaken, die nach kurzer Zeit, verächtlich ausspuckend, das Winterpalais verließen und den roten Belagerern sagten, da drinnen seien nur noch Weiber und Juden. Die Aufständischen benötigten kaum mehr als rund 6.000 Soldaten und Matrosen, um die entscheidenden Positionen in der Stadt zu besetzen. Die meisten Zivilisten, Bürger wie Arbeiter, schauten lediglich zu – wenn sie von den Ereignissen überhaupt etwas mitbekamen. Ob sie sympathisierten oder sich empörten, blieb unklar. Von sporadischen Scharmützeln abgesehen, glich die »Oktoberrevolution« eher einem Wachwechsel.

Im übrigen vollzog sie sich unter falschen Voraussetzungen. Die Aktion folgte, anders als Lenin es verlangt hatte, keinem Aufruf der bolschewistischen Partei zum Aufstand, sondern den Befehlen des Militärkomitees des Petrograder Sowjets unter Trotzki zur Verteidigung der Republik. Als Grund für die Besetzung der Schlüsselpunkte in der Stadt hatte man den Soldaten gesagt, es gelte, den Zusammentritt des II. Gesamtrussischen Sowjetkongresses am 25. Oktober – dem 7. November neuer Zeitrechnung – gegen konterrevolutionäre Anschläge der Regierung oder der »Kornilowleute« zu schützen.*

In Wirklichkeit bedeutete der Oktoberumsturz auch schon das Ende der eigentlichen Organe einer revolutionären Massenbewegung in Rußland seit 1905 – der Sowjets der Arbeiter-, Soldaten- und Bauerndeputierten. Der Gesamtrussische Sowjetkongreß war wesentlich auf Betreiben der Bolschewiki drei Wochen vor den angesetzten Wahlen zur Nationalversammlung zusammengetrommelt worden, um dieser künftigen Volksvertretung seine Bedingungen zu diktieren. An vielen Orten boykottierten die regierungsloyalen Sowjetparteien die Deputiertenwahlen. Auch wurde der Delegiertenschlüssel stark zugunsten der von den Bolschewiki dominierten Sowjets der Städte und Armee-Einheiten des Nordostens manipuliert, und die Bauernsowjets waren so gut wie überhaupt nicht

---

* Tatsächlich war die Machtfrage schon Tage vorher entschieden, als sämtliche Einheiten der Garnison erklärten, ohne Zustimmung des Petrograder Sowjets keinerlei Befehlen mehr Folge zu leisten – nachdem ruchbar geworden war, daß sie an die nähergerückte Front verlegt werden sollten. So bildete eine Meuterei der militärischen Reserveeinheiten die eigentliche Machtbasis, auf der das von Trotzki geleitete Unternehmen sich vollzog.

vertreten. Es handelte sich also um einen Rumpfkongreß mit zwei-
felhafter Repräsentativität, der fast nur noch für die radikaleren
Elemente sprach.

Aber selbst einem derart zustande gekommenen Sowjetkongreß
sollte der bolschewistische Machtstreich um jeden Preis zuvor-
kommen! Dafür hatte Lenin intern und teilweise auch öffentlich
eine geradezu rasende Agitation geführt – gegen die Mehrheit des
eigenen Zentralkomitees. Um in der Partei diesen »Sowjetlegalis-
mus«, wie er es nannte, niederzukämpfen, hatte Lenin am 29. September sogar seinen Austritt aus dem Zentralkomitee angekündigt
und erklärt: »Man muß ... zugeben, daß bei uns im ZK und in den
Parteispitzen eine Strömung oder Meinung existiert, die für das
Abwarten des Sowjetkongresses, gegen die sofortige Machtergreifung ist. Diese Strömung oder Meinung muß niedergekämpft werden ... Denn den Sowjetkongreß ›abwarten‹ ist vollendete Idiotie
oder vollendeter Verrat ... *Der Kongreß wird nichts ergeben, kann
nichts ergeben.*«

Damit war überdeutlich gesagt, daß der Sowjetkongreß, für den
man über Monate hinweg »alle Macht« gefordert hatte, allenfalls
die äußere Form und demokratische Hülle einer Regierungsüber-
nahme der Bolschewiki sein könne, aber nicht das Mittel und
Organ, geschweige das Subjekt der Revolution. Und selbst der ihm
zugedachten Aufgabe eines Ratifikationsinstrumentes würde er
nur nachkommen, wenn er vor vollendete Tatsachen gestellt wäre.
Und deshalb hämmerte Lenin es seiner widerstrebenden Partei immer von neuem ein: »Das Schicksal der russischen, ja der Weltrevolution hängt von zwei, drei Tagen des Kampfes ab.«

Wahrscheinlich hatte Lenin damit vollkommen recht. Die Chance
lag darin, in einem kurzen Moment des Patts aller sozialen und politischen Kräfte, der äußersten Zerrüttung des Reiches und der Gesellschaft den »Griff nach der Staatsmacht« – die immer noch eine
Weltmacht repräsentierte – zu wagen. Der Sowjetkongreß hätte
trotz seiner nominellen bolschewistischen Mehrheit diesen Aufstand nicht beschlossen, weil er auf einen Bruderkrieg zwischen

den sozialistischen Parteien hinauslief. Als während der Eröffnung die Nachricht von der Beschießung des Winterpalastes die Runde machte, sprang der Führer der linken Menschewiki, Martow, auf und rief: »Das ist der beginnende Bürgerkrieg, Genossen! In den Straßen erschießt man unsere Brüder ... Die einzige Möglichkeit liegt in der Errichtung einer Staatsmacht, die von allen demokratischen Parteien anerkannt ist.« Und der Kongreß stimmte fast einmütig zu – genau so wie Lenin es befürchtet hatte! Wo war er selbst überhaupt? »Lenin saß«, so berichtet Trotzki, »nicht abgeschminkt, mit Perücke und großer Brille, in Gesellschaft von zwei, drei Bolschewiki in einem Durchgangszimmer ... Er wollte vorläufig noch beobachten, die Fäden fester in seinen Händen anziehen und einstweilen hinter den Kulissen bleiben.«

Erst als die Nachricht vom Fall des Winterpalastes kam, in dem die letzten Mitglieder der Provisorischen Regierung ausharrten – ein paar hundert Belagerer waren um zwei Uhr nachts mit Schaulustigen einfach hineingegangen und trafen auf keinen Widerstand mehr –, begannen die Bolschewiki, die Tagesordnung zu diktieren. Die Mehrheit der linken Menschewiki und andere, die gegen die Usurpation der Macht protestierten, zogen aus. Der Rest nahm in den frühen Morgenstunden ohne weitere Diskussion eine Resolution an, mit der sich der Rumpfkongreß selbst zum höchsten Machtorgan erhob. Tatsächlich unterschrieb er damit seine Abdankungsurkunde. Als ein weitgehend zufälliges Gremium, eine bloße Abstimmungsmaschine, war er gar nicht fähig, »alle Macht« in seine Hände zu nehmen.

Am folgenden Abend zeigte der künftige Führer der Revolution sich zum ersten Mal den Delegierten. Eine Versöhnungsresolution des zurückgekehrten Martow wurde von Trotzki scharf zurückgewiesen. Zwei rasch verfaßte Dekrete über »Land« und »Frieden« wurden den Delegierten lediglich verlesen, und wieder erfolgte die Abstimmung ohne ernsthafte Debatte. Und dann, nach zwei turbulenten Nächten, ging der Kongreß auseinander und überließ die reale Macht einem ausschließlich von den Bolschewiki gestellten »Rat der Volkskommissare« unter dem Vorsitz Lenins – der allerdings nur bis zu den allgemeinen Wahlen und dem Zusammentritt der Verfassunggebenden Versammlung im Januar amtieren und bis dahin dem »Zentralen Exekutivkomitee« verantwortlich sein sollte.

Das alles war schon Fiktion. Und Lenin hatte recht behalten. Ohne vor vollendete Tatsachen gestellt zu sein, hätte dieser Kongreß nichts von alledem beschlossen, am allerwenigsten einen Aufstand und die Selbstproklamation zum höchsten Staatsorgan. Die Wahlen zur Verfassunggebenden Versammlung Anfang Dezember hätten unter sehr viel freieren Bedingungen stattgefunden und ein noch eindeutigeres Resultat erbracht, als es auch so – trotz des Ausschlusses der Rechtsparteien und eines weit nach links verschobenen Parteienspektrums – der Fall war. Die Bolschewiki erhielten in dieser ersten und letzten allgemeinen Wahl 24 Prozent aller abgegebenen Stimmen und brachten es mit den Mandaten der linken Sozialrevolutionäre und einzelner anderer Deputierter auf einen Stimmblock von 30 bis 35 Prozent. Ihnen gegenüber standen 65 bis 70 Prozent der Stimmen und Mandate, die ihr Regime ablehnten. Das war ein klares demokratisches Votum *gegen* ihre Machtübernahme.

Was wieder nur zeigte, wie richtig Lenin lag. Denn nach freien Wahlen hätte von einem bolschewistischen Aufstand nicht mehr die Rede sein können. Die Nationalversammlung wäre zusammengetreten, und niemand hätte sie, wie es Mitte Januar die betrunkenen Matrosen auf Anweisung der Volkskommissare taten, einfach nach Hause geschickt. Sie hätte eine neue, parlamentarische Verfassung verabschiedet, mit oder ohne konstitutionellen Monarchen, eine privatwirtschaftliche Eigentumsordnung mit starken regionalen und berufsständischen Vertretungskorrektiven eingeführt und eine Landreform verkündet. Eine neue Regierung wäre gewählt worden, wahrscheinlich auf der Grundlage einer erneuerten Mitte-links-Koalition unter Ausschluß der Bolschewiki und der Parteien der nationalen Rechten. Diese Regierung hätte sich mit oder ohne ausgehandelten Waffenstillstand aus dem Krieg zurückgezogen und die Armee auf einen Kern zur Landesverteidigung bereiter Fronttruppen reduziert. Sie hätte zumindest Polen und Finnland, vielleicht auch den neuen baltischen und transkaukasischen Republiken die Unabhängigkeit gewähren müssen, und sie wäre mit der ukrainischen Regierung, der Rada, eventuell in Verhandlungen über eine neue Union eingetreten. Die soziale Involution auf dem Land und in den Städten Rußlands wäre sicherlich noch für eine gewisse Zeit weitergegangen, aber irgendwann zum Stillstand gekommen, und ein neuer, recht armseliger Prozeß der ökonomischen Regeneration hätte an vielen Punkten eingesetzt. Nach alledem wäre Rußland für lange Zeit als Imperialmacht nicht wiederauferstanden, so wenig wie die Türkei. Natürlich wäre es ein Hauptfeld ausländischer Kapitalanlagen und damit ein Teil des turbulenten kapitalistischen Weltmarktes geworden – was sicherlich heftige Abwehrreaktionen von links wie von rechts provoziert hätte. Aber so oder so, besser oder schlechter, langsamer oder schneller, autoritärer oder demokratischer wäre Rußland auf den Weg einer bürgerlichen Entwicklung eingeschwenkt. Es ist jedenfalls kein zwingender Grund auszumachen, warum dies nicht möglich oder sogar wahrscheinlich hätte sein sollen. Was statt dessen kam – Bürgerkrieg und Hungerkatastrophe, Kollektivierung und Großer Terror –, war jedenfalls um ein vielfaches »unwahrscheinlicher«, als ein noch so langwieriger und verworrener Übergang zu einer bürgerlich-konstitutionellen Ordnung es jemals hätte sein können.

4

MARSCH INS NIEMANDSLAND
DER BÜRGERKRIEG ALS »SÄUBERUNG DER RUSSISCHEN ERDE«

Die Utopie einer radikalen »Säuberung« der Welt gehörte möglicherweise zu den eher populären Zügen des Bolschewismus, in denen er die apokalyptischen Stimmungen der Zeit aufgriff und zuspitzte. Es genügt, sich die Ikonographie der russischen Revolutionsplakate – auch schon aus dem Jahre 1905 – anzuschauen, um zu erkennen, daß die »Befreiung« des Volkes und des Proletariats vor allem als Vernichtung aller Ausbeuter und Unterdrücker, aller Blutsauger, Parasiten und Korrumpierten verstanden wurde. Eines der berühmtesten Plakate der Bolschewiki zeigt Lenin, wie er – lächelnd – mit einem Besen gekrönte Häupter, Reiche und Pfaffen wie Insekten von der Erdkugel fegt: »Genosse Lenin reinigt die Erde von allen bösen Geistern«, steht darunter.*

Das Vokabular des Marxismus und der politischen Ökonomie des Kapitals verwandelte sich über weite Strecken der bolschewistischen Propaganda in eine regelrechte Dämonologie. Die »Kapitalisten« oder »Imperialisten« wurden wie in einem modernen Mysterienspiel als persönliche Träger negativer Weltprinzipien vorgeführt. Dabei verschmolzen sie mit anderen populären Haßfiguren: mit dem »Burshui« als der Volksausgabe des Bürgers, der eine Brille trug oder einen Pelzkragen am Mantel; dem »Kulaken«, der zwei Pferde oder einen Knecht hatte; oder dem »Spekulanten«, der irgendeinen kleinen Handel betrieb. Auch der »Arbeiter« als Gegenfigur nahm in dieser Propaganda eine mehr oder weniger my-

---

* Wörtlich übersetzt, sind die »njetschistye«, die bösen Geister, eigentlich »Unreine«.

thologische Qualität an und wurde daher vorzugsweise durch den viel unbestimmteren, antiken Begriff des »Proletariers« ersetzt.

Daß es sich hier nicht nur um bloße populistische Rhetorik für die Massen handelte, sondern daß die führenden Bolschewiki selbst – sobald sie das geschützte Feld orthodoxer Theoriedebatten verließen – tatsächlich so dachten und empfanden, zeigt neben vielen anderen Texten ein internes Memorandum Lenins vom Dezember 1917, zwei Monate nach der Machtergreifung. »Das war die Periode«, erinnerte sich Trotzki Jahre später, »wo Lenin bei jeder passenden Gelegenheit die Idee von der Unvermeidbarkeit des Terrors in unsere Köpfe einzuhämmern bemüht war. Jede Äußerung von Gutherzigkeit, Schwärmerei, Lässigkeit – von all dem gab es übergenug – empörte ihn … ›Ihnen‹, sprach er von den Feinden, ›droht die Gefahr, alles zu verlieren. Zur gleichen Zeit aber haben sie Hunderttausende von Leuten, die durch die Schule des Krieges gegangen sind, satte, mutige, zu allem bereite Offiziere, Offiziersanwärter, Bourgeois- und Gutsbesitzersöhnchen, Polizeibeamte, Kulaken. Und unsere, mit Verlaub gesagt, Revolutionäre bilden sich ein, daß wir die Revolution gütlich-gemütlich durchführen können. Wo haben die denn gelernt? Was verstehen sie denn unter Diktatur?‹«

In dieser Zeit also verfaßte Lenin jenes interne Memorandum, das offenbar der Erziehung der eigenen Kader dienen sollte und von Stalin erst zehn Jahre später, am Vorabend der Kollektivierung, publiziert wurde. Darin forderte Lenin mit gewollt brutaler Deutlichkeit die »Säuberung der russischen Erde von allem Ungeziefer«. Folgt man der deutschen Ausgabe der Lenin-Werke, so zählte er zum Ungeziefer »die Reichen und ihre Kostgänger, die bürgerlichen Intellektuellen, die Gauner, Müßiggänger und Rowdys«. Im kaum übersetzbaren Original sprach er, sehr viel derber, von den »Bettwanzen von Reichen« und »Schufte-Flöhen«, die es zu zerquetschen gelte. Die Beliebigkeit der Bezeichnungen war nicht zu übersehen. Die Liste der »Volksfeinde« – ein Begriff, der zur selben Zeit auftauchte – ließe sich fast unbegrenzt erweitern. Es wäre eine lohnende Arbeit, sie einmal zusammenzustellen. Neben »Adligen«,

»Grundherren«, »Kapitalisten«, »Burshui«, »Kulaken« und »Spekulanten« gab es noch »Blutsauger«, »Parasiten«, »Saboteure«, »Diversanten«, »Hooligans« und »korrupte Elemente«, von »Weißgardisten«, »Schwarzhundertern«, »Banditen«, »Pogromisten«, »Spionen«, »bezahlten Agenten« und »Konterrevolutionären« ganz zu schweigen. Fast nie ließ sich sagen, wer genau gemeint war.

Der Text Lenins hieß ›Wie man den Wettbewerb organisieren soll‹ und war wohl eine Begleitinstruktion zum Aufruf der eben gegründeten Moskauer Tschekaführung an die Sowjets in den Provinzen, auf eigene Faust bewaffnete Abteilungen »zum Kampf gegen Konterrevolution und Sabotage« aufzustellen. Lenin hatte konkrete Vorstellungen, wie der soziale und politische Terror aussehen sollte: »An einem Ort wird man zehn Reiche, ein Dutzend Gauner, ein halbes Dutzend Arbeiter, die sich vor der Arbeit drücken …, ins Gefängnis stecken. An einem anderen Ort wird man sie die Klosetts reinigen lassen. An einem dritten Ort wird man ihnen nach Abbüßung ihrer Freiheitsstrafe gelbe Pässe (wie den Prostituierten) aushändigen, damit das ganze Volk sie bis zu ihrer Besserung als *schädliche* Elemente überwache. An einem vierten Ort wird man einen von zehn, die sich des Parasitentums schuldig machen, auf der Stelle erschießen.«

Man bemerkt die Logik der Steigerung des Terrors auf einer Skala, die nach oben offen war. »Einen von zehn«, die sich des Parasitentums schuldig machen, zu erschießen hieß, Carte blanche zu geben. Es hieß, einen Bürgerkrieg zu eröffnen.

Das Regime der Bolschewiki beruhte auf einer Form des Terrors, die ohne Vorbild war. Doch dieser Terror wurzelte in der Neuartigkeit und Maßlosigkeit des Unternehmens selbst. Der linke Sozialrevolutionär Isaak Steinberg, der neben einigen anderen Parteigenossen in der ersten Regierung Lenins noch als Volkskommissar für Justiz – und damit als Feigenblatt – diente, verstand sehr schnell, daß der bolschewistische Terror sich von der Bekämpfung jeder tatsächlichen politischen und militärischen Konterrevolution weitgehend löste und ein Mittel der sozialen »Säuberung« oder sogar,

wie Lenin ihm gutgelaunt bestätigte, der »sozialen Vernichtung«
war.

Der Kampf richtete sich keineswegs nur gegen die Reste der zaristischen Bürokratie und des halbfeudalen Agrariertums, sondern
zunehmend auch gegen das gesamte zähe Geflecht der »kleinbürgerlichen« Wirtschafts- und Lebensformen. Schon im April 1918
erklärte Lenin, daß der gefährlichste Feind der Revolution nicht
mehr die Konterrevolution der Grundbesitzer und Kapitalisten sei,
sondern »die kleinbürgerliche Anarchie« der ländlichen Produ-
zenten, die den Staat daran hindere, alle gesellschaftlichen Mittel
und Potentiale in seinen Händen zu konzentrieren. Im übrigen sah
er im »Kleinbürgertum« die Hauptbasis des westlichen Imperialismus. Kurzum, es ging mehr oder weniger um die Destruktion *aller*
überlieferten Wirtschafts-, Sozialisations- und Lebensformen des
Landes. Ein solch extremes Ziel konnte von vornherein nur unter
Anwendung extremer Gewalt erreicht werden.

Die Welle der rasenden Involution des Jahres 1917 hatte Rußland
keineswegs in eine Tabula rasa verwandelt. Vielmehr hatten sich
inmitten aller Auflösungsprozesse der alten Staats- und Gesellschaftsordnung bereits neue sozialökonomische Strukturen heraus-
gebildet. Diese lassen sich jedoch nur in Umrissen rekonstruieren,
da sie binnen kurzem vom bolschewistischen »Kriegskommunismus« zerstört wurden. Aber die Regeneration vor allem der ländlichen Produktion in der kurzen Phase der NÖP – der »Neuen
Ökonomischen Politik« – zwischen 1923 und 1927 gibt eine Ah-
nung davon, wie sich Rußland 1917/18 ohne den vernichtenden
Eingriff der bolschewistischen Macht und ohne den daraufhin ent-
brannten Bürgerkrieg hätte entwickeln können.

Das bolschewistische Projekt zielte jedoch auf etwas völlig anderes: auf die Mobilisierung und Konzentration von »Massen« –
an Menschen wie an sachlichen Ressourcen – in den Händen eines
staatlichen Souveräns, der sie, die Bolschewiki, selbst waren. Man
kann ihnen zugute halten, daß sie dies im Zeitalter des monopo-
listischen Kapitalismus und des Imperialismus für den einzig mög-

lichen Weg hielten, auf dem es gelingen könnte, Rußland, wie es in einem vielzitierten Gedicht der Vorkriegsjahre hieß, zu einem »anderen Amerika« zu machen, zu einer sozialistischen Großmacht, die an der Spitze eines proletarischen Lagers dem Kartell der restlichen Nationen Paroli bieten würde. Die Bolschewiki glaubten das durch die vollständige Einschmelzung des vorhandenen »Gesellschaftsmaterials« erreichen zu können – ein radikaler Irrtum von Anfang an.

So utopisch dieses Projekt auch war, so beruhte es doch auf sehr diesseitigen Motiven und realen Interessen. Ein noch vor dem Umsturz geschriebener, aber erst danach veröffentlichter Grundsatzartikel Lenins hieß ganz direkt: ›Werden die Bolschewiki die Staatsmacht behaupten?‹ Die darin entwickelte Argumentation bewegte sich nicht im blauen Himmel der Ideen, sondern im Pulverdampf des Hier und Jetzt. Lenin zufolge stand das Land unmittelbar vor einer Entscheidung: »Entweder Diktatur Kornilows ... oder Diktatur des Proletariats – von einem anderen Ausweg kann ... nicht einmal die Rede sein.« Eine zaristische Reaktion werde – schlimmer als 1906/07 – unter den bewaffneten Soldaten und Arbeitern blutige Abrechnung halten. Also blieb nur der Weg nach vorne. Sie oder wir!

Dem Gespenst einer vereinigten Reaktion stellte Lenin eine Aufstellung der eigenen Kräfte und Potentiale gegenüber, die in ihrer schlichten Reduktion schon wieder realistisch wirken konnte: »Rußland wurde nach der Revolution des Jahres 1905 von 130.000 Gutsbesitzern regiert ... Und da sollten 240.000 Mitglieder der Partei der Bolschewiki nicht imstande sein, Rußland zu regieren, es im Interesse der Armen und gegen die Reichen zu regieren?« Die bolschewistische Partei habe »schon jetzt nicht weniger als eine Million Stimmen der erwachsenen Bevölkerung hinter sich«. Und zur »Verwaltung des Staates ... können wir *sofort* einen Staatsapparat von zehn, wenn nicht zwanzig Millionen Menschen *heranziehen*«. In einem Land wie Rußland, in dem gesellschaftliches Handeln seit jeher als staatliche Veranstaltung gedacht wurde, war das eine gewaltige soziale Verheißung. Je radikaler die Revolution, um so gründlicher der Austausch der Eliten und staatlichen Funktionsträger, um so großartiger die Perspektiven für die Männer des neuen Regimes. Wer mit von der Partie war, der mochte heute nichts und konnte morgen schon alles sein.

All diese Versicherungen und Berechnungen basierten auf einer theoretischen Annahme, die Lenin sich seit seiner Arbeit an der »Imperialismus«-Schrift in immer bestimmterer Form zurechtgelegt hatte und die vielleicht das Kernstück des eigentlichen »Leninismus« bildete. Sie besagte, daß die staatsmonopolistische Kriegswirtschaft bereits sämtliche Bedingungen geschaffen habe, um auch in einem agrarisch geprägten Land wie Rußland den Übergang vom Kapitalismus zum Sozialismus vollziehen zu können. So habe der kriegführende kapitalistische Staat – wenn auch unvollkommen – das Getreidemonopol, die Brotkarten und die allgemeine Arbeitspflicht eingeführt. »Getreidemonopol, Brotkarte, Arbeitspflicht sind in den Händen der proletarischen Staaten … das machtvollste Mittel der Rechnungsführung und Kontrolle.« Unmerklich glitt diese Perspektive einer Kontrolle der gesellschaftlichen Produktion hinüber in die einer diktatorischen Beherrschung und Niederhaltung der Gesellschaft: Das »Mittel der Kontrolle und des Arbeitszwanges ist stärker als die Gesetze des Konvents und seine Guillotine. Die Guillotine schüchterte nur ein, brach nur den aktiven Widerstand. Uns genügt das nicht … Wir müssen auch den passiven, zweifellos noch gefährlicheren und schädlicheren Widerstand brechen.«

Auf diesen passiven Widerstand trafen die Bolschewiki in der Tat – aber keineswegs nur von seiten der »Kapitalisten«. Schon in der Nacht ihrer Machtübernahme protestierte der Verband der Eisenbahnarbeiter und erklärte, nur mit einer aus allen Sowjetparteien zusammengesetzten Regierung zu kooperieren. Die Arbeiter der Druckereien wandten sich energisch gegen die sofort verfügten Schließungen der bürgerlich-oppositionellen Zeitungen und Verlage und gegen die Einführung einer Zensur. Die Beamten der zentralen Ministerien und Behörden weigerten sich ebenso wie die städtischen Angestellten in Petrograd oder Moskau, unter den neuen Machthabern ihren Dienst anzutreten. Auch die Angestellten der Post und der Elektrizitätswerke traten in den Streik, bald danach die Lehrer, die Ärzte und die Krankenschwestern. Die Verbände der Ingenieure und Universitätsprofessoren erklärten ihren kategorischen Protest. Das war mehr oder weniger die gesamte städtische Bürgerschaft, im weiten, demokratischen Sinne dieses Wortes.

Der zivile Widerstand, um den es sich handelte, entzündete sich an so gut wie allen Maßnahmen des neuen Regimes, die als sachfremd und willkürlich empfunden wurden. Die Gesellschaft, und als erste die bürgerliche Gesellschaft der Hauptstädte, spürte sofort, daß sie einem völlig neuartigen, eben totalitären Anspruch gegenüberstand. Umgekehrt war für die Bolschewiki klar, daß der allgemeine Boykott ihr Unternehmen im Ansatz bedrohte. Sie besaßen zunächst keine andere Machtbasis als die großen Städte. Wenn diese als Ausgangsbasen ihres gerade erst begonnenen Feldzuges zur Eroberung Rußlands – und nicht nur Rußlands – dienen sollten, dann mußte das soziale Geflecht der Bürgerschaften so radikal wie möglich zerschlagen werden.

Der Kampfbegriff, mit dem man jeden zivilen Widerstand ächtete, hieß »Sabotage«. Die neue Geheimpolizei »WeTscheKa« – kurz »Tscheka« –, im Dezember 1917 gegründet, nannte sich mit vollem Namen »Außerordentliche Kommission zur Bekämpfung der Konterrevolution und Sabotage«. Somit war »Sabotage« ein der Konterrevolution gleichgestelltes Staatsverbrechen und Teil einer einzigen großen Verschwörung. Auf einer Sitzung des Rates der Volkskommissare erklärte Felix Dzierzynski: »Wir haben jetzt keine ›Gerechtigkeit‹ zu üben. Wir sind im Krieg, und zwar an der grausamsten aller Fronten, denn der Feind geht maskiert vor, und das ist ein Krieg auf Leben und Tod.«

Um diesen »Krieg« zu bestehen und die »Sabotage« zu brechen, wurden alle abrufbaren Potentiale anarchischer Gewalt planvoll entfesselt. Man kann, wie es einige Historiker tun, behaupten, der »rote Terror« der ersten Stunde habe vielfach »spontanen« Charakter getragen und sei hauptsächlich »von unten« gekommen, weil es die neuen staatlichen Organe bislang nur in Ansätzen gab. Aber es macht einen Unterschied, ob Plünderungen, Pogrome und Lynchjustiz im Zuge eines Verfalls der Staatsmacht epidemisch werden, wie das im Sommer und Herbst 1917 unter Kerenski der Fall war, oder ob eine soeben zur Macht gekommene politische Partei explizit dazu *aufruft* und sie als Akte einer »proletarischen Diktatur« beziehungsweise als Äußerungen eines gesunden Klassenhasses geradezu adelt. Im übrigen verhielt es sich offensichtlich umgekehrt: Solange es die Organe eines Massenterrors von oben noch nicht gab, ließ man dem »spontanen« Terror dazu aufgerufener »Massen« freien Lauf. Aus diesen »Massen« rekrutierte sich dann der Apparat der Tscheka, der im Juni 1918 etwa 12.000, im Dezember 1918 bereits 40.000 und 1921 schon 280.000 Mitarbeiter zählte.

Auch der organisierte Massenterror der Bürgerkriegszeit behielt viele Züge eines sanguinischen Exzesses. Was heute an Quellen verfügbar ist, bestätigt das Gros jener Augenzeugenberichte von Flüchtlingen und Emigranten, die in der seriöseren Presse Europas und Amerikas meist nur als eine neue Sorte von »Tatarenmeldungen« galten. Die Erzählungen von Requisitionskommandos, die Geld und Juwelen in die Taschen stopften und Gemälde in Teppiche einpackten; von Damen der Gesellschaft, die unter obszönen Späßen der Soldaten verseuchte Latrinen zu putzen hatten; von auf Hungerration gesetzten Bürgern, die Typhusleichen begraben oder sinnlose Schanzarbeiten verrichten mußten; und von Rotgardisten, die mit ihren pelzbehangenen Bräuten oder Huren in beschlagnahmten Autos dahinrasten – das alles wirkte doch zu klischeehaft, als daß man es ganz hätte glauben wollen. Und wenn berichtet wurde, wie in einer Reihe von Orten auf der Krim nach der Machtübernahme durch den »Arbeiter-und-Soldaten-Sowjet« Anfang 1918 die roten Matrosen für die klassischen drei »freien« Tage – wie der Mob bei den Judenpogromen unter dem Zaren – plündern, vergewaltigen, foltern und morden durften, bis am Ende in den Häfen von Jalta, Sewastopol oder Eupatoria Hunderte von Bürgern und Offizieren mit grausam verrenkten und zerschlagenen Gliedern, mit Steinen beschwert, auf dem Meeresgrund einen Menschenwald bildeten; oder wenn in Taganrog fünfzig halbwüchsige Kadetten, die sich der Machtübernahme widersetzt hatten, in den Hochofen einer Metallgießerei gestoßen wurden, einer nach dem anderen; oder wenn in Odessa mit Kokain betäubte, halb wahnsinnige Folterer und Exekutoren, darunter auch Frauen, sich Nacht für Nacht ihre Opfer holten – dann spürt man jetzt noch den Widerwillen, den jede »billige Kolportage« zivilisierten Menschen nun einmal einflößt. Eine Reihe mittlerweile bekannt gewordener, interner Partei- und Tschekadokumente läßt indes keinen Zweifel daran, daß man diese Praktiken kannte und sanktionierte. Kritiker wie Bucharin, Kamenew und der Innenminister (!) Petrowski, die im Oktober 1918 verlangten, daß die Tscheka »als eine mit Kriminellen und Sadisten, degenerierten Elementen und Lumpenproletariern gespickte Organisation« unter verschärfte Kontrolle gestellt werden müsse, drangen nicht durch. Statt dessen verbot das Zentralkomitee auf Vorschlag Lenins im Dezember 1918 der bolschewistischen Presse, »verleumderische Artikel über die Behörden, insbesondere über die Tscheka«, zu veröffentlichen.

Auf dem ersten Kongreß der nationalisierten Sowjetbetriebe im Mai 1918 sagte der Arbeitswissenschaftler und Proletkultdichter Alexej Gastjew: »Ich muß lachen, wenn hier von bürgerlicher Sabotage gesprochen wird, wenn man den eingeschüchterten Bourgeois als Saboteur hinstellt. Wir haben es zu tun mit einer Sabotage der Nation, des Volkes, des Proletariats.« Diese Charakterisierung gilt nicht nur für die Lage im Frühjahr 1918, sondern für den gesamten Bürgerkrieg.

Vom irregulären Terror und der Angst, als Geisel genommen zu werden, tief eingeschüchtert, ihrer Geldmittel, Ersparnisse und Wertsachen beraubt, in den eigenen Wohnungen, in die Mitglieder der Partei und der Sowjets einquartiert wurden, auf einzelne Hinterzimmer zurückgedrängt und unter die Diktatur von »Hauskomitees« gestellt, sahen die Bürger in Moskau und St. Petersburg sehr schnell von Widerstand ab. Das Bürgertum spaltete sich in heterogene Teile. Nicht wenige stellten sich den neuen Sowjetbehörden zur Verfügung, von der Stenotypistin in den sich mit rasender Geschwindigkeit vermehrenden Ämtern bis zu den »bürgerlichen Spezialisten« in den Betrieben und Volkskommissariaten. Zwar waren sie auch hier vor Repressalien keineswegs sicher, aber konnten doch Schutz und Auskommen finden. Die Verstaatlichung der Betriebe brachte viele Ingenieure und Betriebsleiter wieder – oder auch erstmals! – in hochdotierte, mit diktatorischen Vollmachten ausgestattete Positionen – wenngleich unter dem steten argwöhnischen Blick der Parteiorgane. Die von Trotzki durchgesetzte Rekrutierung von »Militärspezialisten« führte sogar dazu, daß die neu aufgebaute Rote Armee bald schon weitaus mehr ehemalige »zaristische Offiziere« beschäftigte als die »weißen« Armeen in ihren besten Zeiten. Die »Vernichtung des Bürgertums als Klasse« und die Akte des »Massenterrors« waren das eine – aber die vitale Selbstbehauptung und Anpassungsfähigkeit der einzelnen Bürger und zumal ihrer Söhne und Töchter waren etwas ganz anderes.

Diejenigen, die ihre Dienste nicht anbieten wollten oder konnten, versuchten sich als Hausierer oder sonstwie durchzuschlagen – und waren ein designiertes Objekt des roten Terrors wie der täglichen Schikanen und Requisitionen, mit denen der Handel wie jede Art von »schwarzer« Tätigkeit unterbunden werden sollte.

Ein dritter, erheblicher Teil des Bürgertums floh entweder ins Ausland oder in die südlichen Städte, vor allem an Wolga und Don, wo sich im Sommer 1918 ein ganzes »St. Petersburg in der Steppe« auftat. Hier formierte sich der Kern der »weißen« Bewegung und der Freiwilligenarmeen, die in den folgenden beiden Jahren vergeblich versuchten, das Regime der Bolschewiki von der Peripherie her militärisch zu stürzen. Viele Flüchtlinge versuchten auch, in irgendeiner Nische des großen Landes eine provisorische Existenz zu finden, zu überwintern und abzuwarten. Wo immer die Rote Armee im Bürgerkrieg die Oberhand gewann, mußten sie weiterfliehen oder waren mit den ortsansässigen Bürgern das bevorzugte Objekt der Geiselnahmen und eines zuweilen an Extermination grenzenden Massenterrors. Der letzte Akt spielte im Frühsommer 1920 auf der Krim, wo sich etwa 200.000 bis 300.000 Bürgerkriegsflüchtlinge auf die letzten Evakuierungsschiffe drängten – oder in der Falle saßen. In einem monströsen Massaker wurden etwa 50.000 der zurückgebliebenen Flüchtlinge erschossen oder gelyncht. Sewastopol soll über Wochen eine »Stadt der Gehängten« gewesen sein.

Alles in allem – die Zahlen sind bis heute nur Schätzungen – hatten am Ende des Bürgerkrieges ein bis zwei Millionen Menschen auf irgendwelchen Wegen das Land verlassen und bildeten von nun an ein »Rußland jenseits der Grenzen«. Es handelte sich um den Kern der alten Adelsklasse und des zaristischen Beamtentums sowie um einen erheblichen Teil des gerade erst herangewachsenen modernen Bürgertums – darunter Hunderttausende von Rußlanddeutschen, die seit Generationen ein festes Element des russischen Stadtbürgertums, der kaiserlichen Beamtenschaft und der agrarischen Neusiedler gebildet hatten.

Der Vernichtung des Bürgertums als Klasse folgte die Vernichtung der Arbeiterschaft als Klasse, zunächst soziologisch, dann auch organisatorisch und politisch. Die Machtübernahme der Bolschewiki und der Zerfall des Reiches hatte alle etablierten wirtschaftlichen und gesellschaftlichen Verbindungen zerrissen. Die Metallindustrien in Petrograd, deren 250.000 Arbeiter eine Hochburg der Arbeiterbewegung mit einem starken bolschewistischen Flügel gebildet hatten, beschäftigten im Frühjahr 1918 gerade noch ein Fünftel ihrer früheren Belegschaften. Die Rationen waren auf ein halbes, zeitweise auf ein viertel Pfund Brot am Tag gefallen. Für die in rasender Inflation gedruckten Geldscheine, die als Löhne ausgezahlt wurden, gab es so gut wie nichts mehr zu kaufen.

Die noch arbeitenden Belegschaften reagierten zunächst mit Streiks, die aber – wie andere Formen der »Sabotage« auch – zu harten Repressalien führten. Die im Frühjahr 1918 verkündete »Nationalisierung« der Betriebe, das heißt ihre rigorose Verstaatlichung, machte den eingespielten Formen der »Arbeiterkontrolle« und damit der Produktion für den eigenen Bedarf ein Ende und sollte die Belegschaften einer förmlichen Diktatur der Sowjetinstanzen unterwerfen. Das Leninsche System von »Brotkarte und Arbeitszwang« nahm jetzt gerade für die Arbeiter sehr konkrete Gestalt an.

Jegliches sozialistische Klassenbewußtsein wurde jedoch überfordert, als Lenin im April 1918 verkündete, daß der nächste Schritt zum Sozialismus in Rußland »die Errichtung eines Staatskapitalismus« sei – und zwar nach deutschem Muster. Es sei die Aufgabe der Sowjetmacht, »vom Staatskapitalismus der Deutschen zu lernen, ihn *mit aller Kraft* zu übernehmen, keine *diktatorischen* Methoden zu scheuen« und – wie Peter der Große – auch nicht »vor barbarischen Methoden des Kampfes gegen die Barbarei zurückzuschrecken«.

Dieser »deutsche Staatskapitalismus« sollte mit einem »russischen Kriegskommunismus« kombiniert werden. Praktisch lief das auf den Versuch hinaus, einen möglichst großen Teil der Produktionsmittel wie des Lebensmittelfonds der Gesellschaft in den Händen des Staates zu konzentrieren, um, so Trotzki, »jeden Arbeiter an die Stelle zu entsenden, an der er entsprechend dem Staatsplan gebraucht wird«. Entscheidend für die Durchsetzung dieses Systems war es, den direkten Güteraustausch zwischen Stadt und Land, Arbeitern und Bauern rigoros zu unterbinden. Der im April proklamierte »Kreuzzug für das Getreide« bedeutete, noch bevor es gegen die Bauern ging, eine weitere Verschärfung der Repressalien »gegen alle, die die strenge staatliche Ordnung bei der Beschaffung, Zufuhr und Verteilung des Brots … stören«.

Dabei war die neue Staatsmacht überhaupt nicht in der Lage, die Bewohner der Städte zu ernähren. Mehr als 60 Prozent der Nahrungsmittel stammten aus dem »Schleichhandel«, der als »Sackträgerei« denunziert wurde. Der Versuch der gewaltsamen Unterbindung selbst der armseligsten Formen des Naturaltausches grenzte in dieser Situation scheinbar an Irrwitz – so wenn große Gruppen leidlich genährter Tschekisten und Zivilisten mit roter Armbinde an Straßen und auf Bahnhöfen damit beschäftigt waren, den vom Land kommenden Frauen versteckte Waren unter den

Röcken hervorzuziehen oder aus den Bündeln der Passagiere und Passanten Mehlsäcke, Speckstücke und Eier herauszuholen. Doch dieser Irrwitz hatte Methode. Die willkürlichen Requisitionen und daran geknüpften Einschüchterungen und Verfolgungen waren ein geeignetes Mittel, die Gesellschaft zu atomisieren – und gleichzeitig aus ihr einen Körper loyaler Bewaffneter und Amtsträger zu rekrutieren. Die an den Requisitionen Beteiligten konnten sich und ihre Familien mit Proviant eindecken. Zudem lieferten sie das Getreide und die Lebensmittel in die staatlichen Magazine, aus denen der Staatsapparat seine Funktionsträger versorgte. Der neue Staat, der keine Steuern zu erheben vermochte, ernährte sich unmittelbar vom Raub an seinen Bürgern.

Auch die Arbeiterschaft spaltete sich in diesem Prozeß in völlig disparate oder einander feindlich gegenüberstehende Teile. Die meisten arbeitslos Gewordenen gingen aufs Land, andere schlossen sich, ebenso wie Zehntausende demobilisierter Soldaten, den bewaffneten oder zivilen Organen der neuen Macht an. Die in den Betrieben gebliebenen Arbeiter dagegen begannen, sich besser zu organisieren. Eine immer selbstbewußter auftretende Arbeiterbewegung forderte die Macht der Bolschewiki politisch wie sozial ernsthaft heraus. So siegten bei Neuwahlen zu den Provinzsowjets im April 1918 trotz aller Einschüchterungen und Verfolgungen die menschewistischen und sozialrevolutionären Kandidaten in neunzehn von dreißig Städten. Die bolschewistische Regierung reagierte umgehend mit dem Verbot von etwa zweihundert Zeitungen und Zeitschriften, die noch nicht gleichgeschaltet waren, und mit der gewaltsamen Auflösung der eben gewählten Sowjets. Proteststreiks und Demonstrationen in Petrograd und einer Reihe von Industrierevieren wurden von Tschekatruppen blutig unterdrückt.

Das Vorgehen gegen die organisierte Arbeiterschaft war selten milder und manchmal noch brutaler als das gegen »Burshui« und Bauern. Dennoch kam es in den folgenden Jahren immer wieder zu Streikwellen, Betriebsbesetzungen und vorübergehenden Machtübernahmen in den Industriezentren, deren desperate Entschlossenheit man kaum glauben würde, stimmten die Berichte der überlebenden Teilnehmer nicht mit den mittlerweile zugänglichen Berichten der Staats- und Sicherheitsorgane überein.

Im Frühjahr 1919 kam es zu einer Welle neuer Streiks, die sich von den Putilow-Werken in Petrograd auf alle industriellen Zentren ausdehnten. Den Anstoß lieferte die Wiederverhaftung einer Reihe führender linker Sozialrevolutionäre. Die Forderungen der Arbeiter waren jetzt in allererster Linie politischer Natur: Übertragung der wirklichen Macht an die Sowjets, unbehinderte Neuwahlen, Freilassung der politischen Gefangenen der »authentisch revolutionären Parteien«, Abschaffung der Privilegien für Mitglieder der Kommunistischen Partei, Freiheit der Versammlung, der Vereinigung, der Presse sowie ein Ende der Zwangsrekrutierungen für die Rote Armee. Im übrigen verlangten die Arbeiter, wie in früheren Streiks auch, das Recht auf unbeschränkten, direkten Austausch mit dem Land und die Angleichung ihrer Lebensmittelzuteilungen an die der Roten Armee.

Die Lage war so kritisch und der Streik von so hoher Symbolkraft, daß Lenin selbst, begleitet von Sinowjew, zu den zehntausend Putilow-Arbeitern sprechen wollte. Das dürfte der einzige überlieferte Versuch in seiner gesamten Laufbahn gewesen sein, vor Massen zu sprechen, die nicht von vornherein loyal waren. Er kam auch nicht zu Wort. Hier soll Lenin und Sinowjew der Ruf »Nieder mit den Juden und Kommissaren« aus der Menge entgegengeschallt sein – ein Beweis, daß man es mit »Schwarzhundertern« zu tun hatte! Daß unter den Menschewiki und linken Sozialrevolutionären, für deren Freilassung gestreikt wurde, der Anteil jüdischer Aktivisten besonders hoch war, zählte demgegenüber nicht. Der Vorfall bot einen Vorwand mehr, um die bestreikten Petrograder Fabriken mit Tschekaeinheiten zu stürmen. Neunhundert Arbeiter wurden verhaftet, zweihundert Streikführer ohne Urteil hingerichtet. Die anderen wurden entlassen und erst wieder eingestellt, nachdem sie schriftlich bezeugt hatten, daß sie von konterrevolutionären Anführern zu »kriminellen Handlungen« angestiftet worden seien. Sie hatten damit das Todesurteil für ihre Kameraden mit zu unterzeichnen.

Nach demselben Muster wurden unter der direkten Leitung Dzierzynski Streiks in den Waffenfabriken von Tula – auf die die Rote Armee angewiesen war –, in Iwanowo-Wosnessensk, Brjansk, Orjol, Sormowo und anderen Orten gebrochen. In Astrachan, das im Kampf gegen die weißen Armeen von strategischer Bedeutung war, behandelte man den Streik, dem sich meuternde Soldaten angeschlossen hatten, als »konterrevolutionären Aufstand«. Als zuständiger Armeekommissar befahl Kirow die »Vernichtung der weißgardistischen Nester mit allen Mitteln«. Die Stadt wurde eingeschlossen und erobert, 2.000 bis 4.000 Streikende wurden erschossen oder in der Wolga ertränkt.

Und dennoch traten im Frühjahr 1920 abermals fast dreiviertel aller Industriearbeiter in den Streik, zur Verzweiflung getrieben durch die nochmalige Verringerung der Lebensmittelrationen, die mit Versuchen einer formellen »Militarisierung der Arbeit« verbunden war. Auch diese Streiks wurden gewaltsam gebrochen: Nach hinhaltenden, in drohendem Ton geführten Verhandlungen stürmten Soldaten die Fabriken, verhafteten alle Beteiligten, erschossen die Rädelsführer und verschickten die als »Geiseln« genommenen Familienmitglieder der Streikenden in Konzentrationslager, die man in allen Provinzen für solche Zwecke eingerichtet hatte. Derartiges war unter dem alten Regime nur in ganz vereinzelten, berühmten Fällen vorgekommen, etwa in den Streiks der Goldgrubenarbeiter an der Lena 1912, die sich dem Legendenschatz der russischen Arbeiterbewegung tief eingeprägt hatten. Die Streiks der Arbeiter gegen das Regime der Bolschewiki wurden dagegen über alle Repressionen hinaus in einem Kokon des Schweigens erstickt, weil es Medien, über sie zu berichten oder sie zu besingen, schon nicht mehr gab.

1920 formierte sich innerhalb der Kommunistischen Partei selbst eine »Arbeiteropposition« – die letzte dissidente Fraktion, bevor das Fraktionsverbot erlassen wurde. Diese Gruppe forderte auf dem IX. Parteikongreß, wenigstens einige der Rechte der Gewerkschaften und Betriebsräte wiederherzustellen, und verstieg sich im übrigen zu der These, daß von allen Klassen der Russischen

Sowjetrepublik »die Arbeiterklasse die einzige ist, die ein Sträf-
lings-, ein schmähliches, elendes Dasein fristet«. Sie wurde von Lenin mit der Feststellung abgefertigt, es gebe in den Betrieben überhaupt keine Arbeiter mehr, sondern nur noch Leute, die sich vor
dem Militärdienst drückten, reines »Gesindel« also. Was Alexander Schljapnikow, einen der wenigen führenden Altbolschewiken,
der von Haus aus Arbeiter war, zu der komisch-verzweifelten
Replik veranlaßte, dann müsse die Partei sich als »die Avantgarde
einer nicht existierenden Klasse« betrachten! Soviel war richtig:
Der Sieg der Bolschewiki beruhte nicht zuletzt auf der vollständigen *Zerschlagung* der historischen russischen Arbeiterbewegung.

Aber die eigentliche Schlacht des russischen Bürgerkrieges war die
Unterwerfung des Bauerntums, das noch immer mehr als achtzig
Prozent der Bevölkerung stellte. Trotz ungeheurer Opfer und Härten gelang dies im ersten Anlauf nur halb. Erst im zweiten Anlauf,
mit der Kollektivierung ab 1929, schaffte es die Stalinsche Führung, das selbständige Bauerntum völlig zu vernichten. Im Winter
1917/18 hatte sich die bäuerliche Sowjetbewegung über fast alle
agrarischen Provinzen ausgebreitet. Das Landdekret des Gesamtrussischen Sowjetkongresses vom Oktober wurde allgemein als
Verbriefung eines bäuerlichen Naturrechts auf Boden, Wälder und
Wasser verstanden. Daraufhin beschlagnahmten die Bauern die
noch bestehenden Gutsländereien und legten viele Gutshöfe bis
auf den Grund nieder. Mit der Errichtung einer bolschewistischen
»Sowjetmacht« auf dem Lande war das in keiner Weise zu verwechseln. In der übergroßen Mehrzahl der Dörfer stellten die »Sowjets« nichts anderes als eine neue Form der Selbstverwaltung dar
– auf der Grundlage alter, patriarchalischer Dorfstrukturen. Das
bäuerliche Rußland war weder »rot« noch »weiß«, sondern lebte
nach Möglichkeit sein eigenes, selbstgenügsames Leben. Aber das
Dorf hatte die Grundherren vertrieben, und damit waren die
Brücken, die zurück in die alte Ordnung führten, verbrannt. Alle
Bauernaufstände gegen die »Roten«, die sich bald schon entwickelten, konnten von den »Weißen« nicht genutzt werden. Die zahllo-

sen Städter, die auf das flache Land auswanderten und am Entstehen einer primitiven Hausindustrie mitwirkten, aber auch der Zug der Millionen Hamsterer trugen dazu bei, das ländliche Rußland zu einem autarken Zwischenreich zwischen den Fronten zu machen, in dem noch immer das Gros der Bevölkerung lebte.

Der im April 1918 proklamierte »Kreuzzug für das Getreide« sollte gemäß dem von Lenin entworfenen Dekret ›Über die Diktatur im Ernährungswesen‹ »einen schonungslosen und terroristischen Kampf und Krieg ... gegen die bäuerliche und sonstige Bourgeoisie, die Getreideüberschüsse zurückhält«, eröffnen. Das war zum Teil eine fixe Idee, zum Teil auch nur eine vorgeschobene Legitimation. Das Problem war gerade, daß es kaum noch bäuerliche Betriebe gab, die einen Überschuß erzielten. Andererseits produzierten die Städte immer weniger Waren für den ländlichen Bedarf, und die Bolschewiki machten – entgegen ihrem Anspruch – auch gar keine Anstalten, den Bauern im Naturaltausch irgend etwas anzubieten, obwohl die Requisitionen absurderweise Produktverteilung (*prodraswjorstka*) genannt wurden.

Der neue Staats- und Machtapparat brauchte Lebensmittel für den eigenen Unterhalt. Der »Kreuzzug für das Getreide« war der Versuch, die Bauern unter Androhung schwerster Strafen zu zwingen, sämtliche Ernteüberschüsse, die die ihnen zugestandenen Hungerrationen überstiegen, bei den staatlichen Aufkaufstellen gegen eine rein symbolische Bezahlung abzuliefern. Sie sollten sich gewissermaßen in Landarbeiter zurückverwandeln, die den Boden für den Staat als den »ideellen Gesamtgutsherrn« bearbeiteten. Daß die Bolschewiki niemals den freien »Besitz«, sondern nur die »Verfügung« der Bauern über den Boden gefordert hatten, der »dem ganzen Volk«, also dem Staat, gehören müsse – dieses grundlegende Mißverständnis zwischen dem spontanen bäuerlichen »Agrarbolschewismus« des Jahres 1917 und dem Programm der Bolschewiki wurde jetzt offenbar. Die Bauern antworteten naturgemäß mit allgemeiner »Sabotage«.

Im Frühsommer 1918 begannen daraufhin die bewaffneten Expeditionen der Requisitionskommandos aus den Städten. Im wesentlichen konzentrierte man sich auf zwölf Gouvernements des Schwarzerdegebiets und an der Wolga, die gut erreichbar waren und in denen man Überschüsse vermutete. »Komitees der Dorfarmen« (*Kombedy*) sollten den Requisitionskommandos zur Hand gehen und den wenigen, verstreuten Gruppen ländlicher Kommunisten Schützenhilfe leisten. Zur gleichen Zeit wurde die allgemeine Dienstpflicht für die Rote Armee eingeführt, was bedeutete, daß die Dörfer, wie zu Zeiten des Zaren, dem Staat wieder Kontingente junger Menschen zu liefern hatten. Auch Pferde mußten abgegeben werden – eine Katastrophe für jeden Bauern. Überdies zog man die Dorfbewohner unter Androhung drakonischer Strafen auch noch zu Arbeiten an Straßen und Eisenbahnen heran. Wie eh und je behandelten die Behörden die Dorfgemeinden dabei als Haftungsgemeinschaften, das heißt, sie mußten die ihnen auferlegten Tribute und Zwangsarbeiten umlegen und wurden bei Nichterfüllung kollektiv zur Rechenschaft gezogen – mit einer Härte, wie sie das alte Regime seit den Tagen Peters des Großen nicht annähernd gezeigt hatte. Es war ein Petrinismus in dritter Potenz.

Diese Maßnahmen mußten die Bauern zwangsläufig zum bewaffneten Widerstand treiben. Die Bolschewiki wußten das sehr wohl. Auf einer Versammlung der Mitarbeiter der Ernährungsbehörden im Juni 1918 antwortete Trotzki auf den Zuruf, eine solche Politik bedeute den allgemeinen Bürgerkrieg: »Unsere Partei ist *für* den Bürgerkrieg. Der Bürgerkrieg entbrennt um der Getreidefrage willen. Wir, die Sowjets, haben die Initiative ergriffen.« Die Ratio dieses scheinbar selbstmörderischen Entschlusses war die eines Entweder-Oder. Wollten die Bolschewiki auf dem eingeschlagenen Weg weitergehen, mußten sie auch gegenüber dem riesigen, passiven Block der ländlichen Bevölkerung eine offensive Strategie der Eroberung und Unterwerfung verfolgen.

Im Sommer und Herbst 1918 befanden sich weite innerrussische Gebiete im Aufstand. Überall bildeten sich aus Bauern und Deserteuren schlecht bewaffnete Haufen von Partisanen, die sowohl von den »Weißen« wie den »Roten« pauschal als »Grüne« bezeichnet wurden. Viele Bauernsöhne leisteten im Winter, wenn die Nahrungsmittel knapp waren, den Gestellungsbefehlen Folge und desertierten im Sommer, vor der Ernte. Manchmal lösten sich ganze Regimenter auf Verabredung hin auf. Bei der Jagd nach Aufständischen und Fahnenflüchtigen, die meist in der Nähe ihrer Dörfer lebten, wurden die Gemeinden mit Kollektivstrafen belegt, und unter den Familienangehörigen und Verwandten wurden Geiseln genommen, die man gewöhnlich in eines der Konzentrationslager brachte. Viele dieser Lager waren wegen Hunger, Kälte und Seuchen wahre Todeslager. Aber zahlreiche Geiseln wurden auch an Ort und Stelle umgebracht. In einem Tschekabericht aus der Provinz Jaroslawl vom Juni 1919 heißt es etwa: »Nachdem wir damit begonnen hatten, einen Mann pro Deserteursfamilie zu erschießen, kamen die Grünen aus den Wäldern und ergaben sich. Vierunddreißig Deserteure wurden zur Abschreckung erschossen.«

Die barbarische Härte dieser Repressionen führte zum offenen Bürgerkrieg. 1919/20 bildeten sich Bauernarmeen, die dazu übergingen, die ländlichen Stützpunkte der Staatsmacht direkt anzugreifen und Vertreter der Partei rachehalber zu exekutieren. Die politischen und militärischen Führer – meist Anarchisten und Sozialrevolutionäre – wie Nestor Machno in der Ukraine und Alexander Antonow in der Provinz Tambow waren auf regionalen Kongressen gewählt worden, sahen sich als Vertreter einer legitimen regionalen Selbstregierung und traten der Zentralmacht mit präzisen Forderungen gegenüber: Beendigung der gewaltsamen Requisitionen, der Rekrutierungen für die Armee und der Geiselnahmen; Anerkennung der geschaffenen Selbstverwaltung; Freiheit der politischen Betätigung – die Machno-Rebellen klagten das nur für Sozialisten und Anarchisten ein, die von Sozialrevolutionären geführten Tambower Aufständischen für alle demokratischen Parteien mit Ausnahme der »Schwarzhunderter« –; Beendigung der bolschewistischen Alleinherrschaft, die als »Kommissarokratie« bezeichnet wurde, sowie freie Wahlen für eine neue Verfassunggebende Versammlung, wobei die Machno-Leute allerdings auf einer unabhängigen, nur lose föderierten Ukraine bestanden; Auflösung der Tschekakommandos und sonstigen Spezialtruppen; Zulassung eines freien Handels, Minderung der Steuern, der Naturalabgaben und Zwangsarbeiten; und schließlich die definitive Übergabe des Landes in den Besitz derer, die es bearbeiteten.

Die Regierung Lenin, die die Kontrolle über weite Gebiete verloren hatte, antwortete mit totalem Krieg. Nachdem die weißen Generäle – Denikin, Koltschak, Judenitsch und Wrangel – geschlagen waren und der Vormarsch auf Warschau im Sommer 1920 mit einem verlustreichen Rückzug abgebrochen wurde, wandten sich die roten Armeen unter ihren berühmtesten Heerführern wie Tuchatschewski und Budjonny mit mehreren hunderttausend Soldaten und Reitern, mit Artillerie und Flugzeugen gegen die viel kleineren, schlechter bewaffneten Haufen der aufständischen Bauern. Dieser Krieg zog sich vom Herbst 1920 bis zum Herbst 1921 hin und erfaßte nicht nur zentralrussische Provinzen wie Tambow, sondern die gesamte mittlere Wolga und das westliche Sibirien. Die Brutalität der Unterdrückung überstieg jedes bisherige Maß. Hunderte von Dörfern und kleinen Ortschaften wurden vollständig niedergebrannt, die Bewohner deportiert. Ein von Tuchatschewski und Antonow-Owssejenko unterzeichneter Tagesbefehl im Juni 1921 ordnete die sofortige Erschießung eines jeden an, der seinen Namen nicht nannte, Waffen besaß oder einen Rebellen versteckte. In größerem Umfang als je wurden Geiseln genommen. Denunzianten wurden belohnt, indem sie das Gut der Denunzierten überschrieben bekamen. Die Leninsche Schule verriet sich in der eigentümlichen Wendung, mit der die meisten solcher Befehle und Instruktionen endeten, nämlich daß sie »rücksichtslos und ohne Mitleid« auszuführen seien.

Als unerbittlich erwies sich auch das Vorgehen gegen die Kosaken, die 1918/19 ein Hauptreservoir der »weißen« Gegenrevolution gewesen waren. Wie Nicolas Werth gezeigt hat, bildeten die Maßnahmen zur »Dekosakisierung«, die 1920 ihren tragischen Höhepunkt erreichten, in vielem das Vorbild der Operationen zur »Dekulakisierung« zehn Jahre später.

Lenin hatte die aufständischen Kosaken mit seiner Vorliebe für historische Analogien frühzeitig als die »sowjetische Vendée« identifiziert. Im Januar 1919 beschloß das Zentralkomitee folgende Geheimresolution, die erst 1989 vom ZK der KPdSU publiziert wurde: »Im Lichte der Erfahrungen des Bürgerkrieges gegen die Kosaken ist es notwendig anzuerkennen, daß die einzige politisch korrekte Maßnahme ein erbarmungsloser Kampf und massiver Terror gegen die reichen Kosaken ist, die vernichtet und physisch bis zum letzten Mann liquidiert werden müssen.« Als verhältnismäßig wohlhabende Landwirte mit einer Reihe traditioneller Privilegien galten die Kosaken, deren Stanizen vielfach zwischen ärmere russische oder ukrainische Dörfer eingestreut lagen, als Vertreter des Kulakentums und damit als Konterrevolutionäre.

Tatsächlich waren es erst die bolschewistischen Maßnahmen der Enteignung und Entwaffnung sowie die Auflösung der Selbstverwaltungen, die die Kosaken am Don und am Kuban im März 1919 zum allgemeinen Aufstand trieben. Im Juni 1919 kam es zum Zusammenschluß mit den weißen Armeen. Mit deren Niederlage war allerdings auch die der Kosaken besiegelt. Im Sommer und Herbst 1920 wurden ihre Siedlungsgebiete mit einem erbarmungslosen Terror überzogen. Tausende Männer wurden bei Massenerschießungen hingerichtet, ganze Orte dem Erdboden gleichgemacht und ihre Bewohner geschlossen deportiert. Von einer kosakischen Gesamtbevölkerung, die etwa drei Millionen betrug, sind 1919/20 nach zuverlässigen Schätzungen einige zehntausend erschossen und mindestens dreihunderttausend Menschen deportiert worden, zum Teil nach dem hohen Norden, zum Teil als Zwangsarbeiter in die Kohlengruben am Donez.

So ungeheuerlich der Vorgang der »Dekosakisierung« war, so wenig angemessen ist es, ihn – wie es Stéphane Courtois getan hat – als einen halbvollendeten »Genozid« darzustellen. Inwieweit sich dieser Begriff für die bolschewistischen Massenverbrechen überhaupt sinnvoll verwenden läßt, ist später noch zu diskutieren. Jedenfalls unterschieden sich die Maßnahmen gegen die Kosaken ihrem Wesen nach nicht von denen, die gegen alle aufständischen Bauern Rußlands, der Ukraine und der übrigen Gebiete des alten Reiches angewandt wurden. Und auch im Falle der Kosaken ge-

lang es den Bolschewiki, den Keim des Sozialkampfes und Bürgerkrieges im Lager des Gegners zu entfalten. So stützten sich die roten Armeen vielfach auf kleine, dissidentische Fraktionen jüngerer
Kosaken, meist ehemaliger Soldaten, die sich in das strenge, patriarchale Gefüge der kosakischen Gemeinschaften nicht mehr ein-
fügen konnten und wollten.

Der Vormarsch auf Warschau im Sommer 1920 gehörte, diesseits
aller weltrevolutionären Ambitionen, zu den Versuchen, vom Moskauer Zentrum her die Grenzen des alten Reiches wiederherzustellen oder möglichst zu überschreiten. Für kurze Zeit residierte in
Bialystok bereits ein »Polnisches Revolutionskomitee« unter Ju-
lian Marchlewski, zu dem auch Felix Dzierzynski hinzustieß. Aber
schließlich widerstanden Polen, Finnland und die baltischen Republiken – nicht zufälligerweise die Länder der westlichen Peripherie
also – der gewaltsamen »Sowjetisierung«, wie die Bolschewiki
selbst es nannten.

Anders erging es den Ländern und Nationen der südlichen und
östlichen Peripherie. Die Ukraine, Turkestan und Sibirien wurden
als erste und wichtigste Teile des Reiches im Laufe des Jahres 1920
unter die Fahne der Sowjetmacht zurückgeführt; lediglich im Fernen Osten hielt sich unter dem losen Protektorat Japans bis Herbst
1922 noch eine »Fernöstliche Republik«. Entscheidend war die
Wiedergewinnung der kaukasischen Republiken. Formell hatte die
russische Sowjetregierung die Unabhängigkeit Aserbeidschans,
Armeniens und Georgiens anerkannt. Faktisch jedoch arbeiteten
die kleinen kommunistischen Parteien dieser Gebiete unter der
direkten Anleitung eines »Kaukasus-Büros« beim ZK der KPR(B)
darauf hin, einen Aufstand zu entfesseln, der die Intervention der
im Nordkaukasus stationierten Elften Roten Armee provozieren
sollte. So geschah es im April/Mai 1920, als Ordshonikidse und
Kirow gleich zu Beginn eines vorbereiteten Aufruhrs mit einem
Panzerzug in Baku einfuhren, um die Sowjetrepublik Aserbeidschan zu proklamieren. Im November/Dezember wurde nach
demselben Muster die Sowjetrepublik Armenien begründet. Als

letzte Bastion widerstand noch das von den Menschewiki geführte Georgien. Im Januar 1921 beschloß das Moskauer Zentralkomitee einen Aufstand der georgischen Kommunisten und die Invasion, die im Februar planmäßig stattfand. Einen Monat später mußte das »freie Georgien«, für das sich die Sozialdemokraten des Westens in bewegenden Aufrufen engagiert hatten, von allen Unterstützern – insbesondere den Briten – im Stich gelassen, kapitulieren.

Damit war das Territorium der künftigen Union Sozialistischer Sowjetrepubliken im wesentlichen abgesteckt, mit Ausnahme der Gebiete Zentralasiens, die noch von verschiedenen Gruppen der pauschal als »Basmatschen« (»Banditen«) bezeichneten islamischen Rebellen kontrolliert wurden. Allerdings fielen die zwischen der Moskauer Zentrale und den einzelnen Sowjetrepubliken geschlossenen Verträge, je nach innerer Lage, unterschiedlich aus. In einigen Republiken waren für eine kurze Übergangzeit noch linke Fraktionen der jeweiligen Unabhängigkeitsparteien an den Regierungen beteiligt, die jedoch bald kaltgestellt und wie alle übrigen nichtkommunistischen Kräfte gewaltsam unterdrückt wurden. Aber auch einige Führer der nationalen kommunistischen Parteien, vor allem der Ukraine und Georgiens, zeigten einen gewissen Unabhängigkeitsdrang, der in der ungeklärten Lage Nahrung fand. Um so dringlicher wurde es, die Gründung der UdSSR voranzutreiben. Die Federführung lag bei Stalin, dem vormaligen Nationalitätenkommissar und neuen Generalsekretär der KPR(B).

Wie viele russifizierte Nichtrussen in der Führung der Bolschewiki, neigte auch Stalin zu einem strengen Zentralismus. Sein Entwurf über die Regelung der Beziehungen zwischen der Russischen Sozialistischen Föderativen Sowjetrepublik (RSFSR) und den neuen nichtrussischen Republiken sah deren umstandslosen »Beitritt zur RSFSR« vor, die somit unmittelbare Nachfolgerin des alten Reiches hätte werden sollen. In diesem Punkt stieß Stalin allerdings auf den entschiedenen Widerstand Lenins, der sich, obschon ihn die Krankheit hinderte, noch regulär an der Arbeit der Regierung und Parteiführung teilzunehmen, vehement für eine formell gleichberechtigte »Union Sozialistischer Sowjetrepubliken«, einschließlich eines – freilich papiernen – Rechtes auf Wiederaustritt, einsetzte. »Eine Sache ist die Notwendigkeit, uns gegen die westlichen Imperialisten zusammenzuschließen«, hieß es in einem seiner letzten Diktate. »Eine andere Sache ist es, wenn wir selbst ... in imperialistische Beziehungen zu den unterdrückten Völkerschaften hineinschlittern.«

Stalin mußte nachgeben, verteidigte aber auf dem Parteitag im April 1923 – an dem Lenin nicht mehr teilnehmen konnte – in harschen Wendungen und mit stetem Rückbezug auf Marx und frühere Äußerungen Lenins seine Perspektive eines starken Zentralstaates, in dem die führende Partei in allen Bereichen des Lebens, einschließlich der Nationalitätenfrage, ihre »proletarische Diktatur« zur Geltung bringen müsse. Die kurz darauf verabschiedete Verfassung der UdSSR folgte zwar den seither immer wieder kanonisch deklarierten »Leninschen Prinzipien der Nationalitätenpolitik«. Doch die Realität entsprach eher einem von Sinowjew schon 1919 formulierten Leitgedanken: »Wir können nicht ohne aserbeidschanisches Erdöl, nicht ohne turkestanische Baumwolle auskommen. Wir werden die Produkte, die wir brauchen, nehmen, aber nicht, wie sie die alten Ausbeuter genommen haben, sondern wie ältere Brüder, die die Fackel der Zivilisation bringen.«

Das Frühjahr 1921 führte ungeachtet aller Erfolge das Regime der Bolschewiki erneut an den Rand des Abgrunds. Die Kämpfe gegen die bäuerlichen Rebellenarmeen waren noch nicht gewonnen, die Länder der südlichen Peripherie noch nicht endgültig erobert, als in Petrograd und einigen anderen Industrierevieren abermals Streiks und Demonstrationen ausbrachen, denen sich im Februar die Matrosen und die Bevölkerung von Kronstadt anschlossen. In Einheiten der Roten Armee gab es Versammlungen, die Unterstützungsresolutionen beschlossen.

Der Auslöser der Unruhen war die nochmalige Kürzung der Lebensmittelrationen. »Die Unzufriedenheit ist allgemein«, meldete die Informationsabteilung der Tscheka, die die Spitzelberichte aus dem ganzen Lande bearbeitete, bereits im Januar. »In Arbeiterkreisen wird der baldige Fall des Regimes vorhergesagt. Niemand arbeitet, die Leute haben Hunger. Streiks von großer Ausdehnung stehen bevor. Die Einheiten der Moskauer Garnison werden immer unsicherer und können in jedem Moment unserer Kontrolle entgleiten. Prophylaktische Maßnahmen sind dringend geboten.« In solch erstaunlicher Weise wurde intern Klartext gesprochen.

Die Revolution schien an ihren Ausgangspunkt im Frühjahr 1917 – oder auch im Frühjahr 1918 – zurückgeworfen. In Petrograd wählten die Arbeiter der großen Fabriken am 22. Februar 1921 eine neue »Versammlung der Arbeiterdeputierten«, in der Menschewiki und Sozialrevolutionäre den Ton angaben und politische und wirtschaftliche Forderungen erhoben, die über die der Vorjahre noch hinausgingen. Als Tschekaeinheiten das Feuer auf Demonstranten eröffneten und zu Massenverhaftungen schritten, gingen Tausende – allerdings unbewaffnete – Soldaten der Garnison auf die Seite der Demonstranten über. Sinowjew, der Parteichef von Petrograd, sandte ein hysterisches Telegramm an Lenin: »Die Arbeiter haben Kontakt mit den Soldaten in den Kasernen aufgenommen ... Wenn nicht binnen weniger Stunden zuverlässige Truppen eintreffen, werden wir überrannt.« Am folgenden Tag brach dann die Meuterei in Kronstadt aus, wo ein Revolutionskomitee gebildet wurde, das ebenfalls einen kompletten Forderungskatalog aufstellte und ins Land hinausfunkte. Auch ein Teil der bolschewistischen Parteimitglieder in Kronstadt und Petrograd schloß sich an.

Diese Situation zwang das Regime der Bolschewiki zum Offenbarungseid. Die Forderungen der Streikenden lagen noch immer auf der Linie eines freiheitlichen Sozialismus, bedeuteten aber unausweichlich das Ende der bolschewistischen Alleinherrschaft. Dazu waren die Führer der Partei weniger denn je bereit. Möglicherweise steckte darin die richtige Einschätzung, daß es nach dem Massenterror der Vorjahre für sie keine einfache Rückkehr zu einer friedlichen und demokratischen politischen Auseinandersetzung mehr gab. Jedenfalls wurden die Streikenden und Meuterer als »Sozialrevolutionäre-Schwarzhunderter« verleumdet, die von Ausländern bezahlt und angestachelt seien, um Sowjetrußland oder zumindest Petrograd an das imperialistische Kapital auszuliefern.

Während zusammengezogene Tschekatruppen mit Gewalt gegen die Streikenden der Petrograder Fabriken vorgingen, wurde unter dem Kommando Tuchatschewskis, des Helden der polnischen Kampagne, eine regelrechte Armee zum Sturm auf Kronstadt angesetzt, das nach zehn Tagen schwerer Kämpfe schließlich unterlag. Hunderte Gefangene wurden an Ort und Stelle erschossen, Tausende kamen in die Eismeerlager Pertominsk und Cholmogory, wo man einen Teil auf barbarische Weise in der Dwina-Mündung ertränkte, während die anderen als Häftlinge auf die Solowki-Inseln mußten. Im Jahr darauf wurden etliche Flüchtlinge mit falschen Versprechungen aus Finnland zurückgelockt und ebenfalls in die Lager verschickt, während man noch einmal über 2.500 Zivilisten aus Kronstadt nach Sibirien verbannte. Nur wenige kehrten lebend zurück. Das war ein Strafgericht, das in seiner Brutalität die Massaker unter den Pariser Kommunarden, die sich eben zum fünfzigsten Male gejährt hatten, um ein Vielfaches in den Schatten stellte. Es sollte ein sichtbares und abschreckendes Fanal sein, das den Bürgerkrieg beendete.

Erst als das aufständische Kronstadt vor der sicheren Eroberung stand, riß Lenin auf dem X. Parteitag das Ruder herum und verkündete den Übergang zu einer »Neuen Ökonomischen Politik«, deren Kernstück in der Ersetzung der Ablieferungskontingente der Bauern durch eine »Naturalsteuer« bestand. Lenin gab sich einsichtig, als er sagte: »Wir wissen, daß nur eine Verständigung mit der Bauernschaft die sozialistische Revolution in Rußland retten kann ... So wie es bisher war – dieser Zustand ist nicht länger haltbar.« In Wirklichkeit handelte es sich zunächst lediglich um eine Mäßigung der Zwangsabgaben – auf die Höhe, die in der Requisitionskampagne des Winters auch real zusammengebracht worden war. Und nach wie vor hatte die Versorgung der Städte und des eigenen Apparates den Vorrang: Die Bauern, verkündete Lenin, müßten weiterhin »etwas hungern«, um »die Fabriken und die Stadt vom Hunger zu befreien«.

Der Zynismus dieser Bemerkung enthüllt sich erst vor dem Hintergrund jener Tatsachen, die Markus Wehner in seiner unlängst erschienenen Untersuchung zur Bauernpolitik der Bolschewiki herausgestellt hat. Danach war die Ernte des Jahres 1920 bereits auf weniger als die Hälfte der Vorkriegserträge gefallen, teils wegen einer ersten Dürre – der im Jahr darauf eine zweite folgen sollte –, teils durch die verstärkten Requisitionen und Zwangsrekrutierungen im Zusammenhang mit dem geplanten großen Westfeldzug der Roten Armee nach Warschau. Gebietsweise wurden dreißig bis fünfzig Prozent der jungen Männer zur Armee eingezogen. Die Requisitionen lagen höher denn je, auch in Gebieten mit einer Mißernte wie denen an der Wolga, die besonders gut erreichbar waren. Die Bauern wurden vielfach ihrer letzten Reserven beraubt und teilweise sogar des Saatgutes für das kommende Jahr. Dabei war der Pro-Kopf-Verbrauch an Getreide in den Dörfern auf ein Drittel des Niveaus von 1914 gefallen und grenzte örtlich schon an Unterernährung oder offenen Hunger. Als das Exekutivkomitee des Gouvernements Samara im Januar 1921 beschloß, die Zwangseintreibungen einzustellen, wurde es durch Beschluß des Zentralen Exekutivkomitees in Moskau verpflichtet, alles Getreide zu beschlagnahmen. So stand nur noch ein Viertel des benötigten Saatgutes zur Verfügung – eine Hungerkatastrophe war damit vorprogrammiert. Die Dürre des Sommer 1921 tat dann ein übriges.

Lenin war noch immer nicht bereit, einen freien Handel zuzulassen. Er stellte sich allen Ernstes vor, die Bauern kämen mit ihren Fuhrwerken zu den Bahnstationen, um dort neben ihren vorgeschriebenen »Naturalsteuern« auch gleich ihre Überschüsse in irgendwelche vom Staat gelieferten Tauschgüter umzuwechseln. Noch immer hing er der schrecklich schlichten Illusion eines »Kriegskommunismus« an, wie er ihn 1918 entwickelt hatte – und der an die späteren Vorstellungen Pol Pots erinnert: »Wir waren der Meinung, daß uns die Bauern aufgrund der Ablieferungspflicht die notwendige Menge Getreide liefern und wir es auf die Fabriken und Werke verteilen werden und daß wir dann eine kommunistische Produktion und Verteilung haben werden.«

Erst im Herbst 1921 gab Lenin zu, daß auch dieser letzte Versuch gescheitert war: »[Der] Privatmarkt hat sich als stärker erwiesen als wir, und statt des Warenaustausches ist gewöhnlicher Kauf und Verkauf, ist Handel zustande gekommen.« Erst dann wurden der Einzelhandel und das Handwerk freigegeben, eine kapitalistische Produktion zugelassen sowie ernsthafte, meistens allerdings unpraktikable Pläne geschmiedet, »Konzessionen« zur Ausbeutung der Ressourcen des Riesenlandes an internationale Kapitalgesellschaften zu vergeben.

Womöglich war die Zeit vom Frühjahr bis zum Herbst 1921 die letze Frist, die für Millionen Menschen über Sein oder Nichtsein entschied. Die Aufstände in Tambow und in anderen Gebieten, die im Frühjahr und Sommer 1921 weitergingen, trugen bereits alle Züge äußerster Verzweiflung, was mit der herannahenden Hungerkatastrophe zu tun hatte. Auf einer Konferenz im Juni berichteten die Verantwortlichen der von »Ernährungsschwierigkeiten« betroffenen Provinzen, daß die Bauern schon seit Jahresbeginn kaum mehr zu essen hätten und dabei seien, das Saatgut zu verzehren. »Heute haben wir es nicht mehr mit Aufständen zu tun. Heute gibt es ein neues Phänomen: Hungernde Menschenmengen belagern friedlich die Exekutivkomitees der Sowjets und der Partei und warten über Tage hinweg auf irgendeine wundersame Lieferung von Getreide ... Ich denke, daß es mindestens neunhunderttausend Hungernde in unserer Provinz gibt.« So der Vertreter des Provinzsowjets von Samara. Ungeachtet dessen sandten Lenin und Molotow am 30. Juli ein Telegramm an alle Bezirkskomitees der Partei, worin diese aufgefordert wurden, für die pünktliche und vollständige Ablieferung der Naturalsteuern zu sorgen! Das war genau zur selben Zeit, als sich die Regierung der Volkskommissare widerstrebend entschloß, das private »Komitee zum Kampf gegen den Hunger« zu legalisieren, in dem sich ein Großteil der bekanntesten Wissenschaftler des Landes zusammengeschlossen hatte – nur um es kaum einen Monat später schon wieder aufzulösen und einige seiner führenden Mitglieder zu verhaften.

Der Sinn dieser scheinbar kopflosen Politik enthüllte sich, als die Sowjetregierung entschied, den Hunger offensiv als Waffe ihrer inneren und äußeren Politik einzusetzen. Sie gründete eine zentrale »Staatskommission der Hilfe für die Hungernden« und appellierte an die Arbeiterklasse, aber auch an die karitativen Organisationen und selbst die Regierungen des Auslandes, Hilfe zu leisten. Neben der Trockenheit machte sie vor allem die »internationale Blockade« Sowjetrußlands für den Hungertod der Menschen verantwortlich. Dieser Appell, über Gorki an eine Reihe führender Intellektueller des Westens weitergeleitet, entfaltete eine gewaltige Wirkung. Neben den vom Flüchtlingskommissar des Völkerbundes, Fridtjof Nansen, koordinierten Aktivitäten karitativer Organisationen, insbesondere des Roten Kreuzes und der American Relief Association (ARA), die auf dem Höhepunkt der Hungersnot täglich elf Millionen Menschen speisten und retteten, war es die illustre »Internationale Hungerhilfe« des Willi Münzenberg, die nicht nur in Deutschland das Mitleid mit dem hungernden Rußland auch in politische Sympathie umzuwandeln verstand.

Durch die Einladung der sowjetischen Regierung zur Weltwirtschaftskonferenz in Genua im Frühjahr 1922, die nicht zuletzt vor dem Hintergrund der Hungerkatastrophe zustande kam, gelang es dieser endgültig, ihr internationales Pariadasein zu überwinden. Der dort unterzeichnete Vertrag von Rapallo, den Sowjetrußland mit der ebenfalls geächteten Weimarer Republik schloß, war zweifellos ein diplomatischer Coup ersten Ranges. Für eine Politik des friedlichen Ausgleichs der Nachbarstaaten und der westlichen Mächte mit Sowjetrußland war er freilich eher ein Hindernis.

Zu dieser Zeit erreichte der Hunger in Rußland seinen Höhepunkt. Nicht weniger als neunundzwanzig Millionen Menschen litten an Unterernährung, von denen mehr als fünf Millionen starben. Männer, Frauen, Kinder und Greise verließen ihre alten Siedlungen und begaben sich auf eine Wanderung ins Ungewisse, als flöhen sie vor der Pest. Diese Katastrophe war mit früheren Naturkatastrophen nicht entfernt vergleichbar. Zwar entsprachen die klimatischen Umstände denen der großen Hungersnot von 1891, doch diese hatte nur ein Zehntel der Opfer gekostet. Diesmal handelte es sich um eine von Menschen sehenden Auges gemachte Katastrophe. Nicolas Werth zufolge war der Hunger sogar die letzte, und wie man annehmen muß, bewußt eingesetzte Waffe in einem folgenschweren Kampf: »Die Karte der Hungergebiete deckt sich exakt mit den Zonen, die in den Jahren zuvor am stärksten von den Requisitionen und den Aufständen der Bauern betroffen waren. Als ›objektiver‹ Verbündeter des Regimes und als absolute Waffe der ›Pazifizierung‹ diente der Hunger im übrigen den Bolschewiki als Vorwand, um einen entscheidenden Schlag gegen die orthodoxe Kirche und die Intelligenzija zu führen, die für den Kampf gegen die Plage mobil gemacht hatten.«

Ob die Politik der Bolschewiki in der Zeit Lenins tatsächlich einem derartigen Plan gehorchte, kann man bezweifeln. Aber jedenfalls verfolgte sie zäh und mitleidlos das einmal gesteckte Ziel einer »großen Säuberung« Rußlands. Schicht um Schicht des alten Gesellschaftsaufbaus wurde in diesem offensiv geführten Bürgerkrieg abgetragen, von oben nach unten: der Hofadel und die hauptstädtische und ländliche Aristokratie; die Beamtenschaft des riesigen, das Reich umfassenden zaristischen Verwaltungsapparates; die Bankiers und die neuen industriellen Unternehmer; die zu bedeutender Statur herangewachsenen Verleger von Büchern, Kultur- und Fachzeitschriften sowie moderner Publikumszeitungen; die großen und die kleinen Kaufleute aller Kategorien; das Gros der freien Berufe in den Städten, von den Anwälten bis zu den Ärzten; ein erheblicher Teil des technischen Personals und der Ingenieure; eine Vielzahl der Wissenschaftler, Intellektuellen, Schriftsteller und Künstler, die Rußland gerade erst den Ruf eines bedeutenden Kulturlandes eingetragen hatten; engagierte Pädagogen und Lehrer in den expandierenden Volksbildungseinrichtungen des Zarenreiches; die Korporationen des orthodoxen Klerus und der zuweilen hochgebildeten Mönche in den prachtvollen Klöstern des alten Rußland; jüdische Rabbiner, Schriftgelehrte, Jeshiwa-Schüler mitsamt der dichten, religiös gebundenen Kultur der osteuropäischen Shtetl; die Mullahs und Medressen Zentralasiens mit ihrer uralten

Schriftkultur; ein Großteil des Handwerks in seinen vielfachen Ausprägungen, von den russischen Zimmerleuten bis zu den orientalischen Kunsthandwerkern; die Kernbelegschaften der industriellen Arbeiterschaft einschließlich der historischen russischen Arbeiterbewegung und ihren verzweigten Organisationen; die selbständig wirtschaftenden Bauern Rußlands und der Ukraine, darunter die deutschen Kolonisten an der Wolga, in Südrußland und auf der Krim; die als »Banditen« in die Berge vertriebenen oder zwangsweise seßhaft gemachten Viehzüchter der südlichen Steppen; und schließlich die Landwirte, die die jahrtausendealten, reichen Garten- und Bewässerungskulturen Zentralasiens und des Kaukasus bewirtschaftet haben.

Zugleich bedeutete die russische Revolution in vieler Hinsicht eine erste, oft radikale ethnische und kulturelle Entmischung, vom deutschrussischen Bürger-, Beamten- und Bauerntum, das über drei Jahrhunderte hinweg ein fester Bestandteil der russischen Gesellschaft und Kultur geworden war, bis zu den nomadischen Kasachen und Uiguren, die zu Hunderttausenden über die Grenze nach China flohen. Einige dieser Prozesse begannen zwar schon 1914 oder 1917; aber sie setzten sich weitaus radikaler nach der bolschewistischen Machteroberung fort, die den gesamtrussischen Bürgerkrieg erst entfachte. Die NÖP bedeutete für manche der oben aufgeführten sozialen Gruppen und Berufe eine kurze Atempause, doch die Stalinsche Kollektivierung machte ihnen allen ein Ende.

Für diese, der Revolution und dem Machtanspruch der Bolschewiki geschuldeten Verheerungen findet man keine irgendwie angemessene historische Präzedenz. Das läßt sich in schieren Zahlen verdeutlichen: Das neue Sowjetrußland verlor in den Grenzen, in denen es bis 1923 wiederhergestellt wurde, im Bürgerkrieg der Jahre 1918 bis 1921 nach offiziellen Angaben 10,8 Millionen Menschen – durch Kämpfe, durch Hinrichtungen, durch Pogrome, durch Hunger und Seuchen, auf der Flucht und auf jede erdenkliche Weise. Hinzu kamen die 5,05 Millionen Hungertoten der Jahre 1921/22. Insgesamt war das ein *Zehntel* der Bevölkerung des alten Reiches. Die Verluste des vorangegangenen Weltkrieges, die man zu Recht für ungeheuerlich gehalten hatte, betrugen dagegen 1,7 Millionen Gefallene sowie einige hunderttausend umgekommener Zivilisten.

Wie viele der Toten des Bürgerkrieges *unmittelbar* auf das Konto des »roten Terrors« gehen, der den »weißen Terror« um ein vielfaches übertraf, wird sich, wie Orlando Figes schreibt, wohl niemals ermitteln lassen. »Aber es waren mit Sicherheit einige hunderttausend, wenn man alle die in den Lagern und Gefängnissen sowie bei der Unterdrückung von Streiks und Revolten durch Tschekatruppen Getöteten zusammennimmt.« Das bedeutet aber, daß der Terror der Bürgerkriegsjahre 1918–1921 quantitativ bereits an den »großen Terror« der Jahre 1937/38 heranreichte. Auch die Opfer des Hungers von 1921/22 kamen denen der großen Hungerkatastrophe von 1932/33 sehr nahe. In all diesen Punkten stellt sich der Leninsche Kriegskommunismus und Bürgerkrieg als der unmittelbare Vorläufer der Stalinschen Kollektivierung und Großen Säuberung, der *Tschistka* der dreißiger Jahre, dar.

5

WECHSEL DER WEGZEICHEN

VOM PARTEIORDEN ZUR STAATSKLASSE

Je ungeheurer und »unwahrscheinlicher« das Unternehmen der Bolschewiki sich darstellt, um so drängender wird die Frage, wer sie denn eigentlich waren und wie sie sich in einem Bürgerkrieg behaupten konnten, in dem das Gros der städtischen wie der ländlichen Bevölkerung gegen sie stand; und mehr noch: wie sie aus diesem Bürgerkrieg heraus einen Großstaat und eine Gesellschaft völlig neuartigen, unbekannten Typs schaffen konnten. Nicht abstrakte »Ideologien« und »Strukturen«, sondern lebendige Kräfteaufgebote und ihre handfesten, zuweilen überschießenden Motivationen bieten den Schlüssel zur Antwort.

Lenin selbst sagte im Frühjahr 1919, zukünftige Historiker würden, wenn sie die Daten zusammenstellten, kaum glauben, »daß man dies mit einer so verschwindend geringen Zahl von Kräften erreichen konnte«. Aber offenkundig war seine Partei, nachdem sie einmal die Macht ergriffen hatte, ein gesellschaftlicher Pol, um den herum sich ein heterogenes, gleichwohl kompaktes politisches »Lager« konstituierte: das Bürgerkriegslager der »Roten«, welches den viel zersplitterteren Fraktionen der »Weißen« oder der »Grünen« geschlossen gegenüberstand.

In diesem Prozeß bildete sich die bolschewistische Partei radikal um. Der winzig kleine Ausgangskader von knapp 80.000 »Altbolschewiken«, der die Partei im April 1917 ausmachte, war bis zum Oktober, dem Augenblick der Machtergreifung, in einer Mitgliederschaft von 240.000 Aktiven aufgegangen. Kurz darauf rechneten sich bereits 350.000 Personen zum Kern der neuen Macht, und 1920/21, also nach dem Sieg im Bürgerkrieg, stieg die Zahl auf

730.000 Mitglieder und Kandidaten an, um 1922 nach einer ersten »Parteisäuberung« wieder auf 400.000 zu fallen. Gleichzeitig war aber der Staatsapparat von etwa einer Million Beamte im Jahre 1917 schon bis 1920 auf 2,5 Millionen angewachsen. Bis Ende der Zwanziger sollte er sich vervierfachen. Und die Partei war der »führende Kern« dieses neuen Staats- und Machtapparates.

In seiner letzten großen Parteitagsrede 1922 äußerte Lenin die Sorge, daß die Kommunisten Rußlands, obwohl sie nun die volle politische und wirtschaftliche Macht in Händen hielten, wie die Barbaren in einem fremden Land bald schon von den Besiegten assimiliert werden könnten. »Wenn ein Eroberervolk eine höhere Kultur hat als das besiegte Volk, dann zwingt es ihm seine Kultur auf, ist es aber umgekehrt, dann kommt es vor, daß das besiegte Volk seine Kultur dem Eroberer aufzwingt.« Die bloße Metapher war schon bemerkenswert genug, doch noch bemerkenswerter war die Tendenz seiner Befürchtungen: Es könne sich herausstellen, daß die unterworfene alte Zivilisation womöglich eine höhere gewesen sei als jene neue, die die Bolschewiki – gleich Eroberern in einem fremden Land – repräsentierten. Viele solche trüben Visionen plagten Lenin bei seinem Gang in die Dämmerung.

Verblüffend ähnlich, aber voll eitlen Stolzes waren die historischen Analogien, die seine engsten Mitkämpfer für sich und die Partei in Anspruch nahmen. Trotzki nannte 1919 die Kommissare seiner Roten Armee – in denen er den Kern einer um seine Person gescharten Parteielite sah – »einen neuen Orden der Samurai«, was seinen Vorstellungen einer militarisierten Gesellschaft erst die rechte Pointe gab. Noch enthüllender war eine Formulierung Stalins aus dem Jahre 1921, der »die Kommunistische Partei als eine Art Schwertbrüderorden innerhalb des Sowjetstaates« beschrieb, welcher »die Organe des letzteren lenkt und ihre Tätigkeit beseelt«. Die Bezeichnung bezog sich offenkundig auf den mittelalterlichen Ritterorden der Livländischen Brüder, der das Baltikum kolonisiert hatte. Unter russischen Bedingungen war dieser Vergleich fast noch gewagter, als wenn Stalin von den Bolschewiki geradewegs als »Konquistadoren« gesprochen hätte.

Einige zeitgenössische Beobachtungen lassen das Bild des bolschewistischen Machtordens noch plastischer werden. Der Frankfurter Schriftsteller Alfons Paquet, der im Juni 1918 als erster deutscher Korrespondent seit 1914 das neue Räterußland besuchen konnte, registrierte im Gewimmel an der Grenzstation »Männer, wie Motorradfahrer von Kopf bis Fuß in schwarzes Leder gekleidet, lederne Mütze, lederne Jacke, lederne Hosen und Gamaschen«. Sie erschienen ihm als »die leibhaftigen Menschen des Thomas Morus«. Daneben fielen ihm ein paar junge Männer auf, »die nach Herrenrasse aussehen und nachlässig in der Menge auf und ab gehen«. Diese »tragen kurze elegante Mäntel, die offenbar französischer oder englischer Herkunft sind«, und zugleich »rote Binden um den Arm, und ihr schwarzes, ein wenig wolliges Haar ist nach amerikanischer Mode im Nacken über den rasierten Hälsen rund geschnitten«. In Moskau wurde Paquet über Karl Radek eng in den zugleich bohemehaften und wie im Feldlager lebenden inneren Machtzirkel einbezogen. Und als er einer Ordensverleihung Trotzkis an Blücher, den späteren General der Roten Armee, beiwohnte und all die »unrussischen Namen« – Blücher, Smilga, Wazetis, Trotzki – Revue passieren ließ, hatte er eine plötzliche Eingebung: dies seien »die *neuen Waräger*« – jene normannischen Eroberer also, die den ersten russischen Staat gegründet haben sollen.

Paquets Beobachtungen passen wiederum zu den phänomenologischen Betrachtungen, die der Philosoph Nikolaj Berdjajew nach seiner Ausweisung aus Rußland 1923 unter dem Titel ›Das neue Mittelalter‹ in Berlin niederschrieb. Berdjajew erklärte, die Emigranten müßten erkennen, daß in Rußland alle früheren Klassen außer der Bauernschaft vernichtet seien – der Adel und die Bourgeoisie ebenso wie die Arbeiterschaft. »Aber in Rußland hat sich eine neue, nicht so sehr soziale, als vielmehr anthropologische Schicht gebildet … Es hat sich eine Auslese der biologisch Stärksten vollzogen, und diese sind in die ersten Reihen des Lebens gerückt. Es erschien der junge Mann in dem nach englischem Muster zugeschnittenen Soldatenrock, glatt rasiert, von militärischem Typus, sehr energisch, tüchtig, vom Willen zur Macht besessen … Er ist es, der ungestüm im Auto dahinrast, alle und alles, was ihm in den Weg kommt, zermalmend; er hat die verantwortungsvollsten Posten inne, er verurteilt zum Tode, und er bereichert sich an der Revolution. Dieser, dem früheren Typus des Revolutionärs äußerlich so unähnliche, ja in allem entgegengesetzte junge Mann ist entweder Kommunist oder hat sich dem Kommunismus angepaßt und steht auf der Plattform des Sowjetstaates. Er erklärt sich für den Herrn des Lebens und für den Baumeister des künftigen Rußland.« Und Berdjajew, der die Karriere der revolutionären Intelligenzija so lange kritisch verfolgt hatte, befand: »Die unheilvollste Gestalt in Rußland ist nicht die des alten Kommunisten, die am Aussterben ist, sondern die Gestalt dieses neuen jungen Mannes.« Das griff den Entwicklungen, die schließlich im Stalinismus gipfelten, schon weit voraus.

Daß der neue Machtapparat tatsächlich Züge eines bewaffneten politischen *Ordens* trug, wird man auch jenseits aller historischen Analogien sagen können. Die Eigentumslosigkeit, das heißt die Aufhebung des Privateigentums an den Produktionsmitteln, war zugleich die Garantie des kollektiven und hierarchischen Charakters der Machtausübung. Anders betrachtet, handelte es sich um eine neue politische Klasse, die sich im Prozeß der Machteroberung erst herausbildete, indem sie ihrem überwiegend von Intellektuellen getragenen Ursprungskader aktivistische junge Männer und Frauen jeglicher Herkunft kooptierte, so wie ein Magnet Eisenspäne anzieht.

Unter ihnen waren viele ehemalige Soldaten, die aus dem Dorf kamen und nicht dorthin zurückkehren wollten. Vom Land stammte schon das Gros des in Schnellkursen ausgebildeten, erneuerten Unteroffiziersbestandes der zaristischen Armee; aber selbst die kaiserlichen Offiziersakademien hatten sich im Verlaufe des Krieges den bäuerlichen Nachrückern weit öffnen müssen. Hier fanden die Bolschewiki ein reiches Reservoir aufstiegswilliger, ebenso rücksichtsloser wie begabter Militärs und Kommissare, die keine Minute zögerten, das Dorf, in dem sie aufgewachsen waren, in

Flammen aufgehen zu lassen und seine Dorfältesten am nächsten Baum aufzuknüpfen. Aber auch die Mannschaften der Roten Armee und die Tschekaeinheiten konnten aus dem Reservoir dörflicher Dissidenten – etwa über die »Komitees der Dorfarmen« – neue Rekruten gewinnen. Oft waren es auch vagierende Elemente, wie man sie im großen Rußland überall fand, meistens ehemalige Soldaten, die die Requisitionen als eine legale Form des Raubes und der Vergewaltigung betrachteten. Mancherorts hatten sie von sich aus im Frühjahr 1918 »Rote Garden« gegründet, die den zur selben Zeit entstandenen »fasci« in den Agrargebieten Oberitaliens in vielem ähnelten. Die »Kulaken«, die sie mit Leninschem Vokabular als »Blutsauger« attackierten, waren oft die Dorfältesten, deren patriarchale Autorität sie brechen mußten, um ihre eigene, auf Gewalt gestützte Lokaldespotie zu errichten. Auf Dauer gelang dies allerdings nur an wenigen Orten.

Zahlreiche Rekruten fand der bolschewistische Machtorden auch unter den jungen Arbeitern und Dienstleuten der großen Städte und Industrieriere. Die Massenarbeitslosigkeit und der drohende Hunger beschleunigte den Zustrom noch. Etwa 200.000 »proletarische Elemente« aus den Vorstädten Moskaus und Petrograds strömten in die neue Rote Armee oder beteiligten sich an den Requisitionskommandos der »Ernährungsarmee« (*prodarmija*), die jeweils aus mindestens 75 Mann mit zwei bis drei Maschinengewehren bestehen sollten. Abgesehen von allen schlichten Motiven – »man mußte ja leben« –, wurde die Rhetorik der Arbeiterklasse als »führender Kraft der Gesellschaft« von den Ehrgeizigeren auch als Versprechen eines sozialen Aufstiegs verstanden – und nicht zu Unrecht. Tatsächlich setzte sich die Bürokratie des schnell wachsenden Staatsapparates wie der auswuchernden gesellschaftlichen Organisationen zu einem erheblichen Teil aus ehemaligen Arbeitern zusammen. In die Fabrik oder an die Werkbank wollte von ihnen niemand zurück.

Ein drittes wichtiges Kontingent speiste sich aus der gebildeten städtischen Jugend, aktivistische junge Männer und Frauen, die als Aufsteiger aus kleinbürgerlichen Verhältnissen oder als Aussteiger aus bürgerlichen Milieus sich der neuen Macht mehr oder weniger überzeugt zur Verfügung stellten. Die Revolution der Bolschewiki bedeutete eine radikale Entwertung der Intelligenzija als einer Klasse *sui generis*. Um so zahlreicher waren die Karrierechancen für alle jungen intellektuellen Parteigänger oder auch nur »Mitläufer« der neuen Macht. Konstantin Paustowski hat in seinen Erinnerungen geschildert, wie sie – eine Rotte hungriger junger Leute – im Frühjahr 1920 in ein Behördengebäude gingen, über dessen Tor ein Transparent mit der mystischen Aufschrift »Oprodkomgrub« hing, und in den Labyrinthen aus Sperrholz, worin sich neu organisierte Abteilungen verschanzten, einen eigenen Verschlag suchten, das Schild »Informationsabteilung« an die Tür schlugen und sich anschließend bei dem Leiter der Behörde, einem ehemaligen Studenten der Rechte, in eben dieser Funktion vorstellten. Sie erhielten anstandslos Lebensmittelkarten und sonstige Bezugsscheine und waren damit den Wirren des Bürgerkriegs und der Pogrome fürs erste entkommen.

Solange das Zarenreich existierte, hatte unter den russischen wie unter den internationalen Sozialisten niemand mit solch kategorischer Entschlossenheit das »Selbstbestimmungsrecht der Nationen« als Sprengmittel des zaristischen »Völkergefängnisses« propagiert und verteidigt wie Lenin. Doch nicht minder fanatisch forderte er zugleich die monolithische »Einheit der Partei« über alle nationalen Schranken hinweg. Und schließlich hatte er nie einen Zweifel daran gelassen, daß mit dem Eintritt einer sozialistischen Revolution im Zarenreich sich die Frage der Unabhängigkeit völlig neu stellen werde. Eines der Hauptziele des Sozialismus, das in der Partei bereits vorweggenommen werden sollte, war Lenin zufolge »die Verschmelzung der Nationen«. Somit enthielt die bolschewistische Parteidoktrin den Kern einer *Reichsdoktrin*, nämlich den erneuten und noch viel engeren Zusammenschluß aller eben erst sezessionierten Reichsteile mittels einer diktatorischen Zentralmacht zu einer »höheren Einheit«.

Tatsächlich war der bolschewistische Parteiorden und die um

ihn gebildete neue Staatsklasse nicht nur in der Propaganda, sondern auch in der Realität ein internationaler Kader, der aus dem weiten Raum des Vielvölkerreiches eine große Zahl von Nichtrussen an sich zog. Paustowski und seine Gefährten etwa gehörten ebenso wie der junge Behördenleiter zu dem bedeutenden jüdischen Segment der städtischen Bildungsschichten, die unter dem alten Regime in vielfacher Weise diskriminiert und in ihrem sozialen Fortkommen behindert worden waren. Nach allen Erfahrungen der Vorjahre standen sie mit den ukrainischen Unabhängigkeitsbestrebungen entschieden auf Kriegsfuß. So war es nicht verwunderlich, daß sie sich – auch ohne Parteigänger der Bolschewiki zu sein – bereitwillig dem neuen Regime zur Verfügung stellten.

Besonders hoch war der Anteil von Nichtrussen – Letten, Juden und Chinesen – unter den auf über 200.000 Mann angewachsenen Tschekaeinheiten sowie den »Truppen zur besonderen Verwendung«, die am Ende des Bürgerkrieges noch einmal soviel Bewaffnete umfaßten. Im Vergleich dazu zählten die kampffähigen Regimenter der Roten Armee nach Angaben von Nicolas Werth niemals mehr als 500.000 Soldaten. Die bis 1920 auf beinahe fünf Millionen bäuerliche Rekruten angeschwollene Wehrpflichtarmee stand – nicht zu Unrecht – im Verdacht der Unzuverlässigkeit. Zu ihren mehr oder weniger vertrauenswürdigen Formationen gehörten die vor allem aus Kriegsgefangenen rekrutierten »Internationalisten«, die in besonderen Einheiten zusammengefaßt waren und im Sommer 1920 etwa 270.000 Mann unter den Fahnen hatten. Auch 15.000 bis 20.000 deutsche »Internationalisten« kämpften in der Roten Armee. Viele hatten allerdings bald genug von Krieg und Revolution und wollten so schnell wie möglich nach Hause. Andere dagegen zählten später zu den professionellen Kominternkadern.

Für die Nichtrussen unter den Bolschewiki und in den bewaffneten Formationen spielte sicherlich ein ursprünglicher Haß gegen die zaristische Zentralmacht eine Rolle. Aber zugleich war immer klar, daß ihr Kampf der Wiederangliederung der von Rußland losgetrennten Länder und Nationen galt, zumindest in Form einer künftigen »Union sozialistischer Sowjetrepubliken«. So konnten über die bolschewistische Bewegung nationale und internationale Ambitionen auf vielfältige Weise miteinander kombiniert werden. Für einen Stalin, Dzierzynski oder Mikojan wären Georgien, Polen oder Armenien jedenfalls viel zu enge Felder der Betätigung gewesen, reine Duodezstaaten. Doch in Rußland, in der alten, weiten, imperialen Bedeutung des Wortes, ganz vorne mit dabeizusein – das lohnte jeden Einsatz.

Es war kein Zufall, daß Lenin seinen ersten und am hartnäckigsten verfolgten Streit über die »nationale Frage« gerade mit dem »Jüdischen Arbeiterbund« ausfocht. Dessen Unabhängigkeit von der Russischen Sozialdemokratie hatte er seit 1903 immer wieder in schroffer Weise als einen Fall von nationalem Separatismus und somit von Klassenverrat angeprangert, der unter den jüdischen Proletariern »eine der Assimilation feindliche, eine ›Ghetto‹-Mentalität« erzeuge. Ein junger georgischer Parteiaktivist, der sich gerade das neue Parteipseudonym »Stalin«, der Stählerne, zugelegt hatte, wurde 1913 ausersehen, unter direkter Anleitung Lenins in einer scholastischen Abhandlung über die Nationalitätenfrage gerade den jüdischen Autonomiebestrebungen noch einmal eine klare Absage zu erteilen. Stalin zufolge waren die Juden keine »Nation« – was er mit Argumenten zu belegen versuchte, die ihren Einschlag ins Völkische kaum verbergen konnten. So besäßen die Juden »keine mit der Scholle verbundene breite stabile Schicht, die auf natürliche Weise die Nation ... zusammenhält«, sondern »als nationale Minderheiten in fremdnationale Gebiete eingesprenkelt, bedienen die Juden vornehmlich ›fremde Nationen‹, sei es als Industrielle und Händler, sei es als Angehörige freier Berufe«. Da sie sich auch der fremden Sprache und Kultur bereitwillig anpaßten, liege die völlige »Assimilation der Juden« auf der Linie ihrer vorgezeichneten Entwicklung.

Hinter dieser von Lenin inspirierten Polemik gegen die von den Austromarxisten entwickelte Konzeption einer »national-kulturellen Autonomie« zur Demokratisierung der östlichen Vielvölkerreiche steckte ein radikaler Gegenentwurf. Das Russische Imperium erschien darin, sobald es einmal gesprengt war, als eine gewaltige Rohmasse an Menschen und Ressourcen, die es vermittels des zentralen Apparats der Partei auf völlig neuer Grundlage zusammenzufügen galt. Dafür waren aber die Russen als Staatsvolk ein viel zu schwacher Kitt. Die neue politische Staatsklasse mußte selbst internationalen Charakter tragen und bedurfte fremder Ingredienzen. Neben deutschen Qualitäten wie Ordnungssinn, Disziplin und technischem Verständnis, die Lenin besonders schätzte, sollten die Juden das unverzichtbare Ferment formbarer Intelligenz und (welt-)revolutionärer Leidenschaft mit einbringen. Und für den in der Partei vorweggenommenen Prozeß der »Verschmelzung der Nationen« erwiesen sich die jüdischen Mitglieder, die in der Auslöschung ihrer nationalen Bindungen von beispielhafter Radikalität waren, als der beste »Rohstoff«.

Gegenüber Gorki soll Lenin einmal gesagt haben: »Wir sind als Volk zwar intellektuell begabt, aber zu träge. Der wirklich intelligente Russe ist fast immer ein Jude oder jemand mit etwas jüdischem Blut in den Adern.« So hat es Gorki in seinem Nachruf auf Lenin von 1924 überliefert. In seinem späteren, kanonischen Lenin-Porträt war dieser Passus gestrichen. Bedenkt man, daß nach den jüngsten Forschungen zur Familiengeschichte der Uljanows Lenin über seine Mutter (Maria Blank) diesen »Tropfen jüdischen Bluts« selbst besaß, gewinnt seine Äußerung eine zusätzliche Pointe. Ob er von seiner Herkunft wußte, und ob nicht Gorki als problematischer Philosemit an dem Lenin-Zitat mitgewirkt hat, muß allerdings offen bleiben.*

* Eine aufschlußreiche Geschichte am Rande: Lenins Schwester Anna Uljanowa-Jelisarowa wandte sich 1932 an Stalin und schlug vor, die von ihr entdeckten Dokumente über die jüdischen Vorfahren der Blanks – genauer des Großvaters Alexander Dmitrijewitsch Blank – zu publizieren. Eine solche Publikation werde nützlich sein, um den verbreiteten antisemitischen Stimmungen in der Bevölkerung entgegenzutreten. Dieser Brief an Stalin blieb ohne Antwort. Auch ein Beitrag der anderen Schwester Lenins, Maria, zu einer geplanten Lenin-Biographie wurde nicht veröffentlicht. Stalin konnte auf dem ersten Höhepunkt der Kampagnen gegen den exilierten Trotzki und den »Trotzkismus« eine derartige Veröffentlichung mit Sicherheit nicht brauchen. Mehr noch, er dürfte die Feststellungen der Jelisarowa über

Über den jüdischen Anteil an der Oktoberrevolution kann man auch jenseits der Mythologeme vom »jüdischen Bolschewismus« sprechen. Ursprünglich war die Zahl jüdischer Mitglieder im bolschewistischen Parteikader eher niedriger als in den übrigen sozialistischen Parteien. Unter den »Altbolschewiken«, den Parteimitgliedern vor 1917, waren nur etwa fünf Prozent jüdischer Herkunft. Aber in der Phase des Bürgerkriegs schnellte dieser Anteil steil empor, manchen Angaben zufolge auf bis zu sechzehn Prozent, bevor er sich 1922 wieder auf die früheren fünf Prozent einpendelte. In absoluten Zahlen waren das nicht mehr als 20.000 jüdische Kader auf eine Gesamtbevölkerung von 140 Millionen. Unter den 2,5 Millionen Juden des Reiches waren die Kommunisten eine winzige Fraktion.

Einen entscheidenden Anteil am Zustrom jüdischer Parteimitglieder hatten zweifellos die Pogrome, die vor allem den Bürgerkrieg in der Ukraine begleiteten und kaum eines der jüdischen Shtetl und Viertel ausließen. Zwischen 50.000 und 80.000 Juden wurden in den Bürgerkriegsjahren ermordet. Zwar verschonten auch die roten Truppen die Juden nicht. Doch die Rotarmisten oder Budjonnys Reiter schlugen, beraubten und ermordeten sie zumindest nicht als Juden, sondern als »Burshui« und »Spione«. Das war ein gewisser Unterschied.

Im Juli 1918 hatte Lenin ein »Dekret über die Ausrottung der antisemitischen Bewegung« erlassen, das »alle Pogromisten und Pogromagitatoren ... außerhalb des Gesetzes« stellte. Dieser Erlaß

antisemitische Tendenzen als Anspielung auf entsprechende Untertöne in den Kampagnen gegen Trotzki verstanden haben. Auch für die von ihm betriebene »nationale Wende« der Ideologie wie der Politik der Sowjetunion wären Hinweise auf eine jüdische Herkunft Lenins – der immer als der wahre »Großrusse« unter den historischen Führern des Oktober firmierte – vollkommen unproduktiv gewesen. Daß Lenin, wie die Jelisarowa behauptete, nicht gewußt habe, daß der Großvater aus einer Familie getaufter Juden stammte, ist zwar durchaus glaubhaft, aber muß nicht stimmen. Es hätte genug andere Gründe gegeben, darüber nicht zu sprechen – erst recht nicht zu den Zeiten, als Lenin an der Spitze der Revolution und des neuen Staates stand und das Schlagwort vom »jüdischen Bolschewismus« zum Kampfmittel seiner Gegner geworden war.

war nur eine Waffe mehr im Krieg gegen die rebellierenden Bauern. Für die Juden bedeutete er keinen Schutz, sondern eine zusätzliche Gefahr, weil die unter den ukrainischen Nationalisten und aufständischen Bauern, aber auch unter den »Weißen« und den einfallenden Polen weit verbreitete Identifikation von Juden und »Roten« damit scheinbar bestätigt wurde. Um so stärker war der Zulauf der jüdischen Jugend und Intelligenz zur bolschewistischen Macht, vor allem in Form der Flucht aus den südlichen Pogromgebieten in die nördlichen Städte, aus denen zur gleichen Zeit das Bürgertum abwanderte.

So war es fast zwangsläufig, daß die Sowjetbehörden sich dort mit jungen, mehr oder weniger gebildeten Neuankömmlingen jüdischer Herkunft auffüllten, die, wie Lenin im Rückblick zynisch sagte, ausgezeichnete Dienste als »Streikbrecher« leisteten. Natürlich floß dabei auch viel genuiner sozialer Ehrgeiz ein, den das alte Regime mit ausgeklügelten Diskriminierungen, vom Numerus clausus für jüdische Studenten bis zu den Zuzugsbeschränkungen für jüdische Bürger, unterdrückt hatte und der unter dem neuen Regime nun ein breites Betätigungsfeld fand.

Am markantesten war allerdings nicht die quantitative, sondern die qualitative Rolle der jüdischen Kader beim Aufbau der bolschewistischen Macht, die sich in ihrer steigenden Repräsentanz von den unteren zu den höheren und höchsten Partei- und Staatsebenen niederschlug. Auf den ersten Parteitagen nach dem Oktober betrug der Anteil der jüdischen Delegierten jeweils etwa fünfzehn bis zwanzig Prozent. Und als die wichtigsten Führer der Partei galten: Lenin, Trotzki, Swerdlow, Stalin, Dzierzynski, Sinowjew und Kamenew. Das waren neben dem Halbrussen Lenin ein Georgier, ein Pole und vier Juden. Daß das Regime der Volkskommissare das alte russische Trauma einer Fremdherrschaft im eigenen Land aktivierte, ist angesichts dessen weniger verwunderlich als die Tatsache, daß es so viele hochmotivierte Aktivisten auch aus dem »rechtgläubigen« russischen Staatsvolk anzog. Jedenfalls stellten die »Großrussen« 1922 über 70 Prozent der Parteimitglieder.

Die Frage, wie die charismatische Führerschaft jüdischer Intellektueller über proletarische und bäuerliche Massen funktioniert haben mag, verweist zurück auf die herausgehobene Rolle, die sie bereits in der sozialistischen Bewegung seit Mitte des 19. Jahrhunderts gespielt haben. Diesen jüdischen Anteil am modernen Sozialismus, der nicht nur theoretischer, sondern auch höchst praktischer Art war – von Marx über Lassalle bis Rosa Luxemburg –, zu leugnen, wäre fast ebenso sinnlos, als wollte man ihn aus der Geschichte der Psychoanalyse streichen.

Aber aufschlußreicher ist möglicherweise die Tatsache, daß in den sozialen und kulturellen Umbrüchen, die dem Ersten Weltkrieg folgten, nicht nur auf der Linken, sondern in fast allen demokratischen Parteien jüdische Intellektuelle in ganz ungewöhnlichem Maße die politische Führerschaft übernommen haben – und das nicht nur in Rußland, auch in vielen anderen Ländern, besonders in Mitteleuropa und Deutschland. Offenbar hatten sie als Angehörige einer zuvor diskriminierten und marginalisierten Gruppe – in Hannah Arendts Terminologie: als »Parias« des alten Regimes – sowohl eine starke Motivation wie eine besondere Begabung, als Sprecher und Organisatoren großer, in unbestimmter Gärung und Bewegung befindlicher, »entwurzelter« Massen zu fungieren, die dabei waren, alle überkommenen ständischen, patriarchalen und traditionellen Lebensordnungen über den Haufen zu werfen.

Im übrigen waren in dem prononcierten Internationalismus der Bolschewiki auch starke russisch-nationale Motive lebendig. Die dynamische Zugkraft, die von ihrer Bewegung ausging, obwohl oder gerade weil sie auf die radikale Destruktion aller Klassen und aller gegebenen sozialökonomischen Strukturen hinauslief, ist ohne das dialektische Widerspiel von Nationalismus und Internationalismus kaum zu verstehen.

Der Artikel, mit dem Lenin die gegen heftige Widerstände in der Partei vollzogene Unterzeichnung des Brester Friedensdiktates begründete, verglich in kühner historischer Analogie den Brester ausgerechnet mit dem »Tilsiter Frieden« – den Preußen 1806 unter dem Druck Napoleons hatte schließen müssen –, der »die größte

Erniedrigung Deutschlands und gleichzeitig eine Wendung zu einem gewaltigen nationalen Aufschwung« gewesen sei. Auch Rußland gehe ohne Zweifel »einem nationalen Aufschwung, einem großen vaterländischen Krieg entgegen«, der »ein Krieg für das sozialistische Vaterland, für den Sozialismus als Vaterland, für die Sowjetrepublik als Trupp der Weltarmee des Proletariats« sein werde. Um so überraschender war die Wendung, als Lenin erklärte: Haß gegen die Deutschen, schlage die Deutschen! – das sei die Losung des gewöhnlichen, bürgerlichen Patriotismus. »Wir aber sagen: ... Lerne beim Deutschen!« Denn Deutschland vertrete »nicht nur den bestialischen Imperialismus, sondern auch das Prinzip der Disziplin, der Organisation, des harmonischen Zusammenwirkens auf dem Boden der modernsten maschinellen Industrie, der strengsten Rechnungsführung und Kontrolle«. Und genau das sei es, was die Sowjetrepublik brauche!

Lenin überließ, und keineswegs nur aus taktischen Erwägungen – »Zeit gegen Raum« –, ein Drittel der dichtbesiedelten westlichen Territorien des alten Reiches vorläufig der deutschen Besatzung. Darüber hinaus drängte er auf formelle diplomatische Beziehungen mit dem Kaiserreich und bald auch auf weitreichende wirtschaftliche Zusatzverträge, die – noch mitten im Weltkrieg – beide Länder in enger Weise miteinander verklammern sollten. Die für die Sowjetrepublik selbst avisierte Kombination von »deutschem Staatskapitalismus« und »russischem Kriegskommunismus« lag ganz auf dieser angestrebten politischen Linie. Während im Westen die deutschen Armeen alle Kräfte für ihre Schlußoffensiven zusammenzogen, beschrieb Lenin seinen Parteikadern das Panorama der Zeit folgendermaßen: »[Die Geschichte] nahm einen so eigenartigen Verlauf, daß sie im Jahre 1918 zwei getrennte Hälften des Sozialismus *gebar,* eine neben der anderen, wie zwei Küken unter der einen Schale des internationalen Imperialismus. *Deutschland und Rußland* verkörpern 1918 am anschaulichsten die materielle Entwicklung einerseits der ökonomischen, produktionstechnischen, sozialwirtschaftlichen und andererseits der politischen Bedingungen für den Sozialismus.«

Dieser eindrücklichen Naturmetapher zufolge waren Deutschland und Rußland gemeinsam dafür prädestiniert, die »Schale des internationalen Imperialismus« aufzubrechen – der mit dem Kapitalismus der westlichen Mächte gleichgesetzt wurde – und ihre Potentiale zu vereinen. Das war eine sowohl nationale wie kontinentale, zentraleuropäische wie eurasische Perspektive gegenüber dem maritimen und kolonialen Weltkapitalismus der Alliierten.

Tatsächlich betrachtete sich die Russische Sowjetrepublik, nachdem im Sommer 1918 alliierte Truppenkontingente gelandet waren und der offene Bürgerkrieg herrschte, ihrerseits als *im Krieg* mit den westlichen Mächten. Diese Frontstellung verschärfte sich nach der Niederlage der Mittelmächte und dem Friedensdiktat von Versailles erst recht. Der Bürgerkrieg erschien aus Sicht der Bolschewiki als eine militärisch-politische »Intervention« der imperialistischen Sieger zur Zerstückelung und Kolonisierung des ehemaligen Russischen Reiches. Jeder regionale Bauernaufstand galt als ein »Komplott der angloamerikanischen Imperialisten«, die völlige Zerrüttung des Landes als Ergebnis der »alliierten Hungerblockade«. Aber auch gegen die Unabhängigkeit der nichtrussischen Republiken war damit eine völlig neue Handhabe geschaffen, da sie sich allesamt in Aufmarschgebiete und Stützpunkte der Imperialisten verwandelten, so wie man die weißen Armeen als »Lakaien« und »Prätorianer« des Weltkapitalismus einstufte.

In Wirklichkeit konnte von einer nennenswerten Hilfe der Alliierten für die weißen Armeen oder die unabhängig gewordenen Republiken keine Rede sein. Der in der bolschewistischen Propaganda und Geschichtsschreibung später so oft beschworene »Krieg der vierzehn Nationen« gegen Sowjetrußland fand niemals statt. Für eine gemeinsame antibolschewistische Intervention gab es angesichts der allgemeinen Erschöpfung weder unter den westlichen Siegermächten noch in den Nachbarstaaten irgendeine ernstliche Bereitschaft. Was es vielmehr gab, war ein großes Durcheinander konkurrierender Interessen und entgegengesetzter Strategien. Das wiederum steigerte nur die Differenzen und Rivalitäten im Lager der Antibolschewisten, etwa zwischen rechten Sozialrevolutionären, die für die Wiedereinberufung der »Verfassunggebenden Versammlung« eintraten, und den fanatischen Monarchisten, die weder von der Verfassung noch von einer Agrarreform irgend etwas wissen wollten. Selbst die verschiedenen Generäle der weißen Freiwilligenarmeen konnten sich auf kein koordiniertes Vorgehen einigen.

Wenn es den Weißen fast nie gelang, die zahllosen Bauernaufstände und Arbeiterstreiks gegen das Regime der Bolschewiki für sich zu nutzen, dann wegen ihrer Weigerung, irgendwelche politischen Programme aufzustellen, die den Forderungen der »Plebs« auch nur einen Zentimeter entgegengekommen wären. Im Gegenteil, im Sommer 1919, als die weißen Armeen auf dem Vormarsch schienen und weite Gebiete Rußlands eroberten, entfalteten sie einen eigenen Massenterror, der keineswegs nur die Parteigänger und Sympathisanten der roten Macht traf, sondern ebenso die Bauern, die sich an den »legitimen Rechten« der Grundbesitzer vergangen hatten, oder die »Deserteure« aus der kaiserlichen Armee des Jahres 1917. Auch standen sie den Bestrebungen der nichtrussischen Völker, auf deren Territorium sie kämpfen mußten und denen sie die starre Losung vom »einigen und unteilbaren Rußland« predigten, feindlich gegenüber. Selbst mit den Kosaken, die die solideste antibolschewistische Streitmacht darstellten, war eine dauerhafte Einigung nicht möglich, da diese ihre eigenen Republiken bildeten und ihre Autonomie zu wahren suchten. So trug die Sache der »Weißen« das Stigma der offenen Reaktion und sehr schnell auch das des Vaterlandsverrats. Ihre Niederlage erschien als ein endgültiger Urteilsspruch der Geschichte.

Viel schwieriger zu erklären ist die Tatsache, daß die Sozialrevolutionäre und Menschewiki es nicht verstanden, sich gegenüber den »Roten« wie den »Weißen« als eine dritte, demokratische Kraft zu behaupten, obwohl ihre Mitglieder und Parteigänger immer wieder in die Sowjets gewählt wurden oder an der Spitze zahlloser Arbeiterstreiks und Bauernaufstände standen. Ein Grund ihrer Ohnmacht lag auf der Hand: Die gesamtnationalen Organisationen der Menschewiki waren weitgehend zerschlagen, und sie verfügten kaum über Zeitschriften oder Bulletins, um sich auch nur untereinander zu verständigen, geschweige nach außen zu wirken. Die Tscheka hielt sie in einem Zustand der kalkulierten Halb- oder Viertellegalität, um sie besser unter Kontrolle zu haben. Sobald ihre Mitglieder jedoch bei Streiks und Unruhen als Sprecher auftraten, wurden sie zu Konterrevolutionären erklärt und gnadenlos verfolgt.

Die Menschewiki blieben im übrigen Gefangene ihres doktrinären Marxismus und ihrer politischen Biographie. Von einer »weißen« Konterrevolution erwarteten sie tatsächlich noch Schlimmeres als von den Bolschewiki. Aber auch mit den bürgerlichen »Kadetten« und den Sozialrevolutionären, soweit sie sich offen gegen die bolschewistische Macht stellten, wollten die Menschewiki nicht zusammenarbeiten. Statt dessen hofften sie, die proletarische Revolution, um die es sich ihrer Meinung nach trotz allem handelte, vom Weg der anarchischen Zerstörung auf den Tugendpfad des sozialistischen Aufbaus zurückzulenken. Sie strebten ihrerseits eine umfassende staatswirtschaftliche Erneuerung Rußlands an – und sahen sich geradezu als die Zivilisatoren der Revolution wie ihrer feindlichen Brüder, der Bolschewiki. Im Falle von Streiks und Unruhen versuchten sie daher meist zu beruhigen und zu vermitteln.

Die linken Sozialrevolutionäre, die in den ersten Wochen dem Regime der Bolschewiki noch den Anschein einer Koalitionsregierung gegeben hatten, wurden nach dem Attentat auf den deutschen Botschafter Graf Mirbach und ihrem halbherzigen »Aufstand« vom Juni 1918, der eine Änderung der prodeutschen Politik Lenins sowie eine Abmilderung des Terrors erzwingen wollte, ebenfalls scharfen Repressionen unterworfen. Ungeachtet dessen blieb ihre Opposition ähnlich unentschlossen wie die der Menschewiki.

Eine wirkliche kämpferische Gegnerschaft gegen das Regime der Bolschewiki entfalteten allein die »rechten« Sozialrevolutionäre (SR), die im Sommer 1918 versuchten, von ihren Stützpunkten an der Wolga aus eine auf ihre demokratische Mehrheit in der Verfassunggebenden Versammlung gegründete legale Gegenregierung (Komuch) zu etablieren. Doch die »weißen« Generäle und Freiwilligen waren keinen Moment bereit, sie anzuerkennen. Und auch die Bauern, die demokratische Hauptbasis der SR, waren zu ihrer Enttäuschung nicht an einer Verfassung interessiert, die womöglich die Landfrage von neuem aufgerollt hätte. Darin zeigte sich nur die Kluft, die die aus der städtischen und ländlichen Intelligenz rekrutierte Parteimitgliedschaft von ihrem bäuerlichen Elektorat trennte. Soweit einzelne Sozialrevolutionäre sich an die Spitze bäuerlicher Rebellionen stellten, wie Antonow in Tambow, taten sie es im großen und ganzen auf eigene Rechnung. Überdies ließen sich die Aufstände der Bauern auch auf keiner gesamtnationalen Linie zusammenführen. Ihre Niederschlagung und der Übergang zur Neuen Ökonomischen Politik besiegelte das Schicksal der Partei der Sozialrevolutionäre.

Die Reste all dieser Linksoppositionen verfrachteten die Bolschewiki dann 1922 mit dem Schauprozeß gegen die letzten Führer der Sozialrevolutionäre, die sie als Terroristen und Agenten ausländischer Mächte vorführten, und mit der gleichzeitigen Illegalisierung jeglicher oppositioneller Tätigkeit in die Gefängnisse und Lager. Dort, vor allem auf den Solowki-Inseln, gab man ihnen wie zum Hohne den Vorzugsstatus der »Politischen«, der sie von den restlichen Gefangenen isolierte. Dieser politische Schlußpunkt fiel zusammen mit dem Kehraus einer geistig selbständigen Intelligenzija. Der Bürgerkrieg trug auch Züge eines »War of Roses« der intellektuellen Eliten Rußlands, von denen allein die Bolschewiki es 1917/18 gewagt hatten, den »russischen Aufruhr« zu schüren und für ihre Machteroberung zu nutzen. Dagegen hatte unter dem Gros der Intellektuellen eine tiefe Desillusionierung über das früher so idealisierte »Volk« und »Proletariat« eingesetzt. Die Gewaltexzesse der Bolschewiki sahen sie als Ausdruck einer noch monströseren Gewaltbereitschaft der Massen.

Die Bolschewiki nutzten die Situation, um im Schatten der Hungersnot und des Schauprozesses gegen die Sozialrevolutionäre die Ausweisung von 160 bekannten Schriftstellern, Wissenschaftlern und Philosophen aus Sowjetrußland zu betreiben, darunter der eingangs zitierte Nikolaj Berdjajew. Lenin selbst hatte dies bereits im Mai in einem Brief an Dzierzynski verlangt. Alle übrigen nicht an die Partei gebundenen Intellektuellen wurden unter die Aufsicht der neuen GPU, der Nachfolgerin der Tscheka, gestellt. Dzierzynski forderte in einem internen Memorandum: »Jeder Intellektuelle muß bei uns sein Dossier haben.« Lenin beschäftigte sich mit Plänen, Mitglieder der früheren menschewistischen, sozialrevolutionären oder liberalen Organisationen des Landes zu verweisen. Eine Kommission »soll Listen aufstellen, und einige hundert dieser Herrschaften müssen unerbittlich ausgewiesen werden«. Und abermals folgte der Satz: »Wir werden Rußland ein für allemal reinigen.«

Keiner konnte den Bürgerkrieg so eindringlich in nationalen Kategorien beschreiben wie der Kosmopolit Trotzki, der noch in seiner Autobiographie ›Mein Leben‹ schrieb: »Die Moskauer Periode wurde zum zweitenmal in der russischen Geschichte die Periode, in der sich die Sammlung des Staates und die Schaffung der Herrschaftsorgane vollzog.« Der Ausdruck »Sammlung der russischen Erde« war die klassische Formulierung, um die Wiedergründung des russischen Staates durch die moskowitischen Fürsten nach der Periode der tatarischen Fremdherrschaft zu bezeichnen. Der Rückzug aus dem westlichen Petersburg, das dem Verfall überlassen blieb, in die alte russische Hauptstadt Moskau sollte über alle taktischen Erwägungen hinaus einen nationalen Sinn haben. Und dem entsprach die von Trotzki eingeschlagene Militärstrategie, die konsequent auf den Aufbau einer regulären Armee im Zentrum hinauslief, die den Vorteil der »inneren Linien« nutzte, um durch rasche Umgruppierungen und Truppenkonzentrationen die an der Peripherie aufmarschierten Gegner nacheinander und jeweils so vernichtend wie möglich zu schlagen.

Natürlich mußte es jeden russischen Patrioten unermeßlich schmerzen, wenn die Bolschewiki in diesem Krieg bereit waren, die ältesten Städte des Reiches in Schutt und Asche zu legen. Das Bombardement von Jaroslawl im Juli 1918, bei dem »ein Großteil der

Stadt in ein Flammenmeer getaucht« wurde – wie das »Rotbuch der WeTscheKa« später stolz vermeldete –, war nur das erste Fanal. Liest man die heute zugänglichen Telegramme Lenins an seine Kommandeure und Kommissare, erscheint ein Herostrat von weltgeschichtlichem Format. An Trotzki telegrafiert er im September 1918, beunruhigt über die Verzögerung der Operationen gegen Kasan und andere Wolgastädte: »Meiner Meinung nach darf man die Städte nicht verschonen und weiter zögern, sondern muß sie erbarmungslos vernichten.« Einem Kommissar in Aserbeidschan hatte er zuvor die Anweisung gegeben, »Baku im Falle einer Invasion vollständig niederzubrennen«. Solche Äußerungen gibt es zu Dutzenden. Aber, wie Lenin am Vorabend des Großen Hungers über die Getreiderequisitionen, die die Bauern zum Tode verurteilten, sagte: »Mögen Tausende untergehen, die Revolution, der Staat werden gerettet sein.«

Dieser Gesichtspunkt, daß der Staat um jeden Preis gerettet werden müsse, zog in erstaunlicher Weise auch Menschen an, die von Haus aus die erbittertsten Gegner der Revolutionäre waren. »Im Dienste der Roten Armee standen Tausende und später Zehntausende früherer Kaderoffiziere. Viele von ihnen hatten, nach ihren eigenen Worten, noch vor etwa zwei Jahren die gemäßigten Liberalen als die radikalsten Revolutionäre betrachtet, die Bolschewiki waren für sie Erscheinungen aus der vierten Dimension gewesen.« So Trotzki in seinem autobiographischen Bericht. Als Lenin, durch Fälle von Verrat alarmiert, im Sommer 1919 Trotzki fragte, ob es nicht doch besser sei, diese »Militärspezialisten« davonzujagen, erklärte der ihm, daß bereits 30.000 ehemalige Offiziere in der Roten Armee dienten. »Auf einen Verräter kommen hundert Zuverlässige, auf einen Überläufer zwei bis drei im Kampf Gefallene.«

Unter denen, die sich zur Verfügung stellten, befanden sich auch hohe Offiziere und Generäle. 1920, im Krieg gegen Polen, fungierten Generalstabsoffiziere, die vom vormaligen Oberkommandierenden Brussilow geleitet wurden, als Berater des Oberkommandos der Roten Armee. Brussilows Aufruf wurde in der ›Prawda‹ veröffentlicht: »Vergeßt alles Unrecht, das ihr erlitten habt. Jetzt

ist es eure Pflicht, das geliebte Rußland mit aller Kraft zu verteidigen.« Und der ehemalige Führer der Konstitutionellen Demokraten, Professor Gredeskul, publizierte in der ›Iswestija‹ eine
Artikelserie, in der er darlegte, daß die Oktoberrevolution der Bolschewiki nicht länger als eine geschichtliche Sackgasse angesehen
werden könne, »sondern als ein breiter, geebneter, klarer Weg, auf
dem der historische Prozeß verläuft, der diesmal von den bewußten Bemühungen weitsichtiger Persönlichkeiten gelenkt wird«.

In Paris versammelte sich eine Reihe aus Sowjetrußland emi-
grierter Schriftsteller, unter ihnen Iwan Bunin, Alexej Tolstoi und
Ilja Ehrenburg. Tolstoi sprach für alle, wenn er ausführte, daß »die
Heimat ein einziger Strauch« sei, zu dem alle Zweige gehörten.
»Dort in Rußland weht der rauhe Wind des Widerstandes, und
hier im Westen ist nur Fäulnis, engstirniger Materialismus und völliger Verfall.«

In Charbin im Fernen Osten veröffentlichte der erzkonservative
Emigrant Nikolaj Ustrjalow sein Manifest ›Wechsel der Wegzeichen‹ (Smena Wech), das ein halbes Jahr später einem Sammel-
band, der in Prag erschien, den Titel gab und zum Slogan einer
ganzen Rückkehrer- und Loyalistenbewegung unter den Emigranten wurde. Gewidmet war er General Brussilow, und der Leitgedanke aller Beiträge war, daß die weiße Niederlage anerkannt
werden müsse. Der Bolschewismus, erklärte Ustrjalow, trage in
Wahrheit nationalen Charakter. Er habe die russische Revolution
»eingefroren« und die anarchischen Bauernaufstände niedergeschlagen, um einen neuen, starken Staat zu errichten. Mehr noch:
Allein die Bolschewiki seien in der Lage, den Zerfall des Reiches
aufzuhalten und die »russische Großmacht wiederzuerrichten«.
Selbst wenn jemand bewiese, daß neunzig Prozent der Revolutionäre Fremde und vor allem Juden seien, »so widerlegt das nicht
den rein russischen Charakter der Bewegung«. Die Bolschewiki,
so eine berühmte Formulierung, hätten »mit roten Händen die
Sache Rußlands vollbracht«.

In den Texten der Smena Wech, die in den sowjetischen Zeitungen und Verlagen nachgedruckt und sichtbar herausgestellt wur-

den, tauchte ebenfalls der Vergleich der Bolschewiki mit den »Warägern« auf. Das war mehr als ein Kompliment. Er verweist auf die *Tatsache*, daß nur mit den bolschewistischen Methoden der Abspaltung radikaler Fraktionen aus allen Klassen, Religionsgruppen und Nationalitäten und durch die kunstvolle Kombination innerer Aufstände und äußerer Invasionen die sezessionierten Reichsteile wieder an den alten russischen Staatskern angeschlossen werden konnten. So illusorisch die Hoffnung der Smena Wech-Leute auf einen baldigen Regimewechsel auch war – ihre Analysen, was die nationale und imperiale Seite der bolschewistischen Macht anging, trafen zu.

Nach innen diente der »Wechsel der Wegzeichen« den in Sowjetdienste getretenen »bürgerlichen Spezialisten« und Intellektuellen als weltanschauliche Flankierung, um ihre längst getroffene Wahl zu legitimieren. Andere bedurften solcher Argumente nicht. Vor allem unter der wissenschaftlichen Intelligenz gab es seit langem eine Verbindung von politischem Radikalismus und technokratischem Visionärstum.

Wenige Monate nach der Machtergreifung rief Lenin als Herzstück seines anvisierten Systems von »Staatskapitalismus« plus »Kriegskommunismus« eine Expertenkommission beim Obersten Volkswirtschaftsrat ins Leben, die einen Plan der »Zusammenfassung und Konzentration der Produktion in einigen wenigen Großbetrieben« ausarbeiten sollte, mit dem besonderen Akzent auf der »Elektrifizierung der Industrie und des Verkehrswesens« sowie der »Anwendung der Elektrizität in der Landwirtschaft«. Anfang 1920 entstand daraus der GOELRO-Plan zur Elektrifizierung Rußlands, den Lenin bei der Vorstellung auf dem Parteikongreß im November »unser zweites Parteiprogramm« nannte. Hier prägte er die berühmte Formulierung »Kommunismus – das ist Sowjetmacht plus Elektrifizierung des ganzen Landes«.

Wie Karl Schlögel betont hat, flossen in dieses Projekt Bestrebungen von Leuten ein, »die offensichtlich schon lange mit solchen Perspektiven schwanger gegangen waren«. In der Tat waren die Vorarbeiten zur Erfassung und Erschließung aller materiellen

Ressourcen des Landes schon in der Zeit des Weltkrieges unternommen worden. Und unter den 200 Mitgliedern der GOELRO-Kommission gab es viele, die bereits seit 1915 an entsprechenden Vorhaben arbeiteten. Jetzt schien die Verschmelzung von Wissenschaft und Technik, zentraler Organisation und Planung mit der Staatsmacht zum Greifen nahe.

In der Situation des Herbst 1920, in der die Bauern gerade begannen, das Saatgut als letzte Reserve aufzuessen, die Industrie auf ein Fünftel des Vorkriegsstandes gefallen und der Eisenbahn- und Kraftwagenverkehr fast völlig zum Erliegen gekommen war, sollte die Elektrizität wie ein Zauberstab die zusammengebrochenen Kommunikationen und Wirtschaftskreisläufe wieder in Bewegung setzen. Vor den Delegierten des VIII. Sowjetkongresses war die Karte des Russischen Reiches aufgespannt, mit blinkenden Lämpchen, die die geplanten siebenundzwanzig Gebiets-Elektrizitätszentralen und hundert Einzelkraftwerke symbolisierten sowie die Staudämme, Überlandleitungen und »Magistralen« eines künftigen Massentransports, mittels derer neu eingeteilte »Wirtschaftsräume« in systematischer Weise miteinander vernetzt werden sollten. Das ganze Land wurde als ein einziger riesiger Organismus vorgestellt, und man sprach mit Vorliebe von »Arterien« und »Nervenbahnen« oder vom »Skelett« der Transportmittel sowie der Bildung »neuer Industriezellen«. Der Vorsitzende der GOELRO-Kommission, der Elektroingenieur Gleb Krshishanowski, schwärmte von der »Hebung des bäuerlichen Handwerks«, vom Masseneinsatz der Elektropflüge in der Landwirtschaft und von der Bändigung »der gewaltigen Flüsse in ihren steinernen Flußbetten«. Lenin erklärte, vor der Karte stehend, ohne Elektrifizierung werde Rußland »ein kleinbürgerliches Land bleiben«. Erst das elektrische Licht werde »unsere bäuerliche Finsternis erhellen«, »sozusagen die elektrische Bildung der Massen« vorantreiben und eine »moderne großindustrielle technische Grundlage« schaffen. Erst »dann werden wir endgültig gesiegt haben«, und erst dann könne der »kommunistische Wirtschaftsaufbau zum Vorbild für das kommende sozialistische Europa und Asien werden«. Schlögel zufolge war die Devise »Rußland soll elektrisch werden« keineswegs »utopisch, sondern zeitgemäß, längst überfällig«. Er hat dies ausgeweitet zu einem kulturhistorischen Bild, worin die Bolschewiki und das von ihnen in Angriff genommene Gesellschaftsprojekt durchaus modern und »auf der Höhe der Zeit« erscheinen. Gerade am Elektrifizierungsplan lasse sich exemplarisch zeigen, daß die Revolution »über die revolutionäre Zäsur hinweg ein neues Kräfteaggregat« geschaffen habe, das sich aus »der alten imperialen und der neuen revolutionären Staatlichkeit, der Bildungs- und Technikmobilisation, aus moderner Nationalkultur und sozialrevolutionärer Kunst« zusammensetzte. Darin erweise sich »die Organizität vitaler Kräfte, Interessen und Ansprüche, die den Zivilisationsprozeß des Imperiums tragen – vor und nach der Revolution«; mit der Einschränkung allerdings, daß »andere Elemente dieses Prozesses, die für die politische Kultur ausschlaggebenden, eliminiert wurden und eliminiert blieben: die Ansätze einer ›Zivilkultur‹«.

Die Frage ist aber, ob die Eliminierung aller Ansätze einer Zivilkultur durch die bolschewistische Macht nicht ihre an sich »zeitgemäßen« – und ja auch vor ihnen längst betriebenen – Vorhaben letzten Endes entwerten und geradezu ins Gegenteil verkehren mußte. Der GOELRO-Plan blieb in der Praxis eine Apotheose des Kriegskommunismus, die phantasmagorische Vorstellung, von einem leitenden Zentrum her mittels »Sowjetmacht plus Elektrifizierung« den zerschlagenen Organismus der gesellschaftlichen Kommunikationen und Kooperationen in kürzester Frist wiederherzustellen. In Wirklichkeit fehlten dazu nicht nur die sachlichen Mittel, sondern vor allem der Unterbau der lebendigen, selbstwirtschaftenden Kräfte. Und das war erst recht der Fall, als man einige Zeit später im Zeichen der Fünfjahrespläne daranging, einige dieser gigantischen Projekte tatsächlich zu realisieren. Mochten ihre Erfinder noch so brillante und aufgeklärte Köpfe sein – das Unternehmen der »*Elektrifizierung Rußlands*« erinnert in manchem an die Experimente des »Mesmerismus« zur Revitalisierung kranker oder abgestorbener Organismen mittels magnetischer Kräfte. Neben Ingenieuren, Architekten und Militärs war es vor allem eine

Reihe von Schriftstellern, Malern und Theatermachern, die sich dem neuen Regime teils zögernd, teils mit Verve anschloß. Dabei war die Zahl der zu Tode gekommenen, in die Emigration oder ins Abseits gedrängten Künstler enorm. Auch viele, die in den ersten Jahren begeistert mitmachten, gingen bald ins Exil – man denke nur an Chagall, Kandinsky, Naum Gabo oder Archipenko. Rußland erlitt einen kulturellen Rückschlag, der sich dem Exodus der künstlerischen und intellektuellen Elite aus Deutschland 1933 ohne weiteres vergleichen läßt. So glaubten verständige Beobachter noch 1923, die große russische Literatur, die Thomas Mann als eines der »Weltwunder des Geistes« gerühmt hatte, sei mit der Revolution an ihr gewaltsames Ende gekommen und für lange Zeit verstummt.

Aber anders als in Nazi-Deutschland rückten im bolschewistischen Rußland sehr schnell junge Künstler nach; und einige der mittleren Generation schlossen sich, mit oder ohne »Wechsel der Wegzeichen«, der neuen Ordnung an. Das galt beileibe nicht nur für die diversen Avantgardisten, Futuristen, Konstruktivisten und Proletkult-Leute, sondern ebenso für einige Vertreter des traditionellen russischen Sozialrealismus oder eines eher unpolitischen Symbolismus. Viele Parteinahmen waren jedenfalls durchaus überraschend und erfolgten weder entlang der herkömmlichen Rechts-links-Zuordnungen noch entlang der Trennlinie zwischen Modernisten und Traditionalisten.

Zum Beispiel Wladimir Majakowski: Mit Kasimir Malewitsch hatte er noch 1915 für die Kriegspropaganda des Zarenreiches patriotische »Luboks«, volkstümliche Knittelverse und Karikaturen angefertigt, bevor er genau dasselbe für die »Rosta«-Fenster der bolschewistischen Agitprop-Plakate im Bürgerkrieg tat. In diesen Texten und Zeichnungen trat das Element einer volkstümlichen Archaik, das allen russischen Avantgardismen zugrunde lag, deutlich hervor. In ähnlicher Weise findet man in seinen Revolutionsgedichten Chauvinismen und Internationalismen intim verwoben. In Majakowskis »Iliade« der Weltrevolution, dem Versepos ›150.000.000‹, sind die proletarischen Massen oder

»Völker Rußlands« in der mythischen Gestalt des »Helden Iwan« verkörpert, der sich aufmacht, das Troja des Weltkapitals, New York, zu erobern und mit seinen Bauernstiefeln zu zertreten. Dem »Präsident der Präsidenten«, Wilson, und den »Geschlechtern der Rockefellers« läßt er »die Axt über die Glatze tanzen« – »Bravo: und Schädelschalen sind gut für Aschenbecher« –, oder er zerdrückt sie, »wie man Wanzen zerdrückt«. Nicht ohne sich vorher »auf die Wilson-Maitressen«, vor allem »die molligeren, die gepflegteren«, geworfen zu haben. Der russische Barbar mit allem, was dazu gehörte, als Vorkämpfer der proletarischen Weltbefreiung. Daß die russische Avantgarde mit »Westlertum« in keiner Weise zu verwechseln war, sondern auf einen durch und durch nationalen Avantgardismus hinauslief, belegt nicht nur das Beispiel Majakowski.

Viele avantgardistische Künstler der Vor- und Nachkriegsjahre waren auf der Suche nach einer Führergestalt, die Kunst und Leben durch das Medium der politischen Macht zusammenführen und miteinander verschmelzen würde. Aus demselben Impuls, aus dem sich die russischen Futuristen und Avantgardisten den Bolschewiki anschlossen, fühlten sich die italienischen Futuristen und Surrealisten der aufkommenden faschistischen Bewegung verpflichtet. So hatte Marinetti schon 1915 in Mussolini einen »Mann von wahrhaft futuristischen Aspirationen« erkannt, den »homme providentiel« eines künftigen Über-Italiens. Auf einer ganz anderen ästhetischen und weltanschaulichen Linie bewegte sich Hitlers fanatische Liebe zum Wagnerschen Entwurf eines mythenschaffenden »Gesamtkunstwerks«.

Walter Benjamin hat diese »Ästhetisierung der Politik« für genuin faschistisch erklärt und ihr die »Politisierung der Kunst« durch die Kommunisten entgegengestellt. Andererseits hat Boris Groys auf die Parallelität von kommunistischer Machtausübung und künstlerischer Aktivität hingewiesen. »Die totale Unterordnung des gesamten ökonomischen, sozialen und schlicht alltäglichen Lebens unter eine einzige Planungsinstanz ... machte diese Instanz – die Parteiführung – zu einer Art Künstler, dem die ganze Welt als

Material dient und dessen Ziel es ist, den ›Widerstand des Materials‹ zu brechen, es sich gefügig zu machen und ihm jede gewünschte Form zu geben.« In diesem totalitären Impuls, die Welt als »Gesamtkunstwerk« zu gestalten, flossen viele der künstlerischen und politischen Ambitionen des Zeitalters zusammen.

Futuristisch war die Haltung der bolschewistischen Parteiführer in den Jahren ihrer Siege im Bürgerkrieg wahrhaftig. Die Welt war eine einzige große Spielfläche, auf der man glaubte, seine Einsätze machen zu können. 1919 wurde der Versuch unternommen, eine »rote Brücke« über das Baltikum nach Deutschland zu schlagen, denn dort war ebenfalls ein Bürgerkrieg im Gange. Man telegrafierte nach Budapest und nach München, es müßten sofort Geiseln aus dem Bürgertum genommen und eine Rote Armee aufgestellt werden, so wie man es selber gemacht hatte. In Berlin, wo die Spartakusaufstände niedergeschlagen worden waren, eröffnete der »Genosse Thomas« (Jakub Reich) im Herbst 1919 ein »Westeuropäisches Büro« der größtenteils noch auf dem Papier stehenden, im Frühjahr in Moskau gegründeten Kommunistischen Internationale. Ein »Südost-Büro« wurde in Wien installiert, der alten Hauptstadt des gestürzten Habsburgerreichs, um von dort aus die Gärung in verschiedenen Balkanstaaten zu fördern. In Italien nahm die Radikalisierung der Arbeiter ständig zu, und man glaubte in Moskau an eine baldige »entscheidende Wendung«. Gleichzeitig trug sich Trotzki mit dem Gedanken, einen Alexander-Zug nach Indien zu unternehmen, um das britische Weltreich gewissermaßen in der Flanke zu fassen, während Lenin vorschlug, zunächst die Basen im turkestanischen Süden und in Afghanistan für die revolutionäre Aufwiegelung der muslimischen wie der hinduistischen Welt auszubauen. In Nordpersien hoffte man eine Sowjetrepublik errichten zu können und schickte prominente Emissäre, so wie auch die von der völligen Zerteilung bedrohte Türkei für eine Entwicklung nach dem Vorbild Sowjetrußlands prädestiniert zu sein schien. Und in China taten sich ebenfalls große Dinge.

Aber es war der Vormarsch polnischer Truppen nach Kiew und der Aufbau einer neuen ukrainischen Regierung unter polnischem Patronat, die den Beschluß provozierte, in einer allgemeinen Generalmobilmachung russisch-nationale und sozialistisch-internationale Motive zusammenfließen zu lassen und die Revolution nach dem Vorbild der französischen Armeen über die Grenzen hinauszutragen. Durch den Gegenschlag der roten Reiterarmeen und der mit ihnen marschierenden Fußtruppen sollten nicht nur die Ukraine, Weißrußland und Polen der entstehenden Sowjetunion wieder eingegliedert werden. Tuchatschewskis Tagesbefehl vom 2. Juli griff weit darüber hinaus: »Soldaten der Roten Armee! Der Tag der Abrechnung ist gekommen ... Über den Leichnam Weißpolens hinweg führt der Weg zum allgemeinen Weltenbrand. Auf den Spitzen unserer Bajonette werden wir der werktätigen Menschheit Glück und Frieden bringen. Nach Westen! Die Stunde des Angriffs hat geschlagen. Nach Wilna, Minsk und Warschau! Marsch, marsch!«

Worum es sich eigentlich handelte, legte Lenin erst zwei Monate nach dem Scheitern der Offensive auf einer Parteikonferenz dar, als er sagte: »Das Vordringen unserer Armee auf Warschau hat unwiderleglich bewiesen, daß sich irgendwo in der Nähe dieser Stadt der Angelpunkt des gesamten auf dem Versailler Vertrag fußenden Weltsystems befindet.« Diesen archimedischen Punkt zu finden, um die alte Welt aus den Angeln zu heben, nichts Geringeres war der Sinn des Unternehmens. Und dabei lenkte Lenin die Aufmerksamkeit seiner Partei auf »die überaus wichtige Tatsache, daß die Bourgeoisie der von der Entente unterjochten Länder ... im Grunde genommen mit uns sympathisiert«.

Das bezog sich in erster Linie auf Deutschland, wo das Herannahen der Roten Armee, wie Lenin glaubte, das ganze Land in Gärung gebracht habe, und zwar in Form eines »widernatürlichen Blocks« von Revolutionären und Konterrevolutionären, womit unter den konkreten Umständen die Kommunisten und die mit ihnen verbündeten Unabhängigen sowie die Freikorps und andere nationalrevolutionäre Kräfte gemeint waren. Immer wieder kam

Lenin in den folgenden Wochen auf diesen magischen Moment zu sprechen, als die Rote Armee »die polnische Grenze überrannte und sich der deutschen Grenze näherte«: »Damals sagten in Deutschland alle, sogar Erzreaktionäre und Monarchisten, daß die Bolschewiki sie retten werden.« Damit variierte er nur seine Leitidee aus dem Jahre 1918 von Rußland und Deutschland als den »zwei Küken unter der einen Schale des Imperialismus«.

Den Hintergrund solcher Spekulationen bildete eine Weltsicht, die Lenin auf dem zweiten Kongreß der Kommunistischen Internationale im August 1920 erstmals systematisch darlegte. Während die Delegierten täglich auf den mit roten und weißen Fähnchen besteckten Landkarten in der Kongreßhalle den Vormarsch der roten Armeen verfolgten, waren sie über die politischen Absichten des Unternehmens bemerkenswert schlecht informiert, und fast scheint es, als hätten sie in ganz ähnlicher Weise vor vollendete Tatsachen gestellt werden sollen wie der Sowjetkongreß im Oktober 1917.

Lenin zufolge teilte sich die Welt seit dem Frieden von Versailles, der den Weltkrieg zugunsten der »englischen Gruppe« entschieden habe, in zwei einander unmittelbar gegenüberstehende Lager, die »in diesem Jahr in den entscheidenden, in den Endkampf, eintreten« würden. Somit war der Polenfeldzug die Eröffnung eines globalen Endkampfes. Wer würde aber gegen wen stehen? Für Lenin war das keine Frage der aktuellen Politik, sondern der objektiven Lage: »Der Krieg hat mit einem Schlag etwa eine viertel Milliarde Bewohner der Erde in eine Lage zurückgeworfen, die der einer *Kolonialbevölkerung* entspricht.« Konkret meinte er damit Deutschland und seine nächsten Verbündeten Österreich, Ungarn, Bulgarien – und Rußland! Gemeinsam bildeten sie, und zwar unabhängig vom gegebenen Regime, einen Block oder ein »Lager«, das sich in einer Front mit den wirklichen Kolonialvölkern befand. »Einundeinviertel Milliarden Unterdrückter in den Kolonien ... oder in Ländern, die besiegt und in die Lage von Kolonien versetzt worden sind«, stünden »nicht mehr als eine viertel Milliarde Einwohner in den Ländern, die ... von der Aufteilung der Welt profitierten« – den USA, Großbritannien und Frankreich – gegenüber. Diese Clique reicher Siegerstaaten steuere jedoch einem galoppierenden Wirtschaftsbankrott entgegen, da alle durch das Friedensdiktat von Versailles sich in der totalen Schuldknechtschaft einer Handvoll amerikanischer Finanzmagnaten befänden.

Lenins Strategie lief somit auf die Bildung einer Einheitsfront gegen die Ordnung von Versailles hinaus, die achtzig Prozent der Weltbevölkerung von Deutschland über Rußland bis Indien und China gegen die Siegermächte des Weltkriegs stellen würde. Und innerhalb dieser Globalfront der unterdrückten Länder werde den proletarischen Massen und damit den kommunistischen Parteien notwendigerweise die Führung zufallen – schon weil das Weltproletariat in Sowjetrußland einen unverzichtbaren Rückhalt und eine revolutionäre Bastion besitze. Wenn es noch gelänge, die Arbeiterparteien aller Länder nach russischem Vorbild vom bürgerlich-reformistischen Einfluß zu befreien, dann werde nichts und niemand »uns hindern können, unser Werk zu vollbringen ... – die Schaffung einer weltumspannenden Sowjetrepublik«.

Die Gründung der Kommunistischen Internationale war tatsächlich der Schlußstein des bolschewistischen Machtaufbaus. Ihre praktische Bedeutung blieb letzten Endes sehr begrenzt. Wo kommunistische Parteien nach dem Zweiten Weltkrieg die Macht ergriffen, da jedenfalls nicht gestützt auf die Internationale, die als ein besonderer Apparat längst aufgelöst und im Orkus der stalinistischen »Säuberungen« der dreißiger Jahre verschwunden war.

Doch die Schaffung der Internationale trug entscheidend dazu bei, aus Sowjetrußland beziehungsweise der darauf gegründeten Sowjetunion einen Machtkomplex völlig neuartigen Typs zu machen. Dieser Machtkomplex schuf sich Stützpunkte in den kommunistischen Parteien fast aller Länder der Welt. Das bedeutete nicht, daß die Parteien reine Produkte oder Agenturen »Moskaus« gewesen wären – obschon sie aus Moskauer Perspektive tatsächlich nur nationale Sektionen einer einheitlichen, bolschewistischen Weltpartei sein sollten. Im wirklichen Leben »nationalisierten« sie sich früher oder später allesamt, das heißt, sie füllten sich mit nationalen Traditionen, Interessen und Strategien auf. Und dennoch ist es eine Tatsache, daß sie ohne den historischen Anstoß, den die Gründung der Sowjetunion gab, wohl kaum entstanden wären.

Letztlich waren die Parteibeziehungen immer *inter*-nationale Bündnisbeziehungen, die vielfach in offenen Konflikten, am Ende sogar in blutigen Grenzkriegen zwischen den kommunistischen Staaten selbst mündeten. Gleichwohl bleibt es eine historisch einzigartige Erscheinung, wie die KPdSU über ihre Emissäre und Direktiven die Führungen anderer, zu großer Bedeutung herangewachsener kommunistischer Parteien über weite Strecken dirigieren und für ihre außenpolitischen Zwecke funktionalisieren konnte. Das war eine Machtsteigerung sui generis, über die keine andere Großmacht dieser Periode verfügte.

Eine »Geschichte in der Geschichte« ist die Epopöe des einige zehntausend professionelle Konspirateure, Männer und Frauen, umfassenden (Geheim-)Apparats der Komintern, der über alle Länder und Kontinente seine Netze strickte und dabei immer mehr zum Selbstzweck wurde. Nach den überlieferten Berichten bildeten sie ein faszinierendes Ensemble von sanguinisch-abenteuernden, selbstlos-heroischen, puritanisch-doktrinären und sadistisch-kriminellen Charakteren. Bertolt Brechts ›Maßnahme‹ mit der Parabel von den nach China entsandten vier Genossen, die den jüngsten unter ihnen wegen zu vieler guter menschlicher Eigenschaften erschießen, hatte ihnen im Grunde bereits 1930 das Epitaph geschrieben – Jahre bevor der überlebende Rest dieses wahrhaft internationalen Apparats von Berufsrevolutionären in den »Kalkgruben« der Stalinschen Vernichtungsmaschinerie landete. Es war zugleich der Abortus einer kommunistischen »Weltrevolution«.

6

DER SOZIALISTISCHE ÜBERMENSCH
VON DER ERZIEHUNG ZUR ZÜCHTUNG

Der »neue Mensch« war keine Erfindung der Bolschewiki, sondern ein Thema der Zeit. »Niemand wußte genau, was im Werden war ..., ob es eine neue Kunst, ein neuer Mensch, eine neue Moral oder vielleicht die Umschichtung der Gesellschaft sein solle ... Es wurde der Übermensch geliebt und es wurde der Untermensch geliebt, es wurden die Gesundheit und die Sonne angebetet, und es wurde die Zärtlichkeit brustkranker Mädchen angebetet; man begeisterte sich für das Heldensglaubensbekenntnis und für das soziale Allemannsglaubensbekenntnis ...; man träumte von alten Schloßalleen, herbstlichen Gärten, gläsernen Weihern, Edelsteinen, Haschisch, Krankheit, Dämonien, aber auch von Prärien, gewaltigen Horizonten, von Schmiede- und Walzwerken, nackten Kämpfern, Aufständen der Arbeitssklaven, menschlichen Urpaaren und Zertrümmerung der Gesellschaft.« Robert Musil hat in seinem ›Mann ohne Eigenschaften‹ dieses eigentümliche Weltgefühl des ausgehenden 19. und beginnenden 20. Jahrhunderts nachzuzeichnen versucht. Im Kern handelte es sich um das Gefühl, »gelebt zu werden«, dem Gang der modernen Entwicklungen völlig ausgeliefert zu sein, bei gleichzeitiger enormer Beschleunigung aller technischen und sozialökonomischen Prozesse.

Von diesen Weltgefühlen des letzten Fin de siècle ist uns heute die stetig wachsende Komplexität und Abhängigkeit der gesellschaftlichen Existenz womöglich noch präsenter als den damals Lebenden. Weitgehend fremd geworden oder abhanden gekommen ist uns dagegen die rastlose, leidenschaftliche, von den verwegensten Phantasien getragene Suche nach großen, definitiven Auswegen, Lösungen und Weltentwürfen, die damals die Menschen umtrieb.

Musils Schilderung macht auch das Doppelseitige der utopischen Impulse deutlich, die vorwärts- und rückwärtsgerichtet zugleich waren, sprunghafte Progression und schroffe Regression in einem. Ebenso deutlich ist der süchtig religiöse Grundzug, der eine elementare Reaktion auf die fortschreitende Säkularisierung und Individualisierung darstellte. Gegen die unaufhaltsame Entzauberung der Welt wehrte man sich mit einer manischen Hervorbringung neuer Mythen und Spiritualismen. Und gerade die modernen Wissenschaften mit ihren realen oder vermeintlichen Erkenntnissen wurden als ein Hauptmittel herangezogen, um die Mythenproduktion und die daran geknüpften Erlösungsphantasien zu steigern.

Der in Deutschland so genannte »Kulturpessimismus« hatte um die Jahrhundertwende auch die Bildungsschichten Rußlands erreicht, obwohl oder gerade weil das Zarenreich in den kapitalistischen Weltmarkt erst teilweise integriert war. Um so stärker war das Gefühl, der Entwicklung der bürgerlichen Weltwirtschaft und Weltzivilisation ausgeliefert zu sein, während man selbst mit den Füßen gewissermaßen noch im Schlamm der als »Asiatentum« (*asiatschina*) verfluchten russischen Rückständigkeit feststeckte. Der von Nietzsche philosophisch artikulierte Wunsch, die gesamte zähe Deckschicht der jüdisch-christlichen und bürgerlichen Zivilisation abzustoßen und den Weg zurück zu einem »dionysischen Zustand«, einer neuen »Echtheit« des Lebens und einer Moral »jenseits von Gut und Böse« zu finden, hatte gerade auch in Rußland eine – später sorgsam kaschierte – Wirkungsgeschichte. Dasselbe gilt für eine heroische Geschichtsauffassung à la Carlyle oder für Max Nordaus Übertragung des physiologischen Degenerationsbegriffs Cesare Lombrosos auf die moderne Kulturwelt und seine Forderung, die »Entarteten und Hysteriker« als Gesellschaftsfeinde zu kennzeichnen und rücksichtslos auszusondern.

Aber wenn diese Stimmungen des »Kulturpessimismus« und die darauf beruhenden Ideen eines neuen heroischen »Übermenschentums« in Deutschland vorwiegend ein Element rechter, antirevolutionärer oder konservativ-revolutionärer Ideologie und Politik blieben – dann war es in Rußland der Tendenz nach umgekehrt. Hier waren die Kategorien der »Entartung« oder des »Heroischen« wohl eher für die Linke und ihr spezifisches Ethos und Pathos konstitutiv. Hans Günther hat in seinem Buch ›Der sozialistische Übermensch‹ jedenfalls eine breite Unterströmung des »nietzscheanischen Marxismus« in Rußland rekonstruiert, die im großen und ganzen in den Bolschewismus eingeflossen ist und ihre zentralen Figuren in Maxim Gorki und Anatoli Lunatscharski fand. Insoweit war der Bolschewismus Teil der Heils- und Unheilserfahrungen des Zeitalters. Und das trug wahrscheinlich zu seiner Ausstrahlung bei – gerade im Vergleich mit dem Reformismus der Menschewiki und ihrem als »flach« und spießbürgerlich empfundenen Fortschrittsoptimismus.

Das politische, soziale und kulturelle Ziel der Schöpfung eines »neuen Menschen« war unter den Bedingungen der bolschewistischen Machtergreifung aber nicht mehr bloße Lyrik oder abstrakter Utopismus, sondern wurde zu einem Stück beklemmender Alltagspraxis, mehr noch: zu einem übergeordneten, höchsten Ziel der staatlichen Politik. Gerade im Projekt des »neuen Menschen« enthüllte sich der totalitäre Charakter des ganzen Unternehmens.

Für eine völlig neu begründete, synthetische »politische Klasse« wie den Machtorden der Bolschewiki, der über keine feste, sich selbst reproduzierende soziale Basis verfügte, sondern allein über die Partei und den Staat zusammengebunden war, ergab sich diese Vorstellung fast zwangsläufig. Sie konnte sich tatsächlich nicht damit begnügen, die Staatsmacht zu erobern und die Eigentumsverhältnisse radikal umzugestalten; sie mußte versuchen, den sozialen Organismus der Gesellschaft insgesamt ihren Bedürfnissen anzupassen. Das hieß nicht weniger, als alle über die Geschichte hinweg erworbenen, in den überlieferten Formen der Sozialisation verankerten Gewohnheiten, Charaktere und Eigenschaften der Menschen radikal zu verändern. Der erste Schritt dazu war die Herausziehung der anpassungsbereiten, aufstiegswilligen Teile der Jugend.

Die Kategorie der »neuen Menschen« – im Gegensatz zu den »alten« oder »gewesenen« Menschen – hatte denn auch stets eine unschuldig-brutale physische Bedeutung: »Neu« hieß im allgemeinen jung, und »alt« hieß alt. Der Kult der Jugendlichkeit, der Lobgesang auf die jugendliche Formbarkeit, Rücksichtslosigkeit, Stärke und Vitalität gehörte von Anfang an zur geistig-moralischen Grundausstattung des Bolschewismus.

Dem Konzept des »neuen Menschen« lag zunächst eine forcierte Erziehungsvorstellung zugrunde. Die ersten Sowjetjahre waren auch die Zeit der großen Erziehungsexperimente, der Arbeitskommunen und Kinderheimlaboratorien, wobei man eine besondere Vorliebe für Waisenkinder hatte. Authentischer pädagogischer Eros – wie im Falle des legendären Makarenko – ging dabei mit den obersten Staatszwecken Hand in Hand. Der Patron dieser Kinderkolonien war nach einer Regel, die sich bis Erich Mielke durchhielt, der Hüter der Staatssicherheit, Felix Dzierzynski.

Die Anfänge der massenhaften Arbeitserziehung, die auf eine staatlich-pädagogische Neubildung des im Bürgerkrieg verschwundenen Proletariats hinauslief, fußten ebenfalls auf einer Poesie der Disziplinierung. Ihr Prophet war der Dichter Gastjew, der im August 1920 ein »Zentrales Arbeitsinstitut« in Moskau gründete. Seine Schriften atmeten jenen entgrenzten Enthusiasmus und magischen Wissenschaftsglauben, der als Vorzug der jugendlichen russischen Massen gepriesen wurde. »Die Massen, die durch Jahrtausende gefesselt waren, wachsen unter dem Zeichen der Paradoxe: Denn während ihr unmittelbares kulturelles Niveau niedrig ist, glauben sie dicht an der Scheide der Geschichte zu stehen; ihre Psychologie ist im Werden, sie harren der großen bestimmenden Gesten, sie träumen von großen Menschen, die Führer sind, sie erwarten das Nahen gigantischer, technischer Mächte.«

Aus der Tatsache, daß das Land völlig verwüstet war und alle materiellen Produktionsmittel fehlten, folgerte Gastjew, es müsse darum gehen, die Massen selbst als eine kollektive Arbeitsmaschine zu organisieren. »Viele stößt es ab, daß wir mit den Menschen umgehen wollen, wie mit einer Schraube ... oder einer Maschine.

Aber dies müssen wir ebenso furchtlos auf uns nehmen, wie wir das Wachstum der Bäume oder die Ausdehnung des Eisenbahnnetzes akzeptieren.« Das Zauberwort hieß »Taylorisierung« – nach dem amerikanischen Erfinder der Fließbänder und der zerlegten Arbeitsprozesse –, nur daß sämtliche Voraussetzungen dafür fehlten. Den Ersatz sollte die Militarisierung der Arbeit liefern. »Der Soldat ist eigentlich ein Taylorschüler, der *vor* seinem Lehrer geboren wurde«, verkündete Gastjew. Das war eine schöpferische Auslegung der Leninschen Vorstellungen eines unmittelbaren Übergangs von der kapitalistischen Kriegswirtschaft zum Sozialismus.

»Die Befreiung des Willens von niedrigen persönlichen Interessen muß durch die Härtung des Organismus des militärisch Auszubildenden erreicht werden, die auch alle persönlichen Bedürfnisse betrifft, als da sind: Hunger, Kälte, Schmerzempfinden, Lebensgefahr, Leidenschaft bis hin zur Liebe zur Familie.« Kalte Güsse dieser Art begleiteten die der Roten Armee angegliederte vormilitärische Ausbildung, in der das Ideal des »Kämpfer-Sportlers« gepflegt wurde. 1922 waren bereits über 600.000 Jugendliche darüber erfaßt. Stefan Plaggenborg hat von einem in Liedern, Bildern und Plakaten immer wieder beschworenen »revolutionären Tötungskult« gesprochen, den die Teilnehmer des Bürgerkriegs kultivierten und der über die verschiedenen Formen politisch-militärischer Jugendarbeit weiter tradiert wurde. Dabei waren die Bürgerkriegsveteranen größtenteils selbst noch jung, genau wie die neu eingetretenen Parteimitglieder – mehr als die Hälfte war 1920/21 jünger als dreißig Jahre –, und ähnelten daher eher älteren Brüdern als Vätern.

Doch auch die Väter befleißigten sich eines betont brutalen Jugendjargons, so wenn Nikolaj Bucharin 1925 in einem Beitrag über »alte und neue Moral« schrieb, es gelte, den »alten Traditionen die Zähne auszubrechen« und das Ideal des guten Jungen »geistig zu erschießen«. Beleidige zum Beispiel ein Burshui die Sowjetrepublik, dann müsse »man ihm sofort in die Fresse hauen«. In diesem Stil ging es weiter. Bucharin war wie viele der Altbolschewiken ein kultivierter Mann, aber zugleich einer der Vorreiter bei der Bruta-

lisierung der politischen Sprache gegen einen universellen »Feind«
– den er am Ende selbst verkörpern sollte.

Unter den Führern der Bolschewiki gab es allerdings recht unterschiedliche Theorien über die geeigneten Sozialtechnologien
zur Erziehung, Konditionierung und Produktion der »neuen Menschen« und darüber, welche Eigenschaften diese eigentlich besitzen sollten. Lenin mit seinen pessimistischen Annahmen über die
Kulturlosigkeit der eigenen Genossen hatte vielleicht noch die rea-
listischsten, maßvollsten Vorstellungen. Seine Forderung, der neue
proletarische Machtkader müsse sich die Fähigkeiten und Kennt-
nisse des gestürzten Bürgertums in Sachen Rechnungsführung,
Handel und Technik aneignen, konzentrierte sich auf die Konstitu-
tion eines neuen städtisch-industriellen Gesellschaftskernes – als
Insel, als fester Punkt im Meer oder vielmehr im Sumpf des »kleinbürgerlichen« Bauerntums, Handwerks und Kleinhandels. Dieser
Sumpf mußte früher oder später trockengelegt werden. Besonders
die Bauern waren ein bloßes Objekt der Zurichtung, eine menschliche Herde, getrieben von ihren »animalischen Besitzinstinkten«,
die man deshalb mit Knüppel und Knute, mit Terror und NÖP an-
treiben und dirigieren mußte, um sie vor den Karren des sozialistischen Aufbauwerks zu spannen.

Ansonsten waren Lenins Vorstellungen über den »neuen Menschen« oder die »neue Gesellschaft« von furchterregender, feier-
licher Schlichtheit. Die Köchin, die den Staat leitet, war nur eine
demagogische Perle. In der Realität hat sich Lenin um die Heranziehung von Köchinnen zu Staatsgeschäften nicht gekümmert. All
seine Sorge galt dem engeren Parteikader als der Vorform des
»neuen Menschen«. Und dieser neue Kadermensch war puritа-
nisch, durch und durch politisiert, höchst aktiv, androgyn-kame-
radschaftlich, stets bereit, zu lernen und nochmals zu lernen. In
den kurzen Momenten der Ruhe sollte er sich einer antiken Weihe
des Erhabenen hingeben, etwa bei Beethovens ›Eroica‹ oder der
Lektüre von Tolstois ›Krieg und Frieden‹. Schon Dostojewski zu
lesen oder eine dieser neuen, mißtönenden Musiken zu hören wäre
dagegen »ungesund« und überflüssig gewesen.

Dieser Leninsche Kader von »neuen Menschen« sollte, wie beschrieben, unbedingt ein internationaler Kader sein, wobei bestimmte nationale Ingredienzen zur Aufbesserung der russischen Grundsubstanz bevorzugt wurden: etwa die deutsche – oder preußische – Ordnungsliebe, Disziplin, Korrektheit, technische Beschlagenheit und philosophische Tiefe, gewürzt mit einem kräftigen Schuß jüdischer Beweglichkeit und Leidenschaftlichkeit. Auch einige den Asiaten zugeschriebene Tugenden wie Ausdauer und Bedürfnislosigkeit konnten von Vorteil sein. Wenn bei Lenin eine gewisse Begeisterung für Amerika existierte, dann weil es ein solches *mixtum compositum* darstellte, wie es die nach allen Seiten erweiterungsfähige »Union Sozialistischer Sowjetrepubliken« auch hätte werden sollen.

Alles in allem bewegte sich Lenins Denken über den »neuen Menschen« in den Bahnen eines auf das Soziale gewandten Darwinismus – der Durchsetzung der ideologisch bestgeschulten, willensstärksten und vitalsten Elemente innerhalb und vermittels der Partei. Aber das war, zumindest für die Partei selbst, noch ein autoritär-diskursives Modell des ständigen, bewegten Kampfes um die richtige Linie. Was die »breiten Massen« anging, ist von Lenin berichtet worden, daß er sich in Gesprächen mit Pawlow, dem Entdecker des »bedingten Reflexes«, über die Möglichkeiten informiert habe, das Verhalten der Individuen gezielt zu konditionieren.

Leo Trotzki war in seinen Vorstellungen über den »neuen Menschen« sehr viel ingeniöser als Wladimir Lenin. Trotzkis Interesse galt unter anderem auch der Anwendung der Psychoanalyse, die er freilich als eine Technik zur absoluten Kontrolle und Selbstkontrolle über alle psychischen Vorgänge mißverstand. Im übrigen hätte er sie gerne mit den Reflextheorien Pawlows gekoppelt gesehen: »Pawlow wie Freud meinen, der ›Boden‹ der Seele sei die Physiologie«, schrieb er 1923. Freud schaue von oben in den trüben Brunnen der sogenannten Seele, Pawlow steige auf den Grund hinab und erforsche diesen Brunnen von unten.

Es gibt, vor allem in Trotzkis gesammelten Schriften über ›Literatur und Revolution‹, irrwitzige Höhenflüge seines totalitären Gestaltungswillens, die man amüsant oder visionär finden könnte, wären sie nur die Meinung eines gebildeten Dilettanten – und nicht das Programm eines aufgeklärten Despoten. »Der Mensch wird endlich darangehen, sich selbst zu harmonisieren. Er wird es sich zur Aufgabe machen, der Bewegung seiner eigenen Organe – bei der Arbeit, beim Gehen oder im Spiel – höchste Klarheit, Zweckmäßigkeit, Wirtschaftlichkeit und damit Schönheit zu verleihen. Er wird den Willen verspüren, die halbbewußten und später auch die unterbewußten Prozesse im eigenen Organismus: Atmung, Blutkreislauf, Verdauung und Befruchtung zu meistern ... Das Leben, selbst das rein physiologische, wird zu einem kollektiv-experimentellen werden. Das Menschengeschlecht, der erstarrte homo sapiens, wird erneut radikal umgearbeitet und – unter seinen eigenen Händen – zum Objekt kompliziertester Methoden der künstlichen Auslese und des psychologischen Trainings werden ... Der Mensch wird sich zum Ziel setzen, seiner eigenen Gefühle Herr zu werden, seine Instinkte auf die Höhe des Bewußtseins zu heben, sie durchsichtig klar zu machen, mit seinem Willen bis in die letzten Tiefen seines Unbewußten vorzudringen und sich so auf eine Stufe zu erheben – einen höheren gesellschaftlich-biologischen Typus, und wenn man will – den Übermenschen zu schaffen.«

Das war nun allerdings »nietzscheanischer Marxismus« in Reinkultur. Die weltgeschichtliche Aktion, die Trotzki vorschwebte, gewann deutliche Ähnlichkeit mit der von Nietzsche postulierten »Partei des Lebens, welche die größte aller Aufgaben, die Höherzüchtung der Menschheit, in die Hände nimmt, eingerechnet die schonungslose Vernichtung alles Entarteten und Parasitischen«, und die »jenes *Zuviel von Leben* auf Erden wieder möglich machen [wird], aus dem auch der dionysische Zustand erwachsen muß«. Was Trotzki umriß, war auch eine Art »dionysischer Zustand«, die Aufhebung aller vermeintlich künstlichen, von der bürgerlichen Gesellschaft diktierten Begrenzungen der menschlichen Existenz.* Wenn der Mensch gelernt habe, so Trotzki, »auch den Teil der Physiologie, der sich Psychologie nennt«, völlig zu durchschauen und zu beherrschen, werde er sich selbst nur noch »als Rohstoff, bestenfalls als Halbfabrikat betrachten«. Dieser Selbstumbau des Menschen als Individuum wie als Gattungswesen war das Schlußstück eines Trotzkischen Generalplanes zur Erneuerung der gesamten anthropozentrischen Welt – der wiederum auf eine große Säuberung hinauslief: »Im Zuge seiner Weiterentwicklung führt der Mensch eine Säuberung von oben nach unten durch: Zuerst säubert er sich von Gott, dann säubert er die Grundlagen des Staatswesens vom Zaren, dann die Grundlagen der Wirtschaft von Chaos und Konkurrenz und schließlich seine Innenwelt von allem Unbewußten und Finsteren.« Das Endziel stand fest: »Eine neue, ›verbesserte Auflage‹ des Menschen herzustellen – darin liegt die zukünftige Aufgabe des Kommunismus.«

Insofern war es kein Zufall, daß gerade Trotzki das Urheberrecht für die erstmalige Bezeichnung Lenins als »Genie«, das heißt als Nachfolger Marxens und zugleich als der Realisator seiner Lehre, beanspruchte. Sich selbst betrachtete Trotzki, wie er in seiner Autobiographie ›Mein Leben‹ preisgab, nicht nur als den einzigen Kon-Genius Lenins im Kreise der Bolschewiki, sondern im Grunde auch schon als eine neue, höhere Synthese aus Marx *und* Lenin. Kurzum, in der Figur Trotzkis – der von sich gerne in der dritten Person sprach –, dem marxistischen Theoretiker, Partei-

---

* Wie sehr die Omnipotenzphantasien Trotzkis auf einem völligen Mißverständnis der Psychoanalyse beruhen, zeigt die Gegenüberstellung seiner Äußerungen mit einer berühmten Bemerkung Freuds, die ein betont bescheidenes Bild des Menschen und seiner Möglichkeiten, sich selbst und die Welt zu verändern, zeichnet. Am Ende einer seiner Vorlesungen zur Einführung in die Psychoanalyse spricht Freud von den »zwei großen Kränkungen«, die die Wissenschaft der »naiven Eigenliebe« der Menschheit zugefügt habe: erstens die Einsicht, daß die Erde nicht der Mittelpunkt des Weltalls ist, sondern nur ein winziges Teilchen darin (Kopernikus); und zweitens, daß die biologische Forschung die Menschheit auf ihre Abstammung aus dem Tierreich verwies (Darwin). Dazu trete nun als die dritte und vielleicht empfindlichste Kränkung die moderne psychologische Forschung, »welche dem Ich nachweisen will, daß es nicht einmal Herr ist im eigenen Hause, sondern auf kärgliche Nachrichten angewiesen bleibt von dem, was unbewußt in seinem Seelenleben vorgeht«.

und Staatsführer, Feldherrn, Weltrevolutionär, Wirtschaftsplaner, Literaten, Psychologen, universellen Geist und Mann der Tat, hatte die menschliche Bildung und Entwicklung eine vorläufige Höchstgestalt erreicht. Vom Olymp der Revolution herab sah er ringsum die gesamte Landschaft des menschlichen Geistes in dynamischer Auffaltungsbewegung: »Der durchschnittliche Menschentyp wird sich zum Niveau des Aristoteles, Goethe und Marx erheben. Und über dieser Gebirgskette werden neue Gipfel aufragen.«

Der spätere Kult um Lenin zeichnete sich erstmals ab, als dieser im Sommer 1918, durch ein Attentat schwer verwundet, daniederlag. Die angebliche Attentäterin Fanny Kaplan wurde im Keller des Kreml erschossen, während man draußen Tausende – man schätzt zwischen 10.000 und 15.000 – völlig unbeteiligte »Geiseln« unter grausamen Umständen aus Rache exekutierte. Angesichts dessen fällt es schwer, nicht an ein archaisches Blutopfer zu denken.

In seiner millionenfach als Broschüre verbreiteten Ruhmesrede auf den Verwundeten wies Trotzki Lenin erstmals eine »übermenschliche« Rolle zu: »Denn die Natur hat ein herrliches Werk geleistet, als sie in einem Menschen die revolutionäre Idee und die unerschütterliche Energie der Arbeiterklasse verkörperte.« Und es müsse »sozusagen eine bewußte Absicht der Geschichte darin« liegen, daß im selben Moment, in dem die russische Arbeiterklasse unter totaler Anspannung ihrer Kräfte gegen »die weißgardistischen Söldlinge Englands und Frankreichs kämpft, unser Führer gegen die Wunden kämpft, die ihm durch dieselben ... Söldlinge Englands und Frankreichs zugefügt worden sind«.

Diese mythisch-materialistische Identifikation von Natur und Geschichte, Führer, Proletariat und Nation fand ihre Steigerung in Trotzkis Beitrag ›Das Nationale in Lenin‹ – eine Würdigung, die Teil der Feierlichkeiten zu Lenins fünfzigstem Geburtstag im April 1920 war, in denen er nach einer neuen, informellen Sprachregelung zum »Voshd« ausgerufen wurde, einem bis dahin selten gebrauchten Begriff, der dem des »Duce« oder des »Führers« entsprach. Trotzki zufolge verkörperte Lenin nicht nur »das russische

Proletariat, eine junge Klasse, die politisch vielleicht nicht älter als Lenin selber, aber dabei tief national ist«, sondern auch ihre »ganz frische bäuerliche Vergangenheit«. Lenin besitze sowohl »ein bäuerliches Äußeres« wie auch »einen kräftigen bäuerlichen Kern«, vor allem in seinem einfachen, asketischen, zweckbestimmten Wesen, welches »die wirtschaftliche bäuerliche Sachlichkeit« ausdrücke, mehr noch, »die bäuerliche Schlauheit in höchster Potenz, bis zur Genialität gesteigert und ausgerüstet mit den neuesten Errungenschaften wissenschaftlicher Forschung«. Kurzum, Lenin habe »aus dem nationalen Milieu alles in sich aufgenommen, was er brauchte für die größte revolutionäre Tat der menschlichen Geschichte«.

Der Sinn dieser seltsamen Ruhmesrede ließ sich rückwärts entziffern: Lenin verkörperte die Partei, die Partei verkörperte das Proletariat, und das Proletariat mit seiner frischen bäuerlichen Vergangenheit verkörperte sowohl das Bauerntum wie die russische Nation im ganzen. Da die Arbeiterschaft im Bürgerkrieg fast restlos zerschlagen und aufgelöst worden war und da das reale, auf primitivstes Niveau zurückgeworfene Bauerntum von Trotzkis Idealtypus um Welten entfernt war, wird deutlich, daß in der stilisierten Gestalt Lenins der »Übermensch« Rußlands und die Blaupause des »neuen Menschen« gezeichnet wurde. Das revolutionäre Subjekt des nationalen russischen Sozialismus war demnach ein Arbeiter-Bauern-Hybrid mit wissenschaftlicher Bildung und Leninschen Zügen.

Der eigentliche Kult um Lenin, der zur myriadenhaften Vervielfältigung seines Bildes, seiner Sentenzen und Schriften geführt hat, begann in der Zeit seiner Krankheit 1922/23, als das Politbüro den kaum noch sprachfähigen, aber in hellen Momenten stets zu wütenden Notaten und Diktaten aufgelegten Kranken unter eine Art Gesundheitsdiktatur und Quarantäne gestellt hatte, und erreichte einen ersten Höhepunkt mit seinem Tode. Es war ein klarer Akt der Enteignung. Im Tode gehörte Lenin der Partei, die er geschaffen hatte und die seinen mumifizierten Leichnam und seine kodifizierten Lehren nun als ein schützendes Schibboleth vor sich her trug, während die Diadochen – wie der Volksmund sagte – um »Lenins Kaftan« kämpften.

In seiner Untersuchung über die Anfänge des Leninkultes hat Benno Ennker davor gewarnt, die methodisch organisierte, posthume Mythologisierung Lenins mit den charismatischen Elementen seiner Herrschaft zu Lebzeiten zu verwechseln. Aber wie »charismatisch« war Lenins Herrschaft wirklich? In ihrer Mischung aus interner Allpräsenz und höchstpersönlicher Kontrolle der Partei- und Regierungsgeschäfte bei gleichzeitiger weitgehender Unsichtbarkeit für das Volk ähnelte sie bereits der Herrschaftsform Stalins.

Wenn Lenin in der Phantasie seines bäuerlichen Volkes schon zu Lebzeiten eine mythische Gestalt wurde, dann gerade durch die Mischung von Allmacht und Unsichtbarkeit. Seine charismatische Führerrolle beschränkte sich fast ausschließlich auf die Partei. Die Sphären der Parteiöffentlichkeit und der allgemeinen Öffentlichkeit traten vom ersten Augenblick an vollkommen auseinander. Einer der entscheidenden Akte des bolschewistischen Machtaufbaus bestand darin, alle Medien einer eigentlich gesellschaftlichen Öffentlichkeit zu usurpieren beziehungsweise auszuschalten. Was das Volk oder das Proletariat über Lenin dachte, wissen wir daher nur aus den märchenhaften Ausschmückungen der Dichter, die sogleich begannen, »Volksmärchen über Lenin« zu schreiben. Die Million frierender Menschen, die binnen weniger Tage, Betrieb um Betrieb, Straße um Straße, Viertel um Viertel, am Sarg des toten Lenin vorbeidefilierte, zeugte gewiß von den Organisationsfähigkeiten der Partei und von dem Wunsch der Menschen, den noch einmal zu sehen, der ihr Leben so oder so auf den Kopf gestellt hatte. Mehr aber läßt sich nicht sagen.

Entgegen einer weitverbreiteten Ansicht war es nicht in allererster Linie Stalin, der die Entscheidung forcierte, Lenin in eine Mumie zu verwandeln, in ein Mausoleum zu legen und auf diese Weise »unsterblich« zu machen. Stalin, in seiner Jugend Priesterseminarist, konzentrierte sich darauf, in dem an seiner Bahre gesprochenen »Schwur« einen über Generationen weitergereichten kleinen

Katechismus des Parteibekenntnisses auszuarbeiten und anschließend in einer Reihe von Vorträgen, die ihm niemand zugetraut hätte, ein mehr oder weniger geschlossenes System des »Leninismus« zu skizzieren, das die schmale, aber solide Basis seines eigenen künftigen Wirkens als Ideologieschöpfer abgeben sollte.

An führender Stelle in der vom Politbüro gebildeten »Kommission zur Verewigung des Andenkens W. I. Lenins« waren vielmehr Dzierzynski, Krassin und Lunatscharski tätig. Und es war dem letzteren vorbehalten, dem assyrischen Totenkult um Lenin eine theoretische Grundlage zu geben. In einem Vortrag über den »Bau des ewigen Mausoleums« erklärte er, es seien stets »Epochen großer historischer Aufschwünge« und zugleich »kollektivistische Epochen« gewesen, die danach gestrebt hätten, sich in Monumentalbauten zu verewigen. Dazu zählte er die »feudale Despotie Ägyptens und Asiens«, das europäische Mittelalter, die Frührenaissance, die Französische Revolution und die napoleonische Zeit. Das siegreiche Proletariat müsse diese Traditionen wiederaufnehmen. Und da seine Führer als »Repräsentanten des riesigen proletarischen Willensstromes« tatsächlich bereits zu »übermenschlichen Personen« geworden seien, sei die Verewigung Lenins in der vorgeschlagenen Monumentalform ein bedeutsames, zukunftsweisendes Symbol.

In einem früheren, öffentlichen Vortrag über »Heroismus und Individualismus« hatte Lunatscharski unter ausdrücklichem Bezug auf Nietzsche die Notwendigkeit des politischen Führertums – trotz der Aversion des Marxismus gegen die »großen Männer« der Geschichte – zu begründen versucht. Tatsächlich sei die kämpfende Arbeiterklasse auf Organisation, Disziplin, Autorität und Hierarchie angewiesen. Und es sei ein »natürliches Lebensgesetz« des Organismus einer kämpfenden Partei, daß der Weitsichtigste und Erfahrenste als »Führer« (voshd) anerkannt werde. Aber eine »geniale Persönlichkeit« wie Lenin sei kein einzelner Held gewesen, der Massen hinter sich gesammelt habe, sondern nur der Kristallisationspunkt gesellschaftlicher Kräfte, ihre physische Repräsentanz oder Inkarnation.

Von hier aus wird es leichter verständlich, wie der Beschluß zustande kam, das Gehirn Lenins zu entnehmen und wissenschaftlich untersuchen zu lassen. Die vom Politbüro gebilligte Fragestellung lautete, ob sich in der Architektur des Gehirns »Hinweise auf eine materielle Begründung der Genialität W. I. Lenins« finden ließen.

Die Geschichte von »Lenins Hirn«, die in dem gleichnamigen Roman von Tilman Spengler leider weitgehend verschenkt worden ist, hatte in der Realität eine Pointe von gravierender Bedeutung. Die Erforschung war bekanntlich dem deutschen Hirnforscher Oskar Vogt übertragen worden. Vogt, der dazu nach Moskau übersiedelte, bekam ein ganzes Institut zur Verfügung gestellt, das mit modernsten Instrumenten ausgestattet wurde und dessen Direktor er bis zu seiner Rückkehr 1930 blieb. Nach der Zerlegung des vollständig sklerotisch deformierten, auf ein Viertel seiner ursprünglichen Größe geschrumpften Lenin-Hirnes in 30.000 mikroskopische Einzelpräparate kam er 1926 zu dem vorläufigen Befund, »daß sich Lenin durch eine besondere Willensstärke und durch die ganze Art seines Denkens von anderen Menschen unterschieden« habe. Als physiologisches Substrat des durch höchste Originalität und Schnelligkeit ausgezeichneten Leninschen Denkens fand Vogt »auffällig große Pyramidenzellen in der Hirnrinde«, und zwar in der dritten Schicht. Quod erat demonstrandum.

Damit war die Geschichte der Erforschung von Lenins Hirn aber keineswegs zu Ende. In einem im November 1929 gehaltenen Vortrag stellte Vogt klar, daß seine in Absprache mit dem Volkskommissar für Gesundheit Semaschko betriebenen Forschungen sehr viel weiter zielten. In Anknüpfung an seine früheren Untersuchungen, in denen es darum gegangen war, Genie und Wahnsinn, sexuelle »Abnormität«, Krankheit und Verbrechen in der Hirnmaterie zu lokalisieren, hatte er das ihm überlassene »Kleinod der Russischen Kommunistischen Partei«, wie er es nannte, Lenins Hirn also, mit Hirnen »schwachsinniger Verbrecher« verglichen. Erst diese Abweichungen nach unten hätten Lenin als einen wahren »Assoziationsathleten« erkennen lassen, dessen Pyramidenzellen, wie bei einem Sportler, »durch eine besonders entwickelte Muskulatur charakterisiert« gewesen seien. Nunmehr gelte es, durch vergleichende Studien auch »die materiellen Grundlagen für die rassemäßigen Besonderheiten der Leninschen Persönlichkeit aufzudecken«. Dafür habe man vom Gesundheitskommissariat zu Vergleichszwecken bereits dreizehn »Elitehirne« von männlichen Künstlern, Wissenschaftlern und Politikern zur Verfügung gestellt bekommen sowie neununddreißig »Rassenhirne«, von denen sechzehn von Großrussen stammten. »Das Studium der Rassenhirne wird ... die Frage klären helfen, wieweit das bisherige kulturelle Zurückgebliebensein mancher Rassen durch Milieu- oder Konstitutionsverhältnisse bedingt ist.« Das Wichtigste aber bleibe die praktische Nutzanwendung künftiger, verfeinerter Genialitätsforschungen, denn die »Analyse des Elitegehirns und seiner Genese wird die wichtigste Basis für die Höherzüchtung des Gehirns liefern«. Auch nach der Rückkehr Vogts nach Berlin wurden die Moskauer Forschungen im gegenseitigen Einvernehmen weitergeführt.*

Im Mai 1936 endlich legte der Leiter des Moskauer Hirnforschungsinstitutes Sarkissow dem Politbüro beziehungsweise dem Genossen Stalin einen Abschlußbericht über die mehr als zehnjährige Untersuchung des Lenin-Hirnes vor. Dieses Dokument ist seit einigen Jahren zugänglich. Das Institut hatte demnach zu vergleichenden Zwecken noch eine Anzahl weiterer »genialer« Sowjet-Hirne gesammelt, sie nach der Methode Vogt in mikroskopische Präparate zerschnitten und analysiert – darunter die Gehirne von Majakowski, Lunatscharski, Bogdanow, Mitschurin, Pokrowski, Pawlow, aber auch die von Clara Zetkin und Henri Barbusse. Sie alle lagerten nun im zentralen Raum des Institutes, der schon zu Vogts Zeiten das »Pantheon der Gehirne« hieß. Gemäß den als Ausweis der Genialität festgestellten Merkmalen – außer den ver-

---

* In einem ZK-Dokument vom Januar 1932 ist zum Beispiel von einem beim Moskauer Institut für Hirnforschung angesiedelten »deutschen Laboratorium für biologische Rassenforschung« die Rede, über dessen Zukunft entschieden werden müsse.

größerten Pyramidenzellen vor allem die Dicke der Zwischenhirn-schichten und Anzahl der Hirnfurchen – hatten die Teilnehmer dieses posthumen Wettbewerbes regelrechte Genialitätskoeffizien-ten zugeteilt bekommen. Daß Lenin in diesen Disziplinen weit vorne lag, muß kaum betont werden.

Das klingt wie eine bizarre Episode – und war es letzten Endes auch. Aber wozu veranstaltete das Zentralkomitee der Kommuni-stischen Partei der Sowjetunion, gewissermaßen das politische Kol-lektivhirn des Landes, ein derartiges, auch nach den damaligen wissenschaftlichen Maßstäben zweifelhaftes, wenn nicht offen ob-skures Unternehmen und stellte aus den geringen Reserven des ausgebluteten Landes Mittel für ein Institut zur Verfügung, dessen erster Forschungsauftrag die Untersuchung der »Genialität Le-nins« war?

Offenkundig spielte hier eine ganze Reihe zeitgenössischer Ideen ineinander. So stellte man sich vor, daß erst die Arbeiterbe-wegung gemäß den Darwinschen Evolutionsprinzipien die »Stärk-sten«, die energischsten, charakterfestesten und urteilskräftigsten, kurzum: die genialsten Intelligenzen und Charaktere aus dem Erb-fundus der Menschheit, zur Entfaltung und an die Spitze brächte. Wenn es gelang, diesen Prozeß in einer höheren Gehirnorganisa-tion der eigenen Führer physiologisch-materialistisch nachzuwei-sen, würde dies der herrschenden Partei und Klasse noch eine letzte, nunmehr auch naturwissenschaftlich unwiderlegliche Legi-timation verschaffen. Doch gleichzeitig sollten die Genialitätsfor-schungen »die Basis für die Höherzüchtung des Gehirns« liefern. Darin stimmten die Ideen Vogts mit denen seiner sowjetischen Partner überein.

Das Beispiel zeigt jedenfalls, daß weder die Eliten- oder Degene-rationsforschungen à la Vogt noch die Theoreme der Rassenbiolo-gie den sowjetischen Wissenschaftlern und Regierenden von Haus aus fremd waren. Eher dürfte es sich um die Ansätze einer eigenen, »progressiven« Adaption dieser verbreiteten Zeitthemen gehan-delt haben. Entsprechend wurden solche Fragen auch in den kom-munistischen Zeitschriften diskutiert, etwa in einem Beitrag von

Max Levien 1928, in dem er – in polemischer Auseinandersetzung mit völkischen Rassentheoretikern – feststellte, daß erst eine künftige proletarische Diktatur tatsächlich in der Lage sein werde, »innerhalb der Gattung Mensch diejenigen Menschenschläge bewußt zu entwickeln ..., die den neuen wirtschaftlichen und kulturellen Daseinsbedingungen des Sozialismus am weitestgehenden entsprechen«.*

Daß eine massenhafte und organisierte Erziehung »neuer Menschen« für den sozialistischen Staat eigentlich auf *Züchtung* hinausliefe, war in Texten aus Sowjetrußland hier und da schon ausgesprochen worden, so durch den führenden Verfechter der »Arbeitsschulen« und Funktionär im Kommissariat für Volksaufklärung, Pawel Blonski. In einem vom Kommissariat herausgegebenen, offiziellen Lehrbuch für Pädagogik hatte er 1922 mit dem Gestus des rücksichtslos szientistischen Aufklärers den für die zarten Gemüter der Lehrer schockierenden Satz geschrieben: »Neben der Pflanzen- und Viehzucht muß es eine weitere Wissenschaft dieser Art geben: die Menschenzucht ... Die Pädagogik muß in einer Reihe mit der Zootechnik und der Phytotechnik ihren Platz finden und sich der Methoden und Prinzipien genannter Wissenschaften bedienen, die mit ihr verwandt, jedoch bereits weiter fortgeschritten sind.«
Beliebter waren allerdings technokratische Formulierungen. Auf dem Ersten Kongreß der »Pädologen« – einer aus den USA über-

---

* Solche Diskussionen gab es zur selben Zeit auch in der sozialdemokratischen Presse, in denen immer wieder die Frage aufkam, ob sich die Existenz der »Lumpenproletarier« nicht als »erbliche Belastung« auf ihren Nachwuchs übertrage – wogegen sich gerade die klassenbewußten Proletarier mit Maßnahmen der Sozialhygiene, etwa der Zwangssterilisierung, wehren müßten. Überhaupt flossen im breiten Feld von »Eugenik«, »Sozialhygiene« und »Rassenforschung« soziale und völkische Ideologien oft untrennbar ineinander. Es handelte sich um ein internationales Phänomen, und auch die politischen Grenzen wurden in verschiedene Richtungen hin überschritten. Aber während es sich in den westlichen Ländern um gesellschaftliche Pressure-groups oder akademische Lehrmeinungen handelte, waren solche Themen in der Sowjetunion unmittelbar Teil der Staatspolitik.

nommenen, für sowjetische Bedürfnisse adaptierten Erziehungs-technik – 1928 erklärte Lunatscharski, das sowjetische Erziehungs-system sei auf dem besten Wege »zur Herstellung des neuen Men-schen, welche parallel zur Produktion neuer Ausrüstungen in der Wirtschaft zu organisieren ist«. Bucharin sprach an gleicher Stelle davon, es gelte, »in kürzester Frist eine ausreichende Stückzahl von aktiven Arbeitern zu produzieren, qualifizierte, speziell geschulte Maschinen, die man sofort einsetzen« könne. Der einflußreichste Ideologe der sowjetischen »Pädologie«, Aron Salkind, hatte als probates Rezept eine »soziogenetische Biologie in Koppelung mit der Reflexlehre und maßvollen Einbeziehung der wertvollsten freudistischen Begriffe« propagiert.

Auf den ganzen Mischmasch der sowjetischen Erziehungsexpe-rimente bezog sich Moshe Wulff, einer der wenigen erfahrenen Psychoanalytiker Rußlands, als er 1926 davor warnte, »die alte, naive Vorstellung vom Kind als einer tabula rasa, worauf sich Be-liebiges schreiben ließe«, neu zu beleben. Es sei ein Irrglaube, daß »beim Kind mit Hilfe entsprechender ›Reizfaktoren‹ der dem Päd-agogen jeweils genehme ›bedingte Reflex‹ auszulösen und so am Ende gar der ›benötigte Menschentyp‹ herzustellen wäre«.

All diese Ansätze verschwanden im Orkus der stalinistischen Säuberungen. Die 1922 gegründete Psychoanalytische Vereinigung wurde schon Anfang der dreißiger Jahre aufgelöst, aber 1936 folg-ten auch die eben noch so hochgelobten Sowjet-Pädologen. Die »Arbeitserziehung« fand jetzt ohne jede pädagogische Handrei-chung auf den Großbaustellen des Sozialismus statt, und es waren höchstens die GPU-Leute, die man als Umerzieher der verurteilten »Schädlinge« rühmte. 1935 wurde für Kinder ab zwölf Jahren die Todesstrafe eingeführt – aus erzieherischen Gründen. Doch auch die Genialitätsforschungen an den sowjetischen »Elitehirnen« wur-den ab 1936 offenbar nicht mehr systematisch betrieben – ein wei-terer toter Zweig der Evolution des Sowjetsystems.

Im gleichen Jahr begannen die massiven Angriffe auf die führen-den Genetiker, die zu den wenigen sowjetischen Wissenschaftlern gehörten, die tatsächlich Weltruf genossen. Der Leiter des Instituts für Genetik bei der Akademie der Wissenschaften, Nikolai Wawilow, war Präsident des Weltkongresses der Genetiker, der 1937 in Moskau stattfinden sollte und ohne Angabe von Gründen abgesagt wurde. Die Angriffe gegen Wawilow und seine Kollegen erfolgten im Zeichen der neuen internationalen Generallinie des »Antifaschismus« – einer Losung, die sich keineswegs nur gegen den Nationalsozialismus in Deutschland oder den Faschismus in Italien richtete, sondern gegen eine allgemeine faschistische Tendenz der Weltbourgeoisie. In der Anklagerede des Philosophen Present vor der Akademie wurde Wawilow denn auch vorgehalten, ein Schüler des »reaktionärsten Genetikers, des Engländers Bateson« zu sein, der »offen faschistisch rassistische Schlußfolgerungen aus seiner antievolutionistischen genetischen Konzeption zog«. 1940 wurde Wawilow als »englischer Spion« verhaftet und im Juli 1941 hingerichtet.

Zeitgleich mit dem Sturz Wawilows und der Herabstufung der genetischen Wissenschaften vollzog sich der Aufstieg des Pflanzenzüchters Trofim Lyssenko, der Zug um Zug die von Wawilow eingenommenen Positionen besetzte. Damit ging eine großangelegte Umstrukturierung der biologischen Wissenschaften einher, die den Akzent mehr und mehr auf die gesellschaftlich beeinflußbaren »Umweltbedingungen« des Wachstums legen sollten.

Die gezogene Scheidelinie zwischen einer proletarisch-sozialistischen und einer bürgerlich-idealistischen Wissenschaft war aber keine bloße Frage der Theorie. Lyssenkos Lehren von der unmittelbaren Überführung »erworbener Eigenschaften« in das Erbgut der Pflanzen entsprachen, wie Dietrich Beyrau diagnostiziert hat, dem potenzierten Machbarkeitswahn, der die Politik der Fünfjahrespläne insgesamt bestimmte, verbunden mit einer spezifisch sowjetischen »Wissenschaftsmagie«. Letzten Endes ging es weniger um Vieh- oder Pflanzenzucht, als um die phantastische Vorstellung einer sowjetischen Agrarwissenschaft, die alle Ernährungsprobleme lösen und das »Goldene Zeitalter« herbeischaffen könnte – wie es in Lyssenkos Referat ›Über die Lage der biologischen Wissenschaften‹ 1948 wortwörtlich hieß.

Die Tatsache, daß Stalin selbst dieses Referat redigiert hatte, und zwar stets in Richtung einer *Verallgemeinerung* seiner Aussagen, beweist, daß es um eine Evolution der spezifisch stalinistischen Weltanschauung ging. Die schon erprobten Praktiken der Aufzucht »neuer Menschen« – eben Sowjetmenschen – sollten ihre naturwissenschaftliche Fundierung erhalten und in ein allgemein anwendbares Verfahren überführt werden. Stalin wurde in seinen späten Jahren immer wieder als der »große Gärtner« beschrieben, der das menschliche Unkraut entfernte, die Sowjetmenschen zu leben, zu arbeiten und zu wachsen lehrte und die Fähigsten, Treuesten, ideologisch Gefestigsten aus der Jugend und der sozialen Rohmasse zu sich erhob, um »Stalinsche Menschen« aus ihnen zu machen. *

Nach dem gültigen neuen Lehrbuch der Pädagogik, das während des Krieges ausgearbeitet wurde, war Stalin als dem »Chosjain«, dem allgegenwärtigen »Hausvater« des Landes, in der kindlichen Psyche die Vaterrolle vorbehalten: »Unsere Kinder müssen lernen, wie ehrenvoll der Muttertitel in unserem Lande ist, [das] den Titel der ›Mutter-Heldin‹ geschaffen hat und kinderreichen Müttern Orden und Medaillen verleiht. Und mit dem Wort Vater sprechen wir den großen Stalin an, wenn wir ihm das Gefühl kindlicher Nähe, Liebe und Achtung zum Ausdruck bringen.«

Die theoretischen Formulierungsversuche im Falle der Lyssenkoschen Vererbungslehre waren, wie in vielen anderen Fällen auch, niemals völlig konsequent, sondern äußerst bruchstückhaft. Die Materie setzte derartigen Obskurantismen eben doch zähen Widerstand entgegen. Und die sowjetischen Genetiker verteidigten ihre Überzeugungen mit erstaunlicher Kühnheit, buchstäblich um

---

* Auch Bertolt Brechts langes Lehrgedicht über die ›Erziehung der Hirse‹ (1950) variiert diesen Gedanken: Josef Stalin, »des Sowjetvolkes großer Ernteleiter«, nennt die Hirse »ein verwildertes Kind«. Die »launische Steppentochter« wird daraufhin in »Lyssenkos Treibhaus, fern in Moskau«, zu ihrem eigenen Besten eingehend »verhört«, um festzustellen, »was ihr hilft und was sie stört«. Dementsprechend behandelt und »erzogen«, bringt die Hirse bald schon hundertfachen Ertrag. Nicht anders, das legt dieses für Schulfeiern und ähnliche Anlässe verfaßte Gedicht nahe, verhielt es sich mit den Menschen.

den Preis ihres Lebens. Stalin selbst blieb bei aller Vorliebe für die Aufstellung eherner Gesetzmäßigkeiten letzten Endes immer ein großer Eklektiker, der von heute auf morgen wieder umstoßen konnte, was er gestern noch gefördert oder vertreten hatte. Auch zeitigten die von Lyssenko und seinen Mitstreitern gemachten Vorschläge zur Umorganisierung der Landwirtschaft beim »Großen Stalin-Plan zur Umgestaltung der Natur«, der 1951/52 in Angriff genommen wurde, keinerlei Resultate.

Und doch war es kein Zufall, sondern durchaus von Bedeutung, wenn eine der letzten ideologischen Ausformungen des Stalinismus sich wesentlich um Fragen der *Steuerbarkeit von Vererbung* drehte, das heißt um die Frage, inwieweit gesellschaftliche Prägungen direkt und planmäßig ins Erbgut – der Pflanzen, der Tiere wie der Menschen – überführt werden könnten. Das war keine Abschwächung, sondern im Gegenteil eine Steigerung aller früheren Biologismen. Gleichzeitig spiegelte die fixe Idee eines sozialen Züchtungsverfahrens à la Lyssenko auch die reale gesellschaftliche Entwicklung von der Kollektivierung und den Fünfjahresplänen über den Großen Terror bis zum Vaterländischen Krieg und der Errichtung eines sozialistischen Weltlagers. Jetzt endlich, da man das gesellschaftliche Leben wirklich im ganzen zu bestimmen glaubte, ließ sich auch an eine Produktion der dazu passenden »neuen Menschen« nach einem allgemein handhabbaren Verfahren denken.

Allen Ideen des »Klonens«, die es unter den Genetikern in vagen Umrissen schon gab, wäre ein solches Verfahren natürlich hundertmal überlegen gewesen. Denn »geklont« werden konnte nur der alte Adam. Hier aber sollte es sich um die beliebig steuerbare Produktion von Sowjetmenschen mit spezifischen Eigenschaften und Fähigkeiten handeln, je nach gesellschaftlichem Bedarf. Und Stalin wäre tatsächlich der »Vater« all dieser nachgezüchteten Stalinschen Menschen gewesen. Kurzum, das System Lyssenko hätte den Schlußstein für die Errichtung einer sich selbst reproduzierenden sozialistischen Gesellschaft geliefert, so wie sie den stalinistischen Planern vorschwebte.

7

PHÖNIX UND ASCHE
KOLLEKTIVIERUNG UND INDUSTRIALISIERUNG

Wenn es im Führungskorps der KPdSU eine reale »Furcht vor Einkreisung« gab, dann bezog sie sich auf das *eigene* Land. Allerdings ging es um keinen organisierten politischen Widerstand mehr. Im Gegenteil, die Stalinsche Kollektivierungsrevolution wurde – wie Maos »Großer Sprung« dreißig Jahre später – genau in dem Augenblick entfesselt, in dem selbst die letzte, auch innerparteiliche Opposition zerschlagen war oder klein beigeben mußte. Die Furcht galt vielmehr dem sozialen Wiedererstarken der bürgerlichen und bäuerlichen Schichten unter der Neuen Ökonomischen Politik (NÖP).

Von Kapitalismus konnte dabei keine Rede sein. Der Staat behielt die vollständige Kontrolle über die Hauptindustrien, den Groß- und Außenhandel sowie über das Bankwesen. Nur in den Lücken, die der Staat nicht zu schließen vermochte, das heißt in der Kleinproduktion und im Handel, war der Privatinitiative Spielraum geboten. Aber dieser Spielraum wurde von den sogenannten NÖP-Leuten mehr und mehr ausgefüllt – trotz oder sogar wegen der Tatsache, daß sie überwiegend zu den Personen ohne Bürgerrechte gehörten. Wenn sie zuweilen den bolschewistischen Karikaturen eines »Kapitalisten« nahekamen, dann lag das daran, daß ihre oft hohen Gewinne ein Ergebnis des immensen »Warenhungers« waren. Ihre unsichere Stellung und hohe Besteuerung machten es indes sinnlos, irgendwelche produktiven Investitionen vorzunehmen. Was sie verdienten, das konnten sie nur verkonsumieren.

Die Grunddynamik der wirtschaftlichen Erholung des Landes kam jedoch aus den vielen kleinen Überschüssen der Landwirtschaft. Zum ersten Mal seit Jahren hatte die Mehrzahl der Bauern ausreichend zu essen und konnte auch die dezimierten Viehbestände langsam wieder aufstocken. Viele Produktionswerkzeuge, die sie brauchten, produzierten sie selbst im Dorf, das sich, wie schon einmal 1917/18, weitgehend der Kontrolle des Staates entzog. In den 9.000 Bezirken (*wolosti*) und 387.000 Siedlungen, die den ländlichen Kosmos des sowjetischen Staates bildeten, kam auf Dutzende Dörfer eine kommunistische Parteizelle; die ländlichen Sowjetinstitutionen waren nur ein fragiles Gerüst, das im Meer des Bauerntums zu versinken drohte.

Die kurze Phase 1924/25, in der sich die Partei erstmals systematisch mit landwirtschaftlichen Fragen beschäftigte und unter der Losung »Das Gesicht zum Dorf« den Versuch unternahm, eine Besserung der Lage der bäuerlichen Wirtschaften mit einer friedlichen Durchdringung und politischen Eroberung des Landes zu kombinieren, zeigte allerdings, daß ihr dazu sowohl die organisatorischen wie auch die ökonomischen Möglichkeiten fehlten. Da der Staat weder Kredite noch Produktionsmittel zur Verfügung stellen konnte, mußten die landwirtschaftlichen Investitionen aus den Eigenmitteln der Bauern kommen. Hätte der Staat den Handel jedoch völlig freigegeben und die Aufkaufkontingente vermindert, dann hätte er auf die Getreideexporte verzichten müssen, aus denen laut Staatsplan ein gut Teil der Maschinenimporte bezahlt werden sollte.

Vor allem wäre eine Stärkung der besser wirtschaftenden Bauern unvermeidlich gewesen. Obwohl einige Mitglieder der Regierung nach Inspektionsreisen in die Landgebiete 1924/25 zu der Auffassung kamen, infolge der Verarmung durch den Bürgerkrieg und die Hungersnöte gebe es keine wirklichen »Kulaken« mehr, wurden alle Vorschläge, Organisationen parteiloser Bauern zuzulassen und die ländlichen Sowjets für diese zu öffnen, als Beginn eines Zweiparteiensystems und damit als herrschaftsgefährdend verworfen. Auch die wenigen ländlichen Kommunisten liefen gegen solche Vorschläge Sturm. So endete jeder Versuch, gegenüber den Bauern einen konstruktiven politischen Weg einzuschlagen, sofort bei der Machtfrage.

Aus der Perspektive des Jahres 1927 hätte man das Regime der Bolschewiki unter der neuen Führung Stalins dennoch für relativ konsolidiert halten können. Stalin entsprach nicht zuletzt einem gewissen Ruhe- und Ordnungsbedürfnis der Mehrheit der Parteikader, die von den Thesen der linken, »leninistischen« Opposition um Trotzki, Sinowjew und Kamenew, den Klassenkampf im Innern und die weltrevolutionären Aktivitäten erneut zu verschärfen, wenig begeistert waren. Daß die Fronten und Frontwechsel in dieser innerparteilichen Auseinandersetzung viel verwirrender verliefen, als die groben Etikettierungen anzeigen, muß hier außer acht bleiben. Tatsache ist, daß die »linke« wie die »rechte Opposition« aus Angst und aus Schwäche jede Möglichkeit, direkt an die Arbeiter oder an das Volk zu appellieren, bewußt ausschlug. Ein solcher Weg, der unweigerlich zur Gründung einer zweiten, oppositionellen Partei geführt hätte, »ist für uns gesperrt, verboten, ausgeschlossen«, wie Kamenjew auf dem Parteitag im Dezember 1925 beschwörend sagte, weil das »den Untergang der Revolution« bedeuten würde.

So ließen sich erfahrene Untergrundaktivisten, Helden des Bürgerkriegs und Gefährten Lenins, wie Schafe in entlegene Verbannungsorte abschieben oder aus dem Amt jagen. Das zeigt nur, in welch luftleerem Raum sie sich längst befanden. Und wenn es drauf ankam, konnte sich Stalin auf größere »Massen« stützen als seine Opponenten, gerade weil er völlig uncharismatisch agierte und als der bedächtige Vertreter einer maßvollen, aber entschiedenen Diktatur der Partei erschien. Im Vergleich zum Triumvirat Trotzki-Sinowjew-Kamenew wirkte Stalin beinahe demokratisch und bonapartistischer Neigungen unverdächtig.

Im übrigen waren die personellen Kontinuitäten zur Partei des Revolutionsjahres 1917 schon sehr dünn geworden. Von den 240.000 Mitgliedern der Partei der Bolschewiki, von denen Lenin im Oktober 1917 als den künftigen Herrschern Rußlands gesprochen hatte, tauchten in der Mitgliedsstatistik von 1927 nur noch etwa 35.000 auf. Sicherlich waren etliche im Bürgerkrieg umgekommen – nach offiziellen Angaben etwa ein Viertel. Doch um ein vielfaches zahlreicher müssen jene gewesen sein, die im Zuge der wiederholten Parteisäuberungen und Fraktionskämpfe ausgeschlossen worden waren oder sich entkräftet und desillusioniert zurückgezogen hatten. So bildeten die eigentlichen »Altbolschewiken« nur eine winzige Minderheit von etwa drei Prozent und zusammen mit den Bürgerkriegsteilnehmern etwa ein Viertel der Mitgliedschaft. Natürlich besaßen sie noch ein Übergewicht in den höheren Parteirängen. Aber etwa siebzig Prozent oder rund 800.000 junge Genossen waren erst nach Lenins Tod 1924 eingetreten. In den Diadochenkämpfen der Parteiführer waren sie meist Gefolgsleute Stalins, von dessen »zentristischer« Position sie sich Jahre einer ruhigen Entwicklung und Karriere versprachen.

Stalins Politik der Konsolidierung schien tatsächlich Erfolge aufzuweisen. Die industrielle Produktion hatte, zumindest der Statistik nach, 1927 wieder das Vorkriegsniveau erreicht. Die eine Hälfte der industriellen Investitionen kam, grob gerechnet, aus dem staatlichen Alkoholmonopol, dessen Wiedereinführung Stalin 1924 durchgesetzt hatte. »Was ist besser, das Joch des ausländischen Kapitals oder die Zulassung des Wodka? Das war die Frage, vor der wir standen. Es ist klar, daß wir uns für den Wodka entschieden«, zog er 1927 Bilanz.

Die andere Hälfte, vor allem die Importe von Maschinen und Produktionsgütern aus dem Westen, sollte aus den bei den Bauern billig aufgekauften Getreideüberschüssen sowie aus Exporten von Holz, Pelzen, Gold und anderen Edelmetallen finanziert werden. Ein Teil dieser Exportprodukte stammte aus dem entstehenden Wirtschaftsimperium der GPU, das auf regulärer Zwangsarbeit beruhte. Daraus erwuchs bald schon ein eigenständiges Interesse an Nachschub von Häftlingen, mittels deren große Erschließungsprojekte in den unwirtlichen Zonen des Nordens und Ostens vorangetrieben werden sollten. Erste Vorstöße in diese Richtung hatte noch Dzierzynski 1925/26 unternommen. Faktisch beanspruchte die GPU damit einen Teil jener »Konzessionen«, die man ursprünglich an ausländische Kapitalgesellschaften hatte abtreten wollen.

Weite Gebiete an der südlichen Peripherie des Reiches wurden im übrigen erst nach und nach erobert und durchdrungen. Zwischen 1923 und 1927 wurden die nomadischen Rebellen in weiten Gebieten Zentralasiens, die sogenannten Basmatschen – ein verächtlicher Name für Kriminelle –, in regulären Feldzügen kolonialen Charakters allmählich niedergekämpft. Auch einen von den Menschewiki geführten Aufstand in Georgien 1924 schlug die bolschewistische Zentralgewalt brutal nieder, und mit wiederholten Bombardierungen und brutal Strafaktionen unterwarf sie die widerständigen Bergvölker im Kaukasus, so 1925 die aufständischen Tschetschenen. Einen schwelenden Konflikt bildeten schließlich die ständigen Scharmützel mit bäuerlichen »Banditen« in der Ukraine.

Nimmt man alles zusammen, so war die zentrale Machtposition der bolschewistischen Regierung zwar von keiner inneren Résistance mehr ernsthaft gefährdet. Gleichwohl entzogen sich weite Gebiete des wiederhergestellten Reiches und vielleicht eine Mehrheit der ländlichen Bevölkerung der Kontrolle. Und der von den Bolschewiki überwachte Sektor einer staatlichen Ökonomie stand auf wenigen, äußerst brüchigen Pfeilern.

Dennoch versteht es sich nicht von selbst, warum die Partei 1928/29 in einer jähen strategischen Wendung die gerade erst in Gang gekommene Neue Ökonomische Politik abbrach – entgegen allen Beteuerungen, es handele sich um ein langfristig angelegtes Projekt. Die Gründe lassen sich nur in der Verknüpfung der inneren Situation mit den nach außen gerichteten Ambitionen einer Großmacht finden. Nur darüber konnten die Bolschewiki ihr exklusives Machtmonopol legitimieren, und genau hier lagen wahrscheinlich auch die verschwiegenen oder unbewußten Motive ihres Handelns von Anfang an.

Stalin hat diese Motive in nachgerade klassischer Weise formuliert, als er im Februar 1931 auf einer Konferenz der Industriekader angesichts des Desasters der gewaltsamen Kollektivierung und Industrialisierung die Frage stellte, »ob man nicht das Tempo etwas verlangsamen, die Bewegung zurückhalten könnte«. In wenigen, für seine Verhältnisse leidenschaftlichen Sätzen umriß er den Angelpunkt der von ihm ausgelösten »zweiten Revolution«, als er sagte: »Das Tempo verlangsamen, das bedeutet zurückbleiben. Und Rückständige werden geschlagen. Wir aber wollen nicht die Geschlagenen sein. Nein, das wollen wir nicht! Die Geschichte des alten Rußland bestand unter anderem darin, daß es wegen seiner Rückständigkeit fortwährend geschlagen wurde.« Rußland sei von den mongolischen Khans, den türkischen Begs, den schwedischen Feudalen, den polnischen Pans, den englisch-französischen Kapitalisten und den japanischen Baronen geschlagen worden. (Bezeichnenderweise fehlte Deutschland in dieser Liste der historischen Erbfeinde!) »Wir sind hinter den fortgeschrittenen Ländern um fünfzig bis hundert Jahre zurückgeblieben. Wir müssen diese Distanz in zehn Jahren durchlaufen. Entweder wir bringen das zustande, oder wir werden zermalmt.«

An diesem Programm – einer Art Hundertjahresplan, komprimiert auf zehn Jahre – war vieles bemerkenswert. Wenn das zaristische Rußland, für Lenin noch die unterdrückerischste und eroberungssüchtigste Großmacht ihrer Zeit, nun plötzlich als ein schwaches, ewig geschlagenes Staatswesen bezeichnet wurde, dann erhob Stalin damit zugleich Anspruch auf die historische Nachfolge. Überhaupt ist der Bezugsrahmen der Argumentation in allererster Linie die Stärke des Sowjetstaates unter den Mächten der Zeit. Und die Drohung, daß die Schwachen zermalmt würden, enthielt auch das Versprechen, daß die Starken belohnt würden. Aus der Asche des bäuerlichen Rußland sollte der Phönix einer militärisch-industriellen Großmacht erstehen.

Vor dem Hintergrund des späteren Weltkrieges mögen Stalins Worte hellsichtig erscheinen. Allerdings verkennt man dabei die Rolle, die die Sowjetunion selbst bei der Konstellation, die zum Weltkrieg führte, gespielt hat. Im übrigen kontrastierte die blinde Selbstsicherheit Stalins zwischen August 1939 und Juni 1941 auffällig mit der Kriegshysterie, die die sowjetische Innen- und Außenpolitik seit 1927 prägte. Dabei konnte Ende der zwanziger Jahre von einer Bedrohung der Sowjetunion durch einen »imperialistischen Überfall«, wie er täglich an die Wand gemalt wurde, keine Rede sein, genausowenig wie von einer »Blockade«. Vor allem amerikanische Firmen – obwohl die USA als einziges westliches Land die Sowjetunion diplomatisch noch nicht anerkannt hatten – konkurrierten mit deutschen, italienischen und britischen Firmen um die lukrativen »Russenaufträge«. Die Staudämme, Elektrizitätsstationen, Stahlwerke, Auto- und Traktorenfabriken, die im Rahmen der Fünfjahrespläne aus dem Boden gestampft wurden, waren mit der neuesten westlichen Technologie ausgestattet. Und sogar die Rote Armee konnte sich ohne Mühe auf dem internationalen Waffenmarkt versorgen, während die deutsche Reichswehr im Zuge der geheimen Militärkooperation mit ihren sowjetischen Partnern das Know-how moderner Militärtechnologie – Panzer, Flugzeuge, U-Boote, Gaswaffen – sowie Erfahrungen in Sachen Truppenführung austauschte.

In Wirklichkeit ist kaum anzunehmen, daß Furcht vor äußerer »Einkreisung« Stalin bewogen hat, seine Kollektivierungs- und Industrialisierungsrevolution zu entfesseln. Eher schon umgekehrt: Stalin rechnete fest damit, daß die kapitalistischen Länder über kurz oder lang in einen zweiten Weltkrieg *untereinander* geraten würden. Und seine Losung vom »Aufbau des Sozialismus in einem Land«, die er 1925 ausgegeben hatte, bedeutete auch, daß die Sowjetunion in diesem Spiel der Mächte mitspielen würde. Vor dem ZK hatte Stalin damals in einer programmatischen Rede ausgeführt: »Bei Verwicklungen in den uns umgebenden Ländern wird sich vor uns ... die Frage unserer Armee, ihrer Macht, ihrer Bereitschaft als lebenswichtige Frage erheben. Das bedeutet nicht, daß wir in einer solchen Situation unbedingt aktiv gegen irgend jemanden auftreten müssen ... Sollte aber Krieg beginnen, so werden wir nicht untätig zusehen können – wir werden auftreten müssen, aber wir werden als letzte auftreten, um das entscheidende Gewicht in die Waagschale zu werfen, ein Gewicht, das ausschlaggebend sein dürfte.« Im großen und ganzen war dies der strategische Grundgedanke seiner imperialen Weltpolitik, den er bis zu seinem Tode beharrlich verfolgt hat.

Den Ausgangspunkt der Kollektivierungsrevolution bildete die Absicht, im Rahmen eines ersten Fünfjahresplanes eine staatlich kontrollierte, mit moderner, importierter Technik ausgestattete Großindustrie als Bollwerk des Sozialismus im Innern und zur Hebung der Macht der UdSSR nach außen aus dem Boden zu stampfen. Sie sollte Energien, Grundstoffe, Werkzeugmaschinen, Transportmittel, Traktoren und Waffensysteme liefern. Als der führende Ökonom der Linken, Eugen Preobrashenski, die rückständige Landwirtschaft geradeheraus eine »*innere Kolonie*« nannte, aus der für eine »ursprüngliche sozialistische Akkumulation« die nötigen Mittel einer beschleunigten Industrialisierung geschöpft werden müßten, wurde diese Formel von den innerparteilichen Kontrahenten, vor allem Bucharin, empört zurückgewiesen. Tatsächlich bezeichnete sie aber präzise die Sache. Die fraktionellen Auseinandersetzungen drehten sich letzten Endes nur um die Fragen des Tempos, der angewandten Mittel und der Taktik. Und alle theoretischen Debatten konnten nicht darüber hinwegtäuschen, daß die aufgeklärten Kolonisatoren den Eingeborenen der »inneren Kolonie« nichts anzubieten hatten, während sie deren Tribute als feste »Plangrößen« in ihre Budgets und Berechnungen einbauten.

Als im Winter 1927/28 die staatlichen Getreideaufkäufe trotz guter Ernte weit hinter den Erwartungen zurückblieben, übernahm Stalin in einer jähen Wendung die These der Linken, es handele sich um einen »Kulakenstreik«, der die Sowjetmacht in die Knie zwingen wolle. Er reiste im Januar 1928 nach Sibirien, um zu demonstrieren, wie die vom ZK beschlossene »schnelle und radikale Verbesserung der Getreidebeschaffungen« durchgeführt werden könne. Den Kulaken wurden »sofortige harte Strafen« angedroht, falls sie sich weigerten, ihr Getreide zu den niedrigen staatlichen Aufkaufpreisen abzuliefern. Die Reise war Stalins erste Fahrt aufs Land seit dem Bürgerkrieg. Vor der Abreise kündigte er in einem Schreiben an alle regionalen Parteiorganisationen an, »einen bestialischen Druck« auf alle örtlichen Kommunisten auszuüben, die nicht bereit seien, mit der geforderten Härte gegen die Bauern vorzugehen. In charakteristischer Weise wurden damit Repressalien gegen die Parteifunktionäre als Hebel zur verschärften Unterdrückung der Bauern eingesetzt.

Der »Spekulation« überführte Bauern wurden ins Lager geschickt, ihre Höfe eingezogen, ihre Familien davongejagt. Die Bauern sahen darin, nicht zu Unrecht, eine Rückkehr zum »Kriegskommunismus«. Es kam zu Unruhen, bei denen vor allem die Bauersfrauen die örtlichen Getreidespeicher und Parteibüros belagerten und die Herausgabe des konfiszierten Getreides forderten. Und am Ende standen die Ergebnisse in keinem Verhältnis zu dem riesigen staatlichen Aufwand. Mehr noch, die Bauern begannen ihre Anbauflächen einzuschränken. Ein Rückgang der landwirtschaftlichen Produktion insgesamt zeichnete sich ab, der alle Industrialisierungspläne zu Makulatur machen mußte.

Auch die Unruhe unter den Arbeitern begann wieder zu wachsen. Im zehnten Jahr der Sowjetmacht lagen die Reallöhne nominell zwar wieder auf dem Niveau der Vorkriegsjahre, doch die Preise für elementare Konsumgüter blieben unerschwinglich hoch. Von ihrer angeblichen Rolle als herrschender Klasse hatten die Arbeiter im Alltag nichts als unablässige Indoktrinierung und eine enge bürokratische Kontrolle durch Gewerkschaften und Sowjets, die als Hilfsorgane der Betriebsleitungen fungierten. Versuche, auf administrativem Wege die Arbeitsnormen drastisch zu erhöhen und den Ausstoß zu steigern, ohne die Löhne anzuheben, stießen vielerorts auf den entschiedenen Widerstand der Belegschaften. Streiks und Demonstrationen erfaßten ganze Industriereviere und wurden wie früher mit schweren Repressalien gegen die Streikführer und einer Strategie der Aushungerung gegen die Streikenden gebrochen.

Allerdings verfügten die Arbeiter durch die industrielle Wiederaufbaukonjunktur über ein gestiegenes Selbstbewußtsein. Aus den mittlerweile zugänglichen Berichten, Dossiers und Verhörprotokollen der GPU treten hier und da noch einmal die eindrucksvollen Figuren jener proletarischen Rebellen hervor, die lange vor dem Revolutionsjahr 1917 den Ruf der russischen Arbeiterbewegung als der revolutionärsten von allen begründet hatten.

Ein solcher, gut dokumentierter Fall ist der des gewählten Vertreters der Arbeiter und Arbeiterinnen der Textilfabrik von Rodniki, Kapiton Klepikow, der schon in den Jahren 1907 bis 1914 Streiks geführt hatte, sich 1917 dem »Arbeiterbolschewismus« anschloß, aber bereits 1920 wieder als Sprecher meuternder Belegschaften hervortrat. Einer Partei hatte er niemals angehört. Gerade deshalb war er in allen Streiks, Demonstrationen, Protestversammlungen der zwanziger Jahre zum unangefochtenen Führer und Sprecher einer neuen, inoffiziellen Arbeiterbewegung geworden.

In seinen von Spitzeln mitgeschriebenen Reden und in unter der Bevölkerung zirkulierenden Gedichten waren die Vorstellungen vom Naturrecht auf persönliche Freiheit, Würde und Unversehrtheit ganz einfach und unzweideutig, und diejenigen, die sich an diesem Naturrecht vergriffen, mochten sich hundertmal »proletarische Revolutionäre« oder »Kommunisten« nennen – für Klepikow waren sie Despoten und Ausbeuter, »schlimmer als das monarchistische Regime«.

1927 und 1928 stand er wiederum an der Spitze von Protestbewegungen gegen die Erhöhung der Arbeitsnormen. In einer Versammlung am 2. Januar 1928 sagte er etwa: »Genossen, Rationalisierung gab es auch unter dem Kapitalismus, aber nicht so eine. Damals haben sie mehr auf die Arbeiter gehört. Doch jetzt kennen sie nur eine Sache: die Arbeiter ausquetschen und auspressen … Unter den Kapitalisten standen die Polizeibeamten am Eingang und haben gespitzelt, aber jetzt ist die Bespitzelung noch größer. Sogar die politischen Kommissare erfüllen diese Rolle. Diese Situation ist unerträglich. Sie behandeln die Arbeiter wie Kamele und bürden ihnen immer mehr Lasten auf, bis sie zusammenbrechen.«

Neben Löhnen und Arbeitsnormen ging es um die miserable Versorgung, um die fehlenden Vertretungsrechte der Arbeiter, die Arroganz und Korruption der Behörden und schließlich um die Freiheit. In seinen Gedichten, die Titel wie ›Hymne an die Freiheit‹ tragen, wird in der furchtlosesten Weise Klartext geredet: »In Rußland trampelt man die Wahrheit in den Dreck, und die Falschheit triumphiert« – »Die freie Presse hat man hinter sieben Schlössern eingesperrt« – »Solche Schufte haben wir noch nicht erlebt, sie sind den Faschisten vergleichbar« – »Die Behörden sprießen wie die Pilze im warmen Regen« – »Es gibt in den kommunistischen Unternehmen überhaupt keinen Sinn für Realität«. Trotz zahlreicher Verwarnungen, kurzfristiger Inhaftierungen und methodisch betriebener Versuche, ihn zu isolieren, wagte man es wegen seines großen Rückhalts erst im April 1930, ihn endgültig zu verhaften. Von einer Troika im Schnellverfahren zu fünf Jahren Lager verurteilt, soll Klepikow 1933 in einem psychiatrischen Krankenhaus Selbstmord begangen haben.

Auf die wachsende gesellschaftliche Unruhe reagierte die Parteiführung mit der Behauptung, daß die Sowjetmacht sich einer Offensive aller alten gesellschaftlichen Kräfte gegenübersehe, die vom internationalen Kapital unterstützt werde. Die Terminologie des »historischen Materialismus« deckte seit langem nur noch mühsam eine Vorstellungswelt voller obskurer Verschwörungstheorien. Im Sommer 1928 wurden in einem ersten großen Schauprozeß, dem sogenannten Schachtyprozeß, »bürgerliche Spezialisten« aus den Kohlegruben am Donez als Saboteure und Agenten feindlicher Mächte vorgeführt und aufgrund fingierter Geständnisse zum Tode oder zu hohen Haftstrafen verurteilt. Im Anschluß erklärte Stalin, daß »Schachtyleute« in allen Unternehmen und Behörden säßen und ans Licht gezogen werden müßten. Das war der Beginn einer Hexenjagd auf »Schädlinge« und »Saboteure«, die immer weitere Kreise zog und den gesamten Prozeß der Kollektivierung und Industrialisierung begleiten sollte. Ihr Hauptobjekt waren Fachleute verschiedenster Provenienz, die sich aus Patriotismus, aus Leidenschaft für die Sache oder aus Gründen des persönlichen Fortkommens für die ihnen nach 1918 eröffneten Sowjetkarrieren entschieden hatten. Einige stammten noch aus den Reihen der loyalen Menschewiken oder linken Sozialrevolutionäre. Im Kern handelte es sich um eine soziale und teilweise auch physische Vernichtung der Reste einer bürgerlichen professionellen Intelligenz, die erklärtermaßen durch eine »Sowjetintelligenz« ersetzt werden sollte.

Der Hauptschlag aber wurde gegen die »Kulaken« geführt. In Sibirien hatte Stalin erstmals die neue Linie der Parteipolitik verkündet, wonach man in Zukunft auf Kosten der »Kulakenwirtschaften« mit dem Aufbau von Sowchosen und Kolchosen beginnen müsse, und zwar »ohne Kräfte und Mittel zu schonen«. Dieser Linie entsprechend, wurden im Winter 1928/29 Zehntausende bewaffneter Parteimitglieder und Tschekatruppen in Marsch gesetzt, um den Bauern mit noch härteren Strafen und Zwangsmitteln das »gehortete« Getreide zu entreißen. Gleichwohl blieben die aufgebrachten Mengen weit hinter den Vorjahresergebnissen zurück. Viele Bauern, und keineswegs nur »Kulaken«, begannen ihr Vieh abzuschlachten, ließen ihr Land unbestellt und zogen sich auf eine reine Subsistenzproduktion zurück. Die Selbstliquidierung vieler Höfe – noch vor Beginn der eigentlichen Kollektivierung – nahm bedeutenden Umfang an und führte zu einem dramatischen Einbruch der Agrarproduktion.

In dieser Situation erklärte Stalin, daß »der Kulak die Sowjetmacht an der Kehle gepackt« halte. Das war eine starke Metapher, die bereits einen »Kampf auf Leben und Tod« ankündigte. Die eingeleiteten Strafmaßnahmen zielten jetzt unmittelbar auf eine Liquidierung der Kulakenbetriebe, während die ärmeren Teile der Bauernschaft aufgefordert wurden, in die neu gegründeten Kollektivwirtschaften einzutreten. Viele folgten dem aus Angst vor einer Hungersnot und weil die Aufrufe mit zahlreichen Versprechen gespickt waren, daß in der »Kommune« für alles gesorgt werde. In Wirklichkeit gab es die dafür notwendigen organisatorischen und materiellen Voraussetzungen überhaupt nicht. Die Kolchosen und Sowchosen, die als »Bollwerke des Sozialismus auf dem Land« dienen sollten, bestanden in ihrer Mehrheit nur auf dem Papier. Dafür waren sie real genug, um die Neuaussaat noch weiter zu behindern, statt zu fördern.

Als die Vertreter der neuformierten, zuvor mit Stalin verbündeten »Rechtsopposition« um Bucharin, Rykow und Tomski die eingeschlagene Politik in erstaunlich schroffer und klarer Weise als »militärisch-feudale Ausbeutung der Bauern« bezeichneten, öffnete sich für einen kurzen Moment noch einmal ein Fenster der Einsicht. Ein Sturm der Entrüstung zwang die Abtrünnigen, ihre Irrtümer zu bekennen und sich der Partei zu unterwerfen. Das war nicht einfach Schwäche, sondern Lähmung. Jede fraktionelle Auseinandersetzung mußte unweigerlich zum Kristallisationspunkt der realen gesellschaftlichen Antagonismen werden. Und soviel war klar: Hätte die Partei in dieser zugespitzten Situation den Rückzug angetreten und auch nur etwas größere Wirtschaftsfreiheit gewährt, dann wäre sie binnen weniger Monate oder Jahre von der Dynamik einer bürgerlich-bäuerlichen Warenproduktion überspült und ihrer Funktion enthoben worden. Das wäre das Ende ihrer im Oktober 1917 errichteten Diktatur gewesen.

Dagegen bäumte sich nicht nur das Gros der Parteimitglieder auf, sondern auch ein Block jugendlicher Nachrücker, die in diversen gesellschaftlichen Organisationen und Bildungseinrichtungen darauf warteten, die von Angehörigen der alten Intelligenz oder bürgerlichen Spezialisten besetzten Stellungen im Staatsapparat oder in den Betrieben zu übernehmen – und die bereitstanden, eine industrielle Durchbruchsschlacht zu schlagen, die für alle, die vorne dran waren, eine neue gesellschaftliche Grundlage und Position schaffen sollte.

Der NÖP-Kapitalismus, der immer mehr zur Karikatur wurde, lieferte eine ausgezeichnete Vorlage für alles, was man ablehnte. Und in dem Meer einer prosperierenden Kleinproduktion zu versinken war für diese jungen Stadtmenschen erst recht keine Perspektive. Aus dem Westen – den man nur noch vom Hörensagen kannte – drangen im übrigen Nachrichten von tiefen Krisen und schweren Klassenschlachten. So mischten sich alte und neue, nationalistische und internationalistische Affekte mit einem illusionären Überlegenheitsgefühl.

Die subjektiven Dispositionen dieser »neuen Menschen« des ersten Sowjetjahrzehnts lassen sich allenfalls noch aus literarischen und biographischen Zeugnissen rekonstruieren. Der junge Lew Kopelew etwa sammelte als roter Aktivist nach der Schule Geld für die Aufstellung der Flugzeugstaffel »Unsere Antwort an Chamberlain«. Ansonsten wollte er nach dem Abitur gerne als Berufsrevolutionär in die weite Welt hinaus. Abends verkehrte er in den literarischen Zirkeln von Kiew, die sich klangvoll »Die Jugend«, »Der Pflug«, »Neue Generation« oder »Avantgarde« nannten. In endlosen Rezitationen und Debatten ging es um den freien Vers und die freie Liebe, die nationale Frage und die Weltrevolution. Man war puritanisch und dandyhaft zugleich. Und da man kaum einen Pfennig Geld besaß, richteten sich die heftigsten Ressentiments gegen die NÖP-Leute: »NÖP bedeutete private Kaufhäuser und Läden, die erheblich mehr anzubieten hatten und schmucker aussahen als die tristen Zentralen Arbeitergenossenschaftsläden; bedeutete stutzerhaft gekleidete Männer und Frauen in Restaurants, in denen abends Tanzkapellen spielten ...; bedeutete schicke Mädchen in kurzen Kleidern, die langsam über die abendlichen Straßen promenierten, alleingehende Männer ansprachen oder in Droschken saßen und gellend lachten.«

Und also trug der gerade fünfzehn gewordene Lew in einem der Jugendclubs die folgenden scharfen Verse vor: »Und wenn in Charkow an / bleichen Regierungspalästen vorbei / die Traber rasen und die Huren kreischen – / noch gibt es Männer in Lederjacken / die selbstlos Tag und Nacht schuften.« Diese Männer in Lederjacken, jene Parteimitglieder, die nach einem Worte Lenins stets auch »gute Tschekisten« waren, waren in den jugendlichen Machtphantasien so etwas wie Überväter. Solch ausgeprägte Vorstellungen einer »zweiten Revolution« galten allerdings als »trotzkistisch« und waren es auch. Wegen Verbindungen zu Zirkeln der Linksopposition wurde Lew wenig später von den Männern in Lederjacken geholt und in die Mangel genommen. Er kam wieder frei, allerdings auf Bewährung. Das kompensierte er, wie viele, mit verstärktem revolutionären Eifer.

Man kann diese literarischen und biographischen Splitter mit einigen der wenigen empirischen Bestandsaufnahmen der Zeit vergleichen, etwa den Untersuchungen, die der führende sowjetische Psychotherapeut und Pädologe Aron Salkind Mitte der zwanziger

Jahre unter Parteimitgliedern und Studenten angestellt hat. Unter dem Druck der sich rasch wiederholenden Parteisäuberungen, aber auch der gesellschaftlichen Situation insgesamt litt der politische Machtkader an einem dramatischen psychischen Verschleiß. Vor allem die Bürgerkriegsteilnehmer waren von Depressionen und Halluzinationen heimgesucht, die sich regelmäßig an den »fetten und geschniegelten NÖP-Leuten« entzündeten. Die Schlaflosigkeit eines ehemaligen Kommandeurs interpretierte Salkind als »Übertritt in eine andere Welt, wo seine Begierde sich erfüllt: endlich wieder in der Schlacht, befehlsgewaltig, der Revolution auf seine Weise dienend«.

Dazu passen die Ergebnisse von Umfragen unter Absolventen der Arbeiterfakultäten und Bewohnern der überfüllten Studentenheime, die zu einem großen Teil über die Gefühls- und Erlebnisarmut ihres Lebens klagten und darüber, daß sie keine normale Beziehung zum anderen Geschlecht fänden. All diese verstreuten Nachrichten geben eine vage Vorstellung von der Mischung aus überspannten Erwartungen und sozialer Frustration, schierem Triebstau und diffusen Überlastungssymptomen in dem Segment der Jugend, das zum mehr oder weniger aktiven Träger der neuen, zweiten Revolution werden sollte. Auf einem der anonymen Zettel, die die sozialpädagogische Feldforscherin Wilenkina 1928 unter jungen Arbeitern sammelte – die insgesamt ein sehr widersprüchliches und kritisches Meinungsbild ergaben –, stand: »Dann schon lieber Krieg.«

Der Entschluß zur »totalen Kollektivierung«, der in der ›Prawda‹ vom 31. Oktober 1929 erstmals mitgeteilt wurde, war nur ein Glied in einer Kette immer neuer Planvorgaben und Kollektivierungsziele. Noch im April hatte das ZK-Plenum lediglich von einer »Massenkollektivierung« gesprochen, die zwanzig Prozent der bäuerlichen Betriebe binnen fünf Jahren erfassen sollte – was etwas völlig anderes war! Die gesamte Phase des ersten Fünfjahresplanes und der Kollektivierung war eine chaotische Folge sich jagender Beschlüsse und Direktiven, die den Prozeß immer wieder künstlich forcierten, abschwächten und abermals forcierten. Von irgendeiner »Planmäßigkeit« war allenfalls im Sinne dezisionistischer Zielvorgaben die Rede, deren Realitätsgehalt völlig im Nebel lag. So macht die – neben Maos »Großem Sprung« – vielleicht katastrophalste sozialökonomische Entscheidung des Jahrhunderts den Eindruck einer Improvisation unter dem Druck nicht mehr beherrschbarer Entwicklungen, einer erneuten Flucht nach vorn ins historische Niemandsland.

Liest man freilich Stalins Artikel ›Das Jahr des großen Umschwungs‹ vom 7. November 1929, so verfehlt er mit seiner vermeintlich unerschütterlichen Ruhe und Sicherheit selbst heute nicht seinen Eindruck auf den Leser – vorausgesetzt, dieser kann sich in die Lage eines nicht allzu skeptischen, jüngeren Sowjetbürgers zurückversetzen. Was sich objektiv als kritische Zuspitzung einer außer Kontrolle geratenen Situation darstellt, verwandelte sich unter Stalins Feder in die Eröffnung einer »entschiedenen Offensive des Sozialismus gegen die kapitalistischen Elemente in Stadt und Land«, bei der man binnen eines einzigen Jahres riesige Erfolge zu verzeichnen habe: erstens die Entfaltung der schöpferischen Initiative der Arbeiterklasse durch eine Kampagne gegen den Bürokratismus – auf dem Wege der Parteisäuberung –, die Verschärfung des Kampfes »gegen diejenigen, die die Arbeit schwänzen und die proletarische Arbeitsdisziplin verletzen«, sowie durch die Einführung der »ununterbrochenen Arbeitswoche«.*

Der zweite gewaltige Erfolg der Partei sei es, so Stalin, das »Akkumulationsproblem gelöst« zu haben. Die Investitionen in die Groß- und Schwerindustrie seien binnen eines Jahres mehr als verdoppelt worden, und die Produktion werde nach Plan um dreißig

---

* Seit August 1929 war die alte, christliche Siebentagewoche durch eine sozialistische Sechstagewoche ersetzt worden, die für jeden Beschäftigten aus fünf Arbeitstagen und einem freien Tag bestand, aber jeweils einem anderen, so daß letztlich jeder Tag ein Werktag war. Nach dem Wort eines Komsomol-Dichters sollte das Land dadurch in einen »dauernden Wachzustand« versetzt werden. Zugleich bedeutete die Abschaffung des Sonntags als Feiertag die Eröffnung eines erneuten Feldzuges gegen Religion und Kirche.

bis fünfzig Prozent pro Jahr steigen. Das alles habe man aus eigener Kraft geschafft, »trotz der offenen und geheimen Finanzblokkade« und ohne dabei »Schuldsklaven der Kapitalisten« geworden zu sein. Jetzt gehe es nur darum, im gleichen Tempo die »Heranbildung neuer roter Techniker und roter Spezialisten aus den Reihen der Arbeiterklasse« zu bewerkstelligen. Daß im April 1929 die Brotkarten wieder eingeführt und kurz darauf alle Lebensmittel rationiert worden waren und daß das enorme Akkumulationstempo, wie einer der führenden Planökonomen, Strumilin, beiläufig bemerkte, ausschließlich auf »der bei uns seit langem zur Gewohnheit gewordenen Konsumaskese« beruhte, ließ Stalin natürlich unerwähnt.

Der dritte und wichtigste Erfolg aber sei der »grundlegende Umschwung in der Entwicklung unserer Landwirtschaft von der kleinen und rückständigen individuellen Wirtschaft zur fortgeschrittenen kollektiven Großwirtschaft«. Blamiert seien alle Wissenschaftler, höhnte Stalin, die »die Möglichkeit und Zweckmäßigkeit der Organisierung großer Getreidefabriken von 50.000 bis 100.000 Hektar« bezweifelt hätten. Blamiert seien aber auch alle, die glaubten, die kleinen und mittleren Bauern würden nicht in die Kolchosen gehen. Sie seien sehr wohl hineingegangen, und wenn unter ihnen Unzufriedenheit herrschte, dann wegen des momentanen Mangels an Maschinen und Traktoren, deren Lieferung »mit dem Wachstum der kollektivwirtschaftlichen Bewegung nicht Schritt gehalten« habe. Schon im Frühjahr kommenden Jahres werde es 60.000, ein Jahr später 100.000, zwei Jahre später 250.000 Traktoren geben. Und wenn es in diesem Tempo weitergehe, »so ist kein Grund vorhanden, daran zu zweifeln, daß unser Land in, sagen wir, drei Jahren zu einem der getreidereichsten Länder, wenn nicht zum getreidereichsten Land der Welt werden wird«.

Die junge Sowjetunion sei dabei, ihre alte »rußländische« Rückständigkeit hinter sich zu lassen. »Wir werden zu einem Lande des Metalls, einem Lande der Automobilisierung, einem Lande der Traktorisierung. Und wenn wir die Sowjetunion aufs Automobil und den Bauern auf den Traktor gesetzt haben – mögen dann die ehrenwerten Kapitalisten, die sich mit ihrer ›Zivilisation‹ brüsten, versuchen, uns einzuholen.«

Im nachhinein erkennt man leicht die Ersetzung der Wirklichkeit durch die Fiktion, das Spiel mit den immer glatten Zahlen, die beschönigende und beruhigende Redeweise, den unglaublich naiven Utopismus der allernächsten Ziele («sagen wir, in drei Jahren«). Aber zugleich begreift man auch den Zauber der universellen Machbarkeit, die Magie der realen oder vermeintlichen technischen Möglichkeiten und die pfefferminzfrische Vision einer sauber aufgeräumten, gerechten, gesättigten, gebildeten, zum Licht einer neuen, höheren Zivilisation strebenden Gesellschaft, in der selbst die Moderne einen Zug von Behaglichkeit, von Heimat erhielte. Und man versteht, daß der »Wir«-Ton, in dem die Rede gehalten ist, nicht die Partei allein meinte, sondern den Patriotismus einer neu formierten Staatsnation ansprach, die den »ehrenwerten Kapitalisten« mit ihrer angeblichen »Zivilisation« schon heimleuchten werde.

Die totale Kollektivierung, die mit voller Wucht Anfang 1930 begann, war ein wirklicher Krieg. Das entscheidende Stichwort fiel erst in einer Rede Stalins am 27. Dezember 1929, eine Woche nach seinem mit Pomp begangenen fünfzigsten Geburtstag, bei dem der für Lenin reservierte Titel des »Voshd«, des Führers, nun ihm, Stalin, feierlich übertragen wurde. Jetzt teilte Stalin einer Konferenz von Agronomen mit, was die »totale Kollektivierung« wirklich bedeuten werde: Von der bisherigen Politik der Einschränkung des Kulakentums gehe man nunmehr »zur Politik der Liquidierung des Kulakentums als Klasse« über.

Dieser Krieg gegen die »Kulaken«, in Wirklichkeit aber gegen die Bauernschaft im ganzen, dauerte etwa fünf Jahre. Wie viele Menschen bei den gewaltsamen Vorfällen umkamen, ist unbekannt. Bekannt ist nur die Zahl der an Ort und Stelle zum Tode Verurteilten in den Jahren 1930/31: nach GPU-Meldungen 30.852 Menschen. Die Zahl derer, die ohne Urteil oder im Verlauf von

Kämpfen umgebracht wurden, dürfte weitaus höher sein. Etwa zwei Millionen Menschen wurden bis 1933/34 in Zwangsarbeitslager oder in Sonderansiedlungsgebiete gebracht – ohne daß diese auf die zu Hunderttausenden in die Züge gesetzten Häftlinge und Deportierten vorbereitet waren. Ungefähr 300.000 Menschen kamen schon auf dem Transport oder gleich nach der Ankunft um, überwiegend Frauen, Alte und Kinder, die in den auf freier Strecke haltenden Zügen oder auf der nackten Erde erfroren, verdursteten, verhungerten. Fünf bis sieben Millionen Menschen starben schließlich in der Hungerkatastrophe der Jahre 1932/33 – der schlimmsten seit Menschengedenken. Die Waisen und Kinder der Deportierten vermehrten das Heer der »Besprisorniki«, das in den Wäldern oder in den Kellern der Vorstädte hauste. Aber auch Millionen Erwachsener wurden zu Vaganten im eigenen Land, die mal hier, mal dort lebten.

Hinzu kamen die materiellen Einbußen. Alles in allem summierten sich die Verluste an Vieh auf etwa 150 Millionen Stück – mehr als die Hälfte der Bestände. Eine evidente Rechnung machte Michail Heller auf, der schrieb: »Der Wert des umgekommenen Viehs und der zugrunde gegangenen Viehzuchtproduktion (Wolle, Milch, Fleisch usw.) übertraf bei weitem den Wert der neu gebauten Fabriken.« Und allein der Verlust von 14 Millionen Pferden konnte – gerechnet in »Pferdestärken« – erst Mitte der dreißiger Jahre durch Hunderttausende von Traktoren und Lastwagen kompensiert werden.

Zu einem wirklichen Krieg wurde die Kollektivierung auch dadurch, daß die zur Verzweiflung getriebenen Bauern sich noch einmal heftig zur Wehr setzten. Allein im Jahr 1930 hat man 14.000 lokale Aufstände, Unruhen oder Massendemonstrationen gezählt, an denen etwa 2,5 Millionen Menschen teilnahmen. Aus vielen Romanen, Erzählungen und Berichten über die Kollektivierung geht hervor, daß es vor allem die Frauen waren, die sich den Kommissaren und ihren Helfern handgreiflich entgegenstellten, ihnen auf den Dorfversammlungen Paroli boten. In der bolschewistischen Literatur und Mythologie zeigten diese, verächtlich *baby bunty*

(»Weiberaufstände«) genannten Zusammenstöße nur, wie feige
und verkommen der »kulakische« Klassengegner war, wenn er die
Frauen vorschickte.

Erneut entglitten weite Gebiete der Ukraine, Weißrußlands, Süd-
rußlands und des Kaukasus über längere Zeit der Kontrolle des
Regimes. Aber anders als in den Jahren des Bürgerkrieges gab es
auf seiten der Bauern nicht mehr die bewaffneten Deserteure, aus
denen sich »grüne« Partisanengruppen hätten bilden können. Und
ebensowenig gab es noch regionale Führer und Organisationen.
Die bewaffneten Organe der GPU, die gegen die aufständischen
Bauern vorgingen, waren drückend überlegen. Dennoch mußten
im Kaukasus und in der Ukraine reguläre Truppenteile der Roten
Armee mit Flugzeugen und Artillerie vorgehen, und es wurden riesige Waldgebiete abgebrannt, um bewaffnete Gruppen von Bauern
»auszuräuchern«. Der zuständige NKWD-Kommandeur berichtete dem Politbüro, die Flüsse im Nordkaukasus schwemmten
Tausende von Leichen ins Meer. Erst die Kollektivierung besiegelte
die endgültige Eroberung und staatliche Durchdringung des ländlichen Rußland und der nichtrussischen Republiken durch die bolschewistische Macht.

Eine entscheidende Änderung ergab sich daraus, daß es diesmal
– anders als während des Bürgerkrieges – gelang, das Dorf zu spalten. Die »Komitees der Dorfarmen«, die 1918/19 nur sporadische
Erscheinungen geblieben waren, wurden in den Getreideaufbrin-
gungskampagnen der Jahre 1928/29 wiederbelebt. Die Anreize
waren massiv: Ein Viertel des beschlagnahmten Gutes durften die
Teilnehmer der Requisitionskommandos unter sich als Beute auf-
teilen. Hinzu kam, daß sich die patriarchale Struktur des alten russischen Dorfes mehr und mehr auflöste. Und nach allen biographischen und literarischen Zeugnissen, die es gibt, tobten im Dorf
selbst die Furien eines freilich von oben geschürten sozialen Hasses, der sich weniger aus einer realen »Ausbeutung« der ärmeren
durch die wohlhabenderen Bauern speiste, als vielmehr aus jenen
Energien, die Freud als »Narzißmus der kleinen Differenz« bezeichnet hat.

Wie später während des Großen Terrors, wurden in den Einsatzbefehlen für die Gebiete, die als erste »kompakt« – das hieß: total – kollektiviert werden sollten, genaue *Quoten* der zu »Entkulakisierenden« festgelegt, meist drei bis fünf Prozent der Dorfbevölkerung. Diesen am grünen Tisch beschlossenen Vorgaben entsprechend, wurden die Dörfler nach unbarmherzigen Kriterien sortiert. Auf wen auch nur *ein* Merkmal zutraf wie: vier Stück Vieh, eine Saatfläche von zehn Hektar, Besitz einer landwirtschaftlichen Maschine, etwa eines eisernen Pfluges, oder zeitweise Beschäftigung von zwei Arbeitskräften – der galt schon als »Kulak«. Die solchermaßen gekennzeichneten »Kulaken« unterschieden sich allerdings nur graduell von den fünfundsiebzig Prozent der Dorfbevölkerung, die als »Mittelbauern« galten. Ihnen standen die zwanzig Prozent der »Dorfarmen« gegenüber.

Aus diesem unteren Viertel bis Fünftel des Dorfes, aber natürlich auch unter enterbten oder in Fehde liegenden Familienmitgliedern, konnten die aus den Städten und Garnisonen entsandten Trupps von Kommunisten, Komsomolzen und Tschekisten kleine dörfliche Aktivistengruppen rekrutieren, die ihnen behilflich waren. Und in aller Regel wurden aus dem Kreis der »Dorfarmen« die neuen lokalen Machthaber ausgewählt. Auch hier war die persönliche Prämie, die sich hinter den flammenden Losungen des sozialen Altruismus verbarg, sehr hoch.

Die »Kulaken« indes führte man nach politischen Kriterien sukzessive ihrem jeweiligen Schicksal zu. Die erste Kategorie war die der »aktiven Konterrevolutionäre«. Sie wurden in die Arbeitslager der GPU überstellt, ihre Familien deportiert, ihr Hab und Gut bis aufs letzte Hemd konfisziert. Im Falle des geringsten Widerstandes wurden sie an Ort und Stelle erschossen. Die zweite Kategorie bildeten jene, »die eine weniger aktive Opposition zeigen, aber dennoch Erzausbeuter sind«. Sie verschleppte man zusammen mit ihren Familien in die unwirtlichen Sonderansiedlungsgebiete des Nordens oder Ostens. Die dritte Gruppe der als »loyal« Eingestuften wurde ebenfalls enteignet und aus ihrem Dorf und Heimatbezirk »ausgewiesen«. Sie konnten sehen, wo sie blieben.

Der Widerstand, den auch die meisten »Mittelbauern« fast überall gegen ihren zwangsweisen Eintritt in die Kolchosen oder Sowchosen leisteten, bot den Kollektivierungstrupps die Gelegenheit, alle, die sich ihnen in den Weg stellten, zu »Konterrevolutionären« oder »Kulakenknechten« zu erklären und ebenfalls zu deportieren. Nur so konnten sie in der Regel die vorgegebene »Entkulakisierungsquote« erfüllen. Und die örtlichen GPU-Stellen entledigten sich gleich aller »sozial fremden Elemente«, die sie auf ihren Listen führten: ehemalige Offiziere, Kaufleute, »Kultdiener« – das heißt Popen, Rabbiner und Mullahs –, Dorfälteste, religiöse Sektierer oder Mitglieder der ländlichen Intelligenzija. Sie alle wurden unter den brutalen Sammelbegriff der »gewesenen Menschen« oder »Ehemaligen« gefaßt.

Jugendliche »Dorfkorrespondenten«, die Flugblätter und Wandzeitungen fertigten, trugen die unablässigen Meldungen der staatlichen Medien über neuerdings entdeckte »verkappte Feinde«, deren »Schädlingsarbeit« für die miserablen Ergebnisse der kollektivierten Wirtschaften verantwortlich sei, weiter. Nach und nach entwickelte sich auch in den Dörfern eine wahre Enthüllungsmanie; oft genügte die Abstammung oder der frühere soziale Status als Beweis feindlicher Gesinnung.

Und war der Damm der dörflichen Solidarität einmal gebrochen, dann gab es kein Halten mehr. Schon aus schierem Selbsterhaltungstrieb waren die verbliebenen Dörfler, die der Kollektivierung nicht mehr entgehen konnten, *gezwungen*, soviel Land und Inventar wie möglich in den entstehenden Kolchos mitzunehmen und alle, die noch störrisch abseits standen, zum Mitziehen oder Fortgehen zu bewegen. Damit wiederholte sich in primitiverer und gewaltsamerer Form noch einmal der Vorgang, der schon 1917/18 zur radikalen Egalisierung der »Dorfgemeinschaft« geführt hatte. Mehr noch: Die in den Kolchos getriebenen Dörfler reagierten auf die sich überstürzenden Entwicklungen mit der Ausstoßung all derjenigen, die sie selbst als »sozial Fremde« empfanden – eine Kategorie der Parteipropaganda, die sich ohne weiteres in ganz traditionelle Vorstellungen und Phobien übersetzen ließ.

In zahllosen Fällen wurden entgegen den Richtlinien Dorflehrer – die bei den Gemeinden angestellt waren und Anrecht auf ein eigenes Stück Gartenland hatten –, nicht vom Ort stammende Handwerker (*kustari*) oder Wanderarbeiter (*otchodniki*) vertrieben. Doch dasselbe Schicksal konnte auch alleinstehende Frauen, Witwen und alte Leute, die keine Angehörigen mehr hatten und sich auf fremde Hilfe stützen mußten, treffen. Inmitten der allgemeinen, brutalen Entsolidarisierung entwickelte das kollektivierte Dorf den blinden Drang, sich radikal zu homogenisieren und zu egalisieren – eine Regression, die offenbar einem archaischen Instinkt des Selbstschutzes entsprang.

Der zwanzigjährige Lew Kopelew bekam 1931/32 eine Stelle als Propagandist bei einer Betriebszeitung namens ›Der Stoß‹ in der Charkower Lokomotivfabrik, die unter strenger Geheimhaltung begann, Panzer in hohen Stückzahlen zu produzieren. Im Sommer 1932 ging es dann, inmitten ständiger kriegerischer Bereitschaftsübungen – »Genossen! Wir haben eine geheime Mitteilung erhalten. Die japanische Armee hat unsere Grenze bei Chabarowsk überschritten …« –, an die »Getreidefront«.

Diese neue »Getreidefront« waren jetzt die Kolchosen, die sich wie die früheren Dörfer weigerten, die ihnen auferlegten Nahrungsmittelkontributionen abzuliefern – allerdings aus schierer Verzweiflung. Die Sowjetunion exportierte trotz dramatischer Ernteeinbrüche nach wie vor Getreide, um Maschinen für teure Devisen zu importieren; wie überhaupt die rasende industrielle Akkumulation aus nichts als der radikalen Unterkonsumtion der Bevölkerung finanziert wurde. Und an der letzten Stelle dieser Nahrungskette standen die in Landarbeiter verwandelten Bauern. Je tiefer ihre Ernteerträge sanken, um so höher war der Anteil der gewaltsam entnommenen Mengen. Im Sommer 1932 spitzte sich die Situation nochmals zu: Die Dörfer der Ukraine, Kasachstans und weiter Gebiete des Vorkaukasus standen wieder am Abgrund des Hungers, und niemand wußte das besser als die Kolchosniki selbst. Die revolutionäre Arbeit, zu der der junge Lew Kopelew herangezogen wurde, bestand in nichts anderem als darin, sie über diese Klippe zu stoßen.

Sein Bericht bestätigt die These, daß es sich bei der Hungerkatastrophe, die Anfang 1933 ausbrach und Millionen Opfer forderte, um eine mehr oder weniger bewußte Politik handelte, die darauf abzielte, den Widerstand, der noch immer von den in Kolchosen umgewandelten Dörfern ausging, endgültig zu brechen. Obwohl Molotow das Politbüro darauf hinwies, daß sich eine Hungersnot abzeichne, wurden die lokalen Parteiführungen verpflichtet, die geforderten Ablieferungskontingente vollständig einzutreiben. Mehr noch: Die Kolchosbauern, die ihr Soll nicht erfüllt hatten, sollten mit der Konfiszierung sämtlichen Getreides, »das sie zurückhalten, einschließlich des sogenannten Saatgutes«, bestraft werden. Das hieß, sie zum Hungertod zu verurteilen.

Nach Kopelews Bericht beschlagnahmte die vom örtlichen GPU-Kommandanten angeführte Brigade nicht nur »alle der Ablieferung unterliegenden Körnerfrüchte«, sondern »führte Kuh, Pferd und Schweine fort, nahm auch das Viehfutter mit«. Für den GPU-Mann, mit dem sich der junge Lew anfreundete, war die Weigerung der Bauern nichts als eine große Konspiration: »Hier gibt es in allen Dörfern konterrevolutionäre Elemente … Im Bürgerkrieg hat's hier Banden gegeben wie Flöhe auf einem Köter.« Ein solcher Blick sah die dem Wahnsinn nahen Dörfler schon nicht mehr als lebende Menschen: »Ich hörte, wie die Frauen verzweifelt schrien und sich an die Säcke klammerten: ›Ach, das ist das letzte! Für die Kinder zum Brei‹. Um Gottes willen …‹. Und laut heulend warfen sie sich auf die Truhen: ›Oj, nein, nicht, das ist meine Mitgift …‹. Ich sah die Blicke der Männer: eingeschüchterte, flehende, haßerfüllte, stumpf ergebene, verzweifelte oder in halbirrer böser Wut blitzende. ›Nehmt doch, nehmt alles! Da – im Ofen steht noch ein Topf Borschtsch. Ist bloß kein Fleisch drin … Wartet, ich zieh mir die Stiefel aus … Sind zwar geflickt und löchrig, aber vielleicht kann das Proletariat sie noch brauchen.‹«

Noch Jahrzehnte später konnte Kopelew nicht begreifen, wie wenig ihn das damals erschütterte. »Denn ich wagte nicht, schwach zu werden ... Wir vollbrachten doch eine historisch notwendige Tat.« Mehr als alle Bücher und Zeitungen hatten ihn Menschen überzeugt, wie jener Vorsitzende des Dorfsowjets, der seine Untertanen nächtelang auf »Versammlungen«, die Kollektivverhöre waren, schmoren ließ: »Wer tritt vor und erklärt freiwillig, daß er seine Ablieferungspflicht erfüllt?« Die Hartnäckigen sperrte er zu Dutzenden »ins Kalte«, ins Dorfgefängnis – wenn er sie nicht gleich »zu den Eisbären schickte«, in die Lager des Nordens also. Die ihm zugewiesenen Jungen aus der Stadt imprägnierte er sogleich mit seiner intimen Kenntnis der Bauern, die »schlau, erzschlau, aber dumm dabei« seien: »Ich kenn' sie ja gut, bin ja hier geboren, zehn Kilometer weg. Hab' schon mit sechs Jahren bei den Kulaken gearbeitet. Meine Mutter war Tagelöhnerin, Witwe ... Und so kommt's, daß ich die Kulaken von Kind auf mehr hasse als alle Herren Gutsbesitzer, Junker und Offiziere.«

Wenig später, auf der Universität, hörte Kopelew von seinen Freunden in Charkow, daß die Bahnhöfe voll von Menschen seien, die aus den Hungergebieten flohen, und daß man jede Nacht die Toten auf den Straßen einsammele. Er selbst sah im Vorbeifahren Dörfer, in denen jedes dritte Haus leer stand. Aber da war er schon unterwegs zu einer Konferenz der »Arbeiter- und Bauernkorrespondenten« in Moskau, besuchte mit seiner Freundin die Tretjakow-Galerie und die Museen. Sie hatten kaum einen Pfennig in der Tasche, nur den Film ›Der Gegenplan‹ schauten sie sich im Kino an. »In diesen Tagen ... glaubten wir felsenfest, unsere Heimat sei das beste Land auf Erden und unser Leben groß und sinnvoll.«

Die Hungersnot, die im Winter 1932/33 ausbrach, forderte nach heutiger Quellenlage fünf bis sieben Millionen Tote, davon etwa vier Millionen in der Ukraine, eine Million im Nordkaukasus und den südrussischen Gebieten und noch einmal eine Million in Kasachstan (vor allem unter der ehemals nomadischen Bevölkerung, der man das Vieh weggenommen hatte, um sie »seßhaft« zu machen). Doch insgesamt litten mindestens vierzig Millionen Menschen unter Mangelernährung. In Charkow und den südrussischen

Städten wurden Zehntausende von Hungertoten eingesammelt. Oft fuhr man die Verhungernden in Lastwagen und Güterwagen aufs Land hinaus, um sie dort ihrem Schicksal zu überlassen.

Einer der wenigen fremden Augenzeugen dieser Katastrophe war Arthur Koestler, der den Winter 1932/33 in Charkow verbrachte. »Die Bahnhöfe waren umsäumt von bettelnden Bauern mit geschwollenen Händen und Beinen, die Frauen hielten schrecklich aussehende Kinder mit unförmigen wackelnden Köpfen, stockdünnen Gliedern und geschwollenen spitzen Bäuchen an die Wagenfenster herauf … Die Stromversorgung war in Charkow zusammengebrochen; es gab kein Licht in der Stadt, und die Straßenbahnen waren nur eine Stunde lang täglich in Betrieb, um die Arbeiter zu den Fabriken und zurück zu bringen. Es gab auch keinen Brennstoff oder Petroleum in der Stadt, und der Winter war selbst für die Ukrainer hart mit Temperaturen unter dreißig Grad.«

Aber das Ungeheuerlichste war, daß »nicht die leiseste Andeutung über die wahre Lage in der Sowjet-Presse einschließlich der Zeitungen in der Ukraine selbst erscheinen« durfte. 1921/22 hatte Sowjetrußland an die Welt appelliert und den Hunger als Waffe der inneren wie der äußeren Politik eingesetzt. Diesmal dagegen waren die Zeitungen voller Photos mit lachenden jungen Menschen oder fröhlichen Alten, die das Alphabet lernten. Kein Wort über die Hungersnot und die Epidemien – nicht einmal in der Charkower Presse. »Man bekam ein Gefühl traumhafter Unwirklichkeit; die Zeitungen schienen von einem anderen Land zu sprechen.« Ob die Menschen in Moskau oder anderswo wirklich nicht wußten, was in den Hungergebieten vorging, wie Koestler vermutet, ist durchaus zu bezweifeln. Sicher ist jedoch, daß sie diese Realität bereitwillig verdrängten. Alle lebten unter extremer Anspannung, und die offizielle Nichterwähnung der Katastrophe bedeutete ein Stück kollektiver Derealisierung – ein Phänomen, das Koestler am Beispiel der Menschen in Charkow selbst beschreibt; und an seinem eigenen Beispiel als junger Kommunist. Er war geschickt worden, um für die internationale Kominternpropaganda ein Buch über Sowjetrußland zu schreiben – und schrieb es in jenem Winter in Charkow, mit Handschuhen und Mantel im ungeheizten Hotelzimmer, auch tatsächlich. Bereitwillig akzeptierte er die formelhafte Erklärung der Mitreisenden im Zug – die alle zur Kaste der Reisenden mit offizieller Reiseberechtigung gehörten –, daß es sich um ehemalige Kulaken handele, die sich der Kollektivierung widersetzt hätten und mit ihren Frauen und Kindern nun umherzögen, um zu betteln, statt zu arbeiten – eine Schutzbehauptung, mit der man einigermaßen leben konnte.

Abgesehen davon, unterschied sich der Anblick der Flüchtlinge aus den Hungergebieten – die kurz darauf von GPU-Truppen vollständig abgeriegelt wurden – gar nicht so sehr von dem, was man ohnehin täglich zu sehen bekam. Ganz Rußland verwandelte sich in diesen Jahren in ein »Nomadenland«. Und seit einem Jahrzehnt hatte man sich bereits an die herzzerreißenden Bilder vagabundierender Kinder von Bürgerkriegsopfern, der Besprisorniki, gewöhnt. Herbert und Elsbeth Weichmann, zwei junge Sozialdemokraten, die 1930/31 die Sowjetunion bereisten, erlebten diese streunenden Kinder als »kleine, verdreckte, verlauste anarchistische Tiere, die sich durchs Leben räubern, bis sie verhungern, erfrieren oder überfahren werden«. Sehr schnell wurde ihnen klar, warum die Menschen auf ihre Allgegenwart gar nicht mehr reagierten: »[Das] Elend des eigenen Leibes ist zu groß, um ein noch größeres Elend, wie es diese Kinder ausstrahlen, überhaupt zu empfinden.«

Alles Beschriebene ist natürlich vor dem Hintergrund des gewaltigen Industrialisierungsprozesses zu sehen, der das Gegenstück zur Kollektivierung bildete. Nachdem Stalin im Februar 1931 gesagt hatte, es sei möglich, in den entscheidenden Industriezweigen den Plan statt in den verbleibenden vier schon in drei Jahren zu erfüllen, schossen die Produktionsziffern vollkommen ins Blaue. Es wurde ununterscheidbar, was »Plan« und was Realität war. Die Berechnungen der prozentualen Steigerungen konnten in der verwirrendsten Weise manipuliert werden. Schon die Tatsache, daß der Geldumlauf sich im Zeitraum des Fünfjahresplans fast vervierfachte, statt sich wie vorgesehen zu verdoppeln, zeigt die inflationäre Aufblähung aller Zahlen und die Unvergleichbarkeit der statistischen Angaben von Jahr zu Jahr.

Von Planmäßigkeit konnte überhaupt keine Rede sein. Im Gegenteil: Wenn dieser Typus der stalinistischen Industrialisierung irgendeine Stärke hatte, dann lag sie in der *totalen Improvisation*. Die Planvorgaben waren vor allem eine Peitsche, eine beständige Drohung. Zum Beispiel sah der ursprüngliche Fünfjahresplan vor, den Roheisenausstoß bis 1932/33 auf 7 bis 8 Millionen Tonnen zu steigern. Im Laufe des Jahres 1929 wurden diese Vorgaben auf 10 Millionen erhöht, und auf dem Parteikongreß im Juni/Juli 1930 setzte man völlig willkürlich 17 Millionen als neue Zielmarke fest. 1932 war klar, daß das nie und nimmer erreicht werden konnte, da von den 32 geplanten neuen Hochöfen ganze 9 installiert wurden. Dennoch hielt man das absolut irreale Planziel aufrecht – bis Stalin im Januar 1933 plötzlich für den zweiten Fünfjahresplan neue Wachstumsraten nannte, ohne die früheren Planzahlen überhaupt noch zu erwähnen. Allerdings war die für das Jahr 1937 angepeilte Zielgröße von 25 Millionen Tonnen wiederum gänzlich unrealistisch. Immerhin wurden Ende 1932 6,2 Millionen Tonnen Roheisen produziert und 1937 bereits 14,5 Millionen. Tatsächlich stieg der Ausstoß von Stahl, Kohle, Erdöl, Maschinen und Traktoren sprunghaft an. Die Reallöhne waren im Laufe des ersten Fünfjahresplans fast um die Hälfte gefallen, und von »Konsum« konnte man lange Zeit kaum sprechen. Aber dafür war die UdSSR Anfang 1936 zur stärksten Militärmacht der Welt aufgestiegen, die 1,3 Millionen Soldaten unter Waffen hatte und über 5.000 Panzer, 100.000 Lastwagen, 3.500 Flugzeuge, 112 Unterseeboote sowie über 150.000 »Traktoren«* verfügte. Das war in den meisten Bereichen mehr, als Deutschland und Japan oder England und Frankreich jeweils gemeinsam hätten aufbieten können.

---

* Diese »Traktoren«, die in den offiziellen Angaben auftauchen, sind recht geheimnisvoll. Zur Selbstversorgung der Armee mit Nahrungsmitteln bedurfte es kaum einer so riesigen Zahl. Waren es Zugmaschinen, beispielsweise für Geschütze? Vielleicht. Eine völlig andere Erklärung findet sich in Wiktor Suworows berühmtberüchtigtem Buch ›Der Eisbrecher‹: Tatsächlich habe es sich um leichte, von dem

Eine andere Frage ist, was dieser Fortschritt – wenn es sich um einen solchen handelte – kostete. Das betrifft zunächst und vor allem den menschlichen »Preis«. Kann eine Beschleunigung der ökonomischen Entwicklung jemals den Tod von Millionen Menschen und die Vernichtung von Abermillionen sozialer Existenzen rechtfertigen? Nur mittels fragwürdiger historischer Rationalisierungen läßt sich diese Frage positiv beantworten. Aber selbst wenn das Individuum nichts und das Schicksal der Gesellschaft oder des Staates alles bedeuten sollte, selbst dann handelte es sich noch um eine monströse Fehlrechnung. Denn mit den Millionen vernichteter Menschen und Existenzen wurden zugleich über Generationen ausgeformte gesellschaftliche Arbeitsteilungen, berufliche Kompetenzen und akkumulierte Wissensbestände zerstört. Ganze Berufsgruppen und soziale Formationen, die zur kulturellen Humusschicht des adeligen, des bürgerlichen, des bäuerlichen *und* des proletarischen Rußland gehört hatten – und ebenso zum lebendigen Erbteil der alten zentralasiatischen und transkaukasischen Kulturen –, verschwanden unwiederbringlich. Was soziologisch an ihre Stelle trat, war ein massenhaft produzierter, aber kulturell sehr viel ärmerer Ersatz.

Mit dem russischen Bauerntum ging die Fähigkeit verloren, den Boden über Generationen hinweg zu bearbeiten und zu erhalten; die Landarbeit im größten Flächenstaat der Erde steht seither unter einem Fluch. Was dem heutigen Rußland fehlt, ist offenkundig gerade die breite Grundlage einer ländlichen Entwicklung – die durch den Bürgerkrieg und die »Kollektivierung« in barbarischer Weise abgebrochen wurde. Mit dem Zusammenbruch der agrarischen Basis war die schwerindustrielle und großindustrielle Akkumulation von Anfang an auf Sand gebaut. Als Trotzki 1926 ein Riesenkraftwerk am Dnjepr, das berühmte »Dnjeprostroi«, welches schon

amerikanischen Konstrukteur J. W. Christie entwickelte Panzer gehandelt. Der »Traktor« habe in Wirklichkeit die Typenbezeichnung BT (*Bystrochodny Tank* = Schnellpanzer) getragen – ein ausschließlich für offensive Operationen geeignetes Gefährt, das seine Ketten abwerfen konnte, um auf planierten Straßen mit hoher Geschwindigkeit vorwärts zu kommen.

damals Hunderte Millionen Rubel kosten sollte, als den Motor einer aus dem Boden zu stampfenden Großindustrie vorschlug, hatte Stalin noch gehöhnt, dies sei »dasselbe, als wenn ein Bauer, der ein paar Kopeken zusammengekratzt hat, statt seinen Pflug zu reparieren, sich ein Grammophon kauft«. Was er selbst drei, vier Jahre später veranstaltete, übertrumpfte alle Vorschläge der »trotzkistischen« Opposition um das Mehrfache und läßt sich in dem von ihm verwendeten Bild kaum mehr unterbringen. Die mit Stalins Namen verbundenen Großbauwerke des Sozialismus waren tatsächlich und fast buchstäblich Kathedralen in der Wüste.

Inmitten dieses Chaos wuchs das Imperium der Lager – mit Alexander Solschenizyn gesprochen – zu einem »Archipel Gulag« heran, einer Welt der Sklavenarbeit, wie man sie im 20. Jahrhundert nicht mehr erwartet hatte. Nicht nur »Kulaken« sammelten sich dort, sondern auch Tausende, in einer wahren Entlarvungsmanie verhaftete »Schädlinge« der sozialistischen Industrien, Eisenbahnen, Behörden und Forschungsinstitute, meist Ingenieure, Buchhalter, Fachleute oder Wissenschaftler; die Opfer der Kampagne gegen die Religionen, die 1929 zur Schließung der meisten Kirchen und zur Verfolgung der sogenannten »Kultdiener« geführt hatte; die unter der Anklage des »bürgerlichen Nationalismus« Verhafteten, von der ein Großteil der lokalen Parteiführer sowie viele Intellektuelle betroffen waren; die Reste der turkestanischen »Basmatschen«, kaukasischen »Banditen« und sonstiger nationaler Gruppen, deren Widerstand erst Mitte der dreißiger Jahre vollends erlosch; und schließlich religiöse Sektierer, Tolstoianer, Esperantisten, Angehörige des ehemaligen Adels und wer auch immer.

Dieses beharrliche Herauswaschen aller unangepaßten, vom Regime als potentiell »gefährlich«, »schädlich« oder einfach »überflüssig« erachteten Individuen und Gruppen aus dem Gewebe der entstehenden Sowjetgesellschaft hatte niemals aufgehört und nahm parallel zur Kollektivierung millionenfachen Umfang an. Die »Große Säuberung«, die 1937 losbrach, war nicht der Beginn, sondern der letzte, abschließende Akt einer fast zwanzig Jahre andauernden Politik der Atomisierung und Homogenisierung.

Im Sommer 1930 gab es in den Lagern auf den Solowki-Inseln und an der Weißmeerküste, im hohen Norden und äußersten Nordosten, schließlich im Ural und in Sibirien etwa 140.000 Häftlinge. Diese Zahl stieg in der Folge sprunghaft an. Doch der entstehende »Gulag« – die »Hauptverwaltung der Lager« – konnte zunächst nur einen Teil der Verurteilten aufnehmen. So wurde, um die Masse der »Neuen« an die Arbeit zu bringen, 1931 der »sofortige« Beginn einer Reihe gigantischer Kanal-, Bahn-, Straßen- und Dammbauprojekte beschlossen. Das berühmteste Projekt war der Weißmeer-Ostsee-Kanal (Belomor). 120.000 Häftlinge mußten ihn ohne alle technischen Hilfsmittel, mit selbstgefertigten Hakken, Spaten und Schubkarren, durch Felsen und Sümpfe schlagen und graben – eine danteske Szenerie, in der Zehntausende an Hunger, Kälte und Entkräftung starben.

Auch hier könnte man die schiere Leistung bewundern: Für den 80 Kilometer langen Suezkanal hatte man zehn Jahre gebraucht. Der 230 Kilometer lange Belomorkanal wurde in zwanzig Monaten gebaut, und das mit womöglich noch primitiveren Mitteln. Bezahlt hat man diesen »Fortschritt« mit menschlichen Leben. Und während der Suezkanal zu einer Lebensader des Weltverkehrs und der Weltzivilisation wurde, blieb der Belomorkanal bis heute eine überflüssige, kaum genutzte Wasserstraße.

Die immer wieder aufkommende Diskussion, ob politische oder wirtschaftliche Interessen für den Ausbau der stalinistischen Arbeitslager verantwortlich gewesen seien, führt in die Irre; schließlich geht es um ein System, in dem die Wirtschaftätigkeit prinzipiell »ohne Rücksicht auf Verluste« betrieben wurde, das heißt stets außerökonomischen Gesichtspunkten unterworfen blieb. Anders gesagt, war Ökonomie hier nur eine Form und ein Mittel der Politik. Die GPU und ihr Nachfolger, das NKWD (ab 1934), wollten sich ein eigenes Wirtschaftsimperium aufbauen, und der sowjetische Staat insgesamt war aus politischen, militärischen und ökonomischen Gründen daran interessiert, seine lebensfeindlichen Randzonen und ihre Ressourcen durch Häftlingsarbeit und die Ansiedlung von Deportierten zu erschließen. Andererseits war diese Zwangsarbeit außerordentlich unproduktiv. Der Transport, die Bewachung und die Unterbringung der Gefangenen, auch wenn sie noch so elend war, verursachten enorme Kosten. Die Faustregel hieß: auf neun Häftlinge ein Bewacher. Interne Berechnungen zeigten, daß die konfiszierten Besitztümer der Kulaken dem Staat im Durchschnitt nicht mehr als 564 Rubel pro Hof einbrachten – während die Kosten der Deportation pro Familie allein über 1.000 Rubel betrugen!

Die Millionen der gewaltsam aus ihren Dörfern herausgerissenen Menschen wurden als universell verfügbare Arbeitskraft (*rabsila*) betrachtet und behandelt, die in der Industrie oder auf den improvisierten Großbaustellen beliebig eingesetzt werden konnte. Die Lebensbedingungen hingen dabei vom jeweiligen Status ab. Es gab reguläre Sklavenarbeit, was etwa auf die Gulag-Häftlinge zutraf; eine Art Halbsklaverei wie im Falle der Deportierten, die einzeln oder in »Arbeitsbataillonen« bestimmten Kolchosen und Industriebetrieben zugewiesen wurden; und schließlich eine halbfreie Existenz, die beispielsweise die Haftentlassenen, die nicht zurückkehren durften, oder die als loyal eingestuften Kulaken der dritten Kategorie führten.

Aber auch in den Städten lebten Hunderttausende »Ehemalige« (*lischenzy*) im Zustand der Halbfreiheit. Bis 1929 hatte dieser Status »nur« den Verlust der politischen und staatsbürgerlichen Rechte sowie eine Reihe sozialer Diskriminierungen bedeutet. Mit dem Übergang zur Kollektivierung und Industrialisierung verloren die Halbfreien auch noch das Anrecht auf Brot- und Lebensmittelkarten, während es ihnen zugleich fast unmöglich gemacht wurde, sich durch Kleinhandel oder häusliche Nebengewerbe zu ernähren; selbst das Recht auf Wohnung oder auf ärztliche Versorgung entzog man ihnen. 1933/34 wurden sie überdies, da ihnen die neu ausgestellten »Pässe« verwehrt blieben, zu einem großen Teil aus den Städten ausgewiesen. Dies bedeutete, daß die Halbfreien, soweit sie nicht in den kriminellen Untergrund abrutschten, gezwungen waren, sich in vollkommen rechtloser Position auf den »Großbaustellen des Sozialismus« oder wo auch immer zu verdingen.

Insgesamt verwandelten sich die Städte, Baustellen und Betriebe des Landes in Barackenlager und Nomadencamps, in denen Menschen mit verschiedenem Status und verschiedener Biographie versuchten, irgendeinen Arbeitsplatz, eine Schlafpritsche oder eine Lebensmittelkarte zu ergattern. Der Staat war selbstverständlich nicht annähernd in der Lage, all diese Menschenströme zu dirigieren oder auch nur zu administrieren. So totalitär seine Ambitionen waren, so schwach blieben seine praktischen Mittel einer umfassenden Kontrolle.

Viele Verfolgte gewannen dadurch einen gewissen Schutz. Hunderttausende »Ehemalige« – NÖP-Leute, Kulaken oder Geistliche – entzogen sich drohenden Repressionen, indem sie ihre Wohnorte verließen. Oft wurde ihnen von den örtlichen Machthabern auch einfach befohlen, binnen vierundzwanzig Stunden zu verschwinden. Zahllose Deportierte setzten sich schon während der Transporte ab oder verließen nach kurzer Zeit ihre Verbannungsorte. Moskau und Petrograd waren wie alle größeren Städte und Industriezentren voller illegaler Zuwanderer, die in Kellern und Dachböden, in Ställen und Baracken oder auf der Straße lebten – stets gewärtig, von einer Razzia oder Ausweisungsaktion erfaßt zu werden.

Die 1933 ausgegebenen »Inlandspässe« teilten die gesamte Bevölkerung abermals in formell ungleich gestellte Gruppen. Die Regie lag ausschließlich in den Händen der GPU beziehungsweise des NKWD. Es handelte sich in der Hauptsache um eine Aktion zur »Filtrierung« und Registrierung der in den Großstädten untergeschlüpften Menschen. Die große Masse der Dorfbewohner bekam von vornherein keinen Paß, so daß sie an ihren Wohnsitz und an den Boden gefesselt waren wie in den Zeiten des Zaren Godunow.

Pässe erhielten ausschließlich 27 Millionen registrierte Bewohner der Städte sowie die Kader auf dem Lande. Bis 1937 waren es dann 37 Millionen. Weitere 13 Millionen erhielten einen »Jahrespaß«, einen Paß auf Widerruf. Die Paßbesitzer bildeten somit den Kern der »Sowjetgesellschaft«, die *eigentliche* Bevölkerung. Um sie drehte sich alles. Der Rest war menschliche Rohmasse.

Die »freie« Sowjetbevölkerung stand ebenfalls unter einer generellen Arbeitspflicht. Fernbleiben vom Arbeitsplatz oder eigenmächtiger Ortswechsel waren mit hohen Sanktionen belegt. Allerdings waren diese Instrumente in der Praxis vielfach stumpf – und wurden noch stumpfer, als durch die explosionsartige Ausdehnung der industriellen Beschäftigung im Rahmen der Fünfjahrespläne ein – an sich absurder – »Arbeitskräftemangel« entstand, vor allem an halbwegs qualifiziertem Personal.

Um Anreize zu schaffen, wurde die »freie« Sowjetbevölkerung – über die rasch wachsenden Gehaltsunterschiede hinaus – durch eine Vielzahl informeller Statusmerkmale neu gegliedert und institutionell gebunden. Wohnungsvergabe, Lebensmittelkarten, Zuteilungen von industriellen Konsumgütern, Zugang zu einer Kantine mit besserer Verpflegung – das alles bildete ein undurchschaubares System von Privilegien, auch wenn das Privileg nur darin bestand, nicht an der allgemeinen Not teilhaben zu müssen. Dieses System wurde im Laufe der Stalinära immer weiter ausgefeilt, von den massiven Begünstigungen für die »Stachanow-Aktivisten« über die prall gefüllten Sonderläden für Funktionäre bis zu jenen diskreten Lebensmittelpaketen oder sogar Geldbeträgen, die führenden Kadern an staatlichen Festtagen oder aus persönlichen Anlässen zugesteckt wurden. Noch bedeutender für den jeweiligen Status war die Zuteilung von repräsentativen Datschen, von Dienstboten und Dienstwagen sowie von Plätzen in Krankenhäusern, Sanatorien und Ferienvillen. Das war beinahe wie in den Zeiten Katharinas der Großen, und selbst die Briefwechsel führender Parteileute drehten sich zu einem nicht geringen Teil um solche Fragen.

Dem entsprach eine demonstrative Revitalisierung ständischer Gesellschaftsformen, die fast den alten monarchischen »Rangstufen« ähnelten. Nicht nur in der Armee wurden die traditionellen militärischen Ränge mit den dazugehörigen Uniformen und Achselstücken wieder eingeführt, sondern auch in anderen Bereichen entfaltete sich im Gegenzug zur Gleichmacherei der Revolutionsjahre ein byzantinischer Kult der Orden, Ehrenzeichen, Festuniformen und Titulaturen. Statt zu einer neuen Ausdifferenzierung der

Gesellschaft führte das allerdings nur zu ihrer weiteren Atomisierung.

Unter all diesen Aspekten erscheint es sehr fraglich, ob die Kollektivierungs- und Industrialisierungsrevolution, die 1929 ihren Anfang nahm, in irgendeinem Sinne als »Modernisierung« der Gesellschaft des früheren Russischen Reiches betrachtet werden kann. Alle Fortschritte der Industrialisierung und Verstädterung waren tatsächlich mit einer sozialökonomischen Entdifferenzierung erkauft, einer Senkung des Komplexitätsgrades oder, in Marxschen Termini, des bereits erreichten Grades der Vergesellschaftung. Die Einteilungen nach politischen Kriterien und Rangstufen waren eher ein Surrogat, wenn nicht das direkte *Gegenteil* einer sachlich-funktionalen gesellschaftlichen Arbeitsteilung und Differenzierung. In vieler Hinsicht handelte es sich um eine Regression. An die Stelle der Ökonomie im eigentlichen Sinne des Wortes, das heißt eines Wirtschaftens mit knappen Mitteln, trat das Primat der Politik, eine Ökonomie der Macht, die tatsächlich eine Antiökonomie war, ausgedrückt in der Losung vom »Gegenplan«, einer permanenten Überbietung aller bisherigen Pläne, die selbst schon Fiktion waren.

Keines der zwei Dutzend mythischer Großprojekte der sowjetischen Industrialisierungskampagnen ist so vielseitig und so farbig beschrieben worden – von Journalisten und von fremden Besuchern, von Mitwirkenden wie von Schriftstellern, denen es den Stoff für Romane geliefert hat – wie der riesige Eisen- und Stahlkomplex von Magnitogorsk. Karl Schlögel hat Magnitogorsk als die »Chiffre einer ganzen Epoche« bezeichnet, als den »Schauplatz einer Modernisierung ohne Moderne und einer grandiosen Zivilisationsbewegung, die von anderen als von zivilen Kräften getragen wurde«, in jener »unauflöslichen Konjunktion von Enthusiasmus und Terror, von Aufbau und Zerstörung«, die nun einmal das Signum dieser Zeit war.

Und tatsächlich: Mitten in der Steppe, gleich neben einem Erzberg, der über die Jahrzehnte völlig abgetragen wurde, entlang dem Ural errichteten zuerst hunderttausend, bald schon eine viertel Million und schließlich eine halbe Million aus dem ganzen Land zusammengeströmte oder zusammengetriebene Arbeiter das größte Stahlwerk der Welt, das sich zwanzig Kilometer in die Länge und zehn Kilometer in die Breite erstreckte und ebensoviel Stahl wie ganz Großbritannien erzeugte. Es sollte unbedingt »das modernste Stahlwerk der Welt« werden. Die avancierteste Technologie wurde daher für gewaltige Summen an Goldrubeln in Amerika und Deutschland zusammengekauft. Mehrere hundert Experten aus beiden Ländern waren über Jahre an der Installation und Inbetriebnahme beteiligt.

Der vielfach beschworene Enthusiasmus der meist jugendlichen Arbeitskräfte, die sich freiwillig hatten anwerben lassen, war auf seine Weise sicherlich authentisch. Daß man die ersten Jahre bei Temperaturen zwischen plus und minus vierzig Grad in Zelten oder Erdlöchern verbrachte, später dann in eilig errichteten Baracken hauste, in denen achtzig bis hundert Pritschen oder Feldbetten Platz hatten, unter katastrophalen hygienischen Bedingungen, ohne sauberes Wasser, aus miserablen Kantinen verköstigt – das war für die jungen Männer und Frauen, die hier ihre Chance sahen, eben eine heroische Periode, die sie durchstanden. Nicht selten mag dieser »Enthusiasmus« allerdings eine rückwärtsgerichtete Projektion gewesen sein, wie ihn jede Ausnahmesituation fast unweigerlich produziert, wenn sie endlich vorbei ist. Viele, die blieben und sich hocharbeiteten, konnten Ende der dreißiger Jahre oder wenigstens nach dem Krieg in die verspätet gebauten Wohnblocks einziehen und hatten es insoweit »geschafft«. Allerdings gab es auch hier pro Person nur rund drei Quadratmeter Wohnraum, so daß vier bis fünf Personen sich ein Zimmer teilen mußten.

Unter den Hunderttausenden, die im Laufe der Zeit kamen und gingen, waren diese jungen Enthusiasten allerdings nur eine Minderheit. Die ständigen Klagen und drastischen Maßnahmen gegen den »Absentismus« der angeworbenen Arbeiter, die sich – wie die Kolchosniki – lieber der Pflege ihrer Gemüsebeete am Rande der Baracken widmeten oder sich bis zur Bewußtlosigkeit betranken, sprechen eine ganz andere Sprache, ebenso wie die Berichte, wonach an manchen Tagen ebenso viele grußlos abreisten wie Neue ankamen.

In den ersten Jahren standen etwa ein Drittel derer, die am Aufbau von Magnitogorsk beteiligt waren, als Zwangsarbeiter oder als Exkulaken unter der direkten Aufsicht der »Organe«. Sogar mehrere tausend Ingenieure, Betriebsleiter und Wissenschaftler waren verurteilte »Schädlinge«, ihrem Status nach also Zwangsarbeiter.

Der material- und erlebnisgesättigte Bericht des jungen amerikanischen Kommunisten John Scott, der von 1932 bis 1937 in Magnitogorsk gearbeitet und gelebt hat, steht wie alle übrigen zeitgenössischen Berichte im Zeichen eines heroischen »Dennoch«. Nichts funktionierte ja eigentlich. Man hub Baugruben aus, wo die Produktionspläne noch fehlten. Teure Maschinen standen noch Jahre später unter Planen und verrotteten. Dilettantisch errichtete Baugerüste stürzten zusammen – vielleicht weil die Arbeiter das Bauholz verfeuert hatten, um sich etwas zu wärmen. Es gab überhaupt eine barbarische Zahl von Arbeitsunfällen jeder Art, und jedes Mal setzte sofort danach die gespenstische Jagd nach vermeintlichen »Saboteuren« ein. Das leitende Personal wurde fast unablässig ausgetauscht. Und gerade die Tatkräftigsten und Entscheidungsfreudigsten waren auch die Meistdenunzierten. Hunderte, vielleicht auch Tausende von ihnen wurden verhaftet, nicht wenige erschossen. Um so dramatischer war der Mangel an qualifiziertem Personal auf allen Ebenen.

Und inmitten dieses höllischen Chaos und Tumultes entstand eben »dennoch« das riesige Werk. *Eppur si muove!* Ab 1932 begann es Rohstahl und ab 1933 Stahl zu produzieren, nicht annähernd in den vorgegebenen Mengen, von der Qualität gar nicht zu reden – aber es produzierte. Fast könnte man sagen, der Komplex »Magnitogorsk« habe es wie ein monströser Sozialorganismus vermocht, sich selbst zu erschaffen und sein eigenes Leben zu führen.

Karl Schlögel hat dafür plädiert, die Erfahrungen und Erlebnisweisen der Erbauer von Magnitogorsk nicht von heute aus zu denunzieren: »Wir können über den Wahn vorangegangener Generationen klagen, aber sie haben nur getan, was sie konnten, mit den Mitteln, die ihnen zur Verfügung standen, mit den Erwartungen und Hoffnungen, die auch ihr Leben erfüllten.« Schließlich seien die großen Projekte dieses »stählernen Zeitalters« nicht einfach »die Ideen von Verrückten, sondern die halbwegs vernünftigen Antworten auf Probleme der Zeit« gewesen und zugleich »die verzweifelten Aktionen von erschütterten Gemeinwesen«. Wenn so völlig unterschiedliche Leute wie der amerikanische Kommunist John Scott und der deutsche Nationalradikale Ernst Jünger in Magnitogorsk den Übergang zur künftigen »Planlandschaft« und zu einem neuen, heroischen Menschentypus des »Arbeiters« als der Zentralfigur eines kommenden Zeitalters vor sich zu sehen glaubten, kann das wohl kaum eine bloße Halluzination gewesen sein.

Oder doch? Ist es wirklich nur nachträgliche Rechthaberei, wenn man jenseits der unbestreitbaren Leistung, die in diesem Unternehmen steckte, das Zuviel, das *Vielzuviel* an menschlichen Fähigkeiten und Lebensmöglichkeiten sieht, das da vergeudet worden ist? Können wir denn überhaupt anders, als aus heutiger Kenntnis der Resultate das tief Verfehlte dieses und fast aller anderen »großen Projekte« der sowjetischen Industrialisierung zu konstatieren?

Magnitogorsk war nur Teil eines noch viel größeren Komplexes, des Ural-Kuznezker Kombinates (UKK), das in einem Zuge die zur Eisen- und Stahlgewinnung notwendigen Kohlevorkommen erschließen, Zink und Kupfer verhütten, Staudämme und Kraftwerke bauen, Tausende Kilometer Verkehrswege durchs Land legen und Transportmittel bereitstellen sollte. Und »daneben« war es auch noch seine Aufgabe, neue Städte aus dem Boden zu stampfen und alte Städte umzubauen. Für insgesamt sechs Millionen Menschen sollte das UKK Quartiere und Lebensmöglichkeiten schaffen. Arthur Just, der als Korrespondent der ›Kölnischen Zeitung‹ im Sommer 1931 Gelegenheit hatte, diese Bauplätze, Fabriken und Gruben jenseits des Ural zu besichtigen, war jedenfalls hin- und hergerissen zwischen einem Begeisterungstaumel angesichts der schieren Größenordnungen und einer herben Ernüchterung, sobald er sich über die konkreten Berechnungen und Rentabilitätsannahmen beugte, die all dem zugrunde lagen.

Diese im Wortsinne totalitäre Planung war ihrerseits nur Teil eines Gesamtkonzepts, eben der staatlichen Fünfjahrespläne, die bindenden Gesetzescharakter trugen, also strafbewehrte *Befehle* waren. Daß diese Großraum- und Gesamtplanungen ihren eigenen Suggestionen erliegen mußten, daß von einer differenzierten Abwägung von Einzelgesichtspunkten, von Kosten und Nutzen, keine Rede sein konnte, wird ohne weiteres deutlich. Das Irrationale und Sachfremde lag von vornherein in der *gewaltsamen Fiktion* eines »leitenden Zentrums«. Das Resultat konnte nur ein brutales Chaos sein – und es verwundert, dieses Chaos immer wieder als ein Argument gegen den totalitären Charakter des Prozesses angeführt zu sehen, wo es sich um dessen natürliches Resultat handelte.

Die staatlichen Planungsinstanzen sahen den Vorteil der sozialistischen Produktionsweise darin, sämtliche mobilisierbaren lebendigen Kräfte und sachlichen Mittel der Gesellschaft auf einen bestimmten strategischen Punkt werfen zu können, ohne Rücksicht auf Verluste. Damit operierten sie wie eine Armee im Felde, und das nicht im übertragenen Sinne. Die Produktionsschlachten, von denen häufig die Rede war, waren wirkliche Schlachten, in denen es darum ging, das »Material«, die »Natur«, die »alten Gewohnheiten« und natürlich die inneren und äußeren »Feinde« zu besiegen. Wenn dabei ein steter »Arbeitskräftemangel« beklagt wurde, so bedeutete das in der Realität eine ungeheuerliche, brutale *Vergeudung* menschlicher Lebenskraft, die der billigste Rohstoff von allen war. Wieviel »Enthusiasmus« dabei mit einfloß, machte womöglich nur einen graduellen Unterschied.

Gewiß gelang es am Ende, die Industriekathedrale von Magnitogorsk in die Kirgisensteppe zu stellen. Aber um welchen Preis? Es wurden dort Unsummen investiert, die, auf viele Bereiche der Gesellschaft verteilt, ungleich rationeller und produktiver hätten verwendet werden können. Es wurden komplette Technologien und Anlagen importiert, für deren Anwendung alle subjektiven und objektiven Voraussetzungen fehlten. Und die Goldrubel, in denen man zahlte, ließen sich – zumindest was die Nahrungsmittelexporte betraf – direkt in Menschenleben der Verhungerten umrechnen.

Eine »sozialistische Musterstadt« hätte den ursprünglichen Planungen und Beschlüssen zufolge neben dem Werk entstehen sollen, eine Stadt im Grünen mit allem Komfort eines kultivierten Gemeinschaftslebens, wie man es sich damals vorstellte und erhoffte. Die Pläne für dieses utopische »Sozgorod« kann man heute noch in Bildbänden bestaunen. In der Realität war dafür kein Geld übrig. Der Industriemoloch fraß die Stadt, die er hätte schaffen und tragen sollen.

Gewiß lassen sich zur Entstehung der gigantischen Stahlkomplexe von Gary und Pittsburgh in den USA viele kulturgeschichtliche Parallelen ziehen. Aber der sie tragende sozialökonomische Prozeß war eben doch ein grundlegend anderer – und dabei ein unvergleichlich rationellerer und humanerer. Rußland hätte jenes »andere Amerika«, das Alexander Blok 1913 vorschwebte, durchaus werden können. Statt dessen wurde es in Gestalt der UdSSR ein Antiamerika.

Hinter der Amerika-Faszination der jugendlichen Enthusiasten der Fünfjahrespläne verbarg sich ein genuiner Patriotismus, sahen sie sich doch als Träger einer zukünftigen Großmacht. Dieser Patriotismus hat nach 1930 eine Reihe konservativer Bewunderer aus Deutschland auf sich aufmerksam gemacht, die dort gerade das fanden, was sie zu Hause vermißten. Neben den Reiseberichten von Ernst Jünger oder Ernst Niekisch lese man zum Beispiel Friedrich Sieburgs ›Die rote Arktis‹ mit seinen bewundernden Porträts der jungen Generation aufstrebender Sowjetfunktionäre. Oder Klaus Mehnerts schon 1930 verfaßten Bericht ›Die Jugend in Sowjetrußland‹, in dem es über die Fünfjahrespläne heißt: »Das Gigantische des Unternehmens, das Militärische seiner Ausführung kommt dem Wesen der Jugend stark entgegen. Die Idee der Planwirtschaft, der Gedanke, in einem Jahrfünft die technische

Entwicklung des kapitalistischen Westens ›einzuholen und zu überholen‹, der Wille zur Autarkie, zur Unabhängigkeit vom Ausland,
berauschte die darbenden Massen. So verschwand die unheroische
Bürgerlichkeit der NÖP-Zeit. Die Traditionen des Bürgerkriegs,
Kampflust und kriegerische Stimmung, flammten wieder auf.«

Herbert und Elsbeth Weichmann hielten als Sozialdemokraten
den Blick auf die andere Seite der gesellschaftlichen Realität gerichtet, wenn sie inmitten der Wucht und Größe des sowjetischen
Experimentes zugleich auch die Enge spürten, die in all dem steckte.
In einer Leningrader Schule sahen sie eine Landkarte von Asien
und Europa, auf der die UdSSR, das »Sechstel der Erde«, wie es
stets hieß, blutrot und von Kinderkreuzzügen mit wehenden Fahnen durchzogen eingezeichnet war. »Europa repräsentierte sich in
einem Offiziersbullen, der die Zähne nach Rußland hin fletschte
und den Säbel schwang, einem Priester, der sein Kreuz der roten
Gefahr entgegenhielt, und einem dicken Bourgeois, der seine Geld-
säcke verwahrte. Etwas anderes existiert für sie in Europa nicht.
Das ist das Weltbild des russischen Kindes.« Nicht weniger skeptisch stimmten sie die Praktiken des »sozialistischen Aufbaus«: die
»ununterbrochene Arbeitswoche« etwa, die alle persönlichen Beziehungen der Menschen auflöse, oder die Abschaffung jeglicher
Arbeitslosenunterstützung im Oktober 1930. »Der russische Staat
braucht Geld dringender als Menschen. Menschen mögen untergehen, aber seine Finanzschwierigkeiten sollen nicht wachsen.«
Dasselbe Dekret zwang jeden Arbeiter, »bedingungslos die ihm
zugewiesene Arbeit anzunehmen«, und drohte »Deserteuren, Flat-
terern und Simulanten« schwere Strafen an. Die Rückkehr über
die polnische Grenze empfanden die Weichmanns als eine tiefe
Erleichterung, »so waren wir selbst schon der Stickluft dieses Landes, dem Druck auf die Bewegungsfreiheit, dem Druck auf die Gesinnung, dem Gefühl einer gnadenlosen Auslieferung an unerbittliche Mächte erlegen«.

Wahrscheinlich spiegelte sich in diesen gegensätzlichen Wahr-
nehmungen auch eine radikale Spaltung der sowjetischen Gesellschaft selbst. Auf der einen Seite stand der von Millionen Biogra-

phien beglaubigte Aufbruch einer Masse jugendlicher Sowjetbürger auf ein neues historisches Terrain, das durch alle Kataklysmen des Zeitalters hindurch und ganz unabhängig von allen historischen Alternativen ihr Leben und ihre Existenz bedeutete. Aber gleichzeitig brachte dieser Prozeß für noch mehr Individuen die Zerstörung ihrer Lebenssphäre und ihrer persönlichen Entfaltungsmöglichkeiten mit allem, was ein Leben erst lebenswert machte. Und oft traf das eine wie das andere zu. Diese Spaltung der Gesellschaft muß als ein tiefer Riß durch die Menschen selbst hindurchgegangen sein.

Ein einzigartiges Zeugnis dieser inneren Zerrissenheit ist das Tagebuch des ehemaligen Komsomolzen und Kulakensohns Stepan Podlubny, das dieser 1990 dem Moskauer »Volksarchiv« – einer aus der Dissidentenbewegung hervorgegangenen Institution – übergeben hat. Sein 1931 eröffnetes Tagebuch diente dem Siebzehnjährigen als eine Art Übungsfeld für den Versuch, sich ein »richtiges« Klassenbewußtsein samt den dazugehörigen Parolen und Attitüden anzutrainieren, ein »starker Mensch« im Sinne Stalins oder Gorkis zu werden und sich auf diese Weise nach den darwinistischen Regeln des Zeitalters einen Weg »nach oben« freizukämpfen. Dazu gehörten in den ersten Jahren auch Berichte an die GPU – kindliche Anschwärzungen seines erbittertsten Rivalen im Komsomol und seines strengsten Ausbilders im Betrieb.

Die Grundlage dieses verzweifelten und überanstrengten Versuches bildete jedoch die traumatische Erfahrung der Ausstoßung: Stepan Podlubny mußte nach der gewaltsamen »Entkulakisierung« und Deportation seines Vaters mit seiner Mutter bei Nacht und Nebel aus dem heimatlichen Dorf in der Ukraine flüchten. Er reagierte wie jeder derart Stigmatisierte zunächst mit Selbstentwertung, die er nach dem Muster der Identifizierung mit dem Aggressor durch Überanpassung wettzumachen suchte. Die Aufbruch- und Umbaurhetorik des Regimes kam dem sicherlich entgegen. Doch die Sprache der Ideologie war dabei kaum mehr als die Maske eines vitalen Überlebensinstinktes. Podlubny besaß –

wie Hunderttausende andere – gefälschte Papiere, auf denen er sich eine proletarische Herkunft hatte eintragen lassen. Die tägliche Angst vor »Entlarvung«, Verhaftung, Deportation, vielleicht auch Schlimmerem zermürbte ihn und trieb ihn zugleich zu einem Höchstmaß an streberischer Aktivität. Das Tagebuch, das er einmal als »Müllgrube« seiner unreinen Gedanken und dann wieder als seinen »einzigen Freund« bezeichnet hatte, war das einzig verfügbare Mittel, die schizophrene Spannung zu verarbeiten, in der er lebte. Ein rasender Hunger nach Freundschaft und Liebe paarte sich mit der Angst, sich irgend jemandem anzuvertrauen. Die einzigen, die Stepans Geheimnis kannten, waren die Männer von der GPU.

Was die GPU-Leute von dem Kulakensohn als erpreßte Spitzelleistung verlangten, waren Berichte über die zunehmend oppositionelle Stimmung unter der Jugend, vor allem nach dem Kirow-Mord. Die Behörden reagierten äußerst nervös. »In vielen Fragen haben die Machthaber die Fassung verloren«, konstatierte Podlubny trocken. Sein Tagebuch belegt, daß weder von einer »Stabilität« des Regimes noch von einer allgemeinen idealistischen Begeisterung unter den Jugendlichen die Rede sein konnte. Mehr noch: Das Tagebuch des Jungen, der es schließlich schaffte, sich seiner GPU-Verstrickung zu entledigen, erweist sich als Dokument widerständiger jugendlicher Lebensformen. Der bäuerisch wirkende Autodidakt sträubte sich immer entschiedener, zu einem jener Opportunisten und »Staatspapageien« zu werden, denen er – erstaunlich genug – Leute gegenüberstellte, die er »liberal« nannte, »mit fortschrittlichen Anschauungen oder so«. Stück um Stück erkämpfte er sich eine geistige und moralische Souveränität, die ihn gegen die schlimmsten Infamien und Zumutungen der Zeit schützte. Bei alledem verstand er es, sich tollkühn durchzumogeln und Freunde zu schaffen, mit denen er einmal sogar plante, eine dissidente Zeitschrift im Untergrund zu produzieren, die »eine satirische und freidenkerische Richtung« einnehmen sollte.

Im Zuge dessen begann er, seiner Herkunft auf eine völlig andere Weise nachzuforschen und fast so etwas wie Klassenstolz zu entwickeln, so, wenn er feststellte, daß alle guten Leute, die er kannte, insgeheim eine »falsche Herkunft« besaßen. Immer bitterer äußerte er sich über das Regime, über seine pompösen Parolen und inszenierten Kampagnen; und bereits 1935 konstatierte er den »Beginn einer Zeit der Reaktion und Verfolgung«, die er mit der Zeit nach der Revolution 1905 verglich. In den Jahren 1937/38 – in denen auch seine Mutter ins Lager verschleppt wurde – verstummte er weitgehend, weil diese Zeit »es nicht verdient«, aufgezeichnet zu werden, bis auf lakonische Schilderungen alptraumhafter Szenen vor den Besuchsschaltern der Gefängnisse. Am Ende sah er seine ganze »sowjetische« Pseudoexistenz in die Brüche gehen – er konnte nicht mehr weiterstudieren, hungerte wieder und wartete auf seine Verhaftung. Erst der Krieg, so scheint es, führte ihn in die Gesellschaft zurück. Das alles beschreibt ein »Entwicklungsroman«, der die Zeit so in sich konzentriert, wie es sonst nur ein Kunstwerk kann. Darin gewinnt der Begriff des »Totalitären« erst seine volle, beklemmende Bedeutung – die eines universellen Ausgeliefertseins.

8

EIN KAUSALER NEXUS? ZUR REALGESCHICHTE DES ANTIFASCHISMUS UND ANTIBOLSCHEWISMUS

Die Frage, ob es einen »kausalen Nexus« zwischen dem Bolschewismus in der Sowjetunion und dem Nationalsozialismus in Deutschland gab, ist sehr viel älter als der »Historikerstreit«. Die umstrittene These Ernst Noltes besagte, daß die Formierung der Nationalsozialisten als Partei und Bewegung und ihr Aufstieg zur Macht ohne die elementare Furcht des deutschen Bürgertums vor dem Bolschewismus kaum denkbar war; und daß ihr exterministischer Antisemitismus nur eine Art Replik und die interpretative Umkehrung der bedrohlichen Erwartung einer Sowjetisierung Deutschlands gewesen sei. Erst der bolschewistische »Klassengenozid« habe das historische Vorbild für den nationalsozialistischen »Rassengenozid«, die Vernichtung der europäischen Juden, geliefert.

Diese These Noltes war aber selbst nur eine beinahe spiegelbildliche *Replik* auf die Lebenslüge des kommunistischen Antifaschismus der Nachkriegszeit, wonach die Stalinsche Kollektivierung und der Große Terror der dreißiger Jahre nur eine prophylaktische Vorsichtsmaßnahme oder jedenfalls eine Reaktion auf die »tödliche Bedrohung« durch den aufsteigenden Nationalsozialismus und seiner Ostraumpläne darstellten. Daß die sowjetische Führung das ganze Land in einen Kriegszustand versetzt und ohne Rücksicht auf menschliche Verluste die Industrialisierung und Rüstung vorangetrieben hatte, erschien dann als weit vorausschauend. Auch im Westen waren viele bereit, das so zu sehen. Nicht zuletzt entsprach diese Haltung den Empfindungen vieler Sowjetbürger angesichts des historischen Sieges von 1945. Alle Leiden und Entbehrungen und selbst die Millionen sinnlos »repressierten«, verschwundenen, um ihre besten Lebensjahre gebrachten Menschen wurden nachträglich noch den Faschisten und deutschen Invasoren auf die Rechnung gesetzt. Revolution, Bürgerkrieg, Kollektivierung, Säuberung und Weltkrieg verschmolzen zu einer einzigen Epoche aus Blut und Eisen.

Das ändert nichts daran, daß eine solche Sicht der Dinge mit der Realität der dreißiger Jahre nichts zu tun hat. Der Aufstieg des Nationalsozialismus wurde in Moskau keineswegs negativ bewertet, sondern erschien als Teil eines in der Weltwirtschaftskrise virulent gewordenen deutschen Revanchismus gegen die Versailler Mächte, auf den man einige Hoffnungen setzte. Die geheimen Beziehungen von Reichswehr und Roter Armee waren spannungsvoll, aber nützlich. Im Zuge der Politik der Fünfjahrespläne intensivierte sich die technische und wirtschaftliche Zusammenarbeit beider Länder. Im Februar 1931 fuhr eine Großdelegation deutscher Wirtschaftsmagnaten – von Krupp über Borsig bis Klöckner und Siemens – in die UdSSR. Die Firmenchefs kehrten beeindruckt zurück und drängten die Reichsregierung, mit staatlich garantierten Krediten und Bürgschaften die in Aussicht gestellten »Russenaufträge« an Land zu ziehen. 1932 kam fast die Hälfte der sowjetischen Importe – vor allem an Technologie – aus Deutschland, womit es die zwischenzeitlich stärker engagierten US-Konzerne wieder überholte.

Von Moskau gingen auch die Versuche aus, im breiten Feld der deutschnationalen und nationalrevolutionären Intelligenz Verbündete zu werben. So konnten prominente Köpfe wie Otto Hoetzsch, Klaus Mehnert, Ernst Jünger, Carl Schmitt, Adolf Grabowsky, Friedrich Lenz und Ernst Niekisch im Januar 1932 für eine »Arbeitsgemeinschaft zum Studium der Planwirtschaft in der UdSSR« (Arbplan) gewonnen werden, die die KP-Mitglieder Georg Lukács, Arvid von Harnack, E. A. Wittfogel und Paul Massing ins Leben gerufen hatten. Im August 1932 reiste eine Arbplan-Delegation nach Sowjetrußland. Lukács bezeichnete die fünfundzwanzig Teilnehmer noch in einem Parteibericht vom April 1941 als Leute aus dem rechten Spektrum »mit teilweise faschistischen Vorstellungen, die aber aus verschiedenen Gründen Anhänger einer prosowjetischen Orientierung der deutschen Politik waren«. Auch wenn dieses Unternehmen Episode blieb, wirft es doch ein bezeichnendes Licht auf die Anlage der sowjetischen Bündnispolitik in und gegenüber Deutschland vor 1933.

Die Politik der KPD als der bedeutendsten kommunistischen Partei außerhalb der Sowjetunion richtete sich gemäß den Resolutionen des VI. Kominternkongresses 1928 hauptsächlich gegen den sogenannten Sozialfaschismus, das heißt die Sozialdemokratie. Das war keine bloße Fehleinschätzung, sondern eine Definitionsfrage. »Faschismus« war der Komintern zufolge identisch mit einem militanten »Antibolschewismus«, der sich nicht nur bei den besitzenden Oberklassen, sondern auch bei den »korrumpierten« kleinbürgerlichen und proletarischen Massen fand. Die Sozialdemokratie stand in Deutschland in besonderem Maße für eine westlich orientierte Politik; sie begegnete der Sowjetunion mit äußerster Skepsis und war bereit, die Republik gegen alle Umsturzversuche von rechts wie von links zu verteidigen. Gerade das offenbarte ihren »sozialfaschistischen« Charakter. Im übrigen titulierte die KPD-Presse *alle* Parteien als »faschistisch«. Außer Sozialfaschisten gab es auch Klerikalfaschisten (das Zentrum), Nationalfaschisten (die Deutschnationalen) – und schließlich die Nazi- oder Hitlerfaschisten.

Als 1930 die NSDAP über Nacht zur zweitstärksten Partei wurde, versuchte die KPD, ihr mit einer »Programmerklärung zur nationalen und sozialen Befreiung des deutschen Volkes« das Wasser abzugraben. Die Nazis wurden darin als pseudoradikale Demagogen bezeichnet, die vom sozialdemokratischen »Verrat« profitierten. Die wahren Sachwalter der nationalen Interessen des deutschen Volkes seien die Kommunisten, die nach Übernahme der Macht sofort den Versailler Vertrag »zerreißen« und »denjenigen deutschen Gebieten, die den Wunsch danach äußern, die Möglichkeit des Anschlusses an Sowjetdeutschland sichern würden«. Gemeint waren damit wohl Österreich, die Sudeten, Danzig und das ehemalige Westpreußen, der sogenannte Korridor also. Ein sozialistisches Großdeutschland, das am gewaltigen Projekt der Industrialisierung der Sowjetunion teilnähme, würde nicht nur die Wirtschaftskrise aus dem Stand überwinden, sondern gemeinsam mit der UdSSR einen unüberwindlichen Block gegen die Imperialisten und Weltausbeuter des Westens bilden. Darin steckte ein gut Teil autochthoner Nationalismus der KPD-Kader, die fest davon ausgingen, daß sich das Zentrum einer *erweiterten* »Union Sozialistischer Sowjetrepubliken«, wie Lenin es vorgesehen hatte, von Moskau in das rote Berlin verlagern würde.

Als 1932 die Nationalsozialisten stärkste Partei wurden, verstand man das als Zuspitzung einer »ausweglosen« Krise des Kapitalismus, an deren Ende nur eine Revolution stehen könne. Immerhin hatte auch die KPD starke Gewinne zu verzeichnen. In den Juliwahlen stimmten 5,3 Millionen Wähler für die Kommunisten, in den Novemberwahlen noch einmal 600.000 mehr. Mit einem Anteil von fast 17 % war die KPD damit bis auf 3,5 % an die SPD herangerückt, und in wichtigen Industrierevieren hatten die Kommunisten die Sozialdemokraten bereits klar überflügelt. Im »roten Berlin« erhielten sie sogar mehr Stimmen als SPD und NSDAP zusammen! Und zwar genau in der Zeit, in der sie mit einem »wilden« Streik alle Berliner Verkehrsbetriebe lahmgelegt und sich dafür in einer aufsehenerregenden Wendung mit den »Nationalsozialistischen Betriebsorganisationen« verbündet hatten. Die NSDAP wurde dafür mit starken Stimmenverlusten vor allem in den bürgerlichen Vierteln bestraft, wie sie überhaupt auf dem absteigenden Ast zu sein schien. Konnte es einen klareren Beweis geben, daß es möglich war, mit Aktionen revolutionären Charakters große Massen hinter sich zu bringen und das System in völlige Auflösung zu treiben?

Daß vorher noch eine Regierung Hugenberg oder Hitler an die Macht kommen würde, damit war zu rechnen. Doch die Kommunisten fürchteten eine solche Entwicklung nicht, im Gegenteil. Wenn die enttäuschten Massen sich von den nationalsozialistischen Konjunkturrittern abwendeten, da diese weder das Versailler Diktat brechen konnten noch die Krise der Wirtschaft und die allgemeine Verelendung zu beseitigen vermochten – dann käme unausweichlich die Stunde des bewaffneten Aufstandes.

Die Tatsache, daß die KPD mit fast sechs Millionen Anhängern, Hunderttausenden disziplinierter Mitglieder und einem gut ausgebauten konspirativen Apparat nach der Machtübernahme Hitlers im Frühjahr 1933 weitgehend passiv blieb, ist nur aufgrund dieser Strategie des »revolutionären Attentismus« zu erklären, die in unmittelbarem Zusammenhang mit der sowjetischen Politik gegenüber Deutschland stand. Diese wies im übrigen bereits einige Ähnlichkeiten mit der katastrophalen Fehleinschätzung Stalins in den Jahren 1939 bis 1941 auf, als Hitler und den Nationalsozialisten eine zentrale Rolle als Zerstörern des »alten« kapitalistisch-imperialistischen Weltsystems zugesprochen wurde.

Die Machtübernahme Hitlers versetzte die sowjetische Führung jedenfalls nicht in Unruhe. Selbst die Zerschlagung der KPD unter dem Vorwand des Reichstagsbrandes und die offene Errichtung der nationalsozialistischen Diktatur führten zu keiner ernstlichen Anspannung der außenpolitischen Beziehungen. Im Mai 1933 wurde der 1926 geschlossene, inzwischen ausgelaufene Berliner Vertrag über Neutralität und Freundschaft demonstrativ verlängert. Der Chef des deutschen Waffenamtes, Bockelberg, absolvierte eine vierzehntägige Rundreise durch die Sowjetunion, wurde mit Freundschaftsbekundungen buchstäblich überhäuft und plädierte nach seiner Rückkehr für eine Ausdehnung der militärischen Zusammenarbeit. Damit setzte er sich allerdings nicht durch. Die mehr als zehnjährige Kooperation wurde schrittweise und im wechselseitigen Einvernehmen eingestellt. Sie hatte ihren Zweck auch für beide Seiten im großen und ganzen erfüllt: die Grundelemente ihrer künftigen Rüstungen in engem Erfahrungsaustausch zu entwickeln und zu erproben. Moskau gab die Erlaubnis, die in den deutschen Versuchsstationen auf sowjetischem Gebiet gebauten Flugzeugprototypen, Tankgeschütze und Modelle komplett zurückzuführen, wofür es kostenlos Arbeitskräfte und Transportkapazitäten zur Verfügung stellte. Die Abschiede vollzogen sich häufig in Form herzlicher Versicherungen, daß »die alte Kameradschaft bestehenbleiben sollte«.

Insgesamt war die Sowjetunion dem Deutschen Reich in der Entwicklung und Produktion moderner Waffensysteme um Längen voraus. Als das Dritte Reich 1934 mit seiner Panzer- und Flugzeugproduktion *begann*, war die Rote Armee schon längst mit beiden Waffengattungen reichlich ausgestattet. Von einer Bedrohung, die vom Dritten Reich ausging, sprach lediglich der längst kaltgestellte ehemalige Deutschlandexperte und Extrotzkist Karl Radek. Dagegen versicherte Woroschilow, einer der engsten Vertrauten Stalins, im Januar 1934 dem deutschen Botschafter, »zwei Worte des Kanzlers in der Öffentlichkeit würden genügen, um die sowjetfeindlichen Tendenzen von ›Mein Kampf‹ auszuräumen«.

Wie wenig die nationalsozialistische Machteroberung als eine Zäsur begriffen wurde, zeigte eine Diskussion im Dezember 1933 im Exekutivkomitee der Komintern. Hier wurde bereits die berühmte Definition geliefert, nach der Faschismus »die offene, terroristische Diktatur der am meisten reaktionären, chauvinistischen und imperialistischen Elemente des Finanzkapitals« ist. Faschismus war demnach nur eine graduelle, keine qualitative Änderung gegenüber der bürgerlichen Demokratie, die man ebenfalls als eine – allerdings verschleierte – Diktatur der Bourgeoisie begriff. Eine »offene« Diktatur konnte entschiedene Vorteile haben, da »die revolutionäre Entwicklung durch das faschistische Wüten der Bourgeoisie gleichzeitig sowohl erschwert als auch beschleunigt wird«. Mehr noch, »die faschistische Demagogie … kann gegen den Willen der Faschisten selbst uns die Befreiung der werktätigen Massen von den Illusionen der parlamentarischen Demokratie und der friedlichen Evolution erleichtern«. Als der gefährlichste Feind der revolutionären Arbeiterbewegung galt unverändert der »Sozialfaschismus«, also die SPD, weil sie die proletarischen Massen auf eine Rückkehr zur bürgerlichen Demokratie verpflichten wollte.

Welchen Grad an Obskurantismus die Kominternanalysen über den Nationalsozialismus erreichten, ließ sich an einem Buch ablesen, das 1934 ein gewisser Ernst Henri in London unter dem Titel ›Hitler over Europe?‹ veröffentlichte. Es wurde als das Werk eines emigrierten deutschen Antifaschisten präsentiert; tatsächlich war es die Auftragsarbeit eines sowjetischen Journalisten. Es fand in ganz Europa Verbreitung, und in der Sowjetunion galt es bis in die sechziger Jahre hinein als eine Art Standardwerk. Das Buch stellte den Ruhrmagnaten Fritz Thyssen als den eigentlichen Inspirator einer »braunen Internationale« dar und Hitler und Mussolini als reine Befehlsempfänger des Großkapitals. Der Antisemitismus der Nazis sei ein plumpes Täuschungsmanöver. Den jüdischen Finanz-kapitalisten werde nicht nur nichts passieren, vielmehr gehörten sie selbst sogar zu den Hauptfinanziers des internationalen Fa-schismus.

Die Wendung zur sogenannten Volksfrontpolitik auf dem VII. Weltkongreß der Komintern im August 1935 in Moskau, an dem die Delegierten von 65 kommunistischen Parteien teilnah-men, kam um so überraschender. Die sowjetische Presse hatte über die Welle antisemitischer Ausschreitungen in Deutschland nach dem Machtantritt der Nationalsozialisten kaum ein Wort verloren. Kein Sowjetbürger hatte eine der zahlreichen Resolutionen und Petitionen dieser Jahre unterzeichnet, in denen sich fortschrittliche Intellektuelle aller Länder gegen die Rassenpolitik des Dritten Rei-ches stellten. Jetzt war es Georgi Dimitroff, dem neuen Vorsitzen-den der Komintern und Hauptangeklagten im »Reichstagsbrand-prozeß« – den man mangels Beweisen freigesprochen und dann auf persönliche Weisung Hitlers ausgeflogen hatte –, vorbehalten, den »Hitlerfaschismus« als ein System des »tierischen Chauvinis-mus« und des »politischen Banditentums« anzuprangern. Aller-dings sei die Nazibewegung nur »die reaktionärste Abart des Fa-schismus«, der zu einer »allgemeinen Erscheinung« in der Welt geworden sei.

Dimitroff geißelte den deutschen Faschismus in seinem Referat als »Hauptanstifter eines neuen imperialistischen Krieges«, aber zugleich auch als »Stoßtrupp der internationalen Konterrevolu-tion«, als Instrument und Verbündeten dritter Mächte also. Die

»Lebensraum«-Pläne der Nationalsozialisten erwähnte er nicht, anders als die »Großasien«-Politik Japans und Mussolinis Phantasien eines neuen »Römischen Reiches«. Hitler wurde als ein Möchtegern von »deutschem Messias« vorgestellt, dem es gelungen sei, die Massen durch seine Losung »Gegen Versailles!« zu täuschen, und der nun versuche, sich den Westmächten als Garant und Speerspitze gegen den Bolschewismus anzudienen.

Die neue Strategie der »Volksfront« war es, die Arbeiter aller Länder unter der Fahne der Nation, der Demokratie und der Zivilisation gegen die weltweite Tendenz einer »Faschisierung« und »Kriegspolitik« der Bourgeoisie zu sammeln, um von dort aus zur Erkämpfung der »Sowjetmacht« zu schreiten. Von der Errichtung einer internationalen Einheitsfront gegen die faschistischen Staaten und gegen Nazideutschland war nicht die Rede. Es handelte sich also um eine Änderung der revolutionären Machteroberungstaktik.

Zwar schlug die sowjetische Politik gerade in dieser Zeit durch ihren Beitritt zum Völkerbund – anstelle des ausgetretenen Deutschen Reichs – sowie durch vertragliche Abmachungen mit Frankreich und der Tschechoslowakei einen Kurs der »kollektiven Sicherheit« ein. Aber sofort nach der Unterzeichnung erschien der Presseattaché Gnedin im Auswärtigen Amt, um zu versichern, daß diese Verträge nicht als konkrete Beistandsverpflichtungen zu interpretieren seien – etwa wenn die deutsche Armee beabsichtige, in das entmilitarisierte Rheinland einzumarschieren …

Offensichtlich ging die Moskauer Führung fest davon aus, daß der deutsche Revisionismus sich vor allem gegen die westlichen Mächte richtete und daß das »germanische Siedlungsland im Osten« höchstens in Polen oder der Tschechoslowakei liegen werde. Jedenfalls entstand, wie Walter Laqueur bemerkt hat, in der Sowjetunion der dreißiger Jahre »keine einzige Geschichte des Nationalsozialismus …, noch irgendein anderes allgemeines Werk über die Außen- und Innenpolitik des Dritten Reichs, wie sie zu Hunderten in der übrigen Welt erschienen«. Keine einzige sowjetische Untersuchung befaßte sich näher mit den »Lebensraum-Plänen«

der Nationalsozialisten. Sämtliche Thesen vom ewigen deutschen
»Drang nach Osten«, vom »Zuspätkommen« des deutschen Kapitalismus und von seiner »besonderen Aggressivität«, die später
zum festen Repertoire der sowjetischen Nachkriegsgeschichts-
schreibung gehörten, waren in der Literatur der dreißiger Jahre
nicht einmal andeutungsweise zu finden. Der Hitler-Stalin-Pakt im
August 1939 schien im übrigen zu bestätigen, daß die gemeinsamen geostrategischen Interessen noch längst nicht erschöpft waren
– im Gegensatz zu den halben Zugeständnissen oder lauwarmen
Garantien, die die Westmächte der einen wie der anderen Macht
zu bieten hatten.

Diese gravierenden Fehleinschätzungen auf sowjetischer Seite kann
man insofern verständlich finden, als das Thema des »Lebens-
raums im Osten« auch tatsächlich weder für den Aufstieg der Nationalsozialisten vor 1933 noch für ihre Außenpolitik nach dem
Machtantritt eine wesentliche Rolle gespielt hat. Als Hitler 1925 in
seiner – zunächst wenig gelesenen – Bekenntnisschrift ›Mein
Kampf‹ einen »neuen Germanenzug« nach Osten proklamierte,
der die Sowjetunion als einen »Koloß auf tönernen Füßen« stürzen
und zerschlagen sollte, klang das etwa so futuristisch wie Wladimir
Shirinowskis »Sprung nach Süden«, an dessen siegreichem Ausgang die russischen Soldaten ihre Stiefel im Indischen Ozean waschen sollten. Hitlers gesamte Argumentation beruhte auf der Hypothese, daß der staatsbildende germanische Rassekern im Russischen Reich durch den jüdischen Bolschewismus völlig ausgerottet
und »das Riesenreich im Osten ... reif zum Zusammenbruch« sei.
Dieser Fingerzeig des Schicksals eröffne dem Deutschen Reich erst
die Möglichkeit, von der überkommenen »Kolonial- und Handels-
politik der Vorkriegszeit« zur »Bodenpolitik der Zukunft« über-
zugehen. Denn nur ein Staat, der eine Bodenfläche beherrsche,
»die einen Schutz in sich selbst trägt«, wie die Sowjetunion und die
USA, werde in Zukunft noch Weltmacht sein können.
So starr ideologisch diese Zielsetzung Hitlers wirkte, so weitsichtig war sie auf ihre Weise. Wer allen Ernstes den Wiederauf-

stieg Deutschlands zu einer Großmacht allererster Ordnung betreiben wollte, mußte sich darüber klar sein, daß es um eine einfache Revanche nicht mehr gehen konnte, sondern nur um einen »Griff nach der Weltmacht« im vollen Sinne des Wortes. Eine solche Politik mußte weit über den wilhelminischen »Platz an der Sonne« hinauszielen und sich extremer Mittel und Maßnahmen bedienen. Die Gewinnung von »Lebensraum« im Osten, die Errichtung eines indogermanischen Kontinentalreiches, würde selbst nur die Ausgangsbasis für eine künftige und endgültige Auseinandersetzung mit den kapitalistischen Mächten des Westens bilden. Der in ›Mein Kampf‹ beschworene jüdische Weltfeind saß letzten Endes ja eher in der Wall Street, der Londoner City oder in den Pariser Salons als im Moskauer Kreml. Außerdem war das »immer mehr der Vernegerung anheimfallende Frankreich« die *unmittelbarste* Gefahr, da sein hartnäckiger kontinentaler Hegemonieanspruch »in seiner Bindung an die Ziele der jüdischen Weltbeherrschung eine lauernde Gefahr für den Bestand der weißen Rasse Europas« bedeutete.

Daraus ergab sich, daß die Hierarchie und Reihenfolge der Gegner in Hitlers Konstruktion keineswegs feststand. Als erstes mußten in jedem Falle die »Fesseln von Versailles« abgeschüttelt werden. Und das hieß mit großer Wahrscheinlichkeit, daß Frankreich mit seinen »Osttrabanten«, vor allem Polen, ganz oben auf der Liste der auszuschaltenden Feinde stand. Gesichert werden konnte ein solches Programm des deutschen Durchbruchs zur Weltmacht, Hitler zufolge, nur durch ein Bündnis mit England, und zwar auf Grundlage einer globalen Absprache, die Großbritannien die Herrschaft zur See garantieren und einem künftigen Großdeutschland freie Hand auf dem eurasischen Kontinent geben würde. Flankierend propagierte Hitler einen Pakt mit Mussolinis Italien, das seinerseits die Errichtung eines neuen »Römischen Reiches« rings um das Mittelmeer anstrebte. Von dieser ausgedachten Bündniskonstruktion hing letzten Endes alles ab.

Eine außenpolitische Strategie, wie sie Hitler vorschlug, war im politischen Spektrum der Weimarer Republik allerdings vollkommen randständig und bedeutete selbst für die eigene Partei einen abrupten Perspektivenwechsel. Bis zum Münchner Putsch im November 1923 waren Hitler und seine engsten Mitstreiter – Rosenberg, Scheubner-Richter und Eckart – Teil einer völkisch-antisemitischen Rechten gewesen, in der die Vorstellung einer *gemeinsamen* Befreiung sowohl Deutschlands wie Rußlands von der Herrschaft des Judentums, von der jüdischen Zinsknechtschaft wie vom jüdischen Bolschewismus den Königsweg zum Wiederaufstieg gebildet hatte. Der kontinentale Block eines nationalen Deutschland mit einem nationalen Rußland, wie es die weißen russischen Emigranten in Aussicht stellten, schien allein in der Lage, der Übermacht der Versailler Mächte entgegenzutreten. Diese Option wurde allerdings mit der Konsolidierung des Sowjetregimes immer unwahrscheinlicher.

Deshalb war man in Kreisen der deutschnationalen und nationalrevolutionären Rechten zunehmend bereit, auch eine Allianz mit einem bolschewistischen Rußland ins Auge zu fassen. Die bedingungslose Art und Weise, wie die sowjetischen Führer ihr Land gegen alle westlichen Interventionen verteidigt und radikal autark gemacht hatten, weckte selbst bei ehemaligen Freikorpskämpfern und ausgewiesenen Antibolschewisten Bewunderung. Hierin mischten sich vieldeutige Tendenzen einer kulturellen »Ostorientierung«, die das Pendant zu einer ressentimentgeladenen Ablehnung des bourgeoisen, dekadenten und materialistischen Westens bildete, wie sie sich bereits im Weltkrieg ausgeprägt hatte und nach dem »Diktat von Versailles« fast allgemein geworden war. Eine Übersicht über das Gesamtspektrum der politischen und intellektuellen Strömungen der Weimarer Jahre zeigt, daß von einem durchgängigen Antibolschewismus, gar gepaart mit Russophobie, Antislawismus und Antisemitismus, nicht die Rede sein konnte.

Schon der linke Flügel der NSDAP um die Gebrüder Strasser oder den jungen Goebbels hatte eine völlig andere Position, als sie Hitler in ›Mein Kampf‹ einnahm. Goebbels veröffentlichte noch Anfang 1926 in seiner Broschüre ›Die zweite Revolution‹ einen fiktiven Brief an einen fiktiven russischen Revolutionär – den dostojewskihaften Iwan, der schon in Goebbels' Jugendroman ›Michael‹ das Pendant des deutschen Helden abgegeben hatte –, worin es in aller Klarheit hieß: »Darum schauen wir nach Rußland, weil es am ehesten mit uns den Weg zum Sozialismus gehen wird. Weil Rußland der uns von der Natur gegebene Bundesgenosse gegen die teuflische Verseuchung und Verweichlichung des Westens ist.« Ein solches deutsch-russisches Bündnis sei zwingend, »nicht darum, weil wir den Bolschewismus, weil wir die jüdischen Träger des Bolschewismus lieben, sondern weil wir im Bunde mit einem wahrhaft nationalen und sozialistischen Rußland den Anfang unserer eigenen nationalen und sozialistischen Selbstbehauptung erkennen«.

Für Goebbels wie für viele auf der nationalen Rechten hatte das sowjetische Regime durch den vermeintlichen Ausgleich mit dem Bauerntum und mit der Ausschaltung der Trotzkisten längst Züge eines russischen Nationalbolschewismus angenommen, der mit seiner durchgehenden Politisierung und Militarisierung des gesellschaftlichen Lebens in mancher Hinsicht vorbildhafte Züge trug. Als die Führer der linken Parteifronde nach Hitlers Entlassung aus der Festungshaft von diesem auf einer Tagung im Februar 1926 wegen ihrer nationalbolschewistischen Tendenzen zusammengestaucht wurden und zu Kreuze kriechen mußten, notierte Goebbels in seinem Tagebuch: »Mir ist, als ob mich jemand geschlagen hätte. Was für ein Hitler ist das? Ein Reaktionär? ... Unsere Aufgabe, sagt er, sei die Vernichtung des Bolschewismus. Der Bolschewismus sei eine jüdische Schöpfung. Wir müßten Rußland zerschlagen. Einhundertachtzig Millionen? Ich bin außerstande, ein Wort zu sagen.«

Tatsächlich stand die geplante »Zerschlagung« Sowjetrußlands weder im Programm der NSDAP, noch spielte sie in der täglichen Parteipropaganda eine Rolle. Das wäre auch der Strategie abträglich gewesen, mit der die Nationalsozialisten sich ins Zentrum des politischen Geschehens und schließlich an die Macht katapultierten. Angesichts der hereinbrechenden Weltwirtschaftskrise mit ihren verheerenden Wirkungen reduzierte sich für einen wachsenden

Teil der Bevölkerung alle Politik auf die Frage, wie die »Fesseln von Versailles« gesprengt werden könnten.

Ein Leitgedanke der Hitlerschen Agitation war von Beginn an das »Primat der Innenpolitik«. Ohne nationale und moralische Erneuerung im Innern keine Machtpolitik nach außen. Im Vordergrund stand das Postulat, Deutschland von allen Formen der »Überfremdung« des gesellschaftlichen und kulturellen Lebens zu befreien, von »Parteienhader«, »jüdischer Presse«, »Niggermusik« und »Salonbolschewismus«. Es war eine puritanische Reaktion auf die ständig wachsende Anziehungskraft westlicher Lebensstile und auf all das, was in der Naziterminologie als »Morast der großstädtischen Vergnügungskultur« firmierte und den Versailler Vertrag zu einem »Syphilisfrieden« machte.

Diese Verknüpfung spiegelte die paradoxe Tatsache, daß nicht zuletzt durch den Hebel der Reparationen die wirtschaftliche und kulturelle Westintegration der Weimarer Republik weit vorangetrieben worden war. Insofern stellten sich die Nationalsozialisten an die Spitze einer lebensweltlichen Reaktion, die man in heutigen Kategorien wohl als »fundamentalistisch« bezeichnen würde, wäre sie nicht zugleich sehr inkonsequent gewesen. Diese Inkonsequenz trug zum Erfolg wohl erheblich bei. Man konnte sich aus dem Welt- und Gesellschaftsbild der Nazis heraussuchen, was einem paßte.

Wenn der agitatorische Hauptschlag über große Strecken gegen den »Marxismus« geführt wurde, hatte das zunächst mit dem Anspruch zu tun, als »Nationalsozialistische Deutsche Arbeiterpartei« die wahre Stimme des deutschen Proletariats zu sein, aber auch mit dem Appell an ein bürgerliches und kleinbürgerliches Bedrohungsbewußtsein. Im Begriff des »Marxismus« wurden Sozialdemokratie und Kommunismus in eins gesetzt; sie waren unterschiedlich radikale Formen eines zersetzenden »jüdischen Sozialismus«, dessen direkter Gegensatz der aufbauende »deutsche« oder »nationale Sozialismus« war, der sich dem übergeordneten Wohl des Staates und Reiches verpflichtet fühlte.

Die erbitterten Straßen- und Saalschlachten mit den Kommunisten trugen der Tatsache Rechnung, daß die KPD als einzige politische Gruppierung – außer der NSDAP selbst – nicht zu den demokratischen »Systemparteien« gezählt werden konnte. Die Strategie der SA war es, nach dem Vorbild der italienischen »fasci« den kommunistischen Rotfrontkämpfern möglichst ihr ureigenstes Terrain streitig zu machen. Das sollte einen diktatorischen Willen demonstrieren und gerade durch die brutale Rücksichtslosigkeit bürgerliche und kleinbürgerliche Ordnungsbedürfnisse befriedigen. Aber es war auch ein Kampf um die psychologische und ideologische Vorherrschaft, ein schwelender Bürgerkrieg um die Beherrschung von Straßen und Quartieren und eine paramilitärische Werbung unter den proletarisierten Massen.

Dem aktivistischen und symbolischen Charakter der nationalsozialistischen Politik entsprach ihre politische Unbestimmtheit, auf die Joachim Fest aufmerksam gemacht hat: »Die Reden Hitlers in den Jahren seines großen Massenzulaufs enthalten bemerkenswerterweise nur ein ganz geringes Maß konkreter Absichtserklärungen und vernachlässigen selbst seine ideologischen Fixpunkte, den Antisemitismus und den Lebensraum.«

In diesen Jahren änderte sich durch die Etablierung der Diktatur Stalins und den Übergang zur forcierten Industrialisierung der Blick der deutschen Öffentlichkeit auf die Sowjetunion noch einmal erheblich. Zwar sorgten die dramatischen Berichte über die gewaltsame Kollektivierung der deutschen Kolonistendörfer, verbunden mit einer größeren Rücksiedlungsaktion, für einige Aufregung in der Presse. Und unter der neuen Führung Hugenbergs richtete sich in der Deutschnationalen Volkspartei die Hoffnung wieder offen auf einen Zerfall der Sowjetunion, vor allem angesichts der Berichte über den Widerstand gegen die Kollektivierung in der Ukraine, die seit dem Ersten Weltkrieg vielen als designiertes deutsches Interessengebiet erschien. Doch weitaus repräsentativer waren Positionen wie die des völkischen Publizisten Graf Reventlow, der 1931 schrieb, daß mit dem Sieg Stalins über Trotzki von einem »jüdischen Bolschewismus« nicht mehr gesprochen werden könne, sondern der Bolschewismus zu einer nationalrussischen Sache geworden sei; und daß ein erfolgreicher Fünfjahresplan »ein Ergebnis von historischer Bedeutung« sein werde, das auch die Stellung zur Sowjetunion ändern müsse.

Im Januar 1932 hielt Hitler vor dem Düsseldorfer Rhein-Ruhr-Klub eine Werberede, die die deutliche Reserve unter den Industriemagnaten gegenüber seinem abenteuerlichen Programm und seiner pöbelhaften Massenpartei – die mit 800.000 Mitgliedern und zehn Millionen Wählern mittlerweile eine Schlüsselrolle erobert hatte – zerstreuen sollte. In einer geschickten Wendung strich Hitler zunächst heraus, daß im Wirtschaftsleben wie in der Armee eine natürliche autoritär-hierarchische Ordnung herrsche, während die politische Demokratie immer schon eine Art Kommunismus sei. Von dort kam er auf den Bolschewismus, der »nicht nur eine in Deutschland auf einigen Straßen herumtobende Rotte« sei, aber auch keine bloße »neue Produktionsmethode« (letzteres richtete sich gegen die offenkundige Attraktion der sowjetischen Fünfjahrespläne). Vielmehr gehe es um »eine Weltauffassung, die im Begriffe steht, sich den ganzen asiatischen Kontinent zu unterwerfen, und [die] die ganze Welt langsam erschüttern und zum Einsturz bringen« könne. Ja, der Bolschewismus werde, wenn man ihm nicht Einhalt gebiete, »die Welt einer so vollständigen Umwandlung aussetzen wie einst das Christentum«. Von Lenin werde man dereinst vielleicht mit derselben Verehrung reden wie heute von Christus oder Buddha. Kurzum, es handele sich um eine »gigantische Erscheinung«, die sich aus der Welt nicht mehr wegdenken lasse und »zwangsläufig eine der Voraussetzungen unseres Bestandes als weiße Rasse zerstören« müsse. Der Bolschewismus, hieß das, sei ein Aufstand der sozialen Unterklassen und der farbigen Völker gegen die natürliche Überlegenheit der »weißen Rasse«, der Europäer.

Hier, so scheint es, war der elementare Antibolschewismus Hitlers endlich einmal zutage getreten. Allerdings ging es dem Redner ganz offensichtlich darum, die Angst der Industriellen vor einem Machtstreich der Kommunisten zu schüren und die eigene Partei als den Garanten einer nationalen Gegenrevolution herauszustreichen. In dieser Hinsicht trug der prononcierte Antibolschewismus

Hitlers sehr berechnende Züge – nicht anders als später im Umgang mit den Staatsmännern des Westens, vor allem Großbritanniens. Die Furcht der Industriellen war zweifellos real. Nur gibt es keinen Grund anzunehmen, daß Hitler sie teilte. Er hatte sich intern wiederholt abfällig über die revolutionäre Potenz der Kommunisten geäußert, ebenso wie Goebbels, der die Aktivitäten seiner Gegenspieler aus alter Affinität besonders aufmerksam verfolgte und schon Anfang 1932 keine Gefahr mehr in ihnen sah.

Bemerkenswert an Hitlers Rede vor den Industriellen war indes die radikale Neubewertung des bolschewistischen Rußland im Vergleich zu dem in ›Mein Kampf‹ gezeichneten Bild. Dort das vom Judentum ausgehöhlte, »vom Schicksal selbst« dem kolonisierenden Zugriff eines deutschen Herrentums zugewiesene Gebilde; hier die massive Bedrohung durch einen Staat, der eine Weltbewegung repräsentierte und dessen Begründer womöglich einmal als Religionsstifter in die Geschichte eingehen würden. Die Rede drehte sich bezeichnenderweise nicht um den Kampf um »Lebensraum«, wie auch das Wort vom »jüdischen Bolschewismus« nicht fiel. Weder mit seinem manischen Antisemitismus noch mit seinen phantastischen Ostraumplänen hätte Hitler vor diesem Publikum reüssieren können. Doch die doppelte Zwangslage des Reiches, die er drängend beschrieb: die Schuldversklavung durch die westlichen Sieger und die langsam, aber sicher fortschreitende Unterminierung Deutschlands durch den Bolschewismus – das machte Eindruck. Die nationale Revolution, die Hitler versprach, würde zur rigorosen Ausschaltung des »Marxismus« – somit auch der Gewerkschaften und organisierten Interessenvertretung – und zur Errichtung einer neuen, korporativen Ordnung führen, die bei allen Ähnlichkeiten zum erfolgreichen italienischen Faschismus Züge einer originären deutschen »Volksgemeinschaft« trüge. Dafür erntete er lebhaften Beifall, allerdings nur ein eher bescheidenes Spendenaufkommen. Ein Mandat der Machtübernahme und Kriegsvorbereitung seitens der »Großindustrie« ist Hitler, anders als oft behauptet, auf dieser legendenumwobenen Sitzung nicht erteilt worden.

206

Bezieht man den bisherigen Befund auf die Thesen Ernst Noltes zurück, so war Hitlers Antibolschewismus jedenfalls eines bestimmt nicht: seine politische »Grundemotion«, von der alles übrige sich ableitete. Wohl läßt sich eine ursprüngliche Furcht diagnostizieren, die dem Aufstand eines sozialen »Untermenschentums« galt, verbunden mit der Erhebung der »farbigen Völker« – deren geheimer Drahtzieher und Herrscher jedoch immer und überall der »Weltjude« war, der als »internationaler Finanzjude« die Völker aussaugte und die Regierungen dirigierte, während er als »Volksjude«, als Marxist oder Bolschewist, die Klassen aufeinanderhetzte und die Bastardisierung der Rassen predigte.

Damit waren aber im Grunde nur die Erscheinungen des modernen Lebens selbst in eine Dämonologie gebracht. Hitlers panische Angst vor Krankheitskeimen und Bazillen, die ihn zwang, sich nach jedem Gespräch die Hände zu waschen, war nur die hypochondrische Steigerung eines Weltgefühls, das er mit vielen seiner Zeitgenossen teilte. Darin kamen die Abwehrreflexe zum Ausdruck, die die wirtschaftliche und kulturelle Globalisierung, die größere Dichte der Kommunikationen und überhaupt das immer engere Netz gesellschaftlicher Kontakte und Verbindungen, kurzum: die Promiskuität des modernen Lebens, auszulösen vermochte.

In dieser Grundstimmung, die nach dem Weltkrieg und vollends mit der Weltwirtschaftskrise hysterische Formen annahm, wurde der Begriff des »Bolschewismus« eine weitläufig changierende Sammelbezeichnung, die sich von ihrem engeren Objekt fast völlig löste. So hieß ein Buch des Hitler-Mentors Dietrich Eckart, das nach seinem Tod 1924 erschien: ›Der Bolschewismus von Moses bis Lenin. Zwiegespräch zwischen Adolf Hitler und mir‹. Somit war das mehrtausendjährige, kulturzersetzende Wirken des Judentums auf den Begriff des »Bolschewismus« gebracht, als dessen wichtigste Erscheinungsform das auf dem Alten Testament aufbauende »mosaische Christentum« firmierte. Gleichzeitig gab es auch Pamphlete gegen den »Musikbolschewismus« der Neutöner, gegen den »Kulturbolschewismus« der abstrakten Maler und avantgardistischen Theaterregisseure oder gegen den »Sexualbolschewismus« – womit alles mögliche zwischen Koedukation, Bubikopf, Jazz, Flintenweibern und Hollywood gemeint sein konnte. Auf den Bolschewismus als politische Bewegung mußte sich das nicht beziehen.

Hitler mit seinem Instinkt für sämtliche Ressentiments der Zeit machte sich diesen »Antibolschewismus« vielfältig zu eigen. Aber letzten Endes führten alle Wege zur Überfigur des »Weltjuden«, des »Königs der Könige«, der es auf die Bastardisierung, Entartung und Entmannung der arischen Völker abgesehen hatte, sei es mittels Geld und Börse, Presse und Demokratie, Liberalismus, sexueller Zügellosigkeit, Geschlechtskrankheiten, Weltkriegen, Inflationen, Hungersnöten, wuchernden Großstädten, Hottentottentänzen – oder mittels des »Marxismus«. Hitler wußte ihn sehr genau vom Bolschewismus und Kommunismus zu trennen.

Im übrigen bewies die angeführte Rede im Rhein-Ruhr-Klub, daß ihm die Veränderungen in der Sowjetunion durch die Ausschaltung der »Trotzkisten« und die forcierte Industrialisierung nicht entgangen waren. Dieser Stalinschen Sowjetunion bedurfte er weder als »Vorbild« noch als »Schreckbild«, sondern sie war ein Faktor, mit dem man verstärkt rechnen mußte, so wie man die KPD in der Innenpolitik nicht aus den Augen verlieren durfte. Und das reduzierte sich keineswegs auf eine bloße »antibolschewistische« Abwehr. Vielmehr könnte man in Hitlers Politik eine genaue Entsprechung der Kominternstrategie sehen, die besagte, daß der eigene Griff nach der Macht durch die parallele Stärkung des faschistischen Lagers – hier umgekehrt also des kommunistischen Lagers – »sowohl erschwert als auch beschleunigt wird«.

Es war Leo Trotzki, der als scharfsinniger Beobachter aus der Ferne und imaginäres Oberhaupt einer »Vierten Internationale« frühzeitig diagnostizierte, daß die Strategie der KPD, den Hauptschlag gegen den »Sozialimperialismus« der SPD zu führen, die Nationalsozialisten zur Machtergreifung geradezu einlud – nicht nur wegen der Spaltung der Arbeiterbewegung und ihrer Abwehrkräfte, sondern vor allem auch wegen der Möglichkeit, sich den bürgerlichen Kräften als Retter anzudienen. Mehr noch, einmal an der Macht, werde Hitler sich nach genau derselben Methode den kapitalistischen Westmächten als ein »Ober-Wrangel der Weltbourgeoisie« zur Verfügung stellen. Mit ihrer Zustimmung werde er die Fesseln von Versailles abstreifen und einen antibolschewistischen Kreuzzug gegen die UdSSR eröffnen.

Trotzkis während seiner Exilzeit formulierten Analysen waren eine seltsame Mischung aus Hellsichtigkeit und Obskurantismus. Zwar antizipierte er recht treffend einen der Grundmechanismen des Aufstiegs Hitlers und seiner erfolgreichen Politik der »Befreiung« und Wiederaufrüstung des Dritten Reiches mit Duldung der Westmächte. Andererseits mißverstand und unterschätzte Trotzki die *originären* Kräfte, Zielsetzungen und Motivationen der NS-Bewegung. Ernst Nolte nun hat Hitler bei seiner Rede vor dem Rhein-Ruhr-Klub gerade in dieser, ihm von Trotzki seinerzeit zugeschriebenen Rolle gesehen: Dort habe Hitler sich »ganz unverkennbar als Anti-Lenin« und als ein »Ober-Wrangel der Weltbourgeoisie« präsentiert und verstanden. Nichts könnte Hitlers Ideologie und Politik vor und nach der Machtergreifung mehr verfehlen als eine solche Deutung.

Hitlers vor 1933 intern geäußerte Zweifel an der realen Schlagkraft der KPD wurden durch die fast widerstandslose Auflösung ihres Apparates weitgehend bestätigt. Die Führer der Nationalsozialisten warteten geradezu auf einen bewaffneten Widerstand der Kommunisten, der jedoch ausblieb. Insofern erschien ihnen der Reichstagsbrand buchstäblich als ein Geschenk des Himmels. Die Legende vom aus Moskau gesteuerten Aufstandsversuch war so dünn, daß der Leipziger Prozeß gegen Dimitroff und den KPD-Fraktionsvorsitzenden Torgler, der sich später den Nazis zur Verfügung stellte, mit einem Freispruch endete. Allerdings hatte die Legende ihre Funktion schon erfüllt. Die Mär eines drohenden kommunistischen Aufstands war nur benötigt worden, um mit den Stimmen der bürgerlichen Parteien das »Ermächtigungsgesetz« durch den neugewählten Reichstag zu peitschen. Danach besaß Hitler das Instrumentarium, um seine Alleindiktatur zu errichten und, wie er grimmig verkündete, auch mit der »Reaktion«

abzurechnen, das heißt seine deutschnationalen Koalitionspartner abzuhalftern.

Gewiß, SA-Trupps und später die Gestapo haben Tausende Kommunisten und andere Regimegegner auf brutalste Art und Weise mißhandelt und verfolgt, viele auch zu Tode geprügelt. Aber das entsprach dem Ausmaß der Repressionen, die man nach italienischem Vorbild von einem »faschistischen« Staat erwartete. Andererseits machten die Nazibehörden keinen Versuch, sich aller Mitglieder und Funktionäre der aufgelösten Kommunistischen Partei zu bemächtigen. Eine »Bartholomäusnacht« habe er gar nicht nötig, versicherte Hitler dem britischen Korrespondenten Selfton Delmer. Nicht wenige Verhaftete wurden nach einigen Wochen oder Monaten entlassen, darunter selbst hochrangige kommunistische Parteikader wie etwa Herbert Wehner. Nur in seltenen Fällen entzog man Kommunisten dauerhaft die Bürgerrechte. Zwar unterlagen sie einer intensiven Überwachung und üblen Schikanierung. Doch wer mitmachte, der war willkommen. Daß ein »anständiger Kommunist« ein sehr viel brauchbarerer Volksgenosse sein könne als ein opportunistischer Mitläufer oder ein dekadentes Bürgersöhnchen, haben Goebbels und andere führende Nationalsozialisten wiederholt verkündet.

Noch durchsichtiger als die innenpolitische Aufgabe des prononcierten Antibolschewismus war seine Funktion nach außen. Kurt Lüdecke, einer von Hitlers frühen Vertrauten, schrieb 1938 im amerikanischen Exil, Hitler habe ihm vor der Machtergreifung schon gesagt, daß es nur einen einzigen Weg gebe, um die gefährliche Periode des Bruchs des Versailler Vertrages und der Wiederaufrüstung durchzustehen: Es müsse gelingen, England und Frankreich zu suggerieren, daß Deutschland das letzte Bollwerk gegen die bolschewistische Flut sei.

Diese Rechnung ging glatter auf, als Hitler je hätte erwarten können. Vor allem die britischen Politiker waren ernsthaft über die sowjetischen Rüstungen und das Anwachsen kommunistisch inspirierter Bewegungen in den Kolonien wie in einer Reihe europäischer Länder beunruhigt. Die Perspektive einer Machtergreifung der Kommunisten in Deutschland mußte ihnen vollends als Alptraum erscheinen: Die Verbindung eines Sowjetdeutschland mit der Stalinschen UdSSR hätte tatsächlich sämtliche Kräfteverhältnisse in der Welt auf einen Schlag auf den Kopf gestellt. Auch in Frankreich waren die Parteien der Linken auf dem Vormarsch und konnten unter dem Signum der »Volksfront« 1936 für kurze Zeit die Regierung bilden – wie zuvor in Spanien. Der ganze europäische Kontinent schien sich – aus britischer Perspektive – in faschistische und kommunistische Staaten zu spalten, die im Bürgerkrieg in Spanien einen regelrechten Ersatzkrieg ausfochten. Und da die UdSSR bereits zu einem bedeutenden Machtfaktor herangewachsen war, der außerdem noch in vielfältiger Weise die Pfeiler des britischen Empire in Asien und im Nahen Osten unterminierte, hielten es die konservativen Staatsmänner in London für ein kalkulierbareres Risiko, Hitler bei der Verfolgung seiner großdeutschen Aspirationen in Mittelosteuropa freie Hand zu geben und eine kontrollierte Wiederaufrüstung zuzulassen, wenn er im Gegenzug bereit war, wie er unablässig versicherte, keine darüber hinausgehenden Ziele zu verfolgen.

Man kann gleichwohl fragen, ob Hitlers »Antikomintern«-Politik der Jahre 1935 bis 1938, die scheinbar ganz im Vordergrund der inneren wie der äußeren Politik stand, nicht unabhängig von allen taktischen Hintergedanken eine fundamentale ideologische und politische Tendenz des Nationalsozialismus zum Ausdruck gebracht hat – im Gegensatz zur anschließenden Phase des abrupten Umschwenkens auf einen Kurs der Zusammenarbeit und eines losen Kriegsbündnisses mit der Sowjetunion, der demnach rein opportunistischen Überlegungen gefolgt wäre.

Gewisse Überzeugungs- und Weltanschauungselemente sind in der »Antikomintern«-Politik zweifellos zu erkennen. Doch sie spielten eine deutlich untergeordnete Rolle. Vielmehr waren die antibolschewistischen Kampagnen dieser Jahre, die im Nürnberger Reichsparteitag von 1936 kulminierten, von klaren praktischen Imperativen diktiert. Da eine kommunistische Gefahr im Innern nicht mehr bestand, mußte die ab 1935 entfaltete antisowjetische Propaganda die Lücke füllen, um ein Bedrohungsszenario aufrecht-zuerhalten und die harsche Unterdrückung jeder Opposition zu rechtfertigen. In den geheimen Instruktionen des Propagandamini-steriums wurde klar ausgesprochen, daß die horriblen Dauernach-richten aus der Sowjetunion dazu dienten, Kritik niederzuhalten: Wirtschaftskreise, die über die hohen Steuern und Reglementie-rungen klagten, wollte man mit Meldungen über den Stalinschen Terror und die immensen Rüstungsanstrengungen der Roten Ar-mee beeindrucken; Klagen in der arbeitenden Bevölkerung über knappe Lebensmittel und magere Löhne sollten mit Hinweisen auf die katastrophale Situation der sowjetischen Arbeiter gekontert werden.

Darüber hinaus wurde die Agitation gegen den »Judäo-Bolsche-wismus« dazu eingesetzt, der konservativen Ostorientierung zu begegnen. Ein nicht geringer Teil der deutschen Publizistik vertrat bis 1936 die Auffassung, daß sich die Sowjetunion zunehmend rus-sifiziere und im Grunde eine genuine Art von National-Sozialis-mus geworden sei. Klaus Mehnert beispielsweise veröffentlichte bis Mitte der dreißiger Jahre in einer Reihe großer Zeitungen recht bewundernde Berichte über die sowjetischen Aufbauerfolge. Die Arbeit der »Antikomintern«-Propagandisten war zu einem großen Teil auf die Ausschaltung dieser nach wie vor breiten »russophi-len« Tendenzen in Publizistik und Wissenschaft gerichtet.

Zudem sollte die geräuschvolle »Antikomintern«-Propaganda die fortschreitende Entrechtung der jüdischen Bürger in Deutsch-land teils legitimieren, teils aber auch von ihr ablenken. Hier über-schnitten sich Bedürfnisse der Innenpolitik mit solchen der Außen-propaganda. Das Dritte Reich stand gegenüber den westlichen Verhandlungspartnern und selbst gegenüber dem faschistischen Italien wegen seiner antisemitischen Politik unter einem gewissen Rechtfertigungsdruck. Der Versuch, eine offensive antisemitisch-antibolschewistische Bündnispolitik zu betreiben, das heißt im in-ternationalen Bereich nicht nur Verständnis, sondern Sympathien zu finden, zeitigte allerdings nur äußerst bescheidene Resultate.

Schließlich – und das war der wichtigste Aspekt – sollte die forcierte Propaganda gegen den »kommunistischen Weltumsturz« die Schaffung eines eigenen Bündnissystems kaschieren. Der »Antikomintern«-Pakt mit Japan vom Dezember 1936, dem ein Jahr darauf auch Italien beitrat, entsprach in keiner Weise dem, was er zu sein behauptete. Nicht einmal für den Fall eines sowjetischen Angriffs sicherten sich die Beteiligten verbindliche Unterstützung zu. Es war für die westlichen Kommentatoren nicht schwer zu erkennen, daß es in Wahrheit um eine Koalition der »jungen« Mächte ging, die den Umsturz des Status quo zum Ziel hatte – und daß der Pakt insofern mindestens so sehr gegen die Westmächte als gegen die Sowjetunion gerichtet war.

Nicht anders sah es auch die sowjetische Führung – der der »Antikomintern«-Pakt allerdings hervorragende Dienste bei der Konstruktion absurder innenpolitischer Verschwörungsszenarien für die Schauprozesse und blutigen Säuberungen leistete.

Wer oder was war denn eigentlich die »Antikomintern«? Die kurze Untersuchung, die Walter Laqueur vor Jahren anhand der Akten dieser Organisation geliefert hat, fügt dem gängigen Bild noch einige Akzente hinzu. Faktisch handelte es sich um eine Unterabteilung des Goebbelsschen Propagandaministeriums. Die personelle Basis war dünn. Tatsächlich gab es mit Ausnahme Rosenbergs kaum jemanden in der NSDAP, der sich auch nur halbwegs systematisch mit dem Bolschewismus auseinandergesetzt hätte. Der Leiter Adolf Ehrt kam von der Presseabteilung der Evangelischen Kirche, sein Stellvertreter Eberhart Taubert war seit Jahren ein subalterner Goebbels-Gehilfe. Nach außen agierte die »Antikomintern« unabhängig von Staat und Partei, was eine schwächliche Nachahmung der formellen Eigenständigkeit der Komintern war.

Die Propagandaschriften, die in dichter Folge produziert wurden, hatten ein schwaches Niveau, trotz des ungeheuren Dokumentarmaterials, das durch die vielen Rückwanderer aus Sowjetrußland zur Verfügung stand. Immerhin war man geschickt genug, das Thema des »jüdischen Bolschewismus« je nach Autor und

Adressat völlig beiseite zu lassen, während es in anderen Fällen zum Hauptthema gemacht wurde. Die Auflagen waren teilweise sehr hoch, aber nur dadurch, daß die Masse der Bücher und Broschüren kostenlos verteilt wurde. Noch schwerer hatten es die Produktionen aus dem Hause Rosenberg, die sich über die russische und jüdische Rassenseele und ihre geschichtlichen Wurzeln im Völkerchaos der mediterranen und byzantinischen Welt verbreiteten, oder die Aufbereitungen der ›Protokolle der Weisen von Zion‹ für die dreißiger Jahre. Sie gingen nach Meinung der Goebbels-Leute völlig an dem vorbei, wofür das Publikum sich interessierte: nämlich für das, was in Rußland *wirklich* geschah.

Die »Antikomintern« war perspektivisch als der Keim einer *internationalen* Organisation gedacht, die der realen Komintern hätte Paroli bieten sollen. Doch alle Versuche in diese Richtung blieben erfolglos. Bestenfalls »brachte die Antikomintern buntgewürfelte Gruppen von verabschiedeten österreichischen Obersten, polnischen Priestern und japanischen Gegenspionen zusammen« – so Walter Laqueur. Eine »Erste Vertrauliche Internationale Antikommunistische Konferenz« im November 1936, parallel zum Nürnberger Parteitag, die einen Weltkongreß hätte vorbereiten sollen, zeitigte keinerlei Resultate.

Am verräterischsten ist, daß auch die nationalsozialistische Führung der »Antikomintern« nur sehr beschränkte Bedeutung zumaß. Der dringende Wunsch nach einer Radiostation, die mit den fremdsprachigen Sendungen von Radio Moskau hätte wetteifern können, blieb unerfüllt. Das ist keine Episode. Es zeigt, in welchem Grade die ganze »Antikomintern« ein Popanz war. Schon ab dem Winter 1938/39 mußte sie ihre Arbeit größtenteils einstellen. Taubert teilte intern mit, Hitler habe Befehl gegeben, die antibolschewistische Propaganda zu beenden, »um nicht die Wirkung der antijüdischen Propaganda zu schwächen«. Im August 1939 wurde das Gros des Personals entlassen. Die Presse hatte bereits am 26. August von Goebbels die Weisung erhalten, statt von der »Sowjetunion« wieder von »Rußland« zu sprechen; und dabei sei ein »sympathischer, warmer Ton« durchaus am Platze.

9

IM GEHÄUSE DES WAHNS

Der Große Terror, der in den Jahren 1937/38 an seinen Höhepunkt gelangte, sollte die letzte, endgültige Säuberung sein, die die Periode der sozialistischen Umgestaltung ein für allemal abschließen würde. Das Wahnhafte dieses Unternehmens war eine, wenn man so will, realistische Antwort auf die Tatsache, daß der Stalinsche Machtzirkel die radikal destruierte und kollektivierte Gesellschaft zwar beherrschen, aber noch immer nicht steuern konnte. In gesteigerter Form machte Stalin die Erfahrung, von der Lenin 1922 auf dem letzten Parteitag, an dem er teilnahm, gesprochen hatte – auf die Partei bezogen, doch wohl auch in eigener Sache: »Das Steuer entgleitet den Händen: Scheinbar sitzt ein Mensch da, der den Wagen lenkt, aber der Wagen fährt nicht dorthin, wohin er ihn lenkt, sondern dorthin, wohin ein anderer ihn lenkt – jemand, der illegal ist, der gesetzwidrig handelt, der von Gott weiß woher kommt, Spekulanten oder Privatkapitalisten oder die einen und die anderen zugleich –, jedenfalls fährt der Wagen nicht ganz so und sehr häufig ganz und gar nicht so, wie derjenige, der am Steuer dieses Wagens sitzt, sich einbildet.«

Der Große Terror läßt sich als ein Furor beschreiben, alle Fehlschläge und Defizite dem Wirken immer besser getarnter, immer raffinierterer feindlicher Elemente zuzuschreiben – statt sich etwa das Verfehlte des ganzen Unternehmens einzugestehen. Und das Zentrum all dieser Verschwörungen und Subversionen konnte logischerweise nur noch in der herrschenden Partei und im Staatsapparat selbst gefunden werden, denn »Spekulanten«, »Kapitali-

DER GROSSE TERROR ALS »ENDGÜLTIGE« SÄUBERUNG

sten« und sonstige »Jemands« gab es nicht mehr. Folgerichtig mußten die Verschwörer und Subversiven sich gerade unter der Maske
der Treuesten der Treuen verbergen. Damit schloß sich der Kreis.
In einem von zentralen Apparaten dominierten Gemeinwesen wie
der UdSSR der dreißiger Jahre hieß das, die gesamte Gesellschaft –
oder jedenfalls ihren aktiven, »sowjetischen« Kern – in einen Strudel der Zerstörung und Selbstzerstörung zu ziehen und in den
Bann dieser Wahnvorstellungen zu schlagen.

Die paranoide Ansicht von der eigenen Gesellschaft war zugleich durch ein immer obskureres Bild von der äußeren Welt bestimmt. Die Führer der Stalinzeit haben – ähnlich wie die meisten
Kommunisten an der Macht – ihr Land kaum jemals verlassen. Sie
lebten wie in einer Festung. Auf der einen Seite huldigten sie einem
prononcierten Internationalismus, der bereitstand, sich in alle beliebigen Fragen der Politik jedes anderen Landes einzumischen.
Aber das Gegenstück dazu war eine hysterische Furcht vor den osmotischen Einflüssen des bürgerlich-kapitalistischen Weltmarktes, die dieser durch die modernen Medien von Geld und Information und über kosmopolitische Lebensstile, Moden und Musiken
ausübte.

Von irgendeiner akuten inneren oder äußeren Bedrohung konnte
dabei in Wirklichkeit keine Rede sein – im Gegenteil. Wo immer
man den Beginn des Großen Terrors zwischen 1934 und 1937 da-
tiert, handelt es sich um eine Periode, in der die Sowjetunion von
den Widersprüchen zwischen den »alten« Demokratien und den
»neuen« faschistischen Mächten profitierte, während es im Innern
nicht einmal mehr Keime einer organisierten Opposition gab.

Doch die Situation hinter der Fassade der Industrialisierungs-
und Kollektivierungserfolge war desolat. Der Versuch, durch eine
Kombination von bäuerlicher Fronarbeit und Masseneinsatz von
Maschinerie die Landwirtschaft, wie Stalin 1929 angekündigt
hatte, »sagen wir, in drei Jahren« in »große Getreidefabriken von
50.000 bis 100.000 Hektar« oder in gigantische Viehzuchtkom-
plexe zu überführen, erwies sich als monströser Fehlschlag. Die
landwirtschaftliche Produktion erreichte erst 1936 mit Mühe wie-

der das Niveau der zwanziger Jahre – aber um welchen Preis an Menschenleben, Ressourcen und Investitionen! Die Versorgung der rasch angeschwollenen Städte und Industriezentren blieb vollkommen mangelhaft, zumal fast die gesamte Kleinproduktion, das Handwerk und die Dienstleistungen vernichtet waren. In realen Preisen gerechnet, waren die Arbeitslöhne noch 1936/37 deutlich niedriger als in den Zeiten der NÖP 1926/27 oder als in den letzten Jahren des alten Regimes.

Zwar verfügte die Sowjetunion Ende der Dreißiger über einen verhältnismäßig modernen Apparat zur Herstellung neuer Produktionsmittel und leistungsfähiger Waffensysteme – doch auf Kosten der gesamten übrigen produktiven Basis. Man stattete Moskau mit prachtvollen neuen Straßenzügen aus, plante Hochhäuser im neuen »sowjetischem Stil«, baute eine Metro – zum guten Teil mit Häftlingsarbeit –, deren Stationen feudalen Ballsälen glichen, und wollte die Stadt mit einem »Palast der Sowjets« krönen, den man als das höchste und grandioseste Bauwerk der Welt ankündigte. All diese »assyrischen« Projekte wurden aus der Substanz der menschlichen Arbeitskraft, der familiären Lebensverhältnisse sowie der natürlichen Ressourcen des Landes herausgepreßt, die dadurch an der Wurzel getroffen waren. Was den ganzen Gesellschaftsaufbau im Zweifelsfalle trug, war das zähe Selbstbehauptungsvermögen der in ein helotisches Subproletariat verwandelten Kolchosbauern, denen der Staat – da er ihnen nicht einmal Löhne zahlte – 1935 wieder winzige Landfetzen von einem viertel bis zu einem halben Hektar zur Eigenbewirtschaftung überlassen hatte, auf denen sie Kartoffeln und Gemüse anbauen und eine Kuh, ein Schwein und Federvieh halten konnten. Von den armseligen Überschüssen dieser Nebenwirtschaften lebten nicht nur die Kolchosniki selbst, sondern auch die rasch angewachsene Stadtbevölkerung.

So war die Stalinsche Parteiführung – trotz der Zerstörung aller überkommenen Klassen und sozialen Gliederungen – von ihrem Ziel weit entfernt, die Gesellschaft als ein geschlossenes Kollektiv zu organisieren und das Land »planmäßig« und »von Grund auf«, das heißt von den schwerindustriellen Fundamenten aus, nach ihren Vorstellungen zu gestalten.

Angesichts des zähen Widerstands, den die Dinge wie die Menschen ihren Vorhaben entgegensetzten, und verstärkt durch die ringsum ausbrechenden kriegerischen Konflikte, machte sich innerhalb der Stalinschen Führung nach der Kollektivierungsphase erst recht ein Denken in sozialen und politischen *Endlösungen* breit. Der Begriff einer »endgültigen Lösung« aller möglichen Probleme oder der »endgültigen Liquidierung« der noch vorhandenen Feinde geistert durch viele Dokumente dieser Jahre.

Insofern war es mehr als eine propagandistische List, daß Stalin ausgerechnet Nikolaj Bucharin, bevor er ihn als Hauptangeklagten des dritten und letzten großen Schauprozesses vorführte, Gelegenheit gab, eine neue Verfassung der UdSSR auszuarbeiten, in der der Sieg des Sozialismus und das Ende des Klassenkampfes verkündet, die »Diktatur des Proletariats« aber beibehalten wurde. Das bedeutete statt einer Entspannung eine weitere Verschärfung. Indem geleugnet wurde, daß es *echte* politische Oppositionen oder soziale Widersprüche überhaupt noch gab oder geben konnte, blieb nur die nackte Schädlingstätigkeit der »Volksfeinde« und der »Überreste feindlicher Klassen«, die auf eine von der Weltbourgeoisie angestachelte und finanzierte Subversion und Spionage hinauslief. Stalin konstruierte eine neuartige historische Gesetzmäßigkeit, als er erklärte, daß mit der Verwirklichung des Sozialismus der erbitterte Widerstand der »Reste« der ehemaligen Ausbeuterklassen nur noch wachse, wobei sie sich als Arbeiter, Bauern oder treue Parteigenossen tarnten. Daraus ergab sich die gesteigerte Notwendigkeit und Legitimation, alle versteckten »Volksfeinde« systematisch und restlos zu enttarnen und zu vernichten.

Dabei war die neue Stalinsche Verfassung auch nach Ansicht vieler westlicher Politiker und Intellektueller ein großartiges Dokument der Versöhnung von individueller Freiheit und sozialer Bindung und für manche sogar ein Höhepunkt der menschlichen Emanzipationsgeschichte schlechthin, das Grundgesetz der »Neu-

en Zivilisation« des 20. Jahrhunderts. ›A New Civilization‹ hieß
das epochale Werk von Beatrice und Sidney Webb über die Stalinsche Verfassungs- und Gesellschaftsordnung. Lion Feuchtwanger
befand in seinem Reisebericht ›Moskau 1937‹ in großer, sehr großer geschichtlicher Perspektive: »War Lenin der Cäsar der Sowjetunion gewesen, so wurde Stalin zu ihrem Augustus, zu ihrem
›Mehrer‹ in jeder Hinsicht.«

Die inoffizielle Hymne jener Jahre endete auf den Refrain:
»… denn es gibt kein andres Land auf Erden, wo das Herz so frei
dem Menschen schlägt«. Auf diesen Ton waren auch die heroischen Idyllen der Malerei gestimmt oder die byzantinischen Oden
zum Ruhme Stalins und des reichen und erfüllten Lebens, das die
Menschen unter seinem Schutz führen durften. Überhaupt war ein
Vorzeichen des heraufziehenden Großen Terrors eine gewisse Ent-
politisierung des öffentlichen Lebens, nicht nur im Lobpreis der
großartigen Aufbauleistungen oder der kühnen Abenteuer der Po-
larflieger, sondern sogar im Sinne eines kalkuliert genährten Pri-
vatspießertums. Schaut man die Ausgaben der ›Prawda‹ aus diesen
Jahren durch, findet man auf den vorderen Seiten Resolutionen
von Belegschaften und Parteiaktivs unter Schlagzeilen wie »Erschießt die trotzkistischen Spione wie tollwütige Hunde!«, während auf den hinteren Seiten neue Filme – darunter sorgsam ausge-
wählte ausländische Streifen – oder ein eben eröffnetes Tanzcafé
den Bewohnern der Hauptstadt annonciert wurden. Sosehr es sich
um die Fassade einer »Weltstadt« handelte, um eine soziale Mimikry, soviel verraten diese Arrangements über Psychologie und
Ideologie der leitenden Akteure.

Tatsächlich traf sich die Große Säuberung, so paradox das auch erscheint, in ihren Anfängen mit den Ruhebedürfnissen wie mit den
Racheimpulsen der erschöpften, radikal durcheinandergeschüttel-
ten Gesellschaft. Das war, um den Begriff Trotzkis aufzunehmen,
ein populäres Thermidorianertum: das Bedürfnis nach Ruhe und
Ordnung, geschützt durch einen Staat, der sich in diesen Jahren
mit vielen traditionellen Insignien versah – von den Uniformen für

Diplomaten und den Achselstücken für Offiziere bis zu den Bratenröcken für Akademiker und den hellen Sommeranzügen für die Stachanowisten, überwölbt von einem Neoklassizismus der öffentlichen Repräsentation, der dem ganzen Leben seinen Stil aufzuprägen begann. Der »sozialistische Realismus« in der Literatur verhieß eine Rückkehr zum hergebrachten Erzählen, den Beginn einer neuen sozialistischen Klassik, die unmittelbar an die große russische Literatur des 19. Jahrhunderts anknüpfte.

Viele Intellektuelle und Staatskünstler dieser Ära – Schriftsteller wie Maxim Gorki, Alexej Tolstoi oder Ilja Ehrenburg, Theaterregisseure wie Stanislawski und Nemirowitsch-Dantschenko, Maler wie Alexander Gerassimow oder Architekten wie Boris Iofan – waren denn auch nicht Leute mit lupenreiner revolutionärer Vergangenheit, sondern im Gegenteil solche, die nach der Oktoberrevolution eher als »Mitläufer« eingestuft worden waren oder die sich als späte patriotische »Rückkehrer« dem Regime zur Verfügung gestellt hatten. Dagegen verschwanden viele der Einpeitscher und Scharfmacher aus der Zeit des »Umbruchs« nun im Orkus der Großen Säuberung. Selbst ein so vollkommen an den Rand der Sowjetgesellschaft gedrängter Autor wie Michail Bulgakow, ein ehemaliger »Weißer« und Smena Wech-Mann, verfolgte nach dem Zeugnis seiner Witwe Jelena mit grimmiger Befriedigung, wie die schärfsten Kritiker seiner Stücke, die Propagandisten einer reinen »proletarischen Literatur«, einer nach dem andern als »Trotzkisten« angeprangert wurden und jenes Schicksal erlitten, das sie den Opfern ihrer Attacken zugedacht hatten.

Dabei war der Große Terror der Jahre 1937/38 eigentlich nur eine Spitze in einem niemals nachlassenden Prozeß der Zurichtung der Gesellschaft und der Abtragung aller gerade neu konsolidierten sozialen Schichtungen. Was war es dann, das diese Ereignisse von allen früheren Wellen der Repression und allen vorangegangenen sozialen Katastrophen unterschied? Weshalb haben sie sich dem Gedächtnis der sowjetischen Gesellschaft so besonders tief eingeprägt? War das nur deshalb der Fall, weil der Terror jetzt auch die Kommunisten und die vielen Intellektuellen und Künstler traf, die später darüber geschrieben haben? Mit diesem Argument hat sich Alexander Solschenizyn dagegen verwahrt, den Schrecken der Epoche auf ein mythisches »1937« einzugrenzen. Aber so richtig es ist, die Anfänge des bolschewistischen Terrors auf das Jahr 1917 zurückzudatieren, es ändert nichts daran, daß jene »Tschistka« oder Große Säuberung, die sich hinter der Fassade der Moskauer Schauprozesse vollzog, die Gefängnisse in Schlachthäuser verwandelte und das Land mit Massengräbern überzog, ein Kulminationspunkt aller vorausgegangenen Prozesse war. Diese Erfahrung erschütterte das Existenzgefühl der damals Lebenden in einer Weise, das sie noch über Generationen nachwirkte.

Nach offiziellen Angaben sind allein in den beiden Jahren 1937/38 über 1,5 Millionen Menschen verhaftet worden. Über 1,3 Millionen von ihnen wurden durch *Sondergerichte* verurteilt und mehr als die Hälfte (681.692 Menschen) erschossen. Aber das sind nur die Zahlen , die 1963 in einem internen Bericht des KGB an das Zentralkomitee der KPdSU standen. Vieles deutet darauf hin, daß Tausende, Zehntausende, Hunderttausende Menschen von regulären Gerichten als »Kriminelle« verurteilt oder von den »Organen« selbst ohne jedes Verfahren deportiert oder erschossen wurden. Wie viele Häftlinge unter der Folter gestorben oder in den überfüllten Gefängnissen qualvoll zu Tode gekommen sind, ist ebenfalls unbekannt. Nach den Unterlagen der Gulag-Verwaltung sollen 1937/38 etwa 120.000 Häftlinge in den Lagern gestorben sein. Doch das sind nur die amtlich gemeldeten Todesfälle. In den sehr hohen Zahlen von angeblich »Überführten« oder »Entlassenen« könnten die Schicksale jener Häftlinge verborgen sein, die allen Berichten zufolge auf den Transporten oder in den überfüllten Etappenlagern in Massen erfroren und verhungert sind. Auch in den Lagern gab es im übrigen Massenerschießungen, von denen nicht klar ist, inwieweit die Opfer »verbucht« wurden. Vor allem 1939 bis 1941, in den ersten Jahren unter Berija, hat man die Erschießungen möglicherweise bewußt kaschiert. Schließlich lebten jenseits der Lagerzäune noch einmal so viele oder sogar mehr Deportierte als »Sondersiedler« (*spezposelenzy*) in den dafür ausgewiesenen, unwirtlichen Gebieten des Nordens oder waren anderen Einrichtungen der Zwangsarbeit zugeteilt, insbesondere den auf den Großbaustellen eingesetzten »Arbeitsbataillonen«. Dazu kamen Millionen Verbannte, halbfreie Strafentlassene und wegen »Paßvergehen« aus den Städten Ausgewiesene, die nicht selten ohne Existenzmittel blieben und an Krankheit und Entkräftung zugrunde gingen, da es riskant war, sie einzustellen. Von all diesen Sektoren jenseits der Gefängnisse und der Lagerwelt des Gulag gibt es keine Todeszahlen, da sie als »natürliche« Tode verbucht wurden.

So wird man allein für die beiden Schreckensjahre 1937/38 realistisch mit *wenigstens* einer Million gewaltsam zu Tode gebrachten Menschen sowie etwa drei bis vier Millionen frisch verhafteten oder bereits früher verurteilten Lagerhäftlingen in den Händen der Staatssicherheitsorgane zu rechnen haben. Diese Zahlen laufen den Aussagen einiger westlicher »Revisionisten« der siebziger und achtziger Jahre, die zeitweise nur von »vielen tausend« Opfern sprechen wollten, da das Phänomen des Großen Terrors schlecht in ihr Bild einer in dynamischer »sozialer Aufwärtsmobilisation« befindlichen Sowjetgesellschaft paßte, deutlich zuwider. Andererseits sind die heute festgestellten Opferzahlen um einiges niedriger als die, die sowjetische Dissidenten wie Alexander Solschenizyn oder Roy Medwedew und westliche Autoren wie Robert Conquest nach Häftlingsberichten errechnet hatten. Hier ging man im allgemeinen von zwanzig Millionen Gefangenen, sieben Millionen Neuverhafteten und bis zu vier Millionen Todesopfern allein in den beiden Terrorjahren 1937/38 aus.

Daß Zeiten des Schreckens, die Hekatomben von Opfern gefordert haben, sich ihre mythischen Ziffern schaffen, ist begreiflich. Die bis jetzt ermittelten, Gott sei Dank niedrigeren Zahlen bedeuten demgegenüber eine Korrektur – aber keine Revision! Denn sie künden unverändert von einer Periode des konzentriertesten Terrors, für den man keinen annähernden historischen Vergleich findet. Wann jemals sind – mitten im Frieden – eine Million Bürger eines Staates in weniger als zwei Jahren durch ein von höchster

Stelle beschlossenes und zentral durchgeführtes Massaker ermordet worden?

Den mittlerweile zugänglich gewordenen Dokumenten zufolge kann man vier Hauptstoßrichtungen der Großen Säuberung unterscheiden, die ineinandergegriffen, aber ganz verschiedene »Ströme« und Kategorien von Opfern produziert haben. Man kann sie auch als eine Kette einander überlagernder Säuberungsaktionen sehen, die jeweils eigene Charakteristika aufwiesen. Zu unterscheiden sind: erstens der Versuch des Stalinschen Zentrums, die Partei und den Parteiapparat, die staatlichen Institutionen und Bürokratien einschließlich der bewaffneten Organe, der Justiz und der Sicherheitsdienste einem totalen »Blutaustausch« zu unterziehen; zweitens der Versuch einer »endgültigen Liquidierung« aller Reste gewesener Klassen, insbesondere der »Kulaken« und anderer Kategorien von »Ehemaligen« (Offiziere, Intellektuelle, Kaufleute, Industrielle, Abkömmlinge adeliger Familien), wobei man offenbar hoffte, auch bestimmte politische Gegner und dissidente Milieus ein für allemal auszuradieren; drittens der Versuch einer Auflösung aller »verdächtigen nationalen Gruppen«, das heißt einer »ethnischen Säuberung« der sowjetischen Städte und Gebiete mit dem Ziel, etwaige familiäre und persönliche Verbindungen zum »feindlichen Ausland« zu kappen und die Abschließung des Landes zu vollenden; und viertens der Versuch, mit den Werkzeugen des physischen Terrors die wissenschaftliche, musische und sonstige kulturelle Produktion gleichzuschalten und sie durch eine artifizielle Staats- und Nationalkultur zu ersetzen, in deren Zentrum Stalin selbst stand.

Der Schlag gegen den Partei- und Staatsapparat bleibt das Kernstück und das eigentliche Rätsel der Großen Säuberung, auch wenn nach heutigem Erkenntnisstand nur etwa ein Drittel der Opfer auf die verhafteten Parteikader, Wirtschaftsleiter und Militärs entfielen. Parallel zu den drei großen Moskauer Schauprozessen – vor allem nach dem Februarplenum des Zentralkomitees 1937 – rollte eine beispiellose Verhaftungswelle. So wurden binnen anderthalb

Jahren festgenommen: 98 von 139 Mitgliedern des 1934 gewählten Zentralkomitees, das waren etwa 70 Prozent des Bestandes, darunter fünf Mitglieder des Politbüros; 1.108 von 1.966 Delegierten des letzten Parteitages der KPdSU von 1934, der sich als »Parteitag der Sieger« bezeichnet und bereits einen weitgehenden Generationswechsel vollzogen hatte; 319 von 385 Parteisekretären der Gebiete sowie 2.210 von 2.750 Parteisekretären der Distrikte, das heißt nahezu die gesamte mittlere und untere Kaderebene; 72 von 93 Mitgliedern des ZK des Komsomol, der Jugendorganisation der Partei.

Jede einzelne Verhaftung trug Züge einer Kettenreaktion, die von oben nach unten oder von unten nach oben verlaufen konnte. Und diese Prozesse wiederholten sich. Es heißt, daß 1937/38 das Führungspersonal in den Provinzen im Durchschnitt fünf- bis sechsmal ausgewechselt worden sei. In einzelnen Republiken und Orten geriet auf diese Weise beinahe die gesamte Parteimitgliedschaft in die Hände der »Organe«. Das betraf vor allem eine Reihe nichtrussischer Republiken, am härtesten wohl die Ukraine, wo von 200 Mitgliedern des ZK lediglich drei überlebten. Die schon mehrfach »gesäuberte« Ukrainische KP dürfte bis 1938 nahezu vollständig ausgelöscht beziehungsweise ausgetauscht worden sein. Nicht anders sah es in der Geburtsstadt der bolschewistischen Revolution aus, in Leningrad, wo seit dem Kirow-Mord im Dezember 1934 die Verhaftungen grassierten, bis schließlich etwa 90 Prozent der früheren Mitglieder in die Mühlen des Terrors geraten waren.

Nicht jeder, der verhaftet wurde, wurde erschossen (von den Parteimitgliedern waren es wohl etwa 30 Prozent). Und nicht jeder, der aus der Partei verstoßen wurde, wurde auch verhaftet. Aber er verlor in der Regel seinen Arbeitsplatz und lebte das Leben eines Paria, der unter der Aufsicht der »Organe« stand und meist schlimmer dran war als ein beliebiger Parteiloser.

Betrachtet man die Entwicklung der Mitgliederzahlen insgesamt, dann hatte die Partei zu Beginn des Jahres 1933 mit 3,55 Millionen Mitgliedern und Kandidaten ihren höchsten Bestand erreicht. Bis

1935 war er auf 2,35 Millionen gesunken – was bedeutet, daß im Zuge der noch mit konventionellen Methoden durchgeführten Säuberung zwischen 1933 und 1935 mindestens 1,2 Millionen ihr Parteibuch abgeben mußten. Im Zuge der Großen Säuberung 1937/38 sank die Zahl der Mitglieder auf 1,92 Millionen; 1939 stieg sie wieder auf 2,31 Millionen an, was etwa dem Stand von 1935 entsprach. Allerdings heißt es, daß in den fünf Jahren zwischen 1934 und 1939 etwa 1,2 Millionen *neue Mitglieder* aufgenommen worden seien. Das wiederum bedeutet, daß in diesen wenigen Jahren außer den Hunderttausenden in Lager verbrachten oder erschossenen Parteimitgliedern weitere Hunderttausende durch den Parteiausschluß sozial vernichtet und durch meist blutjunge Nachrücker ersetzt wurden. So saßen unter den Delegierten des Parteitages vom März 1939 nur eine Handvoll Delegierte des »Parteitages der Sieger« von 1934.

Sämtliche Zahlen besagen nichts anderes, als daß die 1917 zur Macht gekommene und im Laufe der Zwanziger schon völlig umgewälzte Partei der Bolschewiki im Zuge der Säuberungen der dreißiger Jahre weitgehend *ausgelöscht* und *neu konstituiert* wurde. Die Rede vom »Blutaustausch« gewann durch diesen gewaltsamen Personalwechsel einen beklemmend wörtlichen Sinn.

Die Liquidierung und Neukonstituierung der Partei bedeutete nach dem Prinzip der »Nomenklatura« zugleich die Liquidierung und Neukonstituierung großer Teile des vorhandenen Staats-, Wirtschafts- und Verwaltungsapparates. 1937/38 wurden ein Drittel der Volkskommissare, das heißt der Regierungsmitglieder, und die Hälfte aller stellvertretenden Minister verhaftet oder erschossen. In den am schwersten betroffenen Ministerien wurden nahezu alle leitenden Funktionäre festgenommen, wenig später auch ihre Nachfolger – und das gleich mehrere Male.

Von der Regierungsebene griff die Welle des Terrors auf die Fabrikdirektoren und leitenden Ingenieure über, die den Ministerien direkt unterstellt waren. Die Verhaftungen fraßen sich nun wie Schwelbrände immer weiter nach unten. Aber ebensogut konnten irgendwelche »Fälle« ganz unten sich als Kettenreaktion durch alle Stufen der Hierarchie bis nach oben fortpflanzen. Es waren so etwas wie Verhaftungsepidemien, die sich, wie Solschenizyn anschaulich geschildert hat, »durch Händedruck, Atem, eine zufällige Begegnung« wie eine Krankheit verbreiteten. Auf dem Parteitag 1939 stellte Kaganowitsch trocken fest, infolge der Säuberungen sei »1937 und 1938 das leitende Personal in der Schwerindustrie vollständig ausgetauscht worden«. Das war der Bereich, für den er zuständig war.

Der nächste und entscheidende Schlag der Säuberung des Staatsapparates richtete sich ab Mai 1937 gegen die Armee, die theoretisch als einzige soziale Größe außerhalb der Partei noch handlungs-, das heißt widerstandsfähig war – und von den internationalen Zeitungen mit solchen Spekulationen geradezu bombardiert wurde. Die ersten Verhaftungen hatten schon 1936 in aller Stille eingesetzt. Am 11. Juni 1937 kündigte dann die Presse einen Geheimprozeß gegen den stellvertretenden Verteidigungsminister und eigentlichen Führer der Armee, Marschall Tuchatschewski, sowie gegen sieben weitere hohe Generäle an, allesamt Helden des Bürgerkrieges, des Krieges mit Polen oder der Kämpfe gegen die Japaner in der Mandschurei. Sie wurden unter dem Vorwurf, den Führer ermorden und das Land dem Feind ausliefern zu wollen, in einem beschleunigten Verfahren zum Tode verurteilt.

In den folgenden zehn Tagen verhaftete man 980 weitere hohe Offiziere. Die Armee wurde buchstäblich enthauptet. Von dort ging es die Befehlshierarchien hinunter. Alles in allem wurden von Mai bis September 1937 rund 35.000 Offiziere festgenommen, 1938 dann noch einmal mehrere tausend. Das bedeutet, daß von den 178.000 Offizieren, die die Rote Armee insgesamt zählte, etwa ein Viertel verhaftet wurde, je höher der Dienstrang, um so mehr. Man weiß, daß in den Jahren nach Ausbruch des Zweiten Weltkrieges ungefähr 11.000 Offiziere wieder ihren Dienst aufnahmen. Doch mehr als 30.000 blieben verschwunden und dürften zum größten Teil erschossen worden oder in den Lagern umgekommen sein. Auch für ein solches Massaker im Offiziersbestand einer Armee kennt die Geschichte wohl keine Beispiele.

Dabei fällt es schwer, diese Säuberungen als Ausdruck einer Kriegs- oder Vorkriegshysterie der politischen Führung zu sehen. Denn daß eine Armee, deren erfahrenes Offizierskorps zum großen Teil ausgelöscht wird, eine dramatische Einbuße ihrer Kampfkraft erleiden mußte, war offensichtlich. Die Gründe des Massakers wie des Großen Terrors überhaupt können daher nur in der Innenpolitik gesucht werden – im Bestreben der Stalinschen Führung, alle Zentren einer möglichen Gegenmacht prophylaktisch zu eliminieren. Nach außen hin muß man sich – entgegen der eigenen Rhetorik – sehr sicher gefühlt haben.

Ein Hinweis auf die Motive zur Auslösung des Großen Terrors findet sich möglicherweise in jenem Telegramm, das Stalin im September 1936 aus seinem Urlaubsdomizil in Sotschi an einige Politbüromitglieder schickte, worin er die Ablösung Genrich Jagodas als Chef des NKWD und seine Ersetzung durch den Funktionär des Zentralkomitees, Nikolaj Jeshow, forderte. Darin stand der ominöse Satz, Jagoda habe sich bei der Entlarvung des »Trotzkistisch-Sinowjewistischen Blocks« offensichtlich »um vier Jahre verspätet«. Mit anderen Worten: Die Säuberung der Partei mittels offenen Terrors hätte schon 1932 beginnen müssen!

Das Jahr 1932 bedeutete auch in der Sowjetunion eine letzte Weichenstellung – ähnlich wie in Deutschland, aber völlig unabhängig davon. Der ehemalige Wirtschaftsredakteur des KPD-Zentralorgans ›Rote Fahne‹, Günter Reimann, will bei seinem Besuch im April 1932 in Moskau mehr oder weniger offene Diskussionen über die Notwendigkeit einer »neuen NÖP« verfolgt haben, eines neuen zeitweiligen Rückzugs also, über den sich nicht nur die Anhänger der früheren Links- und Rechtsopposition, sondern auch viele der Parteigänger Stalins einig gewesen seien. Das war keine klare politische Forderung, sondern nur ein Wunsch, eine Meinung, eine verbreitete Stimmung. Doch darin drückte sich eine zunehmende Müdigkeit und Frustration aus, die gerade die Propagandisten der Kollektivierungs- und Industrialisierungsschlachten erfaßt hatte.

Seit dem Beginn der Kollektivierung 1930 hatte sich eine Reihe *neuer* Oppositionszirkel aus Partei-, Industrie- und Militärkadern gebildet, die später in der Sprache der Säuberungen als Rechts-links-Blocks bezeichnet wurden, weil sie die fraktionellen Spaltungen überwinden wollten. Sie alle waren bereits mit Parteiausschlüssen und sonstigen Repressalien bedacht worden, aber noch nicht völlig vom politischen Leben ausgeschlossen. Am weitesten war eine Gruppe um den ehemaligen Armeekommandeur und ZK-Kandidaten Martemjan Rjutin gegangen. In einem »Appell an die Mitglieder der Vereinigten Kommunistischen Partei« beklagte sie die Vernichtung der Landbevölkerung, den Zusammenbruch jeder wirklichen Wirtschaftsplanung und ein Regime der Gesetzlosigkeit und des Terrors, dessen Träger »Karrieristen, Heuchler und Lakaien« seien. Die Freiheit von Kunst und Wissenschaft sei zerstört, die Publizistik zu einer »Lügenfabrik« degradiert. Eine Abkehr von dieser verhängnisvollen Politik ließe sich nur erreichen, wenn »Stalin und seine Clique« gestürzt wurden. Und da diese »ihre Positionen nicht aufgeben werden, nicht aufgeben können, müssen sie mit Gewalt vertrieben werden«.

Das war zum ersten Mal seit langem wieder eine Sprache des politischen *Kampfes*. Rjutin und seine Mitfrondeure forderten die Wiederherstellung der Einheit der Partei und ein gemeinsames Vorgehen der Mehrheit gegen Stalin, den »Totengräber der Revolution«. Wahrscheinlich konnte, so wie die Dinge lagen, eine Opposition auch gar keinen anderen Weg mehr gehen. Das »Volk« oder »Proletariat« war eine politisch unerreichbare, amorphe Größe geworden. Ebendeshalb waren die Handlungsspielräume winzig. Die Verteilung des »Appells« an unzufriedene Parteimitglieder endete binnen kürzester Frist mit der Verhaftung aller Beteiligten. Rjutin verurteilte man zu zehn Jahren Lager; acht Jahre später wurde er im Zuge des Großen Terrors erschossen.

Stalin soll bereits 1932 verlangt haben, Rjutin und seine Mitverschwörer mit dem Tode zu bestrafen; und mit dieser Forderung sei er zum ersten Mal seit langem auf den Widerstand einer Mehrheit des Politbüros getroffen. Noch galt für die verstoßenen und verhafteten Führer der Partei ein ungeschriebenes Gesetz des *Habeas corpus*: Man konnte sie einsperren, verbannen, schikanieren – aber nicht foltern und töten. Aus dem Ungehorsam des Politbüros dürfte das deutliche Bewußtsein gesprochen haben, daß es kein Halten mehr geben würde, wenn die Schärfe der gesellschaftlichen Widersprüche und die terroristischen Methoden ihrer Lösung in die zentralen Parteigremien selbst vordrängen.

Durch sämtliche Schau- und Geheimprozesse der folgenden Jahre geisterte die Beschuldigung gegen Mitglieder des Politbüros und des Zentralkomitees, an der »Verschwörung Rjutins« beteiligt gewesen zu sein, die damit zum Gründungsakt einer *»Vereinigten Opposition«* stilisiert wurde. Darin zeigte sich jedenfalls, was Stalin tatsächlich fürchtete – nur daß in der Realität davon überhaupt keine Rede sein konnte.

In Wirklichkeit hatten die von Stalin und seinen Kumpanen verdrängten historischen Parteiführer – mit Ausnahme des abgeschobenen Trotzki – sich nach einer Kette von Ausschlüssen, Verbannungen und Wiedereinstellungen einer nach dem anderen von ihren früheren Positionen öffentlich distanziert. Sie hatten, wie es offiziell hieß, die Waffen gestreckt und kapituliert. Natürlich gab es Gespräche zwischen den aus der Verbannung oder Haft zurückgekehrten Führern der ehemaligen »linken« und »rechten« Fraktionen, wie die GPU-Spitzel berichteten. Bei Dienstreisen einzelner Exoppositioneller kam es gelegentlich sogar zu Treffen mit Vertretern trotzkistischer oder menschewistischer Organisationen im westlichen Ausland. Wieso auch nicht? Viel bemerkenswerter war ja die vollkommene Passivität der ehemals so bewunderten oder gefürchteten Revolutionäre und ihre Scheu, irgendeinen praktischen Schritt zu tun, nachdem man sie unter vielen Vorbedingungen wieder in die Partei aufgenommen hatte. Auch die, die hohe Posten behalten hatten, wie der außerordentlich fähige Pjatakow, der der eigentliche Stratege der Industrialisierungskampagne war, blieben politisch eigentümlich gelähmt. Im Grunde galt das für die ganze Generation der intellektuellen Altbolschewiken. Arthur Koestler hat nach seinen Begegnungen mit einigen von ihnen Anfang der dreißiger Jahre ein eindrucksvolles Kollektivporträt gezeichnet: »Sie waren alles müde Männer ... Ich habe nirgends so erschöpfte Männer gesehen wie ... unter der Garde der Altbolschewiken. Es war nicht nur eine Folge der Überarbeitung, der nervösen Anspannung und der Sorge. Es war die Vergangenheit, die man ihnen anmerkte ...; die Jahre, in denen sie sich an die Regeln eines Spiels halten mußten, in welchem verlangt wurde, daß das Leben eines Menschen jederzeit auf dem Spiele stand. Sie waren in der Tat ›Tote auf Abruf‹, wie Lenin sie genannt hatte ... Die Geschichte hatte sie bis zum letzten Tropfen ausgequetscht, bis zur letzten Kalorie ausgebrannt; dennoch glühten sie immer noch in erstarrter Hingabe, wie phosphoreszierende Leichen.«

Immerhin war bei all ihren demütigenden Kapitulationsakten noch ein gewisses politisches Kalkül mit im Spiel: Sie warteten auf den Moment, an dem die Stalinsche Parteiführung selbst einsehen mußte, daß sie den Bogen überspannt hatte. Und offenkundig hofften sie, daß man sie dann »rehabilitieren« oder sogar in die Parteiführung zurückberufen werde. Aber mehr denn je war ihnen auch bewußt, daß auf jedem innerparteilichen Dissens das ganze Gewicht der gesellschaftlichen Widersprüche lastete. Jede Lockerung der Diktatur, jedes Anzeichen von Unsicherheit auf seiten der Machthabenden konnte eine soziale und politische Kettenreaktion auslösen, für die sie niemals die Verantwortung hätten übernehmen wollen. Selbst Trotzki verfolgte in diesen Jahren noch eine Doppelstrategie: Während er einerseits die Fiktion eines auf ihn eingeschworenen linken Parteiflügels aufrechterhielt, der über das nach alter bolschewistischer Tradition konspirativ eingeschmuggelte »Bulletin der Opposition« und über seine Emissäre miteinander verbunden sei, appellierte er andererseits – zuletzt im Mai 1933 – an das Stalinsche Politbüro, erneut mit ihm zusammenzuarbeiten und die Parteieinheit wiederherzustellen. Dabei waren Trotzki und sein Sohn Lew Sedow bereits von GPU-Spitzeln umkreist, und es wurden die ersten terroristischen Anschläge auf ihn und seine Familie verübt. Stalin hatte der GPU freie Hand gegeben, »Trotzki zu erledigen«.

So gab es den angeblich 1932 geschmiedeten »Vereinigten Links-rechts-Block«, der sich den späteren Anklagen zufolge auf eine Politik der terroristischen Attentate und der umfassenden Subversion geeinigt habe, allein in der Stalinschen Phantasie. Ob er wirklich glaubte, was ihm Jeshow in Form immer neuer »Beweise« und »Aussagen« zutrug, oder ob diese Behauptung einfach der Knüppel war, um die alte Partei völlig zu zerschlagen, bleibt offen.

Dafür hatte die auf »Versöhnung« gerichtete Stimmung im Politbüro und ZK Stalin klargemacht, daß diese Partei mitsamt ihrem Führungspersonal noch längst nicht das Instrument war, das er brauchte. Um in den sozialen und ökonomischen Umwälzungen obenauf zu bleiben, bedurfte es einer Partei völlig anderen, stalinistischen Typs. Jahre später, auf dem Höhepunkt der Säuberungen, beschrieb er sie in den Kategorien eines stehenden Heeres: Von ihm und seinem Generalstab abgesehen, bildeten 3.000 bis 4.000 Führungskader die obere Kommandoebene; 30.000 bis 40.000 waren Offiziere im Felddienst, 100.000 bis 150.000 stellten das Korps der Unteroffiziere. Die übrigen 90 Prozent waren einfache Parteisoldaten. Ein solches Instrument ließ sich nur durch einen abermaligen, notfalls auch mehrmaligen »Blutaustausch« schaffen.

Ob Stalin das Attentat gegen Sergej Kirow am 1. Dezember 1934 wirklich selbst befohlen hat, wie Chruschtschow 1956 andeutete, konnte bislang nicht zweifelsfrei bewiesen werden, selbst wenn alle Indizien in diese Richtung weisen. Kirow war ein treuer Gefolgsmann, aber eben auch ein potentieller Rivale, der der Leningrader Parteiorganisation vorstand, gut aussah, ein blendender Redner war und sich noch nicht kompromittiert hatte. Falls das Attentat jedoch wirklich die Tat eines einzelnen war, würde dies die Parallelen zum Reichstagsbrand in Deutschland um so mehr unterstreichen. Wie die Führer der Nationalsozialisten packte Stalin die Gelegenheit beim Schopfe, indem er sofort nach Leningrad reiste und eine Untersuchung der »verbrecherischen Verschwörung« ankündigte, die vor nichts und niemandem haltmachen würde. Einem in derselben Nacht erlassenen, offenbar schon vorbereiteten Dekret zufolge waren terroristische Delikte ab jetzt im Schnellverfahren durch »Sonderkollegien« zu verhandeln und grundsätzlich mit Erschießung zu ahnden – ohne Berufungsmöglichkeit. Unmittelbar darauf warf man Sinowjew und Kamenew öffentlich vor, Drahtzieher des Attentates zu sein. Tage später wurden sie und mehrere hundert ihrer früheren Anhänger verhaftet.

Das ganze Jahr 1935 hindurch wütete in Leningrad bereits der Große Terror. Hunderte von »Ehemaligen« – Menschewiken, Weißgardisten, Offiziere – wurden gleich nach dem Attentat zur Abschreckung erschossen, Tausende festgenommen, Zehntausende ausgewiesen. Auch unter den Parteimitgliedern und Funktionären wie unter den einfachen Leuten gab es zahllose Verhaftungen. Wenn Solschenizyn Berichte zitierte, wonach »von Leningrad in den Jahren 1934/35 ein Viertel *weggesäubert* wurde«, war das gewiß weit übertrieben. Aber so hatte es sich dem mythischen Gedächtnis derer, die diese Zeit erlebten, offenbar eingegraben.

Aus den NKWD-Berichten, die unlängst ausgewertet wurden, ergibt sich im übrigen, daß der Kirow-Mord in Leningrad mit einer Woge sozialer Unrast einherging und alle aufgestauten Erbitterungen nach oben schwemmte. Die Aufhebung der 1929 eingeführten Brotrationierung wurde fast durchweg als Ankündigung massiver Preissteigerungen für Grundnahrungsmittel verstanden. Das Hungergespenst ging wieder um. In den Schlangen vor den Brotläden und selbst auf den überall abgehaltenen Trauerversammlungen redete man erstaunlich offen darüber; ebenso wurden undeutliche, aber weitreichende Vermutungen über das Attentat angestellt.

Für viele war Kirow, der außerhalb der Partei kaum Sympathien genoß, der Rache des Volkes zum Opfer gefallen, und der Attentäter Nikolajew erschien als ein Held und Tyrannenmörder in der Tradition der Narodowolzen und Sozialrevolutionäre. So notierten die Spitzel Äußerungen wie »Das soll ihnen eine Lehre sein« (so ein Kolchosbauer) oder »*Tak i nado* – so ist es richtig, das ist genau, was sie verdienen, weil die Leute erschöpft sind und vor Hunger schon ins Gras beißen« (Smirnow, ein mehrfach entlassener Arbeiter). Vielfach gab es offene Proteste gegen die Trauerfeiern für Kirow, weil es viel wichtiger sei, über die Brotpreise zu reden. Der Arbeiter Kanin in den Lenin-Werken sagte: »Ich spucke auf diese Versammlung, die sollen mir meinen Lohn zahlen.« Besondere Wut weckte die Aufforderung, einen halben Tag umsonst zu arbeiten, um eine Luftwaffenstaffel zu Ehren Kirows zu finanzieren. Ein Arbeiter sagte: »Warum sollen wir umsonst arbeiten? Der Teufel hol die ganze Regierung und Kirow.«

Andere sahen das Attentat als Zeichen blutiger Abrechnungen unter den Machthabern und als Krise des Systems. Dabei wurde Kirow im Verhältnis zu Stalin und dessen Moskauer Gefolgsleuten nur selten als ein »Gemäßigter« eingestuft. Er war einer von »denen«, die dem Volk als eine ferne, feindliche und anonyme Macht gegenüberstanden.

Aus früheren Spitzelberichten war im übrigen hervorgegangen, daß die Gewaltbereitschaft unter den Jugendlichen und Komsomolzen, aber auch unter den enttäuschten und hinausgesäuberten Parteimitgliedern wuchs. Das zitierte Tagebuch des Moskauer Komsomolzen Stepan Podlubny berichtet ebenfalls davon. Der Kirow-Attentäter Nikolajew war einer der vielen resignierten Kinderkommunisten der Bürgerkriegsjahre, der unter dem neuen Regime keine Karriere gemacht hatte. Seinem Tagebuch zufolge sah er sich selbst direkt in der Tradition der Zarenmörder und Terroristen des 19. Jahrhunderts.

Ein merkwürdiger Reflex und zugleich ein verstärkendes Element dieser Stimmung war, daß die offizielle Propaganda ihrerseits in einer geradezu obsessiven Weise von geplanten Attentaten auf Stalin, Molotow oder Kaganowitsch zu reden begann – bis es fast eine Frage der Rangfolge war, wie oft ein Parteiführer als angebliches Objekt terroristischer Anschläge genannt wurde. Aber dies führt bereits zu den Mysterien der Schauprozesse und anderer Merkwürdigkeiten des Großen Terrors.

Die drei großen Moskauer Schauprozesse – im August 1936, Januar 1937 und März 1938 – bleiben trotz allem, was man heute über sie weiß, so unbegreiflich, wie sie es immer waren. Warum sie veranstaltet wurden, liegt allerdings auf der Hand. Ohne sie wäre die Große Säuberung gar nicht möglich gewesen, jedenfalls nicht ihr Kernstück, die Vernichtung der historischen Partei der Bolschewiki. Man *brauchte* solche öffentlichen Schuldbekenntnisse aus dem Munde eines Sinowjew, Kamenew, Pjatakow, Radek, Rykow oder Bucharin, wenn irgend jemand glauben sollte, daß nahezu sämtliche Gründungsfiguren der Sowjetunion, mit Ausnahme Stalins und seiner engsten Kumpane, von Beginn an bestrebt waren, die Revolution, die sie gerade machten, und den Staat, den sie errichteten, auch schon zu sabotieren und zu verraten. Natürlich hätte man sie wie die Masse der Verhafteten in Geheimverfahren aburteilen können. Doch das hätte aufs Ganze gesehen eben nicht genügt. Man mußte sie auch *politisch vernichten.* Und dafür bedurfte es ihrer Mitwirkung. Sie war entscheidend, zumal für die schwerwiegenden Anschuldigungen – Verschwörungen und Attentate – kein einziger dokumentarischer Beweis vorgelegt wurde.

Trotzki hat in seinem »Bulletin der Opposition« allen Spott und Sarkasmus, deren er fähig war, über die absurde Konstruktion der Anklage ausgegossen, der zufolge er alle Verhafteten angestiftet und dirigiert haben soll: »Es genügt, wenn Trotzki ihnen zublinzelt, und die Veteranen der Revolution werden zu Agenten Hitlers oder des Mikado. Nach Trotzkis Instruktionen, die vom besten Korrespondenten der TASS überbracht werden, zerstören die Leiter der Industrie, der Landwirtschaft, des Transportwesens die Produktionsressourcen des Landes, … und hochgeschätzte Ärzte vergiften ihre Patienten im Kreml. Dieses erstaunliche Bild malt Wyschinski, aber dabei entsteht eine Schwierigkeit. Im totalitären Regime schafft der Apparat eine Diktatur. Nun, wenn meine Söldlinge alle Schlüsselpositionen im Apparat eingenommen haben, warum sitzt dann Stalin im Kreml und ich in der Verbannung?«

So ließ sich mit wenigen blitzenden Sätzen das absurde Gewebe der Anklagen zerreißen. Nur, warum glaubte fast die ganze Welt dennoch Wyschinski und nicht Trotzki? Vielleicht gerade wegen der Unwahrscheinlichkeit der Vorwürfe. Je größer die Lüge, um so wehrloser macht sie. Wenn sich gebildete und – wie man fälsch-licherweise annahm – durch alle Härten der zaristischen Unter-drückung gegangene Leute wie diese Altbolschewiken, statt sich, wie es alle anderen getan hätten, zu verteidigen oder wenigstens zu schweigen, in pathetischer Rede selbst all der Untaten bezichtig-ten, die ihnen vorgeworfen wurden, dann mußte irgend etwas dran sein. Auf den einfachen Gedanken, daß nur die Angeklagten, die *bereit* waren, diese Rolle zu spielen, auch einen Prozeß erhielten, kam offenbar niemand.

Lion Feuchtwanger, der den zweiten Schauprozeß im Januar 1937 beobachtete, hatte den Eindruck, die Angeklagten seien »kei-neswegs gemarterte, verzweifelte Menschen vor ihrem Henker« ge-wesen, sondern »gutgepflegte, gutgekleidete Herren von lässigen, natürlichen Gebärden«, die Tee tranken und ins Publikum schau-ten, und alles habe »weniger einem hochnotpeinlichen Prozeß als einer Diskussion« geglichen, in der sich gebildete Männer im Kon-versationston bemüht hätten, festzustellen, was »die Wahrheit war, und woran es lag, daß das geschehen war, was geschehen war«. Bei dieser Beschreibung handelte es sich um eine offene Lüge zur Selbstberuhigung, zeigte sich Feuchtwanger doch bei allen Gesprä-chen in Moskau tief skeptisch und beinahe verstört, was den völ-ligen Mangel an Beweisen anging. Um so mehr bleibt die Frage, warum keiner der Angeklagten die Anwesenheit westlicher Beob-achter nutzte, um die Farce zu durchbrechen.

Dreiviertel der Gründe dafür waren sehr einfacher und nachvoll-ziehbarer Art. Alle hatten die ihnen diktierten »Geständnisse« erst unterschrieben, nachdem man sie monatelang barbarisch gefoltert hatte. Die Hauptmethode waren Schlafentzug und Dauerverhöre, nach Bedarf ergänzt durch jede Art physischer Mißhandlung. Ein Häftling konnte diese Qualen nur verlängern; standhalten konnte er kaum. Darüber hinaus waren zumindest einem Teil der Haupt-angeklagten, wahrscheinlich sogar durch Stalin persönlich, Ver-sprechungen gemacht worden, die die Untersuchungsrichter ihnen näher ausmalten: daß man sie zwar zum Tode verurteile, in Wirk-lichkeit aber verschonen werde; daß sie sich an einem geheimen

Ort würden erholen können. Außerdem konnten die Angeklagten des ersten Prozesses – und selbst die meisten Mitglieder des Politbüros – sich im Sommer 1936 noch immer nicht vorstellen, daß die »Gefährten Lenins« tatsächlich erschossen werden würden. Das entscheidende Instrument, Aussagen zu erpressen, war allerdings die furchtbare Drohung, die nächsten Angehörigen zu verhaften und sogar zu ermorden. Die meisten unterschrieben die ihnen vorgelegten »Geständnisse« schließlich, um ihre Frauen, Kinder, Eltern, Brüder und Schwestern zu retten – meist vergeblich. So wie *alle* Versprechungen erwies sich auch diese als falsch.

Die Angeklagten der Schauprozesse mußten täglich mit ihren Untersuchungsrichtern und NKWD-Beamten, die ihnen im Gerichtssaal wie Souffleure gegenübersaßen, die Aussagen durchgehen. Wer plötzlich widerrief – wie Krestinski im dritten Prozeß –, wurde derart bearbeitet, daß er am folgenden Tag unter Reuebekundungen abermals widerrief. Andererseits waren die Aussagen in den drei Moskauer Prozessen, anders als beispielsweise im Slánský-Prozeß in Prag 1952, nicht auswendig gelernt. Die Angeklagten hatten selbst ihre Rolle auszufüllen. Die Version war abgesprochen, aber es gab eine Art künstlerischer Freiheit, sie durch eigene Ausführungen plausibel zu machen. So gab es einige lebhafte Wortwechsel zwischen dem Staatsanwalt Wyschinski und Angeklagten, die eine bestimmte, besonders krasse Erfindung plötzlich nicht mehr bestätigen wollten. »Gerade diese Imperfektion scheint ausländische Beobachter besonders beeindruckt zu haben«, schrieb Theo Pirker. Es machte den Eindruck, als würden widerstrebende Angeklagte auf offener Bühne durch den Staatsanwalt anhand ihrer eigenen Aussagen und der der Mitangeklagten überführt, bis sie alles zugaben. Und Wyschinski, gelernter Jurist, Professor und zeitweise sogar Rektor der Moskauer Universität, bemühte sich, alle formalen gerichtlichen Prozeduren peinlich genau einzuhalten. Aus dieser Konstellation ergab sich der gepflegte Ton einer »Diskussion« zwischen gebildeten Menschen, von dem Feuchtwanger so beeindruckt war.

In der Ausfüllung ihrer Rolle zeigten die Angeklagten allerdings eine Kooperationsbereitschaft, die durch den brutalen Zwang und die Erpressung allein nicht zu erklären ist. Folgt man Arthur Koestler und seinem 1938/39 verfaßten Roman ›Sonnenfinsternis‹, bildete der Appell an die Moral der alten Revolutionäre, der Partei einen »letzten Dienst« zu erweisen, das Schlüsselmotiv – eine allzu romantische Version. Und trotzdem war etwas Richtiges daran, eine Art Komplizenschaft zwischen Anklägern und Angeklagten anzunehmen. Diese waren viel zu lange in der Sphäre der bolschewistischen Macht zu Hause gewesen, um sich den von Wyschinski sophistisch entwickelten Begriff der »objektiven Schuld« nicht selbst zu eigen zu machen. Wer sich über Jahrzehnte als Vollstrekker eines »objektiv notwendigen« historischen Prozesses gesehen hatte, dem mit allen, noch so gewaltsamen Mitteln zum Durchbruch verholfen werden mußte, konnte sich dieser Suggestion jetzt nicht mehr entziehen.

Vor die Alternative gestellt, gleich in die Keller geschleppt zu werden oder noch einmal einen großen »politischen Auftritt« zu haben, der sie vielleicht doch retten könnte, entschieden sich zumindest einige für letzteres. Sie mußten ja nur die demonstrative Unterwerfung fortführen, die sie schon lange vor ihrer Verhaftung praktiziert hatten. Alles, was künftige Generationen ihnen würden als Schuld anrechnen können, waren subjektive Irrtümer, Zweifel, Schwankungen. So war die Konstruktion der »objektiven Schuld« die goldene Brücke, über die sie in die Geschichtsbücher einzugehen hofften.

Im dritten und letzten der Schauprozesse hat Nikolaj Bucharin dieser inneren Verfassung durch einen Monolog Ausdruck gegeben, wie ihn kein Shakespeare hätte erfinden können: »Denn wenn man sich fragt: Wenn du stirbst, wofür stirbst du? – dann ergibt sich mit plötzlicher, erschütternder Deutlichkeit eine absolute schwarze Leere. Es gibt nichts, wofür es sich zu sterben lohnte, wenn man sterben wollte, ohne bereut zu haben. Und umgekehrt nimmt all das Positive, das in der Sowjetunion leuchtet ..., im Bewußtsein der Menschen andere Ausmaße an. Dies hat mich letzten Endes endgültig entwaffnet und dazu getrieben, meine Knie vor der Partei und dem Lande zu beugen ... Die Weltgeschichte ist das Weltgericht. Eine Reihe von Führern trotzkistischer Gruppen hat Bankrott gemacht und wurde auf den Kehrichthaufen geworfen ... Denn in Wirklichkeit steht hinter Stalin das ganze Land. Er ist die Hoffnung der Welt – der Schöpfer.«

Man darf nicht vergessen, daß die Schlußfassung dieser Reden, so wie sie dann gedruckt und in alle Sprachen übersetzt wurden, von Stalin persönlich redigiert war, so wie er auch die Anklageschriften und Prozeßszenarien mitredigiert hatte. Besser noch als das metaphysische Licht, das auf ihn, den »Schöpfer«, fiel, wird ihm die »absolute schwarze Leere« gefallen haben, die auf seine »kniefälligen« Gegner wartete. Sie besagte, daß es für die Angeklagten keinerlei »draußen« mehr gab, für das es sich noch gelohnt hätte, Widerstand zu leisten – nicht vor den Türen des Gerichtssaales, nicht im Lande, nicht in der ganzen übrigen Welt. Sie waren niemandes Kronzeugen, niemandes Märtyrer. Sie waren im totalsten denkbaren Sinne politisch vernichtet.

Kaum weniger entscheidend als die Mitwirkung der Angeklagten war die der Weltöffentlichkeit. Stalin selbst zeigte sich verblüfft, wie glatt die Sache ging. Natürlich ist zu bedenken, daß die Entwicklungen in der Sowjetunion in diesen Jahren nicht im Mittelpunkt der allgemeinen Aufmerksamkeit standen. Und die westlichen Korrespondenten und Diplomaten, die die Prozesse verfolgten, waren angesichts der Weltsituation zwischen 1936 und 1938 sogar geneigt, die irrwitzigen Behauptungen wenigstens teilweise zu glauben, wonach eine verzweigte innere Opposition gegen Stalin mit den faschistischen Mächten konspiriert habe. Besonders glaubwürdig schien die Möglichkeit eines Staatsstreichs der Militärs um Tuchatschewski in Absprache mit ihren früheren deutschen Partnern aus der legendenumwitterten Zeit der geheimen Zusammenarbeit beider Armeen.

Ansonsten mischten sich in das Wohlwollen, mit dem im Westen verfolgt wurde, wie Stalin »mit den Altbolschewiken aufräumte«, kuriose Vorurteile, teils über die Russen und ihren von

Dostojewski so eindrucksvoll geschilderten Drang nach Schuld und Sühne, Bekenntnis und Reue, teils aber auch aus dem Fundus des Antibolschewismus der Nachkriegsjahre, worin gerade ein Trotzki, Sinowjew oder Radek die Charakterfigur des (jüdischen) »Weltrevolutionärs« gespielt hatte, denen gegenüber Stalin als Vertreter der Ordnung und einer wiederhergestellten Staatlichkeit erschien.

Lion Feuchtwanger hat dafür in seinem apologetischen Reisebericht ›Moskau 1937‹ eine nahezu klassische Formulierung gefunden, als er schrieb, es handele sich im Grunde um einen weltgeschichtlichen Zweikampf zweier Männer »antithetischen Wesens« – hier Stalin, dort Trotzki. Letzerer sei bei all seiner Brillanz »der typische Nur-Revolutionär«: »Sicher konnte er in pathetischen Stunden einen Strom von Enthusiasmus entfesseln. Was er aber nicht konnte, das war diesen Strom ›kanalisieren‹, ihn für den Aufbau eines großen Staates verwerten. Das kann Stalin.«

Feuchtwanger, beileibe kein Kommunist, sondern jüdischer Antifaschist und gutbürgerlicher Fortschrittsmann, berichtete auch von folgender Begegnung mit Stalin: »Er [Stalin] erregte sich, als wir von den Trotzkistenprozessen sprachen ... ›Ihr Juden‹, meinte er, ›habt eine ewig wahre Legende geschaffen, die von Judas.‹ Und es war seltsam, den sonst so nüchternen, logischen Mann diese simpel pathetischen Worte sprechen zu hören.« Noch seltsamer war, daß sich ausgerechnet Feuchtwanger zum Propagandisten dieser primitiven Assoziationskette »Juden« – »Judas« – »Trotzki« machen ließ.

Ob Feuchtwanger wohl die Artikel der ›Prawda‹ im Januar 1937 gesehen hat, in denen Trotzki, Radek und die übrigen Angeklagten mit deutlich antisemitischen Konnotationen als »Verkäufer des Volksbluts« oder als »Spezialisten für den Ausverkauf des Landes« gebrandmarkt wurden? Oder jene Karikatur, in der Trotzki, vor einer großen Landkarte stehend, die UdSSR an ausländische Generäle verhökert, mit dem Spottvers darunter: »Klein Judas (*Juduschka*) Trotzki steht am Tisch, er wackelt mit dem Ziegenbart ...«? Oder das Gedicht in der ›Iswestija‹, mit dem das Gericht aufgefordert wurde, die Angeklagten hart zu bestrafen, damit »der geile Zögling der Gestapo, Judas Trotzki, den Schlag auch spürt«?

In dieser ganzen bizarren Haßpropaganda wurde »Judas Trotzki« zur diabolischen Gegenfigur und weltgeschichtlichen Antithese des »Schöpfers Stalin« stilisiert. Der Begriff des »Trotzkismus« wies zunehmend strukturelle Ähnlichkeiten mit dem nationalsozialistischen Bild vom »jüdischen Bolschewismus« auf, der ja ebenfalls als eine Kraft im Dienste des internationalen Finanzkapitals gezeichnet wurde.

Andererseits wurde durch die Kombination von »Trotzkismus« und »Faschismus« die Schraube des politischen Irrsinns noch weiter angezogen. Im ersten Schauprozeß gegen das »Trotzkistisch-Sinowjewistische Vereinigte Zentrum« führte man fast ausschließlich jüdische Altbolschewiken als direkte Agenten der Gestapo vor. In der Anklagerede Wyschinskis hieß es dann beispielsweise: »Im November 1932 wurden Berman-Jurin und Fritz (Israelewitsch) Dawid in die UdSSR geschickt, wobei L. Trotzki diese vor der Abfahrt persönlich hinsichtlich der Ermordung des Genossen Stalin instruierte. Im gleichen Jahr wurde von L. Trotzki der Terrorist Nathan Lurje von Berlin nach Moskau geschickt. Gemeinsam mit dem damals unter der Maske eines ausländischen Spezialisten in Moskau lebenden Agenten der Gestapo und Vertrauensmann Himmlers (des heutigen Leiters der Gestapo), Franz Waitz, bereitete Nathan Lurje Attentate zur Ermordung der Genossen Stalin, Woroschilow, Kaganowitsch und Ordshonikidse vor. Im Winter 1932/33, nach der Abreise von Franz Waitz aus Moskau, setzte Nathan Lurje mit seiner Terroristengruppe die Vorbereitungen zu diesen Attentaten gemeinsam mit dem im März 1933 aus Berlin nach Moskau eingetroffenen Moissei Lurje ... fort.« Man reibt sich die Augen: Himmler – Trotzki – Gestapo ... – und das alles im Jahre 1932!*

---

* Die deutsche Fassung von A. J. Wyschinskis ›Gerichtsreden‹, aus der ich hier zitiere, wurde im Jahre 1952 in Berlin (DDR) gedruckt. Die nachträgliche redaktionelle und orthographische Hervorhebung der jüdischen Namen ist darin überdeutlich und durchzieht den Band. Die historische Absurdität der Behauptungen Wyschinskis zu korrigieren, wäre natürlich niemals erlaubt gewesen.

Man kann daran ermessen, wie weit die Ersetzung der Realität durch paranoide Konstruktionen bereits fortgeschritten war.

Die Wirkung dieser Propaganda nach innen war die einer chronischen Entzündung der Phantasie bei gleichzeitiger Betäubung des Denkens der Menschen. Analog zu Max Webers »Gehäuse der Hörigkeit« läßt sich hier von einem »Gehäuse des Wahns« sprechen, in das die Subjekte im hermetischen Kosmos der UdSSR eingeschlossen wurden oder sich selbst einschlossen. Die Moskauer Schauprozesse dienten vor allem diesem Zweck. Sie waren begleitet von unzähligen Veranstaltungen, auf denen die »Massen« nicht nur die Verhängung der Höchststrafen und ihre unbarmherzige Vollstreckung forderten, sondern in einen Taumel immer weiterer Enthüllungen und Denunziationen versetzt wurden. Es waren Orwellsche Haßwochen, wie sie schon in den »Schädlings«-Jagden der Kollektivierungsphase und nach dem Kirow-Mord kampagnenartig inszeniert worden waren. Aber kann man sie auch als einen Bachtinschen »Karneval« sehen, in dem sich das Volk an den Funktionären rächte und »die Mäuse die Katze begruben«, wie Sheila Fitzpatrick meinte?

Alle »revisionistischen« Texte haben mit großer Hartnäckigkeit zu beweisen versucht, daß der »Terror von oben« durch einen »Terror von unten« zumindest ergänzt, wenn nicht entscheidend vorangetrieben wurde. J. Arch Getty hat sogar davon gesprochen, daß »Terror und Gegenterror sich simultan entwickelt« hätten, etwa in den Konflikten der regionalen Parteiinstanzen mit der Moskauer Zentrale oder als eine Art »antibürokratische« Revolte der Massen; und daß die Stalinsche Führung diesem scharfen Hin und Her »mit bemerkenswerter Unentschiedenheit« gefolgt sei, eigentlich mehr reagiert als agiert habe, so daß man geradezu »das Gegenteil eines sorgfältigen Planes für den Terror« vor sich habe.

Daß sich soziale Rache in den Hexensabbat der öffentlichen Anklagen und Denunziationen mischte, war allerdings nicht neu und wurde in der frühen Memoirenliteratur oft und eindrucksvoll beschrieben. Der hohe sowjetische Industriefunktionär Wiktor Krawtschenko schrieb nach seiner Flucht 1944 den Bericht ›Ich wählte die Freiheit‹, in dem er unter anderem das Scherbengericht über den Direktor eines Metallurgiekombinats in Nikopol schildert: »In einer langen, leidenschaftlichen und völlig verworrenen Rede überschüttete Los den unglücklichen Brachko mit dem ganzen Sündenregister der Generalsäuberung. Die schlechten Wohnverhältnisse, der hohe Prozentsatz unbrauchbarer Produktion, die niedrigen Löhne, die riesige Zahl der Verhaftungen in allen Abteilungen der Fabrik ... ›Raus mit ihm!‹ brüllt einer, und ein anderer stimmt in den Chor ein: ›Es ist höchste Zeit! Nieder mit den Saboteuren!‹ Unter den Hitzigsten bemerkte ich mehrere Arbeiter, Leute aus den Baracken ... Ein Parteimitglied nach dem anderen beantragt die Ausstoßung. Jeder türmt auf den bereits aufgehäuften Berg von Unsinn noch weitere Anklagen. Eine Arbeiterin meldet sich zu Wort. An ihrer Aufrichtigkeit darf man nicht zweifeln. ›Genossen‹, erklärt sie, ›... jetzt endlich ist mir klar, weshalb wir so armselig leben müssen, weshalb es für uns Arbeiter keine Häuser gibt und warum wir ohne anständige Kleidung herumlaufen müssen. Diese Brachkos leben auf großem Fuß, aber das Elend des Proletariats rührt sie nicht. Raus mit diesen Saboteuren! Sie haben uns lange genug verhöhnt!‹ Ihre Leidenschaftlichkeit weckt tosende Beifallsstürme.«

Aber wohlgemerkt: Wir befinden uns in einer geschlossenen Parteiversammlung, und der, über den das Scherbengericht gehalten wird, ist schon durch den Anlaß der Versammlung als Objekt der Ausstoßung designiert. Die »Spontaneität« der Massen hält sich vollkommen in der von den »Organen« vorgezeichneten Marge. Krawtschenko schildert den Unglücklichen, der sich vergeblich auf seine zwanzigjährige Arbeit für die Partei und die Gesellschaft berief, als einen aufrichtigen, keineswegs despotischen Leiter, der im Gegenteil versucht hatte, die Welle der Verhaftungen im Betrieb zu mildern – die ihm nun wiederum vorgeworfen wurden, weil sie angeblich zeigten, wie weit die Sabotage »unter ihm« verbreitet war. Der Ausschluß erfolgte einstimmig – wer hätte es auch wagen können, seine Hand für den entlarvten Verräter zu heben.

Alles, was an diesen Anklagereden »authentisch« war, entsprang einer Situation, die die Menschen in eine kollektive Hysterie versetzen mußte. Und selbst die Elemente eines genuinen sozialen Hasses gegen »die da oben« gehorchten einem Muster archaischer Instinkte oder bedingter Reflexe, die im wesentlichen durch das politische »Setting« bestimmt waren – nämlich eine alles durchdringende und vergiftende Mischung von Lüge und Terror. Wie hätten die Menschen denn reagieren sollen, als Wyschinski beispielsweise in einem der Schauprozesse verkündete: »In unserm an Schätzen aller Art reichen Land ist es undenkbar, daß irgendein Produkt nicht vorrätig ist. Wir wissen nun, warum trotz des Überflusses an Produkten bald dies, bald jenes plötzlich fehlt. Die Schuld daran haben eindeutig die Verräter.« Kann er das selbst geglaubt haben? Jedenfalls war dieser Wahn, soweit er die Gesellschaft erfaßte, ein Produkt der Machthaber selbst.

Daß die vom Zentrum initiierten Wellen des Terrors durch den Betriebseifer der untergeordneten »Organe« zusätzlich angeheizt wurden, bedarf kaum einer besonderen Erklärung. Und warum Heerscharen freiwilliger Spitzel und dienstverpflichteter Informanten darauf aus waren, mittels haltloser Anschwärzungen oder routinemäßiger »IM-Berichte« ihre anonyme Macht zu genießen oder persönliche Rechnungen zu begleichen, verstehen wir besser, seit das Ostberliner Stasiarchiv uns in überreichem Maße belehrt hat, wie derartiges sogar mit sehr bescheidenen Sanktionen und Bonifikationen funktionieren kann. Aber alle diese Dinge setzten stets die Bereitschaft der »führenden Organe« der Partei und des Staates voraus, mit Spitzeln, Denunziationen und auf jede andere mögliche Weise »Verdächtige« zu finden und zu eliminieren.

Die Initiative für alle entscheidenden Kampagnen des Großen Terrors lag, wie die Quellen zeigen, im innersten Zentrum der Macht. Und ihre Durchführung war – anders als im maoistischen China der »Kulturrevolution« dreißig Jahre später – ausschließlich Sache der »Organe«. Alle vernichtende Gewalt ging vom Staate aus. Für »spontane« Formen des Terrors wie noch in den Jahren des Bürgerkrieges war nicht der geringste Spielraum. Die Menschenjagd vollzog sich in furchtbarer Stille, meist nachts. Aber auch tagsüber fuhren die »Raben«, die schwarzen Gefängniswagen, durch die Straßen. Die Menschen versuchten nicht hinzuschauen. Über die Verhafteten sprach man nicht, so als hätte es sie nie gegeben. Und niemand konnte und durfte wissen, wie viele es waren.

Etwas anderes ist es, daß diese Vernichtungsaktionen gegen Funktionäre und Militärs nur möglich waren, weil in der Partei, im Staatsapparat und in der Armee die Nachrücker jeweils schon bereitstanden und sich vielfach durch Denunziationen und offene Attacken die Karrierewege nach oben frei machten. Doch die »soziale Aufwärtsmobilisation« kann allenfalls für die blinde *Eigendynamik*, die der Prozeß der Großen Säuberung weithin annahm, haftbar gemacht werden – nicht für diesen Prozeß selbst.

Alexander Solschenizyn hat über seine Zeit an der Universität 1937/38 und die wölfische Mentalität, die sie als Studenten entwickelten, in der schonungslosesten Weise gesprochen: Wie es ihnen völlig schnuppe war, daß man alle Honoratioren des Gebiets und mehrere Professoren verhaftete: »Sind wir mit ihnen tanzen gegangen? Die Prüfungen würden nur leichter werden.« Von der Universität ging es auf die Militärschule, wo er zum ersten Mal »die FREUDE des Einfach-so-Lebens empfand ..., sich *einzufügen* in die Art, *wie alle leben, wie's Brauch ist* in unserem Offiziersmilieu«. Unterrichtet wurden sie »wie junge Tiere: wütend gemacht, aufgehetzt, damit wir später den Zorn an anderen ausließen«. Man war stets hungrig und schlief zu wenig. »Derweilen übten wir ... fleißig den tigerhaften Offiziersgang und den metallischen Befehlston.« Aber irgend etwas hinderte ihn dann doch, den Werbungen nachzugeben und auf die NKWD-Schulen überzuwechseln, »die mit üppigen Naturalien und doppeltem bis dreifachem Gehalt« lockten. »Irgendwo, nicht im Kopf – in der Brust saß der Widerstand!«

Lew Kopelew hat beschrieben, wie er wegen seiner trotzkistischen Jugendsünden und nach der Verhaftung seines Vetters Mark unmittelbar nach dem Kirow-Mord aus dem Komsomol ausgeschlossen, später wieder aufgenommen und 1936 abermals ausgeschlossen wurde. Um das »Vertrauen« zu rechtfertigen, das allein darin bestand, ihn nicht auch noch aus dem Fremdspracheninstitut zu entlassen, an dem er studierte, oder ihn selbst zu verhaften, mußte er »Probeaufgaben« bewältigen – zum Beispiel zu den Esperantisten gehen, bei denen er früher Mitglied war, um Berichte zu schreiben, »wer dort ein- und ausging, was für ausländische Post dorthin kam«. Zudem mußte er »Charakteristiken von einigen Lehrern und ausländischen Studenten« liefern und über schon Verhaftete – wie Fritz Platten, der die Fahrt Lenins im »plombierten Waggon« arrangiert und begleitet hatte – »Beurteilungen« schreiben. Er tat es, wie er in seinen Erinnerungen betonte, mit der Überzeugung, daß jeder gute Kommunist, wie Lenin gesagt hatte, auch »ein guter Tschekist« sein müsse und daß er über die Betreffenden nichts als die Wahrheit berichte. So sahen die Lehrjahre eines jungen Stalinisten aus.

Sein späterer, von Scham diktierter, selbsterforschender Bericht gehört gerade deshalb zu den seltenen und kostbaren Einblicken, die begreiflich machen, wie terroristischer Druck von oben und systematische politische Bearbeitung durch die Parteikader und »Tschekisten« vor Ort sich mit jugendlichem Lern- und Betätigungseifer sowie dem Bedürfnis, an ein großes, unbezweifelbares, absolutes Ziel zu glauben, vermischten. So gelang es tatsächlich, Mentalitäten und Psychen zu konditionieren, aber nicht immer gelang es – wie Kopelew oder Solschenizyn, jeder auf seine eigene Weise, bewiesen haben –, die Charaktere zu formen.

Auch ihre späteren Verfolger, die führenden sowjetischen Politiker der sechziger und siebziger Jahre, Breschnew, Kossygin, Gromyko, Andropow und Genossen, haben allesamt in der Zeit des Großen Terrors ihre Laufbahnen begonnen. Keiner, der sich nicht in den Stuhl eines Verhafteten oder vielleicht schon Erschossenen gesetzt hat; und keiner, der diesen Sessel anders als durch prophylaktische Säuberung des nunmehr ihm unterstellten Apparates hätte sichern können. Allenfalls in den erstarrten Physiognomien ihrer Funktionärsgesichter konnte man noch etwas von diesen frühen Prägungen lesen.

Die größten und blutigsten Operationen des Großen Terrors trafen jedoch, wie Solschenizyn früh betont hat und wie mittlerweile durch Akten belegt ist, nicht die Partei und den Staatsapparat, sondern die Reste der »Ehemaligen« sowie die »feindlichen nationalen Gruppen«. Darin flossen soziale und nationale Aspekte auf vielfältige Weise ineinander. Zwar handelte es sich um getrennte Aktionen der Säuberung, doch sie glichen einander in vieler Hinsicht. Anfang Juli 1937 beschloß das Politbüro die Erfassung und Liquidierung sämtlicher noch vorhandenen »antisowjetischen Elemente«. Die Partei- und NKWD-Organe wurden aufgefordert, »alle an die Heimatorte zurückgekehrten Kulaken und Kriminellen zu registrieren, um die feindlichsten unter ihnen sofort zu verhaften und zu erschießen ... und die anderen – weniger aktiven, aber dennoch feindlichen – in Gebiete unter Aufsicht des NKWD zu verbannen«. Binnen fünf Tagen sollten die Parteisekretäre die Zahl der zu Verhaftenden nach Moskau melden, unter Angabe, wie viele der ersten Kategorie (der zu Erschießenden) und wie viele der zweiten Kategorie (der zu Deportierenden) zuzurechnen seien. Das war dem Modus nach eine verschärfte Wiederaufnahme der Praktiken der »Liquidierung des Kulakentums« von 1930.

Aus diesen Rückmeldungen wurde innerhalb von vier Wochen der Einsatzbefehl 00447 fabriziert, der den einzelnen Gebietsorganisationen des NKWD Kontingente zu verhaftender und zu erschießender oder zu deportierender Personen zuwies. Als »antisowjetische Elemente« waren jetzt nicht mehr nur Exkulaken, sondern auch »Ehemalige« aufgeführt. Genannt wurden ehemalige Sozialrevolutionäre, Soldaten der weißen Armeen, NÖP-Leute, Teilnehmer der Bauernaufstände, zaristische Beamte, Rückkehrer aus der Emigration sowie bürgerliche Nationalisten.

Im Kern handelte es sich um die früheren »Lischenzy«, die mit ihren Angehörigen etwa ein Zehntel der Bevölkerung ausmachten und seit Ende der zwanziger Jahre listenmäßig erfaßt waren. Die erste Fassung des Befehls sah die Festnahme von annähernd 280.000 Personen vor, von denen fast 73.000 erschossen werden sollten. Da man auch die Familien der Verhafteten ins Lager oder ins Ansiedlungsgebiet verbringen wollte, war die tatsächliche Zahl der von dieser Welle Erfaßten sehr viel höher. Darüber hinaus verfügten die örtlichen NKWD-Stellen über das Recht, eine Erhöhung der »Kontingente« zu beantragen, insbesondere des Anteils der zu Erschießenden. Das konnte als Aufforderung verstanden werden. Jedenfalls überschlugen sich die örtlichen Funktionäre schon im August mit Ersuchen um eine Aufstockung ihrer »Kontingente«. In mehreren Schritten erteilte man entsprechende Freibriefe, in denen einmal 22.500, dann 48.000, schließlich 89.750 Menschen »zur Erschießung freigegeben« wurden. Alles in allem dürften mehrere hunderttausend Personen verhaftet und wenigstens 200.000, vielleicht auch erheblich mehr umgebracht worden sein.

Die überall eingerichteten »Troiki«, in denen der Parteichef, der Staatsanwalt und der NKWD-Chef eines Gebiets saßen, »bestätigten« die Urteile im Minutentakt, wobei man die zum Erschießen Vorgesehenen oft im »Albumverfahren« aburteilte, indem ein großes »R« (für *Rasstreljatj*, Erschießen) auf den Deckel einer Sammelakte gezeichnet wurde. In Moskau verloren auf diese Weise 500 bis 600 Menschen am Tag ihr Leben.

Diese Operationen zur »endgültigen Liquidierung« der »sozial fremden« Gruppen und Schichten vermischten sich mit denen zur Ausschaltung der sogenannten konterrevolutionären nationalen Kontingente auf dem Gebiet der Sowjetunion. Gemeint waren die hier lebenden Ausländer oder Minderheiten, deren Herkunftsländer in der kapitalistischen Welt lagen. Zu ihnen zählten nicht zuletzt die Emigranten aus Nazideutschland und politische Flüchtlinge aus anderen europäischen Diktaturen.

Diese Säuberungswelle begann im Juli 1937 mit der Verhaftung der in Rüstungsbetrieben arbeitenden Deutschen. Im August beschloß man die »Vernichtung der polnischen Terror- und Spionagegruppen« in der UdSSR. Nicht weniger als 18.000 in der Sowjetunion lebende Polen wurden daraufhin verhaftet. Zur selben Zeit fiel die Entscheidung, die gesamte koreanische Bevölkerung im Fernen Osten nach Kasachstan und Usbekistan umzusiedeln, offensichtlich wegen des anhaltenden Konflikts mit Japan um die Mandschurei und Mongolei. Diese in aller Stille durchgeführte Maßnahme war der Beginn einer Politik der Deportationen ganzer Völkerschaften, die sich bis in die Nachkriegszeit fortsetzte.

Im Januar 1938 wurde dann auf Vorschlag des NKWD beschlossen, *alle* »konterrevolutionären feindlichen Kontingente« in der UdSSR systematisch zu eliminieren. Genannt waren Polen, Deutsche, Letten, Esten, Finnen, Griechen, Iraner, Chinesen und Rumänen. Das Politbüro fügte noch Bulgaren und Makedonier hinzu. Ausgenommen wurden dagegen in der Regel die Angehörigen westlicher Länder – wegen außenpolitischer Rücksichten, aber auch aufgrund ihrer geringen Zahl. Im großen und ganzen wurde kein Unterschied gemacht, ob es sich um politische Emigranten, angeworbene Arbeitskräfte oder um Personen, die seit Jahrzehnten im russischen Vielvölkerreich lebten, handelte. Das Ziel war schlicht und ergreifend die systematische Aussonderung und Vernichtung der anwesenden »Ausländer«, soweit sie nicht für bestimmte Zwecke gebraucht wurden. Xenophobie wäre für diesen ungeheuren Vorgang zweifellos eine zu harmlose Erklärung, obwohl sie deutlich mit im Spiel war.

Alexander Weissberg-Cybulski erinnerte sich, wie im Januar 1938 im Gefängnis in Charkow, in dem er saß, ein neuer Häftling berichtete, daß »alle Klubs der Polen, Bulgaren, Deutschen, Griechen, Letten, Armenier und so weiter gesperrt« und ihre Mitglieder verhaftet worden seien. »Er zählte ungefähr fünfzehn Nationen auf« – darunter auch solche, die zu den nationalen Minderheiten in der Sowjetunion selbst gehörten. So hatte man Wochen vorher schon die 600 Armenier, die in Charkow lebten und dort seit Jahrzehnten die Profession der Schuhmacher stellten, ins Gefängnis geworfen. Angeblich waren sie allesamt Mitglieder der armenischen Unabhängigkeitspartei der »Daschnjaken« und somit »Ehemalige«. Offenbar fiel diese Aktion unter den Einsatzbefehl 00447. So vermischten sich die Kategorien und Kontingente. Im Februar 1938, erinnerte sich Weissberg, kamen die ersten Zionisten in die Zellen. Sie galten als britische Agenten – wie Bucharin und die Mehrzahl der »Rechtsoppositionellen« auch. Das war eines von vielen Vorzeichen, daß sich die weltpolitischen Orientierungen nach einer kurzen Phase der Annäherung an den Westen wieder in die früheren Bahnen zurückzubewegen begannen. Wie es scheint, ist von den unter der Rubrik der »feindlichen nationalen Kontingente« Verhafteten die *Mehrzahl* erschossen worden. Von allen Opfern des Großen Terrors erfuhren sie die mörderischste Behandlung. Mit diesem Massaker vollendete sich die Abschottung Rußlands von der übrigen Welt.

Bis Anfang der Dreißiger war es noch möglich, individuell in die Sowjetunion zu reisen – mit guten Beziehungen sogar halbwegs frei, wenn auch auf vorgezeichneten Routen und in erlaubten Gebieten.* Seitdem gab es nur noch »organisierte Reisen«, in der Regel auf Einladung sowjetischer Institutionen. Dabei war es in fast allen Ländern der Welt noch möglich, sich als Tourist ungehindert zu bewegen, wenn man einmal das Visum erhalten hatte – auch im nationalsozialistischen Deutschland und im faschistischen Italien. Die willkürliche Unterbindung des freien Verkehrs mit der äußeren Welt war ein Zivilisationsbruch und eine totalitäre Tat im elementarsten Sinne – die Wiederherstellung eines vollkommen geschlossenen Raumes in einer sich unter Reibungen und Konflikten integrierenden Welt.

In diesen Prozeß fügte sich auch die weitgehende Vernichtung des Apparates der Kommunistischen Internationale und der Mos-

---

* Klaus Mehnert schaffte es noch im Mai 1934, seinen Umzug nach Moskau mit einem vollgeladenen Auto zu unternehmen. Den einzig offenen Straßenübergang von Estland zur Sowjetunion fanden er und seine Begleitung nur mit Mühe – »die Straße war zugewachsen«. Obwohl sie von den Wachtürmen aus beobachtet wurden, »dauerte [es] zwei Stunden, ehe jemand auftauchte und uns durch das verschlossene Tor nach unserem Begehren fragte ... Man entschuldigte sich – in den letzten zwölf Monaten hätten hier nur vier Autos die Grenze passiert.«

kauer Vertretungen der Mitgliedsparteien ein. Offensichtlich war gegen führende Kader der Komintern, darunter ihr ehemaliger Organisationschef Ossip Pjatnitzki, 1938 ein vierter Schauprozeß geplant, den man dann aus unbekannten Gründen absetzte. Pjatnitzki wurde wie Hunderte anderer leitender Kominternkader dennoch hingerichtet.

Verhaftet und größtenteils vernichtet wurden auch die in Moskau anwesenden Kader der Mitgliedsparteien der Komintern, besonders die der verbotenen und verfolgten Parteien Mittelosteuropas. Nahezu alle historischen Führer der ungarischen, polnischen und jugoslawischen Partei, die sich in Moskau aufhielten, kamen dort um. Die Kommunistische Partei Polens wurde wegen trotzkistischer Unterwanderung insgesamt für aufgelöst erklärt, ihre Mitglieder waren damit vogelfrei, soweit sie nicht in der KPdSU Aufnahme fanden. Von allen »feindlichen Nationalitäten« verfolgte man die Polen nach heutigen Erkenntnissen am entschiedensten – ein Jahr, bevor dieses Land, nach den Worten Molotows, als »häßlicher Bastard des Versailler Vertrages« von der Landkarte gestrichen wurde. Die nicht festgenommenen Leitungskader der Mitgliedsparteien waren gehalten, an der Säuberung der eigenen Reihen mitzuwirken. Am tüchtigsten erwiesen sich darin die Leiter der Kommunistischen Partei Deutschlands, allen voran Wilhelm Pieck und Walter Ulbricht. Im April 1938 waren mehr als siebzig Prozent der im sowjetischen Exil lebenden KPD-Mitglieder verhaftet. Ein verzweifelter Bericht des Sekretärs der deutschen Vertretung bei der Komintern, Paul Jäkel, an die Führung der KPD vom April 1938 stellte fest, daß »in der Provinz ... kein einziger Deutscher mehr in Freiheit ist«. Von der Leningrader Parteigruppe, die 103 Mitglieder zählte, seien es gerade noch zwölf. Wenn das so weiterginge, »bleibt in drei Monaten kein einziges deutsches Parteimitglied mehr übrig«. Die Frauen der Festgenommenen drohten, sich mit ihren Kindern aus dem Fenster oder vor die Straßenbahn zu stürzen. Andere sagten: »Warum verhaften sie bloß die Proleten und nicht euch [die führenden Genossen]? Warum hilft die Partei nicht, wenn soviel Unrecht geschieht?«

In dieser erstaunlich freimütigen, beinahe todesverachtenden Schilderung der Lage kündigte sich eine Wendung an. Jäkel berichtete, die anfängliche Überzeugung, die verhafteten Genossen seien tatsächlich Spione, sei mittlerweile einer allgemeinen Ungläubigkeit gewichen. Dabei waren viele Anklagen ja aus den irrwitzigen gegenseitigen Bezichtigungen der deutschen Parteimitglieder konstruiert worden. Die von Reinhard Müller veröffentlichten Dokumente, etwa das Stenogramm einer Parteiversammlung der deutschen Mitglieder des sowjetischen Schriftstellerverbandes 1936 oder die Kaderakten Herbert Wehners, geben einen Eindruck von der Mischung aus fanatischer Gläubigkeit und rattenhafter Wut, mit der die in die Enge Getriebenen aufeinander losgingen. »War das ich?« fragte sich Ernst Fischer dreißig Jahre später in seinen ›Erinnerungen und Reflexionen‹ – eine exkulpierende Formel, die gleichwohl eine Realität ausdrückte.

Die psychologischen Mechanismen dieser Purgatorien von Kritik und Selbstkritik, denen sich die Parteimitglieder seit 1933 wiederholt hatten unterziehen müssen und die mit dem ersten Schauprozeß gegen Sinowjew, Kamenew und Genossen im Sommer 1936 ihren Höhepunkt fanden, lassen sich im nachhinein nur noch in groben Zügen rekonstruieren. Emma Dornberger war schon 1932 in die Sowjetunion übergesiedelt, um dort als Arbeiterschriftstellerin und Literaturfunktionärin zu arbeiten. Im August 1936 notierte sie in ihr Tagebuch: »Der Prozeßverlauf deckt alles auf – Gestapo im Bunde mit Trotzki, wahrhaftig ein würdiges Paar! Für mich und für alle eine große Lehre! ... Mitten unter uns, in der nächsten Umgebung, da sitzen Feinde, und wir sehen nichts ... Wieder Versammlungen, einmütige Entschließung auf Todesstrafe. Hoffentlich sind wirklich alle Fäden aufgedeckt.«

Kurz darauf steht sie selbst unter Verdacht und wird entlassen, nachdem einer ihrer engen Mitarbeiter als Spion und Konterrevolutionär verhaftet worden war. Es wird ihr klar, »daß also auch ich betrogen wurde von einem Menschen, der sich Genosse nannte«. Wenn diese Vorwürfe aber stimmten, schreibt sie, »dann trifft mich eine ungeheure Schuld!« Emma Dornberger ist mithin bereit, schon im voraus ihre Bestrafung zu legitimieren. Als das Schlimmste empfindet sie allerdings, daß sie mit niemandem sprechen kann. Um sie hat sich ein unsichtbarer Bannkreis gebildet, als hätte sie die Pest. Und in ihre hilflose Verzweiflung mischt sich schon die Wut auf die anderen: »Trifft nicht jeden eine ähnliche Schuld? Sind nicht fast alle mit dem einen oder anderen bekannt, und war nicht jeder blind, der um mich herum sitzt?«

In diesen Aufzeichnungen – wie in hundert ähnlichen – finden sich Hinweise, in welchem Grad das System auf dem Wechselspiel von Bezichtigung und Selbstbezichtigung beruhte. Der Begriff einer »objektiven Schuld«, die selbst das eifrigste, aufrichtigste, ergebenste Parteimitglied durch mangelnde Wachsamkeit, falsche Vertraulichkeit oder anderes »objektiv fehlerhaftes« Verhalten auf sich geladen haben konnte, führte nicht nur zur Wehrlosigkeit, sondern auch zur Bereitschaft, vorbehaltlos über Fehler oder verdächtige Positionen der anderen zu berichten. Das Prinzip der »guilt by association« war, wie Hannah Arendt schrieb, »zu einem zentralen Konstituens der Sowjetgesellschaft geworden«. Das bedeutete, »daß jede Anklage nicht nur einen einzelnen betrifft, sondern den ganzen Kreis seiner normalen menschlichen Beziehungen, seine Familie, seine Freunde, seine Arbeits- und Berufskollegen, seine Bekanntschaften mit einbezieht«. In qualvollen Erforschungen und Selbsterforschungen legte man sich gegenseitig dar, wer mit einem unter Verdacht geratenen Genossen welche Art von »Kontakten« gehabt hatte. Die Biographie jedes einzelnen wurde über Jahre rückerforscht und rückinterpretiert, wobei die früheren Tätigkeitsberichte in den Kaderakten das unerschöpfliche Material boten, um irgendwelche »Beziehungen« zu konstruieren. Wenn es einen *wirklichen* »Totalitarismus« als gesellschaftlichen Zustand je gegeben hat, dann herrschte er in den Jahren des Terrors vor allem *innerhalb* der kommunistischen Parteien und Staatsklassen.

Die letzte Ebene der Großen Säuberung bildete schließlich die gewaltsame Gleichschaltung der sowjetischen Intelligenz. Nachdem die sozialökonomische »Basis« des Sozialismus einmal gelegt war, kam der dazu passenden Ausgestaltung des kulturellen »Überbaus« eine immer größere Bedeutung zu. Als im Januar 1936 Dmitri Schostakowitschs Oper ›Lady Macbeth von Mzensk‹ in einem ungezeichneten, also offiziellen Artikel, der die Überschrift »Chaos statt Musik« trug, einer vernichtenden Kritik unterzogen wurde, ging es um eine Säuberung und Ausrichtung der gesamten künstlerischen und wissenschaftlichen Produktion: »Die pseudoradikale Disharmonie in der Oper kommt aus der gleichen Quelle wie die pseudoradikale Disharmonie in der Malerei, der Dichtung, der Pädagogik, der Wissenschaft.« Und unmißverständlich hieß es, dergleichen Spiele könnten »schlecht enden«.

Die verordnete Harmonie in Kunst und Wissenschaft bedeutete deren unmittelbare politische Instrumentalisierung. Die Aura des Feierlichen und Besonderen, die in der ersten sowjetischen Periode die Künstler und Schriftsteller noch umweht hatte, kam jetzt ausschließlich Partei und Staat zu. Und im Mittelpunkt dieses »Gesamtkunstwerkes«, als welches die UdSSR nun tatsächlich verherrlicht wurde, stand Stalin. Die zahllosen Oden, Gemälde, Musiken, Büsten, Standbilder oder Huldigungsadressen rühmten ihn nicht nur als Generalsekretär der Partei, Nachfolger Lenins, Erbauer der Sowjetunion und Führer des Weltproletariats, sondern auch als Koryphäe aller Künste und Wissenschaften. Er war es, der mit Gorki die Formel vom »sozialistischen Realismus« kreiert hatte, deren Forderung nach »positiven Helden« nicht nur für die Literatur galt. Aufgabe der Linguisten und Literaturhistoriker war es jetzt, den Stil Stalins zu studieren, der die russische Sprache in ihrer reinsten und verständlichsten Form verkörpere. Aber Stalin wurde auch zum profundesten Kenner Hegels ernannt, so wie sich Kant oder Aristoteles nur noch im Lichte des Denkens von Stalin verstehen ließen.

Seine mehrfachen Interventionen zu Fragen der Geschichtsschreibung führten zu einer Kette hastiger Revisionen. Die »Völker der UdSSR« wurden nunmehr als eine prädestinierte historische Gemeinschaft seit vorgeschichtlichen Zeiten präsentiert; die Zaren, genauer gesagt, die »starken« Zaren wie Iwan der Schreckliche und Peter der Große, wurden rehabilitiert, während die von Pokrowski vertretene marxistische Schule der Historiographie mit ihrer polemischen Akzentuierung der Ausbeutung der Bauern und Arbeiter, des Raubs fremder Länder und der Unterdrückung im »zaristischen Völkergefängnis« als eine »liquidatorische, antiwissenschaftliche« Auffassung in Ungnade fiel. Das war mehr als eine »nationale Wendung«. Die Sowjetunion übernahm damit alle historischen Titel und Ansprüche des russischen Reichsimperialismus und transponierte sie auf eine »höhere Ebene«.

Mit dem von Stalin redigierten ›Kurzen Lehrgang‹ wurde schließlich auch die gesamte Geschichte des Bolschewismus im Lichte der Parteisäuberungen umgeschrieben. Allerdings bedurfte der ›Kurze Lehrgang‹ einer unablässigen Bearbeitung: Immer neue Helden des Oktober und des sozialistischen Aufbaus wurden zu »Unpersonen«. Was übrig blieb, war die Geschichte des genialen Wirkens Lenins und seines getreuesten Schülers und Fortsetzers Stalin. Betram D. Wolfe schrieb: »Hier haben wir ein phantastisches Beispiel eines Menschen, der sich erfolgreich selbst erfunden hat. Die Weltgeschichte kennt nicht seinesgleichen.«

Das war nur ein Ausschnitt aus Stalins immer drückenderer Präsenz als Liebhaber, Kenner und Koryphäe aller Künste und Wissenschaften. Stalin begann, Entwürfe von neuen Lehrbüchern auf den verschiedensten Gebieten durchzusehen, so wie er auch literarische Manuskripte oder – mit besonderer Vorliebe – Drehbücher zu Filmen redigierte. In Sergej Eisensteins patriotischem Auftragsfilm ›Alexander Newski‹ von 1938 strich Stalin die Sterbeszene, mit der der Film enden sollte. An den Rand schrieb er: »So ein guter Fürst kann nicht sterben.« In der Folge wurde daraus die fast unglaubliche Praxis, daß sich die höchsten Gremien des Landes stundenlang mit neuen Filmen, Romanen oder Gedichten zu befassen hatten. Alles individuelle Schöpfertum war jetzt Teil eines einzigen, großen, kollektiven Schöpfertums, das von der Partei organisiert, inspiriert und angeleitet wurde.

Aber es blieb nicht bei »Anregungen« und »Hinweisen« von höchster Stelle oder den Verwarnungen, Maßregelungen und Eingriffen der immer strikteren Zensur. Der Kultur- und Wissenschaftssektor wurde in den Jahren des Großen Terrors selbst zu einem Hauptfeld der politischen Säuberungen, in dem es, wie sich herausstellte, von Agenten, Spionen und Konterrevolutionären nur so wimmelte.

Besonders gefährdet waren jene Berufsgruppen und Institute, deren Arbeit unmittelbare Bedeutung für die Wirtschaft, die Rüstung oder den Staatsplan hatten. So wurden zum Beispiel 27 von 29 Astronomen am großen Observatorium in Pulkowo, wo die Flugschauen stattfanden, verhaftet. Auch berühmte Konstrukteure nahm man fest, etwa Tupolew mit seinen Mitarbeitern, die jedoch als Häftlinge ihre Projekte fortführen konnten. Es entstanden sogar etliche Sonderforschungsbereiche, die unter Aufsicht des NKWD »im Käfig« – den sogenannten *Scharaschkas* – betrieben wurden. Ein sehr viel härteres Los traf den Stab des Zentralen Instituts für Nationalökonomie, das mit der Durchführung des Zensus im Januar 1937 betraut war, der unveröffentlicht blieb, weil sich die dramatischen Bevölkerungsverluste im Zuge der Kollektivierung und Hungersnot nicht hatten verheimlichen lassen. Die hier arbeitenden Wissenschaftler verschwanden nahezu vollständig.

Die größte Sorge des Führers und seiner »Organe« galt aber nun einmal den Künstlern. Verhaftungen grassierten unter den Film- wie unter den Theaterregisseuren. Meyerholds Bühne wurde 1938 geschlossen, er selbst 1939 verhaftet und wenig später erschossen. Mit besonderer Wucht traf es die Schriftsteller. Es heißt, etwa ein Drittel der Delegierten des Ersten Schriftstellerkongresses von 1934, dem viele ausländische Gäste beigewohnt haben, seien bei den Säuberungen umgekommen, und insgesamt seien an die 2.000 Mitglieder des Schriftstellerverbandes in diesen Jahren festgenommen worden. Darunter waren viele junge, die keine Gelegenheit mehr erhielten, ein Werk zu schaffen, das ihren Begabungen entsprach. Doch verhaftet und ermordet wurden auch einige der bedeutendsten Autoren der russischen und »sowjetischen« Literatur wie Boris Pilnjak, Nikolai Kljujew, Eduard Bagritzki, Ossip Mandelstam oder Isaak Babel. Mit ihnen verschwanden, wohl auf immer, unveröffentlichte Gedichte, Romane, Erzählungen, die – etwa im Falle Babels – wahrscheinlich den größeren Teil des Werkes ausgemacht und vielleicht zur Weltliteratur gezählt hätten.

Die Prozeßakten, die eine Kommission des sowjetischen Schriftstellerverbandes in den Jahren der ausgehenden Perestroika und des Zerfalls der Sowjetunion aus den – bis heute weitgehend verschlossenen – Archiven des KGB erhielt, um das Schicksal einiger bekannter Autoren und ihrer abhanden gekommenen Manuskripte aufklären zu können, stellen ein seltenes und äußerst wertvolles Material dar. Zufall oder nicht – der erste in der alphabetischen Liste von Autoren, die Witalij Schentalinski, der Initiator der Kommission, aufgestellt hatte, war eben Isaak Babel, dessen Schicksal mitten ins Herz der Finsternis führt.

Der Autor der ›Reiterarmee‹ wurde im Mai 1939, also schon in der Ära Berijas, verhaftet – als ein angeblicher Mitverschwörer Jeshows, den man bereits kurz zuvor festgenommen hatte. Jeshow bezeichnete Babel in einem Verhör als Trotzkisten und französischen Spion, der mit seiner (Jeshows) Frau Jewgenija Gladun-Chajutina ein Komplott gebildet habe. In den von Witalij Schentalinski aus den Kellern der Lubjanka ans Tageslicht gebrachten Verhörprotokollen und Briefen Isaak Babels fallen mehrere Dinge auf, die von allgemeinerer Bedeutung sind.

Erstens war das, was Babel nach wochenlanger Folter schließlich in langen Monologen »gestand«, indirekt doch ein Dokument des geistigen Widerstands der künstlerischen Intelligenz. Wer immer diese Protokolle las – und sie wurden ja »ganz oben« gelesen –, hätte eigentlich erschrecken müssen. Oder fand er sich nur bestätigt? Unter den bedeutendsten Schriftstellern, Theaterleuten und Filmemachern des Landes – Babel nennt Dutzende Namen, von Ehrenburg über Meyerhold bis Eisenstein – gab es demnach ein weitgehendes *Einverständnis* darüber, daß die westliche Kunst »mit ihrer raffinierten Technik und ihrem formalen Reichtum dem ›russischen Dilettantismus‹« weit überlegen sei. Man verachtete im Grunde die »offiziellen Werte der Sowjetliteratur«, und man war sich einig darin, daß in den Schauprozessen und Säuberungen die Besten unter den Politikern, Militärs und Fachleuten des Landes vernichtet worden seien, die »das Mittelmaß der jetzigen Führer um Häupter« überragten.

Man hätte erwartet, daß man den Häftling um solcher Offenheiten willen nur um so brutaler prügelte. Ganz im Gegenteil, es stellte sich heraus, daß all dies für die Untersuchungsrichter nur am Rande von Belang war: »Ihre direkte feindliche Arbeit interessiert uns mehr als ihre antisowjetischen Konversationen«, wurde Babel mehrfach unterbrochen. Was sie hören wollten, waren Informationen über Spionage für kapitalistische Mächte, Verbindungen mit »trotzkistischen Militärs« und weißen Emigranten sowie über geplante Attentate auf Stalin und andere Sowjetführer. Kurzum, die *Fiktionen*, auf die die Anklage gebaut werden sollte, waren wichtiger als jede Realität. Da der Gefangene von sich aus nichts dergleichen zu berichten wußte, diktierten die Vernehmer ihm die entsprechenden Passagen der Geständnisse, und der Gefolterte hatte zu unterschreiben. Am Ende widerrief er alles – ohne daß ihn dies noch rettete.

Dabei war jeder Einzelfall nur der Baustein eines noch größeren »Falles«. Um welchen Fall ging es also? Für die Verhaftung und Hinrichtung Jeshows brauchte man Babel nicht. Nach den Recherchen Arkadi Waksbergs plante Berija, nachdem er im Dezember 1938 Jeshow abgelöst hatte, unverzüglich eine Reihe neuer Schauprozesse: so einen großen Prozeß gegen eine Gruppe prominenter Künstler und Schriftsteller, angeführt von Ilja Ehrenburg, sowie einen weiteren gegen hohe Diplomaten, angeführt von Außenminister Litwinow. Stalin winkte schließlich ab: keine weiteren Schauprozesse. Sie waren zu riskant, und ihr Zweck war längst erfüllt.

Aber das Szenario, das den Verhören zugrunde lag, läßt sich in Umrissen rekonstruieren. Die Schriftsteller und Diplomaten sollten als Agenten eines verzweigten Spionage- und Einflußnetzes ausländischer Mächte in der Sowjetunion vorgeführt werden, das es zu zerschlagen galt. Insoweit war hier dieselbe Logik am Werk wie bei der Zerschlagung des Kominternapparates und der Liquidation der »feindlichen Nationalitäten«: die Kappung aller Verbindungen zur äußeren Welt und zur Weltkultur. Diplomaten und Schriftsteller waren diejenigen Personengruppen, die noch reisen konnten und die wußten, wie es im »kapitalistischen Ausland« aussah, von dem die sowjetische Propaganda nur noch naive Horrorgemälde zeichnete. In diesen Prozeßvorbereitungen, die im Winter 1938/39 begannen, wurde im übrigen die außenpolitische Kehrtwende bereits vorweggenommen. Mehr noch: Es ging schon darum, die *Folgen* der Politik des Antifaschismus mit ihren vielfachen Annäherungen an die westlichen Demokratien und Teile der nichtkommunistischen Linken zu beseitigen.

Das Szenario eines Prozesses gegen die Kulturschaffenden, wie es sich in den Verhören Isaak Babels, des gleichzeitig festgenommenen genialen Theaterregisseurs Wsewolod Meyerhold und des berühmten sowjetischen Reporters Michail Kolzow abzeichnete, wäre offenbar auf Ilja Ehrenburg als zentrale Figur hinausgelaufen. Er, der das ungeheure Privileg genoß, als eine Art Kulturbotschafter Sowjetrußlands zwischen Moskau und Paris zu pendeln, sollte über André Malraux mit dem französischen Geheimdienst in Verbindung stehen und eine erlesene Schar sowjetischer Künstler angeworben haben, darunter Boris Pasternak, Jurij Olescha, Wsewolod Iwanow, Konstantin Fedin, Leonid Leonow, Sergej Eisenstein, Solomon Michoels, Ossip Brik und Dmitri Schostakowitsch. Die gesamte sowjetische Kunstszene wurde demnach von einer Art antisowjetischer Organisation beherrscht! Zu dem Prozeß kam es, wie gesagt, nie. Ehrenburg, der im Mai 1939, als Babel und Meyerhold verhaftet wurden, an Bord eines Schiffes mit fünfhundert Kommunisten und Kommandeuren der geschlagenen Bataillone und Interbrigaden des Spanischen Bürgerkrieges von Le Havre nach Leningrad zurückfuhr, ahnte nichts von dem Anklagedossier, das man gegen ihn vorbereitete – so wenig wie die fünfhundert Spanier, die Helden des Kampfes gegen das Vordringen des Faschismus, die junge Garde des spanischen Proletariats, sich hätten vorstellen können, daß viele von ihnen kurz danach in den Lagern des Mutterlandes des Sozialismus landen würden.

Die letzten Fragen, die Babel am 26. Januar 1940 in der halbstündigen Farce eines Prozesses gestellt wurden, galten seinen »Verbindungen« zu Jeshow und dessen Frau. Wieder ging es um Mordanschläge auf Stalin oder Woroschilow, mal im Kaukasus, mal im Hause Jeshows. Es fällt schwer, diese ganz eigene Vorstellungs- und Wahnwelt, in der das Regime sich einschloß, zu erfassen. Wozu um Gottes willen all diese bizarren Behauptungen, diese von den NKWD-Beamten und Untersuchungsrichtern erfundenen, absurden »Geständnisse«? Berija lobte später seine beiden Untergebenen Schwarzmann und Rodos, die viele der berühmtesten Fälle – darunter Babels – bearbeiteten, indem er ihnen attestierte, ihre der Anklagebehörde Wyschinskis übergebenen Dossiers seien »wahre Kunstwerke«. Sowohl Jeshow wie fünfzehn Jahre darauf Berija gaben nach ihrer Verhaftung unumwunden zu, zahllose Fälle »konstruiert« zu haben. Sie glaubten demnach selbst keinen Moment an das, was sie taten, als sie Millionen Menschen als »Volksfeinde« anklagen und sozial oder physisch vernichten ließen.

Um diesen Zustand eines »hellen Wahns« zu studieren, in dem die Personen im innersten Zentrum der Macht sich befanden, hatte Isaak Babel in den Jahren der Großen Säuberung sich immer wieder in das Haus Jeshows begeben – um »das Rätsel zu lösen«, wie er zu Ehrenburg einmal sagte. Es war ein ureigenes künstlerisches Interesse, das ihn dorthin zog. Er wollte einen »Tscheka-Roman« schreiben und verfügte bereits, Schentalinski zufolge, über unendlich viel Material über die Grausamkeiten in den Jahren des Bürgerkrieges, der Kollektivierung und des Terrors. Er selbst hatte 1918/19, den Pogromen in der Ukraine entkommen, für eine gewisse Zeit als Dolmetscher – so jedenfalls schrieb er in einem Lebenslauf – bei der Tscheka in Petrograd gearbeitet, dort wohl auch Verhöre, Foltern, Hinrichtungen erlebt. Was seine Geschichten aus der ›Reiterarmee‹ mit Recht berühmt gemacht hatte, war das unvermittelte Schwanken zwischen Schrecken und Faszination. Der schmächtige, bebrillte Jude, der sich als Kriegskorrespondent und Regimentsschreiber unter die roten Bauernsöhne und Kosaken gemischt hatte, teilte mit seinem Ziehvater Gorki die Vorliebe für »starke Menschen«, für Amoralität und Grausamkeit. Es zog ihn ebenso zu den Kriminellen, denen er in seinen ›Geschichten aus Odessa‹ mit der Figur des hünenhaften Gangsters Benja Krik ein literarisches Denkmal setzte, wie in die Welt der kaukasischen Banditen und Krieger. Er verkehrte in Militärkreisen und liebte den Geruch von Leder, Pferden und Uniformen. Doch was Babel dann während der Kollektivierung in den ukrainischen Dörfern zu sehen bekam, erschütterte ihn abgrundtief. Seitdem hielt sein literarisches »Schweigen« an.

Und dann war da die kurze Affäre, die Babel 1927 in Berlin mit einer verhinderten Schauspielerin und Stenotypistin an der Handelsmission der UdSSR hatte, Jewgenija Gladun-Chajutina. Später traf er sie in Moskau wieder, bei literarischen Soireen, bei denen die schöne Jewgenija auch den aus der Provinz in die Kaderabteilung des ZK versetzten Nikolaj Jeshow kennenlernte, den sie dann heiratete und der ihr einen steilen sozialen Aufstieg in die höheren Sphären des sowjetischen Kulturbetriebs ermöglichte. Sie war es, die 1936 als Chefredakteurin von ›UdSSR im Aufbau‹ Babel einen Brotjob verschaffte, ihn zu ihren eigenen literarischen Abendgesellschaften einlud und ihm damit ermöglichte, zu einer Zeit, als seine Freunde unter den Militärs reihenweise verhaftet wurden und er selbst in Gefahr war, im Auge des Orkans Zuflucht zu finden – und dort seine Beobachtungen zu machen, die, wenn er sie denn aufgeschrieben hat, mit ihm und all seinen Manuskripten verschwunden sind.

Wozu das alles erzählen? Weil es nur ein Ausschnitt aus einem viel breiteren Panorama ist, einem Kernbereich der sowjetischen Gesellschaft allerdings, in dem sich Kunst, Politik und Verbrechen auf beispiellose und intime Weise vermischten. Und dabei geht es, vom Standpunkt der Geschichtsschreibung, um keine bloßen Akzidenzien und Anekdoten, sondern wir befinden uns in einer Sphäre, in der sich die von Boris Groys angesprochene Parallelität von künstlerischer und politischer Aktivität – »den ›Widerstand des Materials‹ zu brechen, es sich gefügig zu machen und ihm jede gewünschte Form zu geben« – auch biographisch materialisierte.

Majakowskis engster Freund, erfahren wir bei Waksberg, war Jakow Agronow, »den das halbe Schriftsteller- und Schauspieler-Moskau familiär ›Janja‹ nannte«. Sie trafen sich beinahe täglich, am häufigsten natürlich bei den Empfängen von Lilja Brik, Majakowskis Muse, die auch für die »Organe« arbeitete. Agronow war ein wirklicher Künstler. Seit den ersten Tagen der Sowjetmacht hatte er sich darauf spezialisiert, »Fälle« zu konstruieren, das heißt Verschwörungen wie etwa die »Petrograder Kampforganisation« des Professors Taganzew, nach deren »Aufdeckung« 1921 sechzig Personen erschossen wurden, unter ihnen der Dichter Nikolaj Gumiljew, der erste Mann der Achmatowa. Agronow war es, der aus dem Kirow-Attentäter Nikolajew im Dezember 1934 das Geständnis herausprügelte, daß ihn Sinowjew und Kamenew angestiftet hätten. Dafür beförderte man Agronow zum Stellvertreter Jagodas, mit dem er dann zusammen fiel, verhaftet und erschossen wurde.

Aber auch Genrich Jagoda, Tschekist der ersten Stunde, war ein Mensch der Künste. Romain Rolland, der ihn 1935 bei Gorki kennenlernte, war von dem Mann mit den »feinen Gesichtszügen« ganz bezaubert. Jagoda berichtete ihm leidenschaftlich von seinen Anstrengungen für den Gedanken der »Umerziehung durch Arbeit« und von seinem Traum, daß es »in zehn oder zwanzig Jahren bei uns keine Kriminellen mehr geben« werde. Das war dieselbe fixe Idee, mit der Jagoda bereits Gorki bei dessen Rückkehr in die Sowjetunion 1928 infiziert hatte – und die bei dem Dichter zu Ausbrüchen sentimentaler Rührung führte, als er die berüchtigten Solowki-Inseln besuchen und eine Nacht in den sauber hergerichteten Baracken bei den »umerzogenen sozial schädlichen Elementen« – in Wirklichkeit GPU-Leute – verbringen durfte; und noch einmal bei der legendären Dampferfahrt über den Belomor-Kanal 1933, an der Spitze einer Delegation von 120 Schriftstellern, als dem Alten wirklich die Tränen herunterliefen und er das »wunderbare Werk« rühmte, das beim sozialistischen Aufbau wie bei der »Transformation Tausender Feinde der sowjetischen Gesellschaft« in nützliche Mitglieder derselben vollbracht worden sei.

Jagoda wurde ein noch engerer Freund Gorkis als Stalin. In gewisser Weise war er der Hausherr in Gorkis kleinem Königreich von Stadtvillen und Landgütern, da er nicht nur das Gros des Personals bezahlte, sondern auch Gorkis engste Umgebung dirigierte: dessen persönlichen Sekretär und Ziehsohn, Pjotr Krjutschkow, den Jagoda sich als Vertrauten und Trinkkumpan hielt, sowie die beiden Frauen, die Gorki vor, während und nach seiner Emigration umgaben, seine zweite Frau Maria Andrejewa und seine Geliebte, die Baronesse Budberg. Alle drei standen seit 1918 in den Diensten der »Organe«. Jagoda selbst stellte, wie alle wußten, Gorkis Schwiegertochter Timoscha nach, der Frau seines Sohnes Maxim, der sich als Maler und vor allem als leidenschaftlicher Automobilist und Flieger hervortat und 1934 eines geheimnisvollen Todes starb. 1936 starb dann auch Gorki, den man nicht mehr außer Landes gelassen hatte und der in tiefe Depressionen verfallen war. Und als 1938 Jagoda, einige prominente Kremlärzte und Krjutschkow neben Bucharin auf die Anklagebank des dritten Schauprozesses gesetzt wurden, hielt man ihnen vor, Gorki und seinen Sohn mittels medizinischer Fehlbehandlung und Giften getötet zu haben. Zudem beschuldigte man sie des Mordes an prominenten, früh verstorbenen Sowjetfunktionären, wie an Jagodas Vorgänger Menshinski oder dem Politbüro-Mitglied Kuibyschew. Von einem Giftlabor Jagodas war die Rede – immerhin kam er aus einer Apothekerfamilie – und von weiteren, unglaublichen Plänen, das gesamte Politbüro in Absprache mit der Opposition umzubringen.

Je mehr man sich diesem innersten Kreis der Macht nähert, um so tiefer taucht man in ein wüstes Halbdunkel ein, in dem die Menschen wie Puppen in einem Strom des blankesten Wahns herumgewirbelt wurden. Alles, wirklich alles schien möglich und war es tatsächlich auch. Was über die maßgeblichen Akteure im Zentrum der sowjetischen Macht in den letzten Jahren aus den Aktenbeständen und Nachlässen ans Licht kam, übersteigt jegliches Vorstellungsvermögen.

So hat die bislang weitgehend undurchsichtige Person des Nikolaj Jeshow ein wenig an Kontur gewonnen. Auf vielen Photos aus jener Zeit taucht er als »blutiger Gnom« an der Seite Stalins auf, um ebenso schnell als Unperson im Strudel der Säuberungen wieder zu verschwinden. Doch Jeshow hatte offenbar seine Talente und seinen Charme, mit dem er die lebenslustige Jewgenija Chajutina 1928/29 umgarnte. Auch er kam in die Salons, in denen die Schriftsteller und Künstler verkehrten, und nicht nur aus beruflichen Gründen. Er hatte, wie manche wußten und wie er seinen Vernehmern 1939 gestand, ein »altes Laster«: homosexuelle Neigungen, auf die in seiner eigenen Amtszeit schwerste Strafen standen.

Als Jeshow im September 1936 Jagoda an der Spitze des NKWD ablöste, betrieb er eine sprunghafte Ausdehnung des Apparates, der sich in seiner zweijährigen Amtszeit vervierfachte, und gleichzeitig dessen »Säuberung« von oben nach unten. Jeshow war Leiter der Kaderabteilung des Zentralkomitees gewesen und hatte jahrelang als Werkzeug Stalins bei den Parteisäuberungen fungiert. Jetzt war es seine erste Aufgabe, das vergleichsweise intakte Korps des Geheimdienstes zu zerschlagen, dessen Führungspersonal durchweg noch aus Mitarbeitern Dzierzynskis bestand. Im März 1937 versammelte Jeshow alle Leiter des NKWD in der großen Halle der Lubjanka, um ihnen mitzuteilen, daß er »den gesamten Abschaum, der sich in der Zeit der Revolution und des Bürgerkrieges in die Reihen der Organe der Staatssicherheit eingeschlichen« habe, mit eisernem Besen auskehren werde. Dazu gehörten mehr oder weniger *alle*, die vor ihm saßen.

Außer Jagoda und seinen Stellvertretern wurden die Leiter sämtlicher Abteilungen ebenso wie die Leiter fast aller Republiks-, Gebiets- und Bezirksorganisationen des NKWD verhaftet. Insgesamt wurden zwischen 1936 und 1939 etwa 21.000 Mitarbeiter des NKWD festgenommen und erschossen – wie auch die Hälfte der Richter und Staatsanwälte verhaftet wurde. So waren die Apparate des Terrors bis in ihre Spitzen selbst terrorisiert.

Ein ehemaliger Geheimdienstoffizier hat berichtet, daß die Beamten in der Lubjanka nach dem Amtsantritt Jeshows erstarrt in ihren Verschlägen saßen, ganz so wie Häftlinge in ihren Todeszellen, wenn sie die Schritte der Wache auf dem Flur hören. Immer wieder wurden welche abgeholt. Viele entzogen sich dem, was auf sie wartete, durch Selbstmord. Eines Tages, als die knarrenden Stiefel des Kommandanten und der Wache in den Gang einbogen, seien zwei Schüsse auf einmal zu hören gewesen. Die Kollegen in den Zimmern links und rechts waren beide davon überzeugt gewesen, daß nun die Reihe an ihnen sei.

Bei einem Vortrag vor den Studierenden der Dzierzynski-Akademie, dem schnell herangezüchteten Nachwuchs also, forderte Jeshow, daß das NKWD »eine eng zusammengeschmiedete, geschlossene Kaste werden muß, welche bedingungslos meine Befehle ausführt und mir treu ergeben ist, so wie ich dem Genossen Stalin treu ergeben bin«.

Er selbst begann, ein Doppelleben zu führen. Wie der Apparat, den er leitete, aber auch wie Stalin, arbeitete Jeshow vorwiegend nachts und schlief am Tage. Während seine Frau ein glänzendes, offenes Haus führte, in dem er gelegentlich auftauchte, wohnte er selbst mit seiner Mutter in einer einfachen Kreml-Wohnung. In den Diensträumen in der Lubjanka dagegen hat er sich, seinen späteren Geständnissen zufolge, mit alkoholisierten männlichen und weiblichen Untergebenen sexuellen Ausschweifungen hingegeben. Er nahm an zahllosen Verhören teil, vorzugsweise an denen prominenterer Häftlinge, die er kannte, und verließ den Raum, wenn sie leugneten und die Foltern begannen. Allerdings ist auch berichtet worden, er habe sich selbst daran beteiligt und sei ein krankhafter Sadist gewesen. Bei seiner Verhaftung fand man schrundige Kugeln mit der Aufschrift »Sinowjew«, »Kamenew« und »Smirnow«, die bei den Hinrichtungen der Parteiführer verwendet worden waren.

Nach und nach begann Jeshow größenwahnsinnig zu werden – mit allzu naheliegenden psychologischen Beimischungen. Noch einen halben Kopf kleiner als Stalin, der selbst nur 162 Zentimeter groß war, sah Jeshow sich immer mehr als dessen rechte Hand. Er forcierte einen eigenen Kult um seine Person. Anfang 1938 preschte er mit dem Vorschlag vor, Moskau in »Stalinodar« umzubenennen – und erhielt zum ersten Mal eine schroffe Abfuhr. Um seine Bedeutung zu heben, fingierte er ein Giftattentat auf sich selbst, für das ein Untergebener, dem man das entsprechende Geständnis abfolterte, erschossen wurde. Gleichzeitig trieb er die Säuberungen in immer neuen, immer regelloseren Wellen voran und bedrohte sogar Mitglieder des Politbüros, so Molotow, der als Vorsitzender des Rats der Volkskommissare, der Regierung also, Auskünfte über das Treiben der »Organe« verlangt hatte: »An Ihrer Stelle, Wjatscheslaw Michailowitsch, würde ich den zuständigen Organen keine solchen Fragen stellen ... Der Weg zu mir ist selbst für Sie nicht versperrt.«

Er mußte sich auf »Vorschlag« Stalins entschuldigen. Damit war er verwundbar geworden. Eine Fronde begann sich gegen ihn zu bilden. Zunächst setzten Verhaftungen im engen Umkreis seiner Frau ein. Und im Oktober 1938 tauchte eine Reihe Kremlärzte bei ihr auf und ließ sie zwangsweise in ein Regierungssanatorium verbringen. Die Diagnose lautete: »asthenisch-depressiver Zustand (Zyklothomie?)«. Von dort schickte sie ihrem Mann verzweifelte Zeilen: »Koljuschenka! Ich bitte dich sehr ... Ich bestehe darauf, daß man mein ganzes Leben überprüft ... Ich kann mich nicht mit dem Gedanken abfinden, daß man mich der Doppelzüngigkeit und irgendwelcher nicht begangener Verbrechen bezichtigt.« Unklar bleibt, wer sie wessen bezichtigte, ob sie sich von ihrem eigenen Mann oder von anderer Seite bedroht fühlte. Einen Monat später jedenfalls starb sie im Alter von vierunddreißig Jahren an einer Vergiftung mit Luminal. Diagnose: Selbstmord.

Jeshow, der im Dezember endgültig seiner Ämter enthoben wurde und – wie es der Brauch war – noch Monate auf die Verhaftung warten mußte, in denen er sich einsam dem Alkohol ergab, gestand bereitwillig, daß seine Frau ihn zehn Jahre zuvor für den französischen Geheimdienst angeworben habe und daß Jewgenia Salomonowna nach seinen Ermittlungen zusammen mit dem Komsomol-Sekretär Kossarew und dem Schriftsteller Babel den Plan ausgeheckt hatte, Stalin und Woroschilow zu ermorden. Was die

Vernehmer nicht hinderte, Jeshow als den Mörder seiner eigenen Frau zu beschuldigen und zu verurteilen. Als solcher ist er wenige Tage nach Babel, Meyerhold und Kolzow Anfang Februar 1940 im Keller des Butyrki-Gefängnisses erschossen worden. Ihre Leichen wurden im Donskoi-Kloster mitten in Moskau verbrannt und in einen Graben gekippt, den man nach und nach mit der Asche der Erschossenen aufgefüllt und später planiert und bepflanzt hat.

Marc Bloch hat einmal ausgerufen: »Anhänger und Gegner Robespierres, sagt uns um der Barmherzigkeit willen einfach, wer Robespierre gewesen ist.« Was die Person Robespierres so undurchschaubar machte, war bekanntlich seine Aura der Tugend und des Puritanismus sowie die Abstraktheit seiner politischen Leidenschaften. Die Verzweiflung, die einen ergreift, wenn man sich mit Stalin und den ihn umgebenden Figuren befaßt, geht in die entgegengesetzte Richtung.

Dabei war Stalin äußerlich kein derart depravierter Mensch wie viele seiner Gehilfen. Seine einzige Leidenschaft war tatsächlich die Ausübung der Macht – allerdings nicht nur als abstrakte Staatsmacht, sondern auch als persönlicher Macht über Menschen und besonders über ihm bekannte, untergebene, sogar nahestehende Menschen. Diese Geschichten sind Legion: Wie er die verhafteten Mitglieder seines Zentralkomitees oder Politbüros verhörte, sie einander gegenüberstellte und sich gegenseitig denunzieren ließ. Selten, daß er offen drohte oder Urteile verkündete, im Gegenteil, er genoß es, verzweifelte Hoffnungen zu nähren, während das Schicksal schon längst besiegelt war. Oder er zitierte Diplomaten, Direktoren oder führende Ingenieure zu sich, hörte interessiert ihren Bericht, stellte Fragen, wünschte viel Erfolg für die weitere Arbeit, wohl wissend, daß sie beim Hinausgehen festgenommen würden.

Vielen Verhaftungen führender Kader gingen Versetzungen auf unbedeutendere Positionen voraus. In den meisten Fällen ließ man sich Wochen oder Monate Zeit, bis die längst beschlossene Arretierung erfolgte. Das waren Katz-und-Maus-Spiele, die einem festen Muster folgten, das alle Eingeweihten und auch die designierten Opfer genau durchschauten. Fast immer schrieben sie dann, vor oder nach ihrer Festnahme, an Stalin. Diese Briefe mit Unschuldsbeteuerungen oder flehentlichen Bitten, wenigstens die Angehörigen zu verschonen, blieben stets unbeantwortet. Aber man las sie durchaus, gab sie in Umlauf – beispielsweise den Treueschwur des bereits verurteilten Generals Jakir, der Stalin versicherte, er werde mit »Worten der Liebe für Sie, für die Partei und für das Land sterben«. Darauf kritzelte Stalin: »Schuft und Hure«, Woroschilow: »Eine völlig zutreffende Bezeichnung« und Kaganowitsch: »Für den Verräter, den Abschaum ... nur eine Strafe – das Höchstmaß!«

Aber Stalin übte den Terror nicht nur im engeren Umfeld, sondern er lenkte ihn auch im großen und im ganzen. Wie die Besucherlisten zeigen, war Jeshow fast täglich bei Stalin. Und alle entscheidenden Beschlüsse, die jeweils eine neue Terrorkampagne einleiteten, wurden im Politbüro oder auf Plenarsitzungen des Zentralkomitees gefaßt, auf denen viele Mitglieder bereits fehlten oder noch als »lebende Tote« dasaßen, um die Hand für Resolutionen zu heben, die sie selbst das Leben oder zumindest die Freiheit kosten würden. Praktisch jeder, der den Mut hatte, gegen die wahllosen Verhaftungen die Stimme zu erheben, war des Todes. Nicht wenige wurden in den Sitzungspausen abgeführt.

Im übrigen wurden die Erschießungslisten der führenden Partei- und Staatsfunktionäre, Wirtschaftsleute, Militärs und Geheimagenten von Stalin, Molotow und den Mitgliedern des Politbüros, die ressortmäßig zuständig waren, im Umlaufverfahren eigenhändig abgezeichnet. Man hat 383 derartige Listen gefunden, auf denen etwa 44.000 Namen standen. Es ist wahrscheinlich, daß es noch mehr solche Listen gab. Durch Zahlen hinter den Namen – eine ›1‹ für Erschießung, eine ›2‹ für acht bis fünfundzwanzig Jahre Lager, eine ›3‹ für acht Jahre Lager oder Verbannung – wurde das Strafmaß markiert. Vielfach fanden sich handschriftliche Vermerke wie »Alle 138 erschießen«, gefolgt von zwei oder drei Namenskürzeln, am häufigsten von Stalin, Molotow und Kaganowitsch. In Einzelfällen gab es Verschärfungen des vorgeschlagenen Strafmaßes oder individuelle und gruppenweise Begnadigungen. Alles in allem wurden von den etwa 44.000 auf den Listen verzeichneten Personen mehr als 39.000 erschossen.

Wohin, nochmals, führen all diese wüsten, alptraumhaften Geschichten? Wie man es auch dreht und wendet – ins Zentrum der Macht und der Ereignisse. Selbstverständlich ist die Charakterologie eines Stalin und seiner engsten Genossen nicht die Erklärung, sondern das zu Erklärende. Aber jedenfalls handelt es sich hier um kein marginales, sondern um ein zentrales Problem einer Theorie des »Stalinismus«, der die zweite Verwandlungsform des Bolschewismus war. Man kann diesem Problem nicht ausweichen.

Natürlich bedeutet historisches Verstehen immer die Frage nach komplexeren gesellschaftlichen Zusammenhängen. Doch die totalitäre Entscheidungsmacht der zentralen Figuren und die Phänomene einer beispiellosen moralischen Entgrenzung und Depravation in der Ausübung dieser Macht und selbst im Umgang miteinander, treiben diesen Erklärungsbedarf erst auf die Spitze.

Die Feststellung, Stalin habe das alles »nicht alleine« getan, es sei kein »Masterplan« der Säuberungen und des Terrors erkennbar, sondern nur eine Kette von Improvisationen und widersprüchlichen Beschlüssen, ist eigentlich banal und erliegt selbst dem Mißverständnis, das sie vermeintlich bekämpft. Totalitäre Macht bedeutet nicht totale Beherrschung der gesellschaftlichen Entwicklungen, ganz im Gegenteil. Und warum hätte der »Plan« – das heißt, die sich verfestigende Entschlossenheit –, den Partei- und Staatsapparat einem terroristischen Blutaustausch zu unterziehen, die letzten Reste der »Ehemaligen« ausfindig zu machen und zu vernichten und in einem Aufwasch auch gleich alle »feindlichen nationalen Gruppen« zu eliminieren, weniger chaotisch in die Tat umgesetzt werden sollen als beispielsweise die »geplanten« Wirtschaftsvorhaben? *Alle* diese »Pläne« entsprangen nur einer immer überstürzteren Flucht nach vorn, von einer Fehlentscheidung und Kalamität in die nächste. Aber hinter jeder Improvisation und jeder noch so abrupten Wende blieb doch ein unverrück-

barer Wille erkennbar, die Dinge immer weiter in die einmal eingeschlagene Richtung zu treiben.

Diese totalitäre Handlungsmacht und die damit einhergehen-
den moralischen und institutionellen Enthemmungen der Gruppe
um Stalin offenbaren erst, daß es »gesellschaftliche Zusammen-
hänge« in dem Sinne, in dem eine sozialhistorische Forschung sie
professionell sucht, schon nicht mehr gab. Das von den Bolschewiki 1917 begonnene Unternehmen einer Zerstörung aller überkommenen Sozialformen war weitgehend »gelungen« – ohne einen neuen Gesellschaftskörper geschaffen zu haben, der in der
Lage gewesen wäre, sich aus sich selbst heraus zu reproduzieren
und weiterzuentwickeln. Die Entgrenzung und Enthemmung im
Zentrum der Macht zeigte das Fehlen jeder Art sozialer Bindung
und institutioneller Kontrolle.

Marc Blochs verzweifelte Frage, »wer Robespierre war«, bleibt
eine Frage nach der persönlichen Biographie sowie nach jenem
kurzen geschichtlichen Moment, in dem dieser Tugendterrorist
Gelegenheit hatte, einige tausend »Feinde des Volkes« zu guilloti-
nieren, um die Gesellschaft von ihnen zu säubern und ein Reich der
reinen Vernunft zu errichten. Die Gesellschaft, die schließlich entstand, war weder ein Reich der Vernunft noch des Terrors, sondern die Bürgergesellschaft, in der wir bis heute leben. Sie hätte der
Schreckensherrschaft Robespierres wohl nicht bedurft. Sie wuchs
von selbst.

Die Frage, »wer Stalin war«, läßt sich in diesem Sinne kaum
stellen. Das Biographische führt – ganz anders als im Falle Lenins
oder auch Hitlers – weitgehend ins Leere. Als Stalin zu seinem
fünfzigsten Geburtstag 1929 der Titel des »Voshd«, des Führers,
angetragen wurde, bezog er alle seiner Person gewidmeten Würdi-
gungen auf die Partei, »die mich nach ihrem Ebenbild erschaffen
und erzogen hat«. Das war beinahe wahr. Stalins Leben ging seit
seiner frühen Jugend in der Geschichte der Partei auf. Und die Charakteristiken seiner Person deckten sich immer vollständiger mit
den Funktionen und der Charakteristik der Macht, die er ausübte.
Dem entsprach ein Prozeß der galoppierenden Selbstentfremdung.

Seine Frau Nadeshda beging 1932 Selbstmord, weil sie ihn nicht mehr erkannte. Er vernichtete dafür fast ihre ganze Familie, so wie er beinahe alle, mit denen er Jahre zuvor noch freundschaftlichen Verkehr gepflegt hatte, in die Siele schickte. Es blieben ihm nur die engsten Kumpane, denen er ebenfalls mißtraute. Das Land, das er »aufbaute«, kann ihn nicht wirklich interessiert haben. Er schaute es sich nicht an. Auch die Welt draußen interessierte ihn nur als Vorstellung, nicht als Wirklichkeit. In vielem glich das Ambiente seiner Macht einer Glasmenagerie. Das alles beschreibt aber nicht allein die intellektuelle und charakterliche Depravation Stalins, sondern die Charakteristik Stalins beschreibt ihrerseits die der Sowjetmacht, die er repräsentierte.

IO

ZWEIERLEI SINGULARITÄT

NATIONALSOZIALISMUS UND STALINISMUS IM VERGLEICH

Im wahnhaften, utopischen Ziel einer Säuberung und Homogenisierung der Gesellschaft nach politischen, sozialen oder rassistischen Kriterien besteht die Singularität des Stalinismus wie des Nationalsozialismus, die sie von allen anderen bis dahin bekannten Regimen und Gesellschaftsformationen der menschlichen Geschichte abgehoben hat.

Es handelt sich jedoch um eine *Parallelität*, nicht um eine Identität. Im Gegenteil: Ein direkter Vergleich macht die Unterschiede der historischen Ausgangssituation und der Anlage des jeweiligen national- und sozialrevolutionären Projektes erst recht deutlich. In mancher Hinsicht standen sich beide Systeme sogar diametral gegenüber, das heißt, sie stellten *zwei Extreme* der Geschichte dieses Jahrhunderts dar.

Das begründet keinen moralischen Unterschied, nicht prinzipiell und auch nicht in historisch-kausaler Verknüpfung. Weder war der Nationalsozialismus eine Reaktion auf den Bolschewismus, noch war der Stalinismus eine Reaktion auf den Nationalsozialismus. Es waren einfach zwei äußerste Möglichkeiten einer Politik der Gewalt nach innen wie nach außen, die sich im selben historischen Raum entwickelt haben, aber unter vollkommen unterschiedlichen Bedingungen.

Die Bolschewiki übernahmen die Macht im Herbst 1917 ohne allzu große Mühe. Im wesentlichen stützten sie sich auf den sozialen Revanchismus, die unbestimmten Erwartungen und den Enthusiasmus von einigen zehntausend bewaffneter Aktivisten. Auf diese beiden Elemente – Enthusiasmus und Gewalt – bauend, agierten sie vom ersten Tag an gegen eine vielfach gespaltene und handlungsunfähige Mehrheit der Gesellschaft, die überwiegend Objekt, kaum Subjekt der radikalen Zerschlagung aller hergebrachten Staatsinstitutionen, Produktionsverhältnisse, Sozialisationsformen und Lebensweisen war.

Die Nationalsozialisten übernahmen im Januar 1933 die Macht legal. Zwar hatten sich die Kohorten der SA mit den Wehrverbänden der anderen Parteien, insbesondere den Rotfrontkämpfern der KPD, schwere Schlachten geliefert. Aber sie hatten sich davor gehütet, die verhaßte Republik gewaltsam zu stürzen. Hitler zielte, so vermessen das drei, vier Jahre zuvor noch erschien, auf die Unterstützung durch eine tendenzielle Mehrheit der Bevölkerung und des Parlaments. Und er bekam sie auch.

Wenn die »nationale Revolution« des Frühjahrs 1933 dennoch teilweise Züge einer gewaltsamen Usurpation der Macht trug, dann jedenfalls aufgrund einer weitgehenden Selbstabdankung der parlamentarischen Institutionen und einer mehr oder weniger aktiven Rückendeckung durch die alten Eliten, insbesondere das Militär und wichtige Teile der Beamtenschaft, sowie einer enthusiastischen Zustimmung in großen Teilen der Bevölkerung. Die Lähmung der politischen Gegner hatte mehr mit dieser alles überrollenden »Welle« einer nationalen Aufbruchsstimmung zu tun als mit dem Terror, der gegen sie entfaltet wurde.

Insofern mußten die Nationalsozialisten den bestehenden Staat nicht zerschlagen, sondern konnten ihn nach ihren Bedürfnissen ummodeln und durch eigene, parallele Apparate ergänzen und kontrollieren. Dem entsprach die Tatsache, daß die sozialen Forderungen der NSDAP im großen und ganzen weitaus weniger radikal waren als die der Kommunisten. Ihr »nationaler Sozialismus« trug wesentlich korporativen Charakter und reduzierte sich auf Fragen der Verteilung und Mitbestimmung sowie einer staatlichen Planung. Ihrer Zusammensetzung und gesellschaftlichen Verankerung nach sowie in ihrer wirtschafts- und sozialpolitischen Programmatik trug die NSDAP Züge einer modernen Volkspartei.

Auch die unkonventionellen Maßnahmen der Regierung Hitler zur Lösung der Wirtschaftskrise – vom »Reichs-Arbeitsdienst« bis zum Kreditgeld der »Mefo-Wechsel« – waren teilweise schon lange vorher diskutiert worden oder ließen sich mit denen vergleichen, die andernorts unter ganz anderen ideologischen Vorzeichen getroffen wurden (etwa im Rahmen des »New Deal« der Roosevelt-Administration).

Diese Politik war relativ erfolgreich. Die Arbeitslosigkeit sank rapide, die Löhne und Gehälter stiegen langsam wieder an. Gewisse Elemente einer sozialen Grundsicherung modernen Typs wurden eingeführt. Zwar bildete die Wiederaufrüstung schon bald das Kernstück und den Motor des Wirtschaftsaufschwungs, der insoweit ein Erfolg auf Zeit und auf Pump war. Doch auch die zivile Produktion und die Exporte stiegen beachtlich an. Das hätte wahrscheinlich unter jeder anderen Regierung, die von der starren Austeritätspolitik Brünings auf eine flexible Politik des *deficit spending* umgeschwenkt wäre, auch der Fall sein können, vielleicht sogar mit größerem Erfolg. Was nur zeigt, daß das Deutsche Reich über einen effizienten und sich rapide modernisierenden Produktionsapparat verfügte, auf den das Naziregime sich stützen konnte.

Als Hitler 1936 einen Vierjahresplan verkündete und die kategorische Unterordnung der Wirtschaft unter die Politik, nämlich unter seine Aufrüstungs- und Kriegspolitik, verlangte, konnte er sich gegen erhebliche Widerstände durchsetzen, weil es ihm gelang, jenen Teil der Großindustrie, der für eine verstärkte Autarkie eintrat, gegen den anderen, exportorientierten Teil der Industriellen einzuspannen. Darin zeigt sich, daß Hitler alles andere als ein Instrument des »Monopolkapitals« war; es zeigt sich aber auch, daß von einer »totalen« Machtstellung noch längst keine Rede sein konnte. Zumindest in den Vorkriegsjahren hatte er stets mit einem gewissen gesellschaftlichen Pluralismus, das heißt mit den verschiedenen gesellschaftlichen Gruppen und Eliten, zu rechnen.

Tatsächlich griff die Vorkriegspolitik des Regimes kaum oder nur sehr oberflächlich in das Kerngefüge der Gesellschaft ein. Eben das verhieß ja der Begriff der »Volksgemeinschaft« – daß die gegebene soziale Gliederung in ihrem Bestand nicht angetastet, sondern im Gegenteil gefestigt und zusammengeschlossen werden sollte. Die »Ausstoßung« der »nichtarischen« Teile des groß- und kleinstädtischen Bürgertums und der Intelligenz war ein Vorgang, der Gesicht und Gestalt der deutschen Gesellschaft vollkommen veränderte, sie primitivierte und entdifferenzierte. Der Verlust an kultureller Substanz und menschlichen Potentialen läßt sich am ehesten der Vernichtung des russischen Adels und Bürgertums im Zuge der Revolution an die Seite stellen. Doch mit den Wirkungen der Stalinschen Säuberungen, die die Sowjetunion binnen kurzem an den Rand des Zusammenbruchs trieben, war das nicht zu vergleichen. Obwohl die Hälfte der deutschen Juden das Land verließ, funktionierte die deutsche Gesellschaft ungerührt und robust weiter. Die hungrigen Aufsteiger, gerade aus dem akademischen Proletariat der zwanziger Jahre, besetzten mit Kußhand alle freigewordenen Stellen und Praxen, Kleinhändler und Handwerker übernahmen zu Spottpreisen die eingeführten Geschäfte und Betriebe ihrer auswandernden jüdischen Konkurrenten, und die großen Firmen und Banken sowie der Staat bereicherten sich am »arisierten« Kapital.

Die politische Unterdrückung, die das NS-Regime ausübte, war gewiß härter als die aller anderen autoritären Diktaturen in Mitteleuropa einschließlich des italienischen Faschismus – aber nur in gradueller, nicht in qualitativer Hinsicht. In den ersten Monaten der Machtergreifung wurden Zehntausende Oppositionelle inhaftiert und mißhandelt. Einige hundert Menschen sind auf die brutalste Weise zu Tode gebracht worden. In den eigens für »staatsfeindliche Elemente« eingerichteten Schutzhaftlagern (KL) saßen im Juli 1933 annähernd 27.000 Personen. Bis Mitte der dreißiger Jahre sank diese Zahl auf einen harten Kern von 9.000 Häftlingen. Ab 1937/38 wurden in vermehrtem Umfang Schwerkriminelle und »Asoziale« – von Homosexuellen bis Bibelforschern – eingewiesen. In den Wochen nach den Judenpogromen vom 9. November 1938 kamen etwa 36.000 jüdische Häftlinge hinzu, die fast alle bis Frühjahr 1939 wieder entlassen wurden. Die Gesamtzahl der KL-

Häftlinge betrug bei Kriegsausbruch noch rund 25.000, die wenigsten davon waren politische Häftlinge.

Vergleicht man dies mit der Lage in der damaligen Sowjetunion, befindet man sich buchstäblich in einer anderen *Dimension*. Die Zahlen der Häftlinge, die sich hüben und drüben in den Händen der jeweiligen Staatssicherheitsorgane befanden, wären ungefähr im Verhältnis 1:200 anzusetzen, die der Ermordeten im Verhältnis 1:1000. Was besagt das aber? Zunächst nur, daß die Nationalsozialisten keinen Massenterror ausüben mußten, um das deutsche Volk in seiner überwiegenden Mehrheit gleichzuschalten und auf den kommenden Krieg vorzubereiten. Es genügten die harschen Mittel einer herkömmlichen Diktatur.

Dagegen hatte der »rote Terror« der Bolschewiki schon in der Zeit des Bürgerkrieges alle Zwecke einer Niederhaltung der politischen Gegner bei weitem überschritten; er zielte statt dessen auf die prophylaktische Beseitigung der Grundlagen jeder gesellschaftlichen Autonomie. Der Stalinsche Massenterror hatte kaum noch mit der Unterdrückung einer realen oder latenten Opposition zu tun. Aber die sozialökonomische Situation der UdSSR war ungleich desolater und unbeherrschbarer als die des Dritten Reiches. Das lag keineswegs nur am historischen Entwicklungsrückstand der Sowjetunion im Vergleich zu Deutschland. Der Massenterror in der UdSSR wurde mit dem Scheitern von Zwangskollektivierung und Industrialisierung immer mehr zum Instrument einer wahnhaften Bekämpfung der »Urheber« dieses Mißerfolges und erreichte 1937/38 Ausmaße, die jegliche Vorstellungskraft sprengten.

Die Innenpolitik Hitlers war im Vergleich dazu viel maßvoller und effizienter. Sie zielte darauf ab, mit Hilfe der alten Eliten einen neu aufgepäppelten und modernisierten Produktionsapparat für die in Fahrt kommende Kriegswirtschaft einzuspannen, gestärkt durch infrastrukturelle Großprojekte (mittels Arbeitsdienst, nicht Gulag-Sklaverei!) und gestützt auf eine gut ausgebildete und relativ motivierte Arbeiterschaft.

Nicht nur die politische, auch die kulturelle Gleichschaltung der Gesellschaft ging unter diesen Umständen verhältnismäßig glatt vonstatten. Der »totalitäre« Aufwand war eher gering, sowohl praktisch wie ideologisch. Es gab Maßregelungen, Berufsverbote, Zwangsmitgliedschaften in »Reichsschrifttumskammern« und ähnlichen Institutionen, tägliche Sprachregelungen des Propagandaministeriums für die Presse und anderes mehr. Doch das war weit entfernt von den mörderischen Hexenjagden auf »Formalisten« oder auf ideologische Abweichler in der stalinistischen Sowjetunion. Ossip Mandelstam hatte recht, als er seiner Frau im Jahre 1933 sagte: »Was klagst du? Nur bei uns schätzt man die Poesie so, daß man dafür sogar Menschen umbringt. Nirgends sonst gibt es das.«

Natürlich gab es auch in der Nazipresse Attacken gegen »Nonkonformisten« und »Dekadente«. Aber das war in der Regel eine Frage von Berufsverboten und Wirkungsmöglichkeiten, manchmal von Freiheit oder Haft, kaum jemals aber eine von Leben oder Tod. Es gab einen großen Kehraus der »Entarteten Kunst« – die man zuvor dem neugierigen Publikum über Wochen zur Schau stellte und dann in den Magazinen verschloß. Bücher wurden verbrannt oder in die Giftschränke der Bibliotheken geschlossen. Aber niemand, der die Bücherregale voll verpönter Literatur hatte, mußte deswegen um seine Existenz fürchten.

Im übrigen war das kulturelle, wissenschaftliche und professionelle Wirken im Dritten Reich trotz aller Gleichschaltungsbemühungen bei weitem nicht »auf Linie« gebracht. Der Fachmann war geschätzt und mußte keineswegs einen überzeugten Nazi simulieren. Der »deutsche Unpolitische« und selbst der »innere Emigrant« konnten einigermaßen zurechtkommen, solange sie ihre Arbeit taten und den Mund hielten. Dem entsprach sogar eine bewußte Doppelstrategie des Regimes: In ungleich größerem Ausmaß als in der Sowjetunion wurde ein Sektor der politikfreien Unterhaltung und Lebensgestaltung offengehalten. Sosehr sich Presse, Rundfunk und Wochenschauen in Haßkampagnen gegen innere und äußere Feinde ergingen, sowenig hätten die Nazis wohl daran gedacht, in Fabriken, Behörden oder Wohnvierteln Massenversammlungen abzuhalten, um die Vernichtung irgendwelcher

»Volksfeinde« und »Schädlinge« zu verlangen. Die Dutzend Filme, die sich als politische Propagandastreifen bezeichnen lassen, sind größtenteils erst nach Kriegsausbruch produziert worden. Ihnen stehen Aberdutzende gegenüber, in denen Rassenfragen oder der »Kampf ums Dasein« keinerlei Rolle spielen, sondern die ganz im Gegenteil einer fast gespenstischen zeitlosen Unbeschwertheit huldigen. Es gab natürlich einen beträchtlichen Schwulst nationaler Feiertagslyrik und »völkischer Weihespiele«, die den – fast nach kirchlichen Vorbildern gestalteten – Festtagskalender des Dritten Reiches mit parareligiösen Ritualen füllten. Aber unterhalb aller Beschwörungen der Macht und Herrlichkeit des Reiches und der Rasse herrschte ein nahezu exzessives und behördlich gefördertes Spießertum. Das Motto »Kraft durch Freude« galt in weitem Sinne. In die Marschmusiken und Fanfaren mischte sich von den ersten Tagen der Bewegung bis kurz vor Weltuntergang das Kneipengelächter. Gerade diese Sphäre einer schrecklichen Gemütlichkeit war es, die alle Verfolgten und Ausgeschlossenen mit soviel Bitterkeit erfüllte.

Darin spiegelt sich letzten Endes die Tatsache, daß der gesellschaftliche Gestaltungsanspruch des Naziregimes, verglichen mit der stalinistischen Sowjetunion, ein viel reduzierterer war. Der nationalsozialistische Terror war *selektiv*, da er seine vernichtende Wucht fast ausschließlich gegen die zu Fremden, Andersrassigen und Untermenschen erklärten Bürger richtete. Die rassischen oder eugenischen Grenzlinien, die er zog, waren ebenso absurd wie schroff – aber auch *restriktiv*, was die »Volksgenossen« betraf.

Der bolschewistische Terror dagegen war von Beginn an total *intrusiv* und in den Zeiten des Stalinismus nahezu *schrankenlos*. Er ließ keine Klasse und Gruppe der Gesellschaft aus. Buchstäblich jeder konnte im Frieden wie im Krieg ein »Schädling« oder »Feind des Volkes« werden. Jede soziale Schicht, jede Berufsgruppe, jede Nationalität, jede religiöse oder sonstige Gemeinschaft wurde auf irgendeine Weise gespalten, atomisiert, radikal umgestaltet oder »liquidiert«.

Dazu paßte es, daß die Bolschewiki von Beginn an ein geradezu bizarres Geflecht von Theorien und Doktrinen über sämtliche Fragen des Lebens ausgespannt hatten. Mensch und Natur, Mann und Frau, Technik und Kunst – schlechthin *alles* sollte in ein einheitliches praktisch-theoretisches System gebannt werden. Daß das in Wirklichkeit nicht möglich war und daß all diese Bemühungen sich letztlich in ein Vexierspiel wechselnder Thesen und »Linien« auflösten, die heute propagiert und morgen durch andere ersetzt wurden, ändert nichts am totalitären Charakter des Anspruchs selbst.

Den Nazis lag derartiges völlig fern. Sie verfügten ohnehin über kein »theoretisches« System – und verachteten so etwas geradezu –, sondern begnügten sich mit einer »Weltanschauung«, die recht beliebige, pseudowissenschaftlich beglaubigte oder aus eigener Machtvollkommenheit aufgestellte »Gesetze des Lebens« verkündete. Alfred Rosenberg, der nur zu gerne die Rolle eines echten Chefideologen übernommen hätte, wurde von Hitler ein ums andere Mal desavouiert. Was blieb, war eine vage, handgestrickte Lebensphilosophie über Mensch, Volk und Schicksal. Alles war hier Natur, die Geschichte wie die Gesellschaft. Und in diese Natur sollte gar nicht allzusehr eingegriffen werden.

Die Vorstellung von der Höherzüchtung der eigenen Art beruhte auf einigen überaus schlichten Annahmen: So sei es notwendig, aus dem im Kern gesunden Volksmaterial alles vermeintlich Ungesunde, Kranke, Degenerierte oder eben Artfremde herauszuschneiden; die Erziehung des Nachwuchses auf körperliche Ertüchtigung und soldatische Lebenshaltung abzustellen sowie die individuellen und kollektiven Lebenskräfte durch die Einführung des Führerprinzips in allen gesellschaftlichen Bereichen zu steigern, von der untersten Ebene bis ganz nach oben, wo »Der Führer« selbst weste und wirkte. In seinem Ratschluß lag das Schicksal des Volkes und aller einzelnen. »Genies außerordentlicher Art lassen keine Rücksicht auf die normale Menschheit zu«, sagte er bei Gelegenheit. Allerdings schuf die Reinigung des Volksmaterials auch die besten Bedingungen zur Hervorbringung bedeutender Führer: »Ein Staat, der im Zeitalter der Rassenvergiftung sich der Pflege seiner besten rassischen Elemente widmet, muß eines Tages zum Herren der Erde werden.«

Inwiefern sich der Nationalsozialismus, wenn er über eine längere historische Periode hinweg siegreich gewesen wäre, gegen die Volksgenossen selbst gerichtet hätte und was »Pflege seiner besten rassischen Elemente« und »Auslese der Minderwertigen« im weiteren bedeutet hätte, ist eine andere Frage. So hätte allein das Euthanasieprogramm, vollständig durchgeführt, jede zehnte Familie in Deutschland betroffen. Und Götz Aly hat darauf hingewiesen, daß die Selektionen der deutschen Rücksiedler aus dem Osten 1940, die nach ihrer rassischen und sozialen Voll- und Minderwertigkeit in vier Kategorien eingeteilt und dementsprechend mit Land und Höfen ausgestattet wurden, einen Vorgeschmack auf eine Politik der »Aufartung« des deutschen Volkes gaben.

Der beispiellose, exterministische Radikalismus der Nazibewegung entfaltete sich aber erst in der hemmungslosen Aggression nach außen sowie in der Versklavung und Ausrottung aller zu Artfremden, Rassenfeinden und Untermenschen erklärten Bürger des eigenen Landes und der besetzten Länder.

Das primäre, übergeordnete Ziel war die Errichtung eines nationalsozialistischen Kontinentalreiches, eines archaisch-modernen Indo-Germanien, das seine Kraft aus der Rasse, der Arbeit und dem Boden ziehen sollte und dem »verjudeten« angloamerikanischen Seereich gegenüberstehen würde. Solche Großreiche galten in der NS-Ideologie als die unabänderliche historische Gestalt, in der Kulturen aufblühten und vergingen. Sie bedurften eines starken, reinen Volkstums als staatsbildenden Kern, einer Herrenrasse mithin, und beruhten ansonsten auf abgestuften Völkerhierarchien, von den loyalen Vasallen bis zu den primitiven Heloten.

Dabei überstieg die Kategorie des »Ariertums« die des »deutschen Volkes« oder der »Nation« als Bezugsgröße bei weitem. Hitler machte sich wiederholt über die deutschvölkischen Professoren und Rassenbiologen lustig, die mit Elle und Zirkel Schädel und

Glieder vermessen wollten. Er hielt es eher mit Houston Stewart Chamberlain, der erklärt hatte, daß die geschichtliche Realität des »Ariertums« wie des »Germanentums« sich aus seiner kulturstiftenden Rolle ergebe und naturwissenschaftlicher Nachweise nicht bedürfe. Alle großen Kulturen der antiken und abendländischen Welt, von Babylon und Ägypten über Griechenland und Rom bis zu den Staatsgründungen Europas, waren demnach das Werk des »Ariers«, als dessen reinste Gestalt der »Germane« galt. Und sein ebenso mythischer Gegenspieler war der »Jude«. Beide verkörperten eher zwei unterschiedliche Geschichtsprinzipien, zwei gegensätzliche Gesellschaftsideen, als biologisch klar abgegrenzte Menschenrassen. Und soweit es sich doch um »Rassen« handelte, dann in keinem schlicht biologisch-physiologischen, sondern in einem historisch-phänomenologischen und zeitgenössisch-sozialen Sinne. Tatsächlich erfolgten die »rassischen« Selektionen der Nazis dann ja auch in durchaus konventioneller Weise. Man vermaß keine Schädel, sondern wertete Standesamtsregister, Kirchenbücher und Gemeindeverzeichnisse aus.

Die Terminologie der »Rasse«, wie sie von den Nationalsozialisten zum ersten Mal zur Doktrin einer Regierung und eines Staates erhoben wurde, diente im übrigen einer viel weitläufigeren Propaganda. Wenn Hitler erklärte, daß nur noch Staaten mit einer großen Bodenfläche, »die einen Schutz in sich selbst trägt«, wie Rußland und Amerika, sich im 20. Jahrhundert als Weltmächte würden behaupten können, war das primitiv gedacht, aber nicht ganz falsch. Das Deutsche Reich hatte bereits im Ersten Weltkrieg die Grenzen seiner imperialen Möglichkeiten überschritten. Das war weder objektiv noch subjektiv wiederholbar. Jeder nächste Versuch mußte vollkommen anders ansetzen. Die Kategorien des »Herrenmenschen-« und des »Untermenschentums« bereiteten darauf vor, daß ein erneuter Krieg nur noch mit den rücksichtslosesten Mitteln der Unterwerfung und Beherrschung der eroberten Völker und Gebiete gedacht werden konnte. Die ganze Sprache Hitlers atmete diese grenzenlose Gewalt.

Die Zwangsvorstellung, daß Deutschland Weltmacht oder *gar*

nicht sein werde, beherrschte ohnehin schon ein gut Teil der Köpfe. Im Zeichen eines globalen »Versailles« erschienen Geld und Information nun als die eigentlichen, abstrakten Mächte der modernen Weltbeherrschung; Hunger und Gas als die neuesten Mittel der Unterjochung und Vernichtung, die in Hitlers Reden über die Weltkriegserfahrung immer wieder auftauchten. Alles dies drängte dazu, einen »Überfeind« zu konstruieren und naturalistisch dingfest zu machen. Dazu eignete sich das »Weltjudentum«, das gegenüber der Dämonisierung des »internationalen Kapitalismus« oder eines sonstigen »Ismus« den Vorteil viel größerer Anschaulichkeit und Verständlichkeit besaß.

Eine solche Propaganda vermochte zudem die virulenten antiwestlichen Affekte in der deutschen Öffentlichkeit mit einem militanten antibolschewistischen Pathos zu kombinieren. Das bedeutete auch, daß sich der äußere Feind zugleich als innerer Feind identifizieren und bekämpfen ließ, während man die »Volksgemeinschaft« vom Versagen im Krieg wie im Frieden freisprechen und psychisch entlasten konnte. Es waren die Juden, die die Völker zuerst in den Krieg getrieben hatten, um ihnen dann einen Frieden zu diktieren, der sie vollends der jüdischen internationalen Ausbeuterordnung unterwarf.

Hitlers Aufstieg zur Macht begann allerdings erst in dem Moment, in dem er seine Partei aus dem Dunstkreis des völkisch-antisemitischen Sektenwesens herauslöste und auf die zentralen Themen der deutschen Politik ausrichtete. Vom »Lebensraum« war dabei, wie schon bemerkt, kaum die Rede, sowenig wie von einer Vernichtung der Juden. Ihre eigentliche Massenunterstützung gewann die NSDAP mit der Idee eines deutschen Wiederaufstiegs auf der Grundlage eines »nationalen Sozialismus«, das heißt einer diktatorischen Zusammenfassung aller Kräfte, um den Ausbruch aus dem Versailler System voranzutreiben. Für dieses Unternehmen verlangte Hitler eine plebiszitäre Vollmacht – die er mit Einschränkungen auch erhielt. Indem er vormachte, wie eine Drohkulisse äußerster Entschlossenheit genügte, um kampflos all das zu erhalten, was der Weimarer Republik versagt geblieben war, gewann er eine Autoritätsposition, die weit über seine unmittelbare Anhängerschaft hinausreichte. Das erst ermöglichte es ihm, einen Krieg anzusteuern, dessen Ausmaß und vernichtenden Charakter sich selbst die 1937 ins Vertrauen gezogenen Parteiführer, Außenpolitiker und Militärs nicht einmal annähernd vorstellen konnten.

Diese vorwärtstreibende, alle hergebrachten Maßstäbe überschreitende Handlungsfreiheit, die Hitler Zug um Zug gewann, ähnelte der Stalins in den Zeiten der Kollektivierung und des Großen Terrors. Tatsächlich war sie aber völlig anderen Typs. Sie beruhte auf einem plebiszitären Teilmandat für seine Diktatur sowie einer fortdauernden Tolerierung seiner aggressiven Politik und haßerfüllten Sprache durch eine an sich noch handlungsfähige Gesellschaft. Das bedeutet nicht, daß das Projekt Hitlers unmittelbar auch das nationale Projekt der Deutschen war, wie Daniel Goldhagen unterstellt hat. Es bedeutet jedoch sehr wohl, daß die deutsche Gesellschaft in ganz anderer Weise für den vom Dritten Reich entfesselten Aggressionskrieg und die darin eingeschlossenen Akte der zivilen Massenvernichtung Verantwortung trägt, als man es über die sowjetische Gesellschaft in den Zeiten des Stalinschen Terrors sagen könnte – schon weil sie das Hauptobjekt dieses Terrors war.

Um »Klassen« und »Klassenkampf« ging es beim Stalinismus schon längst nicht mehr. Vielmehr bot das von den Bolschewiki eroberte und »kolonisierte« Rußland sehr bald das erstaunliche und erschreckende Bild einer Gesellschaft, in der *alle* überkommenen Klassen von oben bis unten tatsächlich vollkommen zerschlagen und aufgelöst worden waren, einschließlich der historischen Arbeiterklasse. Und mit den Kulaken wurden auch noch die *Reste* eines kurzfristig regenerierten Bauerntums vernichtet. Seitdem teilte sich die Sowjetunion als Gesellschaftsformation in eine untere Hälfte, die sich nur als entwurzelte, weitgehend amorphe Masse beschreiben läßt, und eine obere Hälfte, die von einer politischen und funktionellen Hierarchie bestimmt wurde, in der allerdings jedes einzelne Glied disponibel war. Wenn man wollte, konnte man diese Gesellschaft tatsächlich »klassenlos« und insofern »sozialistisch« nennen.

Im Großen Terror wurde jeder Klassenbegriff vollends transzendiert. Das betraf nicht nur die Kategorie der »Volksfeinde«, sondern auch die der »Schädlinge« und der »Ehemaligen«. Wenn es todeswürdig sein konnte, ein *ehemaliger* »Kulak«, »NÖP-Mann«, »bürgerlicher Intellektueller« oder »Gutsbesitzer« zu sein, dann bedeutete das eine radikale Verwandlung objektiver sozialer in subjektive erbliche Kategorien. Dann war es naturgemäß auch verdächtig, Sohn oder Tochter eines »Ehemaligen« zu sein. Kurzum, die »soziale Herkunft« heftete sich, nicht anders als die ethnische oder rassische Herkunft, lebenslang an das betreffende Individuum. Wer konnte sich aber in der sowjetischen Gesellschaft, so wie sie aus der des alten Rußland hervorgegangen war, auf eine »rein« proletarische Herkunft berufen? Nahezu niemand. Somit wies fast jedes Mitglied der Gesellschaft, der Partei, der Nomenklatura eine »falsche Herkunft« auf, mit deren Vermerk in den amtlichen Unterlagen es zu leben hatte wie mit einer Erbsünde, für die es keine Absolution gab.

Noch drückender wurde die Erblast der »sozialen Herkunft« für die Angehörigen der überführten und bestraften »Volksfeinde«. Das betraf nicht nur ihre Kinder und Ehefrauen, sondern auch ihre Eltern, Geschwister, Onkel und Tanten, Vettern und Kusinen. Selbst wenn sie sich von dem Verurteilten »lossagten«, bedeutete das nicht unbedingt Rettung und Entlastung. Die »Angehörigen von Volksfeinden« bildeten bald eine feste Kategorie unter den Millionen Häftlingen des Gulag und der sonstigen Zwangsarbeitseinrichtungen.

In den dreißiger Jahren wurde die Familie gegenüber dem Staat sogar als strafrechtliche Haftungsgemeinschaft institutionalisiert. Dies ging so weit, daß Kinder ab zwölf Jahren bei Androhung der Höchststrafe für die Handlungen ihrer Eltern verantwortlich gemacht wurden; was umgekehrt bedeutete, daß der Staat Kinder als Geisel nahm und mit ihrer Erschießung drohte, falls die Eltern sich »konterrevolutionär« betätigten. Auch das sind Maßnahmen und

Gesetze, wie es sie in der menschlichen Geschichte niemals zuvor gegeben hat. In welche »Klassen«-Begriffe wollte man das noch fassen? Welche soziologischen Kategorien lassen sich dafür überhaupt noch finden? Offenbar ging es um Gruppen von Menschen, die erst im Prozeß der politischen Säuberungen als natürliche, erbliche, *genetische* Feinde der Sowjetmacht enttarnt worden waren und daher als defekt, gefährlich und schädlich ausgesondert wurden.

Stellenweise kam das einem sozialen Rassismus sehr nahe. Einer seiner Hauptideologen war Maxim Gorki. In mehreren offenen Briefen an westliche Intellektuelle, die unter dem bezeichnenden Titel ›An die Humanisten‹ zusammengefaßt wurden, denunzierte er in immer neuen und immer krasseren Wendungen den »tierischen Eigentumsinstinkt« und den »zoologischen Individualismus« der Kulaken, die lieber ihr Korn vergruben oder ihr Vieh schlachteten, als es der proletarischen Allgemeinheit zur Verfügung zu stellen. Die »Bourgeois« nannte er »Parasiten der Menschheit«, so wie es »auch unter den Tieren Raubtiere gibt, die mehr vernichten, als sie aufzuessen vermögen«. Diese Texte sollten vor aller Welt begründen, warum es gerechtfertigt war, zur Herstellung einer starken und gesunden sozialistischen Gemeinschaft solche »Parasiten« und »Schädlinge« auszumerzen und die von ihnen verursachten Infektionsherde chirurgisch aus dem Gesellschaftskörper zu entfernen.

Liegt es unter allen genannten Aspekten nicht nahe zu sagen, daß eine Politik der Liquidierung ganzer sozialer Schichten und »genetisch« schädlicher Menschenkategorien den Tatbestand eines *Genozids* erfüllt? Michail Heller und viele andere haben die Vernichtung der »Kulaken« einen »sozialistischen Genozid« genannt. Die Autoren des ›Schwarzbuchs‹ gehen noch einen Schritt weiter und bezeichnen die gesamte historische Praxis der regierenden kommunistischen Parteien als einen einzigen, langen »Genozid am eigenen Volk«. Die Frage lautet nicht, ob diese Kategorie moralisch zulässig, sondern ob sie historisch genau ist, ob sie das Spezifische der Praxis der Bolschewiki sowie der später an die Macht gekommenen kommunistischen Parteien anderer Länder trifft.

Das vermag gerade der vergleichende Blick auf den Nationalsozialismus zu erhellen. Der Mord an den europäischen Juden, und ähnlich der an Sinti und Roma, folgte zweifellos der reinen Logik eines Genozids, das heißt einer gewollten und möglichst lückenlosen Ausrottung einer bestimmten *gens* oder Gattung von Menschen, die aus der menschlichen Gemeinschaft hinausdefiniert worden war. Die Entschlußbildung zur »Endlösung der Judenfrage« scheint verschiedene Stufen der Radikalisierung durchlaufen zu haben, doch folgte sie von Beginn an der Logik einer derartigen totalen Feinderklärung.

Das war nicht der erste und nicht der letzte Versuch eines Genozids in diesem Jahrhundert. Schon der von den Jungtürken im Ersten Weltkrieg organisierte Massenmord an den Armeniern trug als politisch-ideologisch begründeter und kaltblütig exekutierter Akt genozidalen Charakter. »Singulär« war der Judenmord deshalb und insofern, als er den bislang radikalsten Versuch eines Genozids darstellte. Auf der Grundlage pseudowissenschaftlicher, rassenbiologischer Argumente wollte man eine ganze menschliche Gattung mit den Mitteln moderner Bürokratie und Technik lückenlos und spurlos auslöschen. Dem entsprachen die Formen und Umstände, auf die es schließlich hinauslief: die Verschickung möglichst ahnungsloser Menschen, vom Kind bis zum Greis, direkt in den Tod, der auf eine rationelle und »schmerzlose« Weise organisiert werden sollte. Diese letzte Steigerung ergab sich nach den Massenerschießungen der ersten Kriegsphase vor allem aus dem Selbstmitleid und den Komfortbedürfnissen der Mörder. Daher die Einrichtung von Vernichtungslagern außerhalb der Reichsgrenzen – im Niemandsland des sogenannten Generalgouvernements –, die mit einem bestürzend geringen Personal betrieben werden konnten. Daher die Erfindung der Gaskammern und Großkrematorien, in denen sich der schiere Zweck einer beschleunigten Massentötung so klar wie möglich ausdrückte. Und daher der Kokon des Beschweigens und einer förmlichen Geheimhaltung, der schon mit bürokratischen Sprachregelungen wie »Evakuierung«, »Sonderbehandlung« oder »Endlösung« um dieses Jahrhundertverbrechen gesponnen wurde.

Es ist vor allem dieses zeitlich und räumlich äußerst Komprimierte, Hochorganisierte, bürokratisch Leidenschaftslose, im Grunde Abstrakte des Unternehmens, das in der Geschichte der Menschheit einzig dasteht. In diesem Sinne war der nationalsozialistische Judenmord ein Extrem, ein Äußerstes in der Dehumanisierung menschlicher Gemeinschaft. Und als solcher hat er sich dem Gedächtnis der Menschheit eingebrannt.

Die Einrichtung von Vernichtungslagern und Gaskammern blieb die Erfindung und das Kainszeichen der Nazis. Derartiges hätte den Zielen und der Anlage der stalinistischen Politik tatsächlich nicht entsprochen – allerdings nicht aus humanitären Gründen. Der sowjetische Apparat des Terrors war schon seit den Tagen des Bürgerkrieges ungleich ausgedehnter. Der Archipel Gulag überzog seit den zwanziger Jahren das gesamte Gebiet des Imperiums mit einem metastasenartig wuchernden Netz von Lagern und »Sondergebieten«, in denen unter Bedingungen »assyrischer« Sklaverei gearbeitet und gestorben wurde. Aber auch mitten in den großen Städten, in den Kellern der Gefängnisse, in NKWD-Komplexen und ehemaligen Klöstern gab es systematische Erschießungen, wurden Krematorien eingerichtet und die Opfer spurlos beseitigt. Oder es wurden die zur Exekution bestimmten Männer und Frauen in Lastwagen nachts oder auch am Tage vor die Städte gefahren und in abgesperrten Gebieten in vorbereiteten Massengräbern erschossen. Spuren dieses Terrors sind jene Gräberfelder, die man Ende der achtziger Jahre nicht fern von den großen Städten des Landes entdeckt hat. In Kuropaty bei Minsk oder in Lyssaja Gora bei Tscheljabinsk fand man Schädelstätten, in denen jeweils über 200.000 durch Kopfschuß Ermordete vermutet werden. In der Umgebung von Kiew und von Charkow, von Jaroslawl und Irkutsk, aber auch bei Moskau und St. Petersburg gibt es Gräberfelder ähnlicher Größenordnung – jeweils Gruben für 50 oder für 100 Menschen, eine neben der anderen in geometrischer Anordnung für Tausende oder Zehntausende Opfer. Bis 1990 waren in einer großen »archäologischen« Suchbewegung diese Orte des Schreckens freigelegt und allein 169 solcher Gräberfelder gefunden worden.

Die SS-Einsatzkommandos haben eine ganz ähnliche Landschaft von Erschießungsstätten hinterlassen: in Polen, in Weißrußland und der Ukraine (oft gleich neben denen des NKWD) – aber nicht in Deutschland! Gerade das verweist auf den fundamentalen Unterschied dieser beiden Unternehmen. Der Nationalsozialismus war in allererster Linie ein Projekt der Eroberung von fremdem »Lebensraum« und der vollständigen Neubegründung eines riesigen kontinentalen Rassenimperiums. Dessen »gesunder« Kern, die großdeutsche Volksgemeinschaft, blieb vom politischen Massenterror weitgehend verschont, während die aus der Volksgemeinschaft Herausselektierten und die Objekte der militärischen Aggression in abgestufter Weise einer schrankenlosen Politik der Versklavung und Vernichtung unterworfen wurden. Der Bolschewismus dagegen zielte auf die Errichtung eines Großstaates völlig neuen Typs auf dem Boden des alten Russischen Reiches, einer »Union Sozialistischer Sowjetrepubliken«, die zwar ebenfalls als universell erweiterungsfähig gedacht war, aber zunächst einmal gewaltsam zusammengeschweißt werden mußte. Dafür wurde mehr oder weniger das gesamte vorgefundene Gesellschaftsmaterial einer radikalen Säuberung und Umgestaltung unterzogen, die Menschen wie die Dinge, die Produktionsverhältnisse wie die Lebensformen, die materielle Basis wie der geistige »Überbau«.

Für dieses im Ansatz verfehlte, doch um so fanatischer betriebene Unternehmen der Bolschewiki war der Massenterror ein unabdingbares Mittel – kein Zweck an sich. Ihre Politik war *exterministisch*, aber nicht »genozidal«. Wenn Dzierzynski schon im Sommer 1917 von der »Ausrottung bestimmter Klassen der Gesellschaft« sprach, um »das soziale und politische Kräfteverhältnis in einem Staate radikal [zu] ändern«, oder wenn das ZK der Bolschewiki im Januar 1919 insgeheim beschloß, die »reichen Kosaken« »physisch bis zum letzten Mann [zu] liquidieren«, so waren das zweifellos Bekundungen einer Politik des sozialen Exterminismus, wie es sie in dieser Art historisch noch nie gegeben hatte. Aber das Neue dieser radikalen Maßnahmen lag gerade darin, daß sie nur als Mittel zur Erreichung eines noch größeren Zieles Sinn machten, welches auf die Zurichtung der Gesellschaft im ganzen zielte.

Auch die von Stalin ein Jahrzehnt später verkündete »Liquidierung des Kulakentums als Klasse« diente nicht primär der physischen Beseitigung der »Kulaken« als solcher, sondern der Terrorisierung und zwangsweisen Kollektivierung der gesamten bäuerlichen Bevölkerung oder, anders gesagt, der Vernichtung des russischen Dorfes. Dafür wurde der Tod von Hunderttausenden in Kauf genommen – aber systematisch und planvoll herbeigeführt wurde er nicht. Entsprechendes gilt für die beiden Hungerkatastrophen der Jahre 1921/22 und 1932/33. Auch in diesen Fällen ging es zunächst darum, ohne Rücksicht auf Verluste die Versorgung des Staates und der städtischen Bevölkerung zu gewährleisten sowie die Exporte zu sichern. Darüber hinaus handelte es sich um eine extremistische Politik der Pazifizierung notorischer Unruhegebiete, die man, mit Lenin zu sprechen, noch »etwas hungern« ließ, also aushungerte.

Von einem »Genozid« könnte man nur dann sprechen, wenn die Hypothese zuträfe, daß es sich um einen vorsätzlichen »Hunger-Holocaust« zur Auslöschung der Ukrainer als Nation gehandelt hat, wie es die jüngste ukrainische Geschichtsschreibung – teilweise unterstützt von Robert Conquest – behauptet. Doch noch furchtbarer als die Ukraine wurde 1932/33 Kasachstan getroffen. Nach manchen Berechnungen sind etwa vierzig Prozent der autochthonen kasachischen Bevölkerung dabei ums Leben gekommen – ohne daß man sagen könnte, die Kasachen seien der Stalinschen Führung ein ganz spezieller Dorn im Auge gewesen, wie es die Ukrainer zweifellos waren. Und ein Jahrzehnt zuvor hatte man schließlich kernrussische Unruheprovinzen wie Tambow oder die Gebiete der Wolgadeutschen kaltlächelnd dem Hunger überlassen.

Vollends gegenstandslos wird die Kategorie des »Genozids« im Falle des Großen Terrors. Wie überhaupt die Rede vom »Genozid am eigenen Volk« auf die ziemlich sinnlose Vorstellung einer Gruppe politischer Machthaber hinausläuft, deren Ziel geradewegs die Ermordung ihrer eigenen Subjekte ist. Das könnte man nicht einmal von den Führern der Roten Khmer behaupten. Auch für sie war die vollständige Ausmerzung der »Volksfeinde« nur Teil eines Programms der radikalen Neuschöpfung eines proletarischen Khmer-Volkes, das ein passenderes politisches Subjekt ihrer künftigen Gesellschaft abgäbe als das alte, »korrupte« – das heißt vom kapitalistischen Ausland korrumpierte – kambodschanische Volk. Und natürlich wird sichtbar, daß solche Massenverbrechen um nichts besser und in vielem sogar noch schlimmer sind, als es ein Genozid jemals sein könnte.

Vergleicht man etwa, was im Falle des Nationalsozialismus wie des Stalinismus als »politischer Terror« umschrieben werden kann, so treten die Unterschiede schlagend hervor. Der Geheimen Staatspolizei im nationalsozialistischen Deutschland war im großen und ganzen daran gelegen, alle Regungen einer *tatsächlichen* Opposition zu ersticken. Ihr ging es vor allem darum, die Strukturen realer regimefeindlicher Organisationen aufzudecken. Man wandte brutale Foltern an, um Gesinnungsgenossen und Verbindungsleute genannt zu bekommen. Wurden falsche Namen genannt oder Verbindungen erfunden, wurden die Betreffenden noch einmal und noch schlimmer gefoltert. Sie sollten »*die Wahrheit*« sagen.

Die sowjetische Praxis, die schon in den Bürgerkriegsjahren begann und in den Jahren des Großen Terrors zur Regel wurde: nämlich statt sachlicher Beweise bloße »Geständnisse« – und gerade Geständnisse – zur Grundlage der Anklage und Verurteilung zu machen, bewies, daß es um die Aufdeckung einer realen Opposition kaum noch ging. Vielmehr war es zunehmend die Geheimpolizei selbst, die die »Fälle« konstruierte, um sie anschließend »aufzudecken«. Es ist kaum übertrieben zu sagen, daß die sowjetischen Häftlinge in ihrer großen Mehrheit gefoltert wurden, um eine offenkundige, in der Regel leicht nachprüfbare *Unwahrheit* zu gestehen. Wenn der Gefangene ein »Geständnis« unterzeichnet hatte, das in Wirklichkeit das Werk des Untersuchungsrichters war, dann galt er im Jargon der NKWD-Beamten als »geknackt«.

Die Foltern, die unbedingt auf das »Knacken« der Häftlinge und auf falsche Geständnisse abzielten, waren noch abgefeimter und wohl auch erfolgreicher als die der Nazis. Alexander Weissberg-Cybulski, der in der Neujahrsnacht 1940 wie Hunderte anderer deutscher Antifaschisten vom NKWD an die Gestapo übergeben wurde, hatte Gelegenheit, beide Systeme zu vergleichen. Er fand die Gestapo-Leute, denen nichts anderes einfiel als zu schlagen, sehr viel primitiver. Die NKWD-Beamten schlugen zunächst weniger; sie arbeiteten mit den Mitteln des psychischen Terrors, des Schlafentzuges und vor allem des »ununterbrochenen Verhörs«, des sogenannten Konveyers. »Der Konveyer war ein sehr wirksames Druckmittel, aber er nahm vier Untersuchungsrichter eine Woche lang in Anspruch, bevor der so Behandelte zusammenbrach und das Protokoll unterschrieb. Sie brauchten also beim Konveyer für jeden Mann ungefähr 100 bis 200 Untersuchungsstunden.«

Allerdings waren diese aufwendigen Methoden für die Parteimitglieder und Nomenklaturisten reserviert, von denen man möglichst »komplette« Geständnisse wollte. Für die zahllosen Exkulaken und sonstigen »Ehemaligen«, die ab August 1937 in die Gefängnisse gespült wurden, stellte man auf generelles und brachiales Prügeln um. »Denn mehr als zwei Sitzungen von je 60 Minuten nahm die Untersuchung der Bauern nicht in Anspruch«, wie Weissberg schätzte. Immerhin ist bemerkenswert, daß auch für sie, die man nach zuvor festgesetzten Kontingenten verhaftete und danach für die Erschießung oder die Deportation einteilte, das Ritual der Verhöre und Geständnisse durchgehalten wurde. Aufgrund dessen wurde dann offenbar entschieden, wen welches Schicksal ereilte. Das war der letzte Rest eines Scheins von Rechtsförmigkeit.

Die Geständnisse waren zunächst dafür gedacht, die im internen Haftbefehl aufgeführten Verdächtigungen zu bestätigen; sie konnten aber weit darüber hinausgehen und sollten das nach Möglichkeit auch. Je mehr andere Personen genannt oder belastet wurden, um so besser. Das war neues Spielmaterial in den Händen der

»Organe«. Aufs Ganze gesehen, ergab sich die außerordentliche Situation, daß die Organisationen der Staatssicherheit und damit auch die leitenden Staatsorgane sich halb bewußt und halb unbewußt in ein unentwirrbares Gestrüpp falscher und vielfach absurder Behauptungen verstrickten.

Welches Interesse konnte die politische Führung haben, aufgrund offensichtlich falscher Beschuldigungen nicht nur einen Großteil ihres noch vorhandenen alten, sondern selbst ihres neuen, frisch herangebildeten Personenkaders in die Erschießungskeller zu schicken? Warum die ergebensten und manchmal auch fähigsten Leute aus dem eigenen, engeren Führungszirkel abschlachten? Hier versagen alle Kategorien der Staatsräson, des bloßen Machterhaltes oder eines noch so wahnhaften Sicherheitsbedürfnisses. Man kann es sich nur so vorstellen, daß der Keim des universellen Verdachts, sobald er einmal in den engeren Parteiapparat – gewissermaßen das Zentralnervensystem des Landes – vorgedrungen war, auf eine besonders schnelle und gründliche Weise wütete. Und das hatte mit der Struktur dieses Machtapparates zu tun.

Stalins Satz »Die Kader entscheiden alles« sollte heißen, daß nach der materiellen Grundlegung sozialistischer Produktionsverhältnisse und der tatsächlichen Zerschlagung aller Klassen die Heranziehung des politischen Nachwuchses und die Besetzung der wichtigsten Positionen der Schlüssel für die weitere Entwicklung sei. In Wirklichkeit hatte die gesamte Tätigkeit der Bolschewiki – von den Tagen ihres Wirkens als Geheimzirkel vor der Revolution über die ersten Jahre an der Macht unter Lenin bis zum Aufbau eines umfassenden Staatsapparates unter Stalin – einen durch und durch »personalen« Charakter getragen. Der wachsende Zwang zur Einstimmigkeit und monolithischen Geschlossenheit der Partei bedeutete, daß es offene Richtungskämpfe oder Fraktionsbildungen nicht mehr geben durfte. Diese spielten sich fortan um so mehr im Bereich der Personalpolitik ab.

Die Besetzung der Kaderstellen als den eigentlichen Kern aller

Staatspolitik zu begreifen war von Beginn an Stalins Erfolgsgeheimnis gewesen. Eben das besagte der Begriff der »Nomenklatura«. Nicht offene Bewerbungen und ausgewiesene Fähigkeiten, sondern das Studium der Kaderakte sowie persönliche Protektion entschieden über Besetzungen. Jeder einzelne konnte nur im Gefolge eines Höhergestellten avancieren, was umgekehrt hieß, als »sein Mann« in einem unsichtbaren Beziehungsgefüge zu agieren. Das waren Gefolgschaften feudalen Zuschnitts, Seilschaften auf dem Weg nach oben, die mit ihren jeweiligen Frontleuten zusammen abstürzten und zerschmettert wurden oder in die eisigen Höhen des Machtzentrums vorstießen. Jeder war auf seine Vor- und Nebenleute angewiesen – und mußte sie gerade deshalb ohne Zögern verraten, wenn das eigene Fortkommen oder Überleben davon abhing.

In dieses Geflecht persönlicher Beziehungen die Fackel eines wahnhaften Generalverdachtes zu werfen, der an allen Ecken und Enden Verrat witterte, mußte verheerende Wirkungen haben. Gerade das enge und existentielle Verhältnis personaler Abhängigkeiten mußte, sobald der Druck der Säuberungen zunahm, zu einer Orgie intimen, mörderischen Hasses führen. In all den gegenseitigen Denunziationen der »alten Bolschewiken« gab es etwas Überschießendes, worin ihre langjährige Kampfgemeinschaft, die sie einmal an die Spitze einer großen Revolution und eines großen Staates geführt hatte, aber auch alle kleinlichen Meinungsverschiedenheiten und Eifersüchteleien implodierten. Die von so vielen gerühmte Blutsbrüderschaft der Partei, die nach dem Zeugnis der »Renegaten« vielfach intensiver und bindender als jede Liebes- oder Verwandtschaftsbeziehung war, wurde – nach denselben Gesetzen wie die bürgerliche Familie im zivilen Leben – zum Hort der schrecklichsten Dramen persönlichen Verrats und blinder Gewalt.

Das trug mitunter Züge eines sozialen Kannibalismus. Wyschinski ließ sich noch am selben Tag, an dem er die Verhaftung von Sercbrjakow unterzeichnete, dessen prachtvolle Datscha überschreiben. Berija strich nach seiner Übersiedlung nach Moskau das Landhaus des eben erst verhafteten, aber noch nicht verurteilten Politbüromitgliedes Tschubar ein. Das sind nur prominente Beispiele einer beinahe üblichen Praxis. Die Nachrücker übernahmen mit der beruflichen Position häufig auch die persönliche Habe ihrer Vorgänger, die Wohnung, die Möbel, das Dienstauto oder die Datscha. Das war gewissermaßen ganz natürlich in einem System, in dem die private Lebensführung direkt an die politische Position gebunden war.

Die unlängst ans Licht gekommene Sammlung teils obszöner, teils sadistischer Karikaturen, die das ZK-Mitglied Meschlauk von jenen seiner Genossen gezeichnet hat, die bereits als »lebende Tote« an den Sitzungen teilnahmen – von Kamenew zum Beispiel, wie er sich als Arzt am eigenen Krankenbett auf drastische Weise selbst kastriert –, spricht Bände. Noch bezeichnender ist vielleicht die Geschichte dieser Kollektion, die Berija sich nach der Verhaftung Meschlauks sicherte und seinerseits mit launig-zotigen Bemerkungen versah – bis sie nach der Verhaftung Berijas der unverwüstliche Woroschilow in sein Partei- und Familienalbum überführte. Dort, im persönlichen Nachlaß von Woroschilow, der sie fast alle, wie sie da gezeichnet waren, mit an den Henker geliefert hatte, wurden die Karikaturen dann gefunden.

Der Blick auf den Nationalsozialismus liefert kein annäherndes Gegenstück. Der halb echte und halb künstliche Zorn, mit dem Hitler 1934 über die SA-Führung um Röhm herfiel, sollte das Blutgericht über diesen alten, engen Vertrauten vor sich selbst und vor der Bewegung rechtfertigen. Das war ein barbarisches Aufräumen in den eigenen Reihen, eine Mischung aus altem Germanentum und Mafia; und im Windschatten wurde gleich noch eine Reihe anderer Rechnungen beglichen. Aber im Vergleich mit dem Furor der Großen Säuberung Stalins – oder auch nur den unmittelbar nach dem Mord an Kirow getroffenen Maßnahmen – war es eine ziemlich mickrige Vendetta.

Ähnliches wiederholte sich kaum noch. Es gab unter den führenden Leuten der NSDAP, jedenfalls für die kurze Dauer des »Tausendjährigen Reiches«, keine Konflikte, bei denen sie sich an die Gurgel gefahren wären. Vielmehr bewies der NS-Führungskader alles in allem eine erstaunliche Stabilität und wahrte zumindest äußerlich die Kameraderie. Ebensowenig gab es größer angelegte Parteisäuberungen oder wurde die Autorität der »alten Kameraden« von den Jungführern in Frage gestellt. Auf die absurde Idee, die einen oder die anderen als verkappte »Agenten« feindlicher Mächte zu betrachten, die sich nur als treue Nationalsozialisten maskiert hätten, um Sabotage zu üben, ist bei aller krankhaften Xenophobie keiner der Naziführer gekommen.

Selbst die in Ungnade gefallenen Exponenten der deutschnationalen Koalitionspartner, die abgesetzten Militärs oder verabschiedeten Diplomaten – die nach staatspolizeilichen Maßstäben recht lebhaft konspirierten –, blieben ungeschoren. Die Raserei Hitlers gegen die »blaublütigen Schweine« nach dem 20. Juli 1944 und die Hinrichtung von Hunderten, die als Mitverschwörer verdächtig waren, bildeten den Höhepunkt der Säuberungen innerhalb der Machteliten des Dritten Reiches. Aber im Unterschied zu den zahllosen Anschlägen, die den »Geständnissen« zufolge auf Stalin und seine engeren Gefolgsleute hätten verübt werden sollen, war dies wenigstens *ein* richtiges Attentat gewesen! Um so eklatanter erscheint die Unverhältnismäßigkeit der Verfolgungen, denen imaginäre »Stalin-Attentäter«, darunter »Gefährten Lenins«, gleich zu Tausenden oder zu Zehntausenden zum Opfer fielen und mit ihnen unweigerlich auch ein Großteil ihrer Angehörigen. Als Himmler nach dem 20. Juli 1944 gegen die Familien der verhafteten Verschwörer und »Reichsfeinde« die »Sippenhaft« einführte, hatte er Mühe zu erklären, daß dies keine »bolschewistische« Maßnahme, sondern »altgermanischer« Brauch sei.

All das beschreibt keinen Unterschied der Charaktere, sondern eine ganz verschiedene sozialpsychologische Disposition in den Führungskadern von Bolschewiki und Nationalsozialisten, welche wiederum auf die Unterschiede der beiden Projekte und ihrer Ausgangsbedingungen verweist. Die Führer des Dritten Reiches waren sowohl untereinander wie mit dem Gros ihrer Parteigenossen durch einen stabilen Außenfeind zusammengeschlossen. Dieser Feind hatte hinter all seinen Masken und Verkleidungen einen Namen und ein Gesicht. Ganz anders im Falle der Stalinschen Führung: Sie hatte nach allen Schlachten und Säuberungen das Bild ihres Feindes verloren. Es gab ihn nicht mehr, aber es mußte ihn geben, solange so vieles schiefging. Dieser Feind war schon kein Klassenfeind mehr, sondern der Schatten eines ehemaligen Klassenfeindes, ein gekauftes, raffiniert getarntes, mit allen Wassern der kosmopolitischen Welt gewaschenes Subjekt, das überall und nirgends war, was nur bedeuten konnte, daß dieser Feind sich mehr drinnen als draußen verbarg und jede beliebige Gestalt angenommen haben konnte – am wahrscheinlichsten die des treuen Genossen und Kampfgefährten.

Die Unterschiedlichkeit der Projekte des Bolschewismus und Nationalsozialismus schlug sich schließlich auch in der Persönlichkeit der Führer wie in der Typologie und Ikonographie ihrer Macht nieder. Hitler blieb, zumindest in den Vorkriegsjahren, ein rasend Getriebener, der in immer neuen Inszenierungen die Vereinigung mit den Massen physisch auslebte. Viele Beobachter haben den sexualisierten, beinahe pornographischen Charakter dieser öffentlichen Akte bemerkt. Zwar war er kein »Führer zum Anfassen«. Doch jene Photos, auf denen die Fingerspitzen hysterischer Anhängerinnen die Uniform des im offenen Wagen vorbeifahrenden Idols fast streifen, werden kaum gestellt sein. Andere Bilder dieser Margarinealben zeigen ihn im leutseligen Gespräch mit dem »Mann auf dem Felde«. Und selbst dort, wo er sich und sein Gefolge herrschaftlich entrückte, wie bei den gigantischen Spektakeln der Reichsparteitagskundgebungen, trat er nicht aus der Kulisse, sondern kam mitten durch die Menge geschritten oder fuhr langsam im offenen Wagen durch jubelnde Spaliere. Wenn dies den Eindruck einer unmittelbaren Identifikation mit Volk und Bewegung vermittelte, war das auch ein Stück Realität.

Zugleich zeigt die Ruhelosigkeit Hitlers, der seine Regierungsgeschäfte wie mittelalterliche Herrscher vorwiegend im Umherreisen ausübte, ihn als einen unermüdlichen Antreiber, dem die Zeit verrann, weil alles, was er vorhatte, von der betäubenden Wirkung sich überstürzender Aktionen und Reaktionen lebte. Sein sprunghafter Aktionismus entsprang dem überspannten Expansionismus seiner Politik. Und wenn Hitler zugleich als ein jählings in depressive Lähmung verfallender, »entscheidungsschwacher« Führer geschildert worden ist, so bildet das zu dem vorher gezeichneten Bild keinen Widerspruch. Diese Phasen der Lähmung und des Zauderns hatten wohl nicht zuletzt mit der absoluten Vermessenheit und Bodenlosigkeit seiner politischen und militärischen Weltmachtpläne zu tun.

Stalin bietet in alledem das vollständige Gegenbild. Wo Hitler hysterisch schrie und manisch agierte, da schwieg Stalin und zog an der Pfeife. Die Aura seiner Macht war dieses Schweigen und genaue Beobachten, während die Aura Hitlers das Reden bis zur Erschöpfung und Stieren ins Leere war. Wenn Hitler den Typus eines Manikers mit depressiven Einbrüchen bot, gab Stalin den robusten Phlegmatiker mit Anfällen von Jähzorn, die er schnell wieder zu beherrschen wußte. Seine Paranoia war chronisch und nahm zweifellos zu, je einsamer es auf der Höhe der Macht um ihn wurde. Letztlich handelte es sich um ein zunehmendes Mißtrauen in die eigene Partei und das eigene Volk, in fremde Völker natürlich erst recht. Stalin witterte auch und gerade in der nächsten Umgebung Verrat. Allerdings wußte er das in einer Weise, die ihm zur zweiten Natur wurde, zu verbergen. Er konnte freundlich, zugewandt, sogar charmant sein. Bezeugen konnten das allerdings nur die unter seinen Mitarbeitern, die diese Mitarbeit auch überlebt haben.

Während Hitler unablässig vor großen Menschenmassen auftrat und seine rauhe, bellende Stimme zu allen Anlässen zu hören war, war Stalin nur eine kleine, winkende Gestalt auf der Tribüne während der hohen Festtage – so fern und mysteriös, daß sich zahllose Legenden um einen Doppelgänger rankten. Auf den geschlossenen Versammlungen der Stachanowisten, der Frauen, der Komsomolzen, der Flieger und anderen Empfängen für Delegierte des Volkes trat Stalin aus der Kulisse, schüttelte wenigen Auserwählten die Hand, ließ sich von Kindern Blumen überreichen und hielt eventuell eine Ansprache, die aber niemals live übertragen wurde. Allenfalls kurze Tonfilmausschnitte wurden verwendet. Ansonsten wurden seine Reden als Texte gelesen und »studiert«. Die große Mehrzahl der Sowjetbürger scheint die Stimme Stalins das erste Mal im Juli 1941 durch die überall aufgehängten Lautsprecher gehört zu haben – vierzehn Tage nach Kriegsbeginn. Sie waren erschrocken, wie leise, fast tonlos der Führer sprach, undeutlich und mit kaukasischem Akzent.

Stalin lebte immer mehr in einem geschlossenen System, und das in ganz wörtlichem Sinne. Er machte die Nacht zum Tage und bewegte sich hinter zugezogenen Gardinen über gesperrte oder eigens für seine Kolonne gebaute Straßen zwischen dem Kreml und der »nahen Datscha«, die einem NKWD-Komplex glich, hin und her. Die Sicherheitsvorkehrungen gegen Attentate wurden immer umfassender. Wenn er auf einen seiner Feriensitze im Süden fuhr, lag der gesamte Zugverkehr auf diesen Strecken lahm, und die Bahnhöfe wurden gesperrt. Aufs Land hinaus war er das letzte Mal bei seiner Reise nach Sibirien 1928 gekommen – und was er dort vorfand, war allgemeine Sabotage und Verrat. Später reiste er kaum noch. Auch vom industriellen Aufbau bekam er wenig zu sehen, bis auf einige wenige Ausflüge an die neuen Kanäle und Staudämme. Magnitogorsk zum Beispiel scheint er nicht besucht zu haben. Allerdings ließ er sich die Flugschauen in Pulkowo oder die exklusive Vorführung neuer Waffensysteme selten entgehen. Es ist kaum übertrieben zu sagen, daß Stalin sein eigenes Land nur noch aus Wochenschauen und den eigenen Propagandafilmen kannte. Auslandsreisen machte er so gut wie keine. Er schwärmte fürs Fliegen, aber setzte sich nie in ein Flugzeug. Um zur Potsdamer Konferenz im Sommer 1945 zu gelangen, mußte eigens eine Breitspurbahn bis nach Berlin gelegt werden. Auch hier ersetzte die Fiktion die Realität: In ›Der Fall von Berlin‹, der aufwendigsten sowjetischen Filmproduktion überhaupt, stieg Stalin in weißer Uniform aus dem Flugzeug.

Das läßt sich verallgemeinern: Genau in dem Maße, in dem Stalin als Person für sein Volk immer unsichtbarer wurde – und das

Volk für ihn –, wuchs seine Präsenz auf Plakaten, Transparenten, Photos. Auf zahllosen Ölgemälden, in Gedichten, Erzählungen oder Spielfilmen war er ganz der *chosjain*, der Hausherr und Vater, der sich um alles kümmerte und von allem wußte. Man sah ihn als Bauherr auf den Großbaustellen des Sozialismus oder als Oberkommandierenden mit Fernglas in den Verteidigungslinien vor Moskau und in den Schützengräben von Stalingrad. Tatsächlich war er während des Krieges wohl nirgendwo an der Front.

Hitler ließ es sich nicht nehmen, durchs Scherenfernrohr zu beobachten, wie Warschau mit Stukas bombardiert wurde. Er selbst fuhr gleich nach dem Anschluß Österreichs im offenen Wagen durch Linz, nach der Einnahme von Prag zum Hradschin hinauf und nach der Eroberung von Paris über die Champs-Elysées. Immer war er von Photographen und Wochenschauleuten umgeben. Jede seiner Aktionen war zugleich eine mediale Inszenierung, die ihn zum Mittelpunkt hatte. Leni Riefenstahls ›Triumph des Willens‹ trieb das noch einen Schritt weiter: Hitler spielte in dieser Verfilmung seiner politischen Legende selbst die Hauptrolle. Aber das ging nur, weil er das ohnehin ständig tat.

Der Führerkult um Hitler war insofern moderner und aktueller, zumal er auf viele Elemente der früheren Wahlkampagnen zurückgreifen konnte. Seine Hauptmedien waren Pressephotos, Wochenschauen und das Radio. Die künstlerischen Produktionen verblassen dagegen völlig. Ein paar Gemälde, Skulpturen, Gedichte – das ist alles. Der Führerkult um Stalin war im Verhältnis dazu antiquierter, doch unvergleichlich reichhaltiger und »künstlerischer«. In all den Gemälden, Plastiken, Romanen, Erzählungen, Gedichten, Volksliedern, Oratorien, Theaterstücken und Spielfilmen wurde Stalin immer von neuem erfunden. Man begann schließlich, ihn mit dem Schauspieler Gelowani zu verwechseln, der Stalin in einer ganzen Serie von Spielfilmen dargestellt hatte. Wladimir Sorokin hat das wunderbar beschrieben: »In seiner ›Gelowanis‹ Interpretation ist Stalin fast ein reines Zeichen der Macht mit schwachen menschlichen Merkmalen. Seine Bewegungen sind fließend und hoheitsvoll, das Gesicht unbeweglich, die weiche Stimme reagiert kaum auf das Geschehen um ihn her. Stalin bewegt sich in einem eigenen, besonderen Raum, der einer besonderen Zeit entspricht, welche nicht mit der Zeit gewöhnlicher Sterblicher zusammenfällt.«

Wenn Hitler diese gottgleiche Position niemals auch nur annähernd erreichte, dann war das nicht nur eine Frage der Personen und des Systems, sondern diese Differenz führt noch einmal zu den grundlegend verschiedenen Ausgangspositionen und Endresultaten beider Bewegungen. Das betrifft zum einen die Dimension der Zeit. Stalins Maske der eisernen Ruhe entsprach der Tatsache, daß er über viel mehr Zeit verfügte und manövrieren, also seine Bündnisse aussuchen und die Konflikte der anderen Mächte abwarten konnte. Daß Hitler das nicht vermochte, hatte auch mit der Dimension des Raumes zu tun. Der Nationalsozialismus blieb sowohl materiell wie ideologisch viel enger an seine nationale Ausgangsbasis gekettet. Der sowjetische Inter-Nationalismus diente der Zusammenbindung eines Vielvölkerreiches und einer supranationalen Staatsklasse ; und er ermöglichte es, sich mit jener breiten historischen Strömung zu alliieren, die zur Bildung hundert junger Nationalstaaten führte.

Schließlich blieben die Nazis – wie die Faschisten und Falangisten – an ihre sozialen, bürgerlichen und kleinbürgerlichen Ursprünge gebunden. Zwar waren ihre Aktivisten bereit, alle hergebrachten Normen der bürgerlichen Moral und des Rechtes und notfalls auch alle familiären und persönlichen Bindungen »hinter sich zu lassen«. Aber diese Normen und Beziehungen total zu revidieren und umzuwerten – das konnten nur die Kommunisten. Hier spielte der Universalismus ihrer theoretischen Erklärungs- und praktischen Gestaltungsansprüche eine Rolle. Aber wichtiger war das historische Faktum, daß sie eine im Feuer eines wirklichen Bürgerkriegs gehärtete Partei und Machtformation waren, die zugleich eine viel breitere Tradition – die der historischen Arbeiterbewegung – für sich in Anspruch nahm und usurpierte. Die kurze »Kampfzeit« der Nazis bestand dagegen lediglich aus Straßenschlachten und einem dilettantischen Putschversuch. So mußte ihr jährlicher Gedenkmarsch für die »Blutzeugen der Bewegung« vor der Münchner Feldherrnhalle am 9. November auf jeden distanzierteren Betrachter wie eine groteske Inszenierung wirken – während die Feiern für die Märtyrer der russischen Revolution mit ihren Musiken und Emblemen noch auf die erbittertsten Gegner der Bolschewiki tiefen Eindruck machten. Indem der Bolschewismus ein universalistisches Ethos für sich in Anspruch nahm, gesteigert durch eine »wissenschaftlich« begründete Weltsicht, konnte er seine Akteure in einzigartiger Weise moralisch imprägnieren und enthusiastisch anfeuern.

Doch das Entscheidende war der historische Sieg des Jahres 1945, in dessen Lichte alles, was wir wissen und wahrnehmen, unweigerlich rückinterpretiert wird. Der Hitler, den wir in den Wochenschauen der dreißiger Jahre noch selbstgewiß gestikulieren sehen, ist derselbe, der eine Filmsequenz später einen jämmerlichen Selbstmord begeht, mit Benzin übergossen und angezündet wird und dessen Überreste nach mehrfacher Identifizierung von den sowjetischen Besatzungsoffizieren in einer seltsamen Odyssee schließlich irgendwo am Rande einer Chaussee verscharrt werden. Und kurz danach steigt Stalin »in seiner weißen Uniform aus dem Flugzeug«. Als »Generalissimus« hat er schon eine fast übergeschichtliche Statur gewonnen. Die Epitheta und Ehrentitel, die ihm jetzt beigelegt werden, wie Sieger der Geschichte, Vater der Völker, Leuchte der Menschheit, Koryphäe aller Wissenschaften, sind solche, die Hitler nicht nur niemals erhielt, sondern auch niemals hätte erhalten *können*.

II

SIEG IM WELTKRIEG
DIE NEUBEGRÜNDUNG
DER SOWJETMACHT
AUS DEM VATER-
LÄNDISCHEN KRIEG

Der Hitler-Stalin-Pakt vom August 1939 war aus sowjetischer Perspektive keineswegs »widernatürlich«. Diese außenpolitische Kehrtwende hatte sich bereits seit mehr als einem Jahr deutlich angekündigt. So hieß es in dem Mitte 1938 erschienenen, von Stalin selbst redigierten ›Kurzen Lehrgang der Geschichte der KPdSU (B)‹, »daß der zweite imperialistische Krieg in der Tat schon begonnen hat«.

Der Zweite Weltkrieg begann nach sowjetischer Auffassung also nicht erst 1939, sondern war schon 1935/36 ausgebrochen – mit dem Überfall Italiens auf Äthiopien, Japans auf China sowie der deutsch-italienischen Intervention in den Spanischen Bürgerkrieg. Ging es aber tatsächlich nur um diese Länder und Gebiete? Nein! Im ›Kurzen Lehrgang‹ wurde mit kategorischer Sicherheit festgestellt, daß die Aktionen der faschistischen Mächte »im letzten Grunde gegen die kapitalistischen Interessen Englands, Frankreichs, der Vereinigten Staaten gerichtet« seien. Es handelte sich also um den Konflikt zweier Weltlager – wie Lenin bereits 1920 diagnostiziert hatte.

Dieser Krieg »von Gibraltar bis zum Jangtsekiang«, der sich um die Beherrschung der Seewege und strategischer Stützpunkte drehe, trage jedoch »einen ziemlich seltsamen und einseitigen Charakter«. Denn die »alten« Imperialisten des Westens machten den »jungen«, aggressiven Mächten ein Zugeständnis nach dem anderen. Diese Politik der »Beschwichtigung« bewies, daß die westlichen Kapitalisten »die Arbeiterbewegung in Europa und die nationale

Befreiungsbewegung in Asien« noch mehr fürchteten als die Aggressoren – und daß sie deshalb versuchten, deren Angriff auf die Sowjetunion abzulenken. Somit waren die Westmächte die eigentlichen Drahtzieher des Komplotts gegen die Sowjetunion!

In seiner berühmten »Kastanien-Rede« auf dem KPdSU-Parteitag am 10. März 1939, nur wenige Tage vor Hitlers Einzug in Prag, nahm Stalin keinerlei diplomatische Rücksichten mehr. Es sei offenkundig, daß die Westmächte »den Deutschen Gebiete der Tschechoslowakei als Kaufpreis für die Verpflichtung, den Krieg gegen die Sowjetunion zu beginnen«, zugeschanzt hätten. Dieses »große und gefährliche politische Spiel«, bemerkte Stalin triumphierend, habe mit einem Fiasko geendet – denn jetzt stelle sich heraus, daß die Deutschen sich »weigern, den Wechsel einzulösen, und den Gläubigern die Türe weisen«. Damit habe eine Politik Bankrott gemacht, die darauf abzielte, Deutschland, Japan und die Sowjetunion in einen Krieg hineinzutreiben, »damit sie einander schwächen und erschöpfen, dann aber, wenn sie genügend geschwächt sind, mit frischen Kräften auf dem Schauplatz zu erscheinen und ... die Bedingungen zu diktieren«.

Diese, in projektiver Verkehrung den Westmächten unterstellte Strategie war genau die, die Stalin selbst verfolgte. »Wie billig und wie nett!« höhnte er nun. Die sowjetische Führung werde sich von »Kriegsprovokateuren, die es gewohnt sind, daß andere für sie die Kastanien aus dem Feuer holen«, nicht in einen Konflikt mit Deutschland hineindrängen lassen, für den es überhaupt »keine sichtbaren Gründe« gebe.

Stalin hatte den Wechsel der deutschen Politik, der sich nach München vollzog, sehr genau registriert. Das negative Echo in der westlichen Öffentlichkeit signalisierte Hitler das Ende der kampflosen, rein politischen Eroberungen. Tatsächlich hatte er gerade das, was die sowjetische Presse unterstellte, *nicht* erhalten: »freie Hand im Osten«, das heißt ein Mandat für einen Angriff auf die Sowjetunion unter der Fahne des Antibolschewismus. Goebbels reagierte mit einer heftigen Polemik gegen »die Macht einer gewissen internationalen Presse« – während mit der Sowjetunion ein

Abkommen getroffen wurde, sich künftig nicht mehr öffentlich zu attackieren. Die Pogrome der »Reichskristallnacht« vom 9. November 1938, die die westliche Öffentlichkeit aufwühlten, wurden zwar auch in den sowjetischen Medien scharf verurteilt. Doch damit war die Sache dann auch erledigt.

Die amerikanische Haltung gegenüber dem Dritten Reich änderte sich dagegen unter dem Eindruck dieser Entwicklungen nachhaltig. In einer Reichstagsrede am 30. Januar 1939 beschuldigte Hitler die USA der offenen Feindseligkeit – und führte dies unmittelbar auf das Wirken des »internationalen Finanzjudentums« zurück, das dabei sei, »die Völker noch einmal in einen Weltkrieg zu stürzen«. Wenn das aber geschehe, »dann wird das Ergebnis nicht die Bolschewisierung der Erde und damit der Sieg des Judentums sein, sondern die Vernichtung der jüdischen Rasse in Europa«. Man bemerkt, wie die »Bolschewisierung der Erde« unmittelbar als *Instrument* eines besonders mit den USA assoziierten »internationalen Finanzjudentums« erscheint. Indem Hitler dieses beschuldigte, die Völker zu einem Krieg gegen Deutschland aufzustacheln, wurde eine strukturelle Ähnlichkeit seiner Argumentation mit der Stalins gegenüber den Westmächten sichtbar.

Der Gedanke, beide Staaten könnten auch zusammengehen, lag daher nicht fern. Und nachdem Hitler in Prag einmarschiert war und immer ultimativere Forderungen gegen Polen erhob, das daraufhin eine Garantie seiner Unabhängigkeit durch Großbritannien erhielt, kamen die Kontakte wie von selbst in Gang. Die Ersetzung des sowjetischen Außenministers Litwinow – in der Nazipresse »Litwinow-Finkelstein« genannt – durch den Erzrussen Molotow beseitigte das letzte Hindernis. Zugleich zeigte die Ernennung Molotows, der seit einem Jahrzehnt die rechte Hand Stalins war, daß die Sowjetunion ab jetzt einer aktiven Außenpolitik entscheidendes Gewicht beimessen würde.

In den Wochen vor dem Hitler-Stalin-Pakt versuchten beide Seiten noch einmal, die Westmächte mit der Drohung eines deutsch-sowjetischen Zusammengehens zu erpressen. Hitlers Lamento gegenüber dem Schweizer Völkerbundkommissar Carl Jacob Burckhardt, den er zu Recht für einen Vertrauensmann der Briten hielt, war ein letzter, deutlicher Wink und Appell an seine alten Wunschpartner. In einem Gespräch am 11. August sagte er: »Alles, was ich unternehme, ist gegen Rußland gerichtet; wenn der Westen zu dumm und zu blind ist, um dies zu begreifen, werde ich gezwungen sein, mich mit den Russen zu verständigen, den Westen zu schlagen und dann nach seiner Niederlage mich mit meinen versammelten Kräften gegen die Sowjetunion zu wenden.«

Die sowjetische Seite verhandelte währenddessen mit einer britisch-französischen Delegation ein letztes Mal über die Möglichkeiten eines Dreierbündnisses, das eine »Garantie« für eine ganze Kette von Ländern – auch solchen, die gar nicht darum gebeten hatten – enthalten sollte. Es ging um Finnland, Estland, Lettland, Litauen, Polen, Rumänien, Griechenland, die Türkei und Belgien. Der entscheidende Punkt war die Forderung der sowjetischen Seite, auch bei einer »indirekten Aggression«, also schon im bloßen Spannungsfalle, ein Recht auf »Durchmarsch« beziehungsweise Einmarsch zu erhalten, und das, wenn nötig, ohne Zustimmung der betreffenden Regierungen. Dieser Anspruch, der sich auf Polen, Rumänien, die baltischen Republiken und Finnland konzentrierte, lief letztlich auf ein Hegemonialstatut hinaus. Tatsächlich wurden in den Verhandlungen die ersten Umrisse eines sowjetischen Expansionsprogramms sichtbar. Die betroffenen Länder protestierten heftig, und die Briten und Franzosen waren weder bereit noch in der Lage, derartige Freibriefe auszustellen.

Die Reise von Ribbentrop nach Moskau am 21. August signalisierte schon durch ihre ungewöhnlichen Umstände, daß es jetzt nicht mehr um taktische Manöver, sondern um strategische Weichenstellungen ging. Die »Nichtangriffs«-Klausel war der unbedeutendste Teil des Vertragswerks, die Fassade. Die Verhandlungen fanden – wie die deutsche Seite ohne jede Scheu zu erkennen gab – parallel zu den bereits laufenden Vorbereitungen eines Angriffs auf Polen statt. Das war ein großer Vertrauensvorschuß. Eine sowjetische Hinhaltetaktik, selbst um wenige Tage, hätte Hitler in erhebliche Verlegenheit gebracht. Aber auch Stalin war bereit, den Rubikon zum Krieg zu überschreiten.

Tatsächlich handelte es sich um eine Absprache über ein gemeinsames kriegerisches Vorgehen zur Aufteilung des östlichen Mitteleuropa, insofern also um einen *Angriffsvertrag*. Die Geheimprotokolle legten bereits in groben Zügen die jeweiligen Einflußsphären fest. Die sowjetische Seite machte kein Geheimnis daraus, daß es ihr um den gewaltsamen Wiederanschluß »historisch« zur Sowjetunion gehörender Gebiete ging. In dieser Hinsicht war das Programm Stalins ein unmittelbares Pendant der »großdeutschen« Ziele Hitlers.

Den Einmarsch der sowjetischen Truppen am 17. September in die östlichen Landesteile Polens begründete man damit, daß es den polnischen Staat nicht mehr gebe – ungeachtet der Tatsache, daß noch mehrere polnische Armeen im Kampf standen und auch das belagerte Warschau verzweifelt aushielt. Die sowjetische Regierung habe ihre »ukrainischen und weißrussischen Blutsbrüder« nicht im Stich lassen können und stelle die 1921 vom Mutterland losgerissenen Landesteile wieder unter ihren Schutz. Das war die Sprache eines völkischen Wiederanschlusses, wie sie Hitler etwa mit Blick auf das Sudetenland gebraucht hatte.

Schon am 28. September – dem Tag der Kapitulation Warschaus – wurde ein »Grenz- und Freundschaftsvertrag« zwischen dem Deutschen Reich und der Sowjetunion geschlossen, der offensichtlich fertig ausgehandelt war. Es handelte sich nicht nur um einen förmlichen Vertrag über die Teilung Polens und weiterer Länder des östlichen Europa, sondern auch um ein informelles und indirektes Kriegsbündnis. In der begleitenden »Gemeinsamen Erklärung« hieß es, daß mit der Auflösung des polnischen Staates jeder Kriegsgrund entfallen sei. Sollten Paris und London an ihrer Kriegserklärung gegen Deutschland festhalten, so »würde dies demonstrieren, daß England und Frankreich für die weitere Fortsetzung des Krieges verantwortlich sind«, also die Aggressoren seien. In diesem Falle würden die deutsche und die sowjetische Regierung »weitere Konsultationen bezüglich notwendiger Maßnahmen einleiten«. Von Neutralität der Sowjetunion im ausgebrochenen Weltkrieg konnte somit keine Rede sein.

Allerdings blieb man – trotz einer gewissen gegenseitigen Bewunderung, die die Verhandlungen und die Berichte darüber prägte – von einer wirklichen Partnerschaft weit entfernt. Es war eine Komplizenschaft. Und Hitler war der, der unter Zugzwang stand. Er hatte ganz eindeutig darauf gesetzt, durch das – von niemandem für möglich gehaltene – Bündnis mit Stalin die Westmächte abschrecken zu können. Diese Rechnung ging nicht auf. England und Frankreich hatten Hitler den Krieg erklärt. Jetzt mußte Hitler – seiner Handlungslogik gemäß – die Schraube fester und fester anziehen. Er konnte es sich ab jetzt weder innen- noch außenpolitisch leisten, stehenzubleiben und die erreichte Position zu konsolidieren. Man kann insofern sagen, daß seine Politik der immer atemloseren, immer extremeren Aggression ebenfalls Züge einer Flucht nach vorn trug.

Und genau darin lag seine Funktion für die Stalinsche Politik. Es waren dieselben spekulativen Erwartungen, die die sowjetische Führung vor und nach 1933 an den Aufstieg der Hitlerpartei geknüpft hatte.* Eine Aufzeichnung Dimitroffs über ein Gespräch mit Stalin vom 7. September 1939, das der Festlegung der Kominternpropaganda angesichts des ausgebrochenen Krieges diente, ist von unüberbietbarer Deutlichkeit. Stalin erklärte die Lage wie folgt: »Der Krieg wird zwischen zwei Gruppen kapitalistischer Staaten (armen und reichen in bezug auf Kolonien, Rohstoffe usw.) um die Aufteilung der Welt und um die Weltherrschaft geführt. Wir haben nichts dagegen, wenn sie ordentlich gegeneinander Krieg führen und sich schwächen. Es wäre nicht schlecht, wenn durch die Hand Deutschlands die Position der reichsten kapitalistischen Länder (besonders Englands) zerrüttet werden würde. Ohne es zu wissen und zu wollen, untergräbt Hitler das kapita-

---

* Viktor Suworow behauptet – ohne es zu belegen –, die sowjetischen Führer hätten Hitler inoffiziell einen »Eisbrecher der Revolution« genannt. Der Ausdruck wäre ganz passend, sofern man die Chiffre »Revolution« mit »Erweiterung der Machtstellung der Sowjetunion« übersetzt.

listische System … Wir können manövrieren und die eine Seite gegen die andere aufhetzen, damit sie sich um so heftiger gegenseitig zerfleischen. Der Nichtangriffspakt hilft Deutschland in gewisser Weise. Bei nächster Gelegenheit muß man die andere Seite aufhetzen.«

Von einem großartigen Zynismus zeugt in diesem Zusammenhang noch die taktische Direktive für die Komintern, daß die kommunistischen Parteien »entschlossen gegen den Krieg und seine Schuldigen auftreten« müßten – was sich nach Lage der Dinge vor allem an die Parteien im Westen, an erster Stelle die einflußreiche KP Frankreichs, richtete, die jegliche »Vaterlandsverteidigung« verweigern sollten. Zur selben Zeit tat die Sowjetunion alles, um »die eine Seite gegen die andere aufzuhetzen«, wobei sie zunächst einmal Deutschland und die Gruppe der »armen« kapitalistischen Staaten unterstützte.

Von Oktober 1939 bis März 1940 war die Sowjetunion die *einzige* kriegführende Macht in Europa. Schon beim Einmarsch in Polen bemühte sie sich, eines möglichst großen Teils der polnischen Armee habhaft zu werden. Etwa 230.000 Soldaten und 15.000 Offiziere ergaben sich den Sowjets. In die Rhetorik der »Befreiung« mischten sich dabei unüberhörbare Töne einer siegreichen Revanche für die Niederlage von 1920. Molotow gebrauchte in seiner Rede vor dem Obersten Sowjet vom 31. Oktober die bemerkenswerte Formulierung: »Ein schneller Schlag gegen Polen, erst von der deutschen Armee und dann von der Roten Armee, und nichts war mehr übrig von diesem häßlichen Bastard des Versailler Vertrages.« Demnach führte die Sowjetunion *gemeinsam* mit dem Deutschen Reich einen gerechten Kampf zur Liquidierung des Versailler Systems und seiner »Bastarde«.

Dabei lag es Molotow fern, die Rolle der Sowjetunion herunterzuspielen, ganz im Gegenteil, er befleißigte sich einer geradezu antiken Sprache des Triumphes: »Unsere Kriegstrophäen in Polen bestanden aus 900 Kanonen, 10.000 Maschinengewehren, 300.000 Gewehren, … 300 Flugzeugen usw. Das Gebiet, das an die UdSSR gekommen ist, entspricht dem Territorium eines großen europäischen Staates ... mit einer Bevölkerung von 13 Millionen.«

Während mitten im Chaos des Zusammenbruchs und Einmarsches bereits die ersten Verhaftungs- und Repressionswellen anliefen, beantragten eilends gewählte »Nationalversammlungen« der Ruthenen und Ukrainer noch im Oktober 1939 die Aufnahme in die UdSSR. Die demokratisch gewählten Regierungen und Parlamente der drei baltischen Republiken, von aller Welt verlassen, beugten sich den sowjetischen Ultimaten und stimmten der Errichtung von Militärstützpunkten zu, die vor allem NKWD-Truppen ins Land brachten. Schon am 11. Oktober gab Berija den Befehl, »alle antisowjetischen und antisozialen Elemente auszurotten«. Durch eine Kette von Pressionen, Unruhen und »Säuberungen« erschütterte man die drei Republiken derart, daß im Sommer 1940 der Anschluß vollzogen werden konnte. Die Uhren gingen fortan nach »Moskauer Zeit« – für die betäubten und terrorisierten Menschen der Beginn einer neuen Zeitrechnung in jeder Hinsicht.

Allein Finnland widersetzte sich den Forderungen der sowjetischen Führung – und wurde daraufhin am 30. November 1939 ohne Kriegserklärung angegriffen, ganz nach Hitlerschem Muster. Helsinki wurde gleich am ersten Tag bombardiert, so wie Warschau am 1. September.

Der Überfall, für den man 29 Divisionen, 1 Panzerkorps, 800 Flugzeuge und die gesamte baltische Flotte aufbot, verlief allerdings nicht so glatt wie gedacht. Die bewegliche finnische Armee wehrte sich gegen die schwerfällig operierenden, miserabel geführten Einheiten der Roten Armee mit einer effektiven Taktik, die zur Vernichtung mehrerer Divisionen führte. Erst nach monatelangen erbitterten Kämpfen gelang es dem sowjetischen Oberkommando unter Aufbietung der besten Truppen, die Verteidigungslinien zu durchbrechen und Finnland zum »Frieden von Moskau« zu zwingen, in dem es zwar Gebietsabtretungen und der Einrichtung von Stützpunkten zustimmen mußte, seine Unabhängigkeit jedoch verteidigen konnte. Die Schlachten dieses finnisch-sowjetischen »Winterkrieges« blieben bis ins Jahr 1941 die schwersten des Zweiten

Weltkrieges. Die Rote Armee beklagte 80.000 Gefallene und 120.000 Verwundete – ein Mehrfaches der finnischen Verluste – und hatte sich für alle erkennbar äußerst schlecht geschlagen.

Das rettete weder die baltischen Republiken noch das gewaltsam von Rumänien abgetrennte Bessarabien, die im Sommer 1940 endgültig »sowjetisiert« wurden. Die dabei angewandten Methoden waren in diesen ersten anderthalb Jahren des Weltkrieges kaum weniger schrecklich und in manchem effektiver als die der Okkupation und Kolonisierung Polens durch Nazideutschland. Während die deutschen Behörden in den unmittelbar annektierten westpolnischen Gebieten eine erbarmungslose Politik des Terrors und der Vertreibung verfolgten und das sogenannte Generalgouvernement zu einer reinen Kolonie mitten in Europa ausbauten, installierten die Sowjets komplette neue Verwaltungen, die sie teils mitbrachten, teilweise aber auch aus Parteigängern vor Ort rekrutierten.

Die »Sowjetisierung« ließ in der Eliminierung alter Eliten eine Systematik erkennen, die den Nazis in *dieser* Form abging. So erschossen die NKWD-Leute im April 1940 in Katyn und anderswo nicht nur nahezu das gesamte, in Gefangenschaft geratene polnische Offizierskorps, sondern auch fast alle hohen Beamten, Polizisten und sonstigen wichtigen Funktionsträger des polnischen Staates – alles in allem etwa 25.700 Personen.

Die geheimnisumwitterten Katyn-Dokumente sind erschreckend banal. Berija beantragte mit wenigen, dürren Sätzen, 14.700 »weißpolnische« Offiziere, Richter, Polizisten usw., die allesamt »geschworene Feinde der Sowjetmacht« seien, sowie 11.000 »Konterrevolutionäre«, Spione, Saboteure usw. militärischen Sondertribunalen zu übergeben. Das Politbüro stimmte zu. Das war alles. Im übrigen ging es den einfachen polnischen Soldaten kaum besser. Von 230.000, die in Gefangenschaft gerieten, lebten im Sommer 1941 noch ganze 82.000. Von 381.000 deportierten polnischen Zivilisten tauchten nur noch 243.000 wieder auf, als sie nach dem deutschen Überfall auf die Sowjetunion amnestiert wurden.

Die Gründe, welche die Stalinsche Führung 1939 dazu verleiteten, an der Seite Hitlers den Zweiten Weltkrieg zu entfesseln, waren ganz offenkundig nicht defensiver Natur. Eine konstruktive Zusammenarbeit mit den Westmächten und den Opfern der Aggressionen hätte sehr wohl eine wirkungsvolle Barriere errichten können. Gerade diese Barriere wurde durchbrochen. Die Sowjetunion gewann, wie es später legitimatorisch hieß, »Zeit und Raum«. Aber sie riskierte eine gemeinsame Grenze mit Hitlerdeutschland und machte sich neue Feinde.

Offensichtlich war Stalin der Meinung, daß die Sowjetunion, wie er 1925 bereits gesagt hatte, in dem gesetzmäßig entbrennenden Weltkrieg nicht würde »untätig zusehen können«, sondern früher oder später »auftreten müßte«. Der Schulterschluß mit Deutschland erschien einstweilen als die günstigere Kombination. Und da man wollte, daß sich die beiden Kräftegruppen möglichst gründlich »zerfleischen«, war es auch konsequent, wenn sich die Sowjetunion für Hitlers Krieg im Westen als Hauptlieferant aller kriegswichtigen Rohstoffe zur Verfügung stellte. Die große Handelsvereinbarung vom Februar 1940, wonach die Sowjetunion dem Dritten Reich Erdöl, Mangan, Kupfer, Nickel, Chromerz, Asbest, Phosphat, Kautschuk, Holz und eine breite Palette weiterer kriegswichtiger Güter lieferte und, mehr noch, als weltweiter Generaleinkäufer für den deutschen Kriegsbedarf und als Transitland auftrat, war eine unverzichtbare Voraussetzung für die Eröffnung des deutschen Angriffs im Westen. Ohne sowjetische Unterstützung hätte Hitler seinen Krieg in dieser Weise gar nicht führen können.

Überdeutlich ist, daß Stalin sein eigenes, großes va banque spielte. Dabei sah er die Sowjetunion – nachdem der Krieg im Westen einmal ausgebrochen war und Großbritannien (hinter dem die USA standen) sich entschlossen hatte, der deutschen Aggression auf breiter Front entgegenzutreten – in einer vorteilhaften Situation. Allerdings unterschätzte er den Radikalismus und die Schlagkraft der deutschen Seite und hielt es für ausgeschlossen, daß Hitler sich mitten im Krieg mit Großbritannien gegen seine loyale Hintermacht, die UdSSR, wenden könnte. Vielleicht war diese bewußte Option für Expansion und Krieg aber auch eine Flucht vor der sich zuspitzenden innenpolitischen Lage, der Versuch, dem Regime eine nationale und imperiale Kompensation für die zunehmende Zerrüttung der eigenen sozialökonomischen und politischen Basis zu verschaffen.

Die innere Lage der UdSSR war gerade im Jahre 1940 katastrophal. Nominell war sie zu einer der führenden Industriemächte geworden. Doch die imposanten Produktionsziffern drückten zu einem großen Teil nur eine Überakkumulation im schwerindustriellen Bereich und die enorme Vergeudung von Mensch und Material aus. In Schlüsselsektoren ging die Produktion zwischen 1938 und 1940 – trotz deutlicher Investitionssteigerungen – absolut zurück (so beim Bau von Automobilen, Traktoren, Transportmitteln, in der Elektrotechnik oder im Maschinenbau). Auch die Stahlproduktion sank 1940. Dem Bericht John Scotts zufolge fiel das Niveau der Roheisenproduktion in Magnitogorsk von den 1936 erreichten 1.200 bis 1.300 Tonnen pro Ofen ab 1937 kontinuierlich und lag Anfang 1940 bei unter 1.000 Tonnen. Der Hauptgrund war unübersehbar der Große Terror, sowohl durch das Chaos, das die ständigen Verhaftungen mit sich brachten, als überhaupt durch die Vergeudung und Vernichtung menschlicher Potentiale und Initiativen.

Die am 1. Mai 1939 verkündete Losung »Alles für die Armee!« führte zu einer weiteren Anspannung des sozialökonomischen Gefüges. Zwischen 1939 und 1941 sollte laut Plan mehr als ein Viertel aller Investitionen in die Rüstung fließen, die 1941 etwa 43 Prozent des Jahresbudgets verschlang. Das war deutlich mehr als im nationalsozialistischen Deutschland, das bereits an allen Fronten kämpfte und den Überfall auf seinen stillen Verbündeten vorbereitete. Insgesamt waren die Rüstungsausgaben der UdSSR zwischen 1929 und 1939 um das Fünffache gestiegen. Doch der qualitative Vorsprung, den die Sowjetunion noch 1933 gehabt hatte, war trotz dieser immensen Aufwendungen in den wichtigsten Bereichen der modernen Waffentechnologie verlorengegangen.

Der Hauptgrund lag auch hier im Großen Terror, der nicht nur den erfahrensten Offizieren, sondern zudem einigen der besten Konstrukteure des Landes das Leben gekostet hatte. Außerdem mischte sich die politische Führung – besonders Stalin und sein Rüstungskommissar Shdanow – mit laienhaften und antiquierten Vorstellungen in alle technischen Einzelentscheidungen ein. Keine Kanone, kein Panzer, kein Flugzeug konnte ohne ihr Plazet und ihre – vielfach fatalen – »Weisungen« gebaut werden. Wie Alexander Nekritsch berichtet, wurden am Vorabend des Krieges auf Befehl von oben die am dringendsten benötigten mobilen Panzerabwehrkanonen aus der Produktion genommen. Als der erregte Rüstungskommissar Wannikow auf einer Sitzung der ZK-Kommission im Frühjahr 1941 zu Shdanow sagte: »Sie lassen vor einem Krieg die Entwaffnung der Armee zu«, wurde er verhaftet. Das war drei Wochen vor dem deutschen Überfall.

Fast ein Fünftel des Investitionsvolumens für 1941 sollte das Volkskommissariat des Inneren, das NKWD, verwalten! Das gibt einen Begriff vom Umfang der unfreien Arbeit in all ihren Kategorien. Aber die Grenzen zur »freien« Arbeit verschwammen in diesen Jahren immer mehr. Seit 1938 waren »Arbeitsbücher« eingeführt, die die Beschäftigten an einen bestimmten Betrieb fesselten. Der anhaltend niedrigen Produktivität begegnete man mit verschiedenen Maßnahmen. So wurde im Juni 1940 statt der Sechs- wieder die Siebentagewoche eingeführt. Auf Zuspätkommen, unentschuldigtes Fehlen am Arbeitsplatz und andere »Akte des Hooliganismus« standen jetzt bis zu drei Jahren Lagerhaft. Mit diesen neuen, drakonischen Arbeitsgesetzen hing ganz offenkundig die Verdreifachung der Verurteilungen für zivile Vergehen im Jahr 1940 (auf 2,3 Millionen Fälle) zusammen.

Dadurch – noch stärker aber durch die Ströme der Verhafteten und Deportierten aus den neu eroberten Gebieten des Imperiums – schwoll das Heer der Arbeitssklaven des Gulag nochmals an. Der Weltkrieg brachte das System der Arbeits- und Straflager in der Sowjetunion erst zu seiner ganzen, vollen Blüte, die es in den Jahren vor Stalins Tod erreichte. Für 1939 hat man aus den Zensuszahlen

3,6 Millionen errechnet, die als Häftlinge, Kolonisten, Deportierte oder sonstwie zu Zwangsarbeit Verpflichtete unter der Aufsicht des NKWD standen. Für 1941 dürften es etwa fünf bis sechs Millionen gewesen sein. Diese in den letzten Jahren anhand zugänglich gewordener *offizieller* Daten nach unten revidierten Schätzungen müssen aber keineswegs stimmen, weder was die Gesamtzahlen noch was beispielsweise die Sterblichkeit betrifft. Betrachtet man den erwähnten Anteil des NKWD an den staatlichen Gesamtinvestitionen (18 %), erscheint die Annahme von Alexander Nekritsch, ungefähr jeder fünfte Beschäftigte müsse in einem zwangsweisen Arbeitsverhältnis gestanden haben, nicht übertrieben. Außerdem gibt es viele glaubwürdige Berichte und Zeugnisse, die sich den revidierten Zahlen – die auch Nicolas Werth für das ›Schwarzbuch‹ weitgehend übernimmt – nicht recht fügen wollen.

So hat Lew Rasgon in seinen Memoiren ›Das Unausdenkbare‹ mit lakonischer Präzision jenes Straflager in der Taiga beschrieben, in das er selbst 1938 gebracht wurde. Weil der Kommandant dieses Lagers kein reiner Unmensch war, sondern nur ein eifriger Dummkopf, und Rasgon ihn sogar mit einem Rest von Sympathie beschreibt, tritt das System der Menschenvernichtung im Gulag in seiner ganzen furchtbaren Banalität und trägen Effektivität nur um so deutlicher hervor: »Saliwa … war kein Dieb wie die Mehrheit der anderen Natschalniks; er war kein Despot – er hielt sich streng an die Instruktionen; er war kein Sadist – mit traurigem Bedauern folgten seine Blicke den Schlitten, auf denen man bei vierzig Grad Frost die gefesselten, völlig nackten Befehlsverweigerer zur Strafarbeit wegfuhr. Er hatte eher etwas ukrainisch Gutmütiges an sich … Saliwa war stets bestrebt, das zu tun, was die Obrigkeit von ihm verlangte. Sie verlangte, daß er soviel ›Sekis‹ [Häftlinge, G. K.] wie möglich aufnahm, und er empfing widerspruchslos eine Kolonne nach der anderen, ohne sich wie einige andere mit dem Mangel an Baracken, Zelten, Kleidung, Werkzeug, Verpflegung herauszureden … Die Plätze wurden bei Saliwa schnell frei. Unsere Moskauer Kolonne zählte, als sie Ende August 1938 im Ersten Lagpunkt eintraf, 517 Mann. Im Frühjahr 1939 waren von uns Moskauern noch 27 übrig ... Der naive und gutmütige Saliwa brachte vor meinen Augen innerhalb eines Winters an die anderthalbtausend Menschen um. Vielleicht auch mehr.«

Dieses Außenlager war lediglich eine winzige Insel im gesamten »Archipel Gulag«. Und die Rede ist nur von dem einen Winter 1938/39. Im Laufe des Jahres 1939 besserte sich die Lage etwas. Der neue NKWD-Chef Berija hatte das Ziel einer effektiveren wirtschaftlichen Ausnutzung der Sträflingsarbeit verkündet. Dazu gehörte auch eine Aufstockung der Essensrationen – unter Jeshow 1.400 Kalorien – und der Kleiderzuteilung. Andererseits wurde die Arbeitszeit auf elf Stunden am Tag erhöht. Bald nach Kriegsbeginn sanken die Rationen wieder, sogar unter das frühere Niveau. Und der Strom der Neuankömmlinge brach nicht ab. Rechnet man die von Rasgon und vielen anderen gemachten Angaben auch nur vorsichtig hoch, sind sie mit den neuerdings genannten Zahlen der Gulag-Opfer nur schwer in Übereinstimmung zu bringen.

Ähnliches gilt für die Zahl der Todesurteile, die unter Berija mit dem Ende des Großen Terrors – nach offizieller Verlautbarung – auf wenige tausend im Jahr zurückgegangen sein sollen. Man nehme dagegen die Angaben, die der weißrussische Schriftsteller Wassil Bykau Ende der achtziger Jahre unter den Einwohnern von Minsk und den Dörfern rings um die Stadt gesammelt hat. So berichteten Bewohner des Dorfes Seljony-lug, »daß in den Jahren 1937 bis 1941 in einem Waldstück zwei Kilometer nördlich von ihrer Ortschaft ... Tag für Tag und Nacht für Nacht Menschen erschossen wurden, die man auf Lastwagen herangeschafft hatte«. Auch Bewohner des Dorfes Zna erinnerten sich: »Fünf Jahre konnten wir wegen des nächtlichen Schießens nicht schlafen.« Fünf Jahre – das heißt bis 1941.

Die Position der Sowjetunion im Jahr 1940 war stark und schwach zugleich. Stark, weil man an der westlichen Peripherie große Gebiete mit insgesamt 23 Millionen Bewohnern hinzugewonnen hatte. Stark auch, weil Hitlerdeutschland – trotz der unglaublichen Erfolge seiner Blitzkriege gegen Dänemark, Norwegen, Frankreich, Belgien und die Niederlande – im Luftkrieg gegen Großbritannien die erste empfindliche Niederlage einstecken mußte und auf immer entschlosseneren Widerstand traf. Deutschlands kriegswirtschaftliche und strategische Abhängigkeit von der Sowjetunion wuchs daher stetig. Und schließlich war es der Sowjetunion gelungen, mit Japan, dem gefährlichsten Gegner der dreißiger Jahre – mit dem sich die Rote Armee 1937 und 1939 in der Mandschurei und Mongolei eine Reihe schwerer Panzerschlachten geliefert hatte –, zu einem befriedigenden Arrangement zu kommen, das den ganzen Weltkrieg über hielt.

Schwach war die Sowjetunion aufgrund einer krisenhaften Zuspitzung im Innern. Und weil sie kaum noch Verbündete besaß – außer den Achsenmächten. Daraus entstand die deutsch-italienische Initiative für einen »Viererpakt«, ein regelrechtes Kriegsbündnis der »Antikomintern«-Mächte mit der »Komintern«-Macht Sowjetunion. Vor dem Hintergrund des vermeintlichen »Weltanschauungskrieges« des Jahres 1941 wirken die Verhandlungen über den »Viererpakt« wie eine unseriöse Episode. Doch für Hitler war dieser Vorschlag durchaus kein taktisches Ablenkungsmanöver, sondern die *eine* radikale Option, die ihm offenstand. Die *andere*, noch radikalere Möglichkeit war eine militärische Wendung gegen die Sowjetunion, der Versuch, sie ebenfalls in einem Blitzkrieg niederzuwerfen, um dann dem angloamerikanischen Block entgegenzutreten.

Dies war die Ausgangssituation für die mehrtägigen Verhandlungen zwischen Molotow, Ribbentrop und Hitler im November 1940 in Berlin. Nimmt man das Protokoll wörtlich, hat es selten in der Weltgeschichte Verhandlungen zwischen Staatsmännern gegeben, in denen in ähnlich größenwahnsinniger Weise über Länder und Kontinente geschachert wurde. Hitler zufolge handelte es sich um »eine gigantische Weltkonkursmasse von 40 Millionen Quadratkilometern«, die »nunmehr zur Verteilung kommen« müsse. Versäume man dies, werde eine historische Gelegenheit ungenutzt vorüberziehen. Molotow erwiderte, daß er »den Gedankengängen des Führers mit Interesse gefolgt« sei und »mit allem, was er verstanden habe, einverstanden wäre«. Doch müsse man »sich zunächst über die deutsch-russische Zusammenarbeit klarwerden«.

In dieser schrägen Schlachtordnung verliefen die Verhandlungen: Hitler und Ribbentrop versuchten, der Sowjetunion einen Teil des »großasiatischen Raumes« schmackhaft zu machen, »der nach Süden hin orientiert wäre und den Deutschland bereits jetzt als Interessengebiet Rußlands« anerkenne. Gedacht war vor allem an den Iran und an Indien. Die sowjetische Seite beharrte dagegen spröde auf einer Klärung der näherliegenden Fragen: Deutschland müsse sich gemäß den Verträgen aus Rumänien und Finnland zurückziehen. Die Sowjetunion gedenke, Bulgarien eine einseitige »Garantie« zu geben, das heißt es unter seine Kuratel zu stellen, wie überhaupt der Balkan ein besonderes Interessengebiet der Sowjetunion sei. Was die Türkei angehe, gedenke man, sich die Meerengen »nicht nur auf dem Papier, sondern ›in der Tat‹ [zu] verschaffen«.

Molotow ließ es sich durchaus gefallen, daß man nicht von der Sowjetunion, sondern nur von »Rußland« sprach. In der Tat lagen die von ihm skizzierten Interessenschwerpunkte auf der alten Linie russischer Großmachtpolitik. Die eigentlichen Reibungspunkte waren Finnland und Rumänien: Die finnischen Nickelgruben von Petsamo sowie die Ölfelder von Ploeşti in Rumänien waren zwei tragende Pfeiler der deutschen Kriegsführung. Sie lagen in Reichweite sowjetischer Geschütze. Alle von Molotow vorgetragenen Forderungen und Vorstellungen liefen darauf hinaus, Hitler im östlichen Europa Daumenschrauben anzulegen und die kriegswirtschaftliche Abhängigkeit weiter zu steigern, um seinen Expansionsdrang nach Westen und Süden zu lenken.

Molotow hielt sich genau an die Verhandlungsdirektive Stalins: die »wirklichen Absichten« Deutschlands und seiner Verbündeten Italien und Japan hinsichtlich der Schaffung eines »Neuen Europa« und eines »Ostasiatischen Großraumes« zu erkunden, die »Interessensphäre der UdSSR in Europa wie auch in Vorder- und Mittelasien« zu umreißen und »die Möglichkeit eines Abkommens darüber mit Deutschland, aber auch mit Italien abzuklop-

fen«. Er solle jedoch keinerlei Vereinbarung treffen, »da die Fort-
führung dieser Verhandlungen in Moskau ... in Aussicht gestellt
wird«.

In der Tat wurde eine nächste Verhandlungsrunde in Moskau
vereinbart. Die deutsche Seite überreichte einen förmlichen Entwurf eines Viermächtevertrages mit der Bitte, ihn zu prüfen und die
Bedingungen des Beitritts zu nennen. Das tat die sowjetische Regierung auch postwendend in einer Note, in der die Umrisse des eigenen Expansionsprogrammes deutlich sichtbar wurden. Demnach
verlangte die Sowjetunion: Finnland, Bulgarien und Rumänien ihrer Hegemonie zu unterstellen; eine Kontrolle der Donauschiff-
fahrt ebenso wie der Ostseeausgänge; eigene Militärstützpunkte
an den Dardanellen sowie einen Zugang (via Bulgarien) zur Ägäis;
die Anerkennung sowjetischer »Interessen« an Ungarn, Jugoslawien, Griechenland und Restpolen; die Einräumung sowjetischer
»Aspirationen« auf den Persischen Golf; schließlich die Rückgabe
Süd-Sachalins und der Kurilen durch Japan. Es war klar, daß diese
Forderungen mit dem britischen Weltreich weniger zu tun hatten
als mit der deutschen Position im östlichen Europa.

Hitler, der schon nach der Abreise Molotows gegiftet hatte,
jetzt hätten die Russen die Katze aus dem Sack gelassen, beantwor-
tete diese Note nicht mehr, sondern gab die Weisung, einen Feldzug gegen die Sowjetunion zu planen, dessen Endziel »die Abschir-
mung gegen das asiatische Rußland auf der allgemeinen Linie
Wolga-Archangelsk« sein sollte. Militärisch sollte die »im westlichen Rußland stehende Masse des russischen Heeres in kühnen
Operationen unter weitem Vorantreiben von Panzerkeilen vernichtet, der Abzug kampfkräftiger Teile in die Weite des russischen
Raumes verhindert werden«.

Wenn der deutsche Angriff auf die Sowjetunion im Juni 1941 dieser Zielsetzung anfangs bestürzend nahekam, dann deshalb, weil
die Sowjetunion ihre Streitkräfte nicht konsequent auf einen solchen Fall eingestellt hatte. Sie beließ sie in der offensiven Grund-
aufstellung, wie es ihrer Militärdoktrin entsprach. Am Neujahrs-

tag 1939 hatte Stalin als Direktive ausgegeben: »Wir müssen jederzeit bereit sein, einen bewaffneten Angriff auf unser Land zurückzuschlagen und den Feind auf seinem eigenen Territorium zu vernichten.« Diese Losung bildete die Generallinie aller operativen Planungen.

Die ewiggestrige deutsche Diskussion darüber, ob Hitler womöglich nur einem sowjetischen Angriff zuvorgekommen sei, ist von der anderen, im heutigen Rußland mit großer Leidenschaft geführten Diskussion über die Frage, inwieweit die Kriegspläne Stalins für den katastrophalen Zusammenbruch im Sommer 1941 verantwortlich waren, deutlich zu trennen. Tatsächlich läßt sich auch hier kein »kausaler Nexus« zwischen der deutschen und der sowjetischen Politik finden, sehr wohl aber eine starke Parallelität der Ambitionen, wobei die eine Seite jeweils die andere glaubte einspannen zu können.

Überraschenderweise hat gerade Ernst Nolte die Entscheidungsbildung für den Überfall auf die Sowjetunion zutreffend dargestellt. Bevor es zu einer »Wiederaufnahme des europäischen Bürgerkriegs« kommen konnte, ging es, wie Nolte schreibt, um konkrete kriegsstrategische Weichenstellungen. Und hier fühlte sich Hitler – entgegen den Propandaverlautbarungen, die den Angriff begleiteten und legitimierten – durch die sowjetischen Truppenkonzentrationen an den westlichen Grenzen *nicht* bedroht. Im Gegenteil, Hitler neigte seit dem finnischen Krieg zu einer fatalen Unterschätzung der Roten Armee. Außerdem war er sich sicher, daß Stalin eine offene Konfrontation mit Deutschland vermeiden, jedoch »in wachsendem Maße Schwierigkeiten« machen werde.

Doch nicht einmal das war der Fall. Nachdem Molotow in Berlin sehr hoch gepokert hatte, nahm es die Sowjetunion ohne ernstliche Proteste hin, daß die Wehrmacht am 1. April 1941 zu ihrem Balkanfeldzug ansetzte, parallel zum Feldzug in Nordafrika. Das war eine erneute, klare Verletzung der Abmachungen von 1939. Ungeachtet dessen steigerte die Sowjetunion im Frühjahr 1941 die Lieferungen an die deutsche Armee noch einmal beträchtlich. Das Berliner Kriegswirtschaftsamt schwärmte geradezu: »Bei der Organisierung der riesigen Transporte hat die Sowjetunion eine wirklich bewundernswerte Leistung vollbracht.« Es handele sich um »das größte wirtschaftliche Vertragswerk ..., das je zwischen zwei Seiten abgeschlossen worden ist«. Und dabei war die deutsche Seite mit mehreren hundert Millionen Reichsmark an Zahlungen und Gegenlieferungen im Rückstand!

Man kann darin eine eigene sowjetische Beschwichtigungspolitik sehen. Allerdings gehorchte sie einem sehr viel größeren und kaltblütigeren imperialen Kalkül als die entsprechende Politik der Westmächte in den dreißiger Jahren. Ernst Nolte hat zu Recht darauf hingewiesen, daß Stalin »die ungeheure Produktionskapazität der USA viel richtiger einschätzte, als Hitler es tat, und daß er davon überzeugt war, Deutschland werde den Krieg gegen die angelsächsischen Seemächte letzten Endes verlieren, nachdem es ihnen zuvor ungeheure Verluste beigebracht hätte«. Stalins anhaltende Unterstützung für Hitlers Kriegszüge in Europa und Afrika folgte der 1939 aufgestellten Maxime, wonach es »nicht schlecht wäre, wenn durch die Hand Deutschlands die Position der reichsten kapitalistischen Länder (besonders Englands) zerrüttet würde«. Und er konnte sich schlechterdings nicht vorstellen, daß Hitler so dumm wäre, alles bis dahin Gewonnene durch einen Zweifrontenkrieg gegen die Sowjetunion aufs Spiel zu setzen.

Das berühmte TASS-Dementi vom 14. Juni, in dem die westlichen Meldungen über einen drohenden deutschen Angriff ausdrücklich als »Provokation« zurückgewiesen wurden, stellte fest, Deutschland habe an die Sowjetunion keinerlei Forderungen gerichtet, und folglich hätten auch keine Verhandlungen darüber stattgefunden. Das klang in der Tat, so Nolte, »wie eine dringende Aufforderung, in solche Verhandlungen einzutreten«. Die Sowjetunion signalisierte damit, daß sie noch immer bereit war, einem eventuellen Kriegsbündnis gegen Großbritannien beizutreten. Ob das wirklich stimmte, ist eine andere Frage.

Das oberste Ziel der sowjetischen Politik war es, Zeit zu gewinnen. Mit einer defensiven Politik war das allerdings nicht zu verwechseln. Man wollte die Gegner sich weiterhin »zerfleischen«

lassen, um dann im richtigen Moment »aufzutreten«. Molotow sagte in seinen Gesprächen mit Felix Tschujew, er habe genau wie Stalin seine Aufgabe darin gesehen, »die Grenzen unseres Vaterlandes möglichst zu erweitern«. Und diese Aufgabe hätten sie beide »nicht schlecht bewältigt«. Mehr Territorium und mehr Zeit hätten sie vor allem bei Ausbruch des Krieges benötigt. »Stalin sagte noch vor dem Krieg, daß wir erst 1943 dem Deutschen als gleich stark entgegentreten könnten.« Ob es wirklich so selbstverständlich war, daß nur »der Deutsche« als Gegner in Frage kam, mag dahingestellt bleiben. Der Grundgedanke ist jedenfalls deutlich.

Die endgültige Entscheidung Hitlers fiel unabhängig von alledem. Sie läßt sich klar datieren – auf den 23. Mai, den Tag des Triumphes auf Kreta, der sicherstellte, daß Großbritannien fürs erste weit abgedrängt blieb – und war ebenso klar motiviert: »Jetzt haben wir die Möglichkeit, Rußland zu zerschlagen, während wir den Rücken frei haben. Diese Gelegenheit kommt nicht wieder.« Angriffsdatum: 22. Juni 1941. Das war allerdings selbst bei günstigem Verlauf ein sehr *spätes* Datum. Auf einen Winterfeldzug konnte und wollte man sich nicht einstellen. Auf dieser Selbsttäuschung beruhte das ganze Unternehmen.

Der Zusammenbruch der Roten Armee im Sommer 1941 ist militärgeschichtlich ohne Präzedenz. Binnen weniger Tage und Wochen wurden komplette Armeen von jeweils mehreren hunderttausend Mann eingekesselt und vernichtet oder in endlosen Zügen in Gefangenschaft geführt. Von den vier Millionen Soldaten, die den Invasoren zunächst entgegengeworfen wurden, waren nach drei oder vier Monaten mehr als die Hälfte tot, gefangen oder verwundet. Von 170 Divisionen an der Westfront waren 100 vernichtet oder kampfunfähig.

Dabei hatten die beiden einander gegenüberstehenden Heere in etwa die gleiche Mannschaftsstärke – wobei die Rote Armee über eine bessere Artillerie und weit mehr Panzer und Flugzeuge verfügte. Diese waren jedoch auf viel zu wenigen, viel zu grenznahen Flughäfen konzentriert, ohne ausreichende Abwehr. Nach ersten verheerenden Überraschungsschlägen hinderten Wracks die noch intakten Maschinen, aufzusteigen. Dann waren auch schon die deutschen Truppen da, und die Piloten mußten ihre eigenen Flugzeuge zerstören. Binnen fünf Tagen war nur noch eine Maschine von zehn einsatzfähig. Die Panzertruppen befanden sich gerade in einer von oben angeordneten Reorganisation – von Brigaden zu Korps – und waren faktisch führungslos. Sie wurden von Moskau mit Befehlen überhäuft, den eingedrungenen Gegner in »kühnen Gegenangriffen« unverzüglich zu vernichten. Blind zogen sie in die Schlacht und wurden durch feindliches Sperrfeuer und aus der Luft zu Tausenden abgeschossen. Eigene Panzerabwehrwaffen gab es kaum. Und die sowjetische Artillerie wurde in einer Umgruppierungsbewegung überrascht und größtenteils mitten im Marsch aus der Luft vernichtet. Rückwärtige Auffanglinien waren nicht vorbereitet, die alten Grenzbefestigungen, die unter riesigen Kosten in den dreißiger Jahren errichtet wurden, hatte man nach den Eroberungen 1939/40 verfallen lassen. Die neuen waren kaum der Rede wert.

Die offensive Aufstellung und die mangelnden Verteidigungsmaßnahmen waren immer wieder Gegenstand von Diskussionen, insbesondere seit Viktor Suworows Buch ›Der Eisbrecher‹, dem zufolge Stalin eine eigene große Angriffsoperation für den Juli 1941 geplante habe und daher mitten im eigenen Aufmarsch getroffen worden sei. Für diese Annahme spricht wenig bis gar nichts. Zwar wies schon der rebellische Generalmajor Pjotr Grigorenko in den sechziger Jahren auf einige merkwürdige Einzelheiten des sowjetischen Zusammenbruchs von 1941 hin. So hatte man nicht nur entscheidende Truppenteile, sondern auch die Masse der Waffen- und Munitionsvorräte derart vorgeschoben postiert, daß es für die Deutschen ein leichtes war, sie gleich zu Beginn einzuschließen und zu erobern.

Für Grigorenko waren derartige »Fehlplanungen« aber nur ein Beweis mehr für den Umstand, den er überhaupt für den entscheidenden hielt: nämlich daß die Rote Armee durch die Vernichtung ihres ursprünglichen und kampferprobten Militärkaders im Rahmen der Stalinschen Säuberungen schlichtweg *führungslos* war. Mit der alten Militärführung hatte man auch die fortgeschrittenen militärwissenschaftlichen Doktrinen und »Schulen« der frühen dreißiger Jahre ausgelöscht. Eine neue Generation unerfahrener und ungebildeter Karrieristen, so Grigorenko, sei damals in die Kommandostellen eingezogen. Am schlimmsten aber war das gebrochene Selbstbewußtsein. Die Armee erfüllte alle noch so dilettantischen Weisungen der politischen Führung mit blindem Gehorsam. So kam es, daß viele Kommandeure in der entscheidenden Anfangsphase des Überfalls nicht zu kämpfen *wagten*, weil sie erst nach sechs Stunden den Befehl aus Moskau erhielten, sich zu wehren.

Alle diese scheinbar widersprüchlichen Fakten fügen sich aufgrund der neuerdings zugänglichen Dokumente dennoch halbwegs plausibel zusammen. Tatsächlich legte die Führung der Roten Armee, vom deutschen Aufmarsch alarmiert, Mitte Mai 1941 einen detailliert ausgearbeiteten Plan für einen Präventivschlag vor. Und es ist nicht auszuschließen, daß sie mit einer gewissen Eigenmächtigkeit auch bereits ein paar entsprechende Vorbereitungen getroffen hatte. Da die deutsche Armeeführung nicht mit einem sowjetischen Angriff rechnete, hätte ein solcher Präventivschlag womöglich gute Aussichten gehabt, die aufmarschierenden Truppen zu zerschlagen oder zumindest Hitlers »Barbarossa«-Pläne völlig durcheinanderzubringen. Der gesamte Weltkrieg wäre anders verlaufen.

Nach einem – von Lew Besymenski überlieferten – Bericht des Marschalls Timoschenko, der zu dieser Zeit Volkskommissar für Verteidigung war und den Plan mit Shukow zusammen ausgearbeitet hatte, gelang es ihnen aber erst Mitte Juni, vom engeren Zirkel des Politbüros überhaupt angehört zu werden. Stalin unterbrach Shukow schon nach wenigen Sätzen und brüllte ihn an: »Was wollen Sie, sind Sie gekommen, uns mit dem Krieg zu schrecken, oder wollen Sie den Krieg?« Shukow sei so erregt gewesen, daß er den Raum verließ. Als Timoschenko einwandte, Stalin selbst habe in seiner Rede vor den Absolventen der Militärakademie Anfang

Mai doch davon gesprochen, daß ein Krieg unvermeidlich sei, entgegnete dieser, das habe er nur für das Volk behauptet, um dessen Wachsamkeit zu erhöhen. »›Sie aber müssen begreifen, daß Deutschland niemals allein mit Rußland Krieg führen wird. Das müssen Sie begreifen‹, sagte er und ging. Dann öffnete er die Tür noch einmal und sagte laut: ›Wenn ihr da an der Grenze die Deutschen reizt, wenn ihr ohne unsere Genehmigung die Truppen verschiebt, dann rollen die Köpfe. Merkt euch das‹, und schlug die Tür zu.«

Wie ist das alles zu verstehen? Um dieses Rätsel dreht sich seit Jahren der »russische Historikerstreit«. Die Armee blieb offensiv aufgestellt, mußte sich aber vollkommen passiv verhalten, während ihr ein Übergang zu einer konsequenten Verteidigungsstrategie ebenfalls untersagt wurde. Dabei waren die Warnungen, die Moskau über den deutschen Aufmarsch von allen Seiten erreichten, so bestimmt, so glaubwürdig und so präzise, daß man sie gar nicht ignorieren konnte. Alle warnten Moskau: die Briten, die polnische Exilregierung, die »Rote Kapelle« aus Berlin, Richard Sorge aus Tokio und sogar der deutsche Botschafter. Aber auch die Weltpresse war voll von einschlägigen Meldungen und Vermutungen.

Die einzige Erklärung ist, daß Stalin ein riskantes Spiel mit hohem Einsatz spielte. Sein »Eingreifen« in den Krieg der imperialistischen Mächte plante er gerade nicht als »Präventivkrieg«, sondern als einen genau berechneten Schlag gegen den richtigen Gegner zum richtigen Zeitpunkt. Und darauf galt es die Armee psychologisch, strategisch und rüstungstechnisch einzustellen.

Die geheimnisumwitterte kurze Ansprache, die Stalin bei einem Bankett für die Absolventen der Militärakadamie am 5. Mai 1941 im Kreml hielt, macht seine Sicht der Weltlage recht deutlich und entzieht vielen Spekulationen den Boden. Einer Aufzeichnung Dimitroffs zufolge erklärte Stalin, die Rote Armee müsse aus den »Erfahrungen des jetzigen Krieges« lernen, sich ihrerseits »auf den Krieg vorbereiten« und »im Geiste des Angriffs erzogen« werden. Das mit unverhohlener Bewunderung zitierte Vorbild war Deutschland, dessen Erfolge im Kampf gegen Frankreich und Großbritannien Stalin darauf zurückführte, daß es »als ein besiegtes Land nach neuen Wegen und Mitteln für die Überwindung der schweren Lage, in die es nach dem Kriege geraten war, gesucht hatte und sie fand«. (Hier wie in vielen anderen Äußerungen Stalins fällt auf, daß er mit keinem Wort vom »Faschismus«, sondern ausschließlich von »Deutschland« sprach.)

Sei die deutsche Armee aber deshalb unbesiegbar? Nein – und zwar aus zwei Gründen: »Erstens, Deutschland begann den Krieg unter dem Motto der ›Befreiung von Versailles‹. Und es gewann das Mitgefühl der Völker, die unter dem Versailles-System litten.« Daraus war zu entnehmen, daß Deutschland bis dahin einen gerechten Krieg geführt hatte und von der Sowjetunion zu Recht unterstützt worden war. »Jetzt aber setzt Deutschland den Krieg unter der Flagge der Eroberung, der Unterwerfung anderer Völker, unter der Hegemonieflagge fort.« Und das werde sich rächen. Schon begännen die deutschen Führer, »an Großtuerei zu leiden«. Sie glaubten, ihre Armee sei gut genug und müsse nicht mehr umgebaut und nachgerüstet werden. Und das sei ihr zweiter Fehler. Anders die Rote Armee, die dauernd umgebaut und nachgerüstet werde – und die, so war zu schlußfolgern, in Zukunft auf die Sympathie und die Unterstützung der von Deutschland unterworfenen und bedrohten Völker und Staaten werde setzen können.

Stalin, der Dimitroff zufolge »außerordentlich gut gelaunt« war, bereitete die Absolventen der Militärakademie, seinen Offiziersnachwuchs also – der die Tausende im Eilverfahren erschossenen Offiziere zu ersetzen hatte –, auf jenen Zeitpunkt vor, an dem die Rote Armee von ihrem bisherigen Verbündeten die Fahne der gerechten Sache in ihre Hände nehmen und selbst jenen modernen Angriffsgeist entwickeln werde, der der Schlüssel zum Erfolg sei. Zugleich stellte er allerdings eklatante Mängel in der Offiziersausbildung fest. Die Hauptaufgabe sei es also, mit Hochdruck am Heranwachsen eines modernen Offizierskaders zu arbeiten und die neuesten Waffensysteme einzuführen. Angesichts dessen lag es auf der Hand, daß der Zeitrahmen des »Übergangs von der Verteidigung zum offensiven Handeln«, von dem er in einem seiner anschließenden Toasts sprach, nicht die nächsten Wochen waren, sondern allenfalls das kommende Jahr.

Einen deutschen Angriff hielt Stalin, nachdem das Frühjahr verstrichen war, für ausgeschlossen. Offenkundig war er überzeugt, Hitler führe tatsächlich ein großangelegtes Verwirr- und Verschiebemanöver durch, um den Briten zu verheimlichen, daß er in Wahrheit eine Invasion der Inseln vorbereitete. Genau das hatte die deutsche Seite suggerieren wollen. Im Tagebuch der Seekriegsleitung findet sich schon im Februar der Satz: »Aufmarschbewegung gegen Rußland soll als das größte Täuschungsmanöver der Kriegsgeschichte hingestellt werden, das dazu diene, von den letzten Vorbereitungen der Invasion gegen England abzulenken.«

Eben im Sinne dieser Desinformationen meinte Stalin als alter Fuchs, den deutschen Plan zu »durchschauen«. Und deshalb hielt er die Warnungen, je öfter sie eintrafen, für »britische Provokationen«, die die Sowjetunion zu Mobilisierungsschritten verleiten sollten, welche Hitler dann wiederum als Angriffsvorbereitungen hätte interpretieren können, etwa nach dem Muster von 1914. Aber war das nicht auch eine ganz ähnliche Situation wie 1938/39? Wollten die Herrschaften also wieder, daß die Sowjetunion ihnen die »Kastanien aus dem Feuer« holte? Damals ließ er sich nicht nervös machen, und er hatte gewonnen. Und diesmal würde er den Nervenkrieg ebenfalls gewinnen – und am Ende den richtigen Krieg!

So ungefähr muß er gerechnet und gepokert haben. Und insofern ist die von Chruschtschow überlieferte Tatsache, daß Stalin sich nach dem deutschen Überfall fast eine Woche auf seiner Datscha verkroch, mehr als eine Anekdote. Als die Mitglieder des Politbüros nach ihm schauten, habe er sie angesehen, als seien sie gekommen, um ihn zu verhaften. Dafür hätte einiges gesprochen.

Mit der Proklamation eines »Vaterländischen Krieges für die Heimat, für die Ehre, für die Freiheit«, von dem Molotow gleich in der ersten Rundfunkansprache nach dem Überfall redete, war klar, daß dieser Krieg für den Sozialismus und die Sowjetmacht allein nicht hätte geführt werden können. Aber *ohne* die »Sowjetmacht« eben auch nicht. Die Partei war angesichts des archaischen Vernichtungs- und Eroberungskrieges, den Hitler nicht nur gegen »den Bolschewismus«, sondern tatsächlich gegen die Existenz Rußlands als solche richtete, die einzige gesamtnationale Organisation, die es noch gab. Und da sie selbst in ihrem Bestand so tief erschüttert war, daß sie es gar nicht vermocht hätte, sich von Stalin in dieser Situation zu befreien – schon weil es niemand gab, der an seine Stelle treten konnte –, lief am Ende doch alles wieder auf ihn zu. Er gewann eine neue, überpatriotische Statur als »Oberkommandierender« und »Vater des Vaterlandes«, die sich fast völlig von seiner Person löste.

Der deutsche Angriff war mehr als eine militärische Herausforderung. Es ist offenkundig, daß der Kollaps der Armee, aber auch der staatlichen Behörden in den ersten Wochen des Krieges, teilweise Züge eines politischen und moralischen Zusammenbruchs trug. Das lag nicht etwa daran, daß die deutschen Truppen als »Befreier« betrachtet worden wären – obschon es solche Stimmungen vor allem in der Ukraine anfangs gab. Insgesamt dürfte es mit der ungeheuren Entfremdung des Regimes vom Gros der Bevölkerung zu tun gehabt haben. Noch immer lebten zwei Drittel der Menschen auf dem Land und waren durch ihre Einschließung in die Kolchosen in einen Zustand helotischer Gleichgültigkeit versetzt. Durch die neuen Arbeitsgesetze wurden viele der industriell Beschäftigten ebenfalls in eine Position der Halbfreiheit zurückgeworfen. Und was außer Teilnahmslosigkeit hätte man von den Millionen Zwangsarbeitern und ihren Angehörigen angesichts des deutschen Überfalls erwarten wollen? Und was von den entwurzelten, jeder Autonomie beraubten Nationalitäten?

Hätte die deutsche Politik zielstrebig Verbündete gesucht, hätte sie es – etwa im Sinne der Mitteleuropapolitik des Ersten Weltkrieges – auf die Schaffung eines von Frankreich über die Ukraine bis Georgien reichenden Blocks unabhängiger Staaten unter deutscher Führung angelegt und wäre sie tatsächlich als »Befreierin vom Bolschewismus« aufgetreten, wären bedeutende Erfolge sicher nicht ausgeblieben. Die Politik Moskaus hatte ganz Osteuropa gegen die Sowjetunion aufgebracht. In all ihren nichtrussischen Republiken war der Wunsch nach Unabhängigkeit ohnehin lebendig. Und die Bereitschaft des Generals Wlassow, Parteimitglied seit 1919 und einer der Helden der Verteidigung Moskaus, mit der deutschen Führung zwecks Errichtung einer neuen russischen Nationalregierung zusammenzuarbeiten, kann als Indikator einer latenten Bereitschaft zum Systemwechsel in Rußland selbst dienen. Aber von solchen Bündnisideen war Hitler um Welten entfernt.

Der flugs aktivierte Antibolschewismus der ersten Kriegsphase wurde immer mehr von der Rhetorik und Praxis des Rassenkrieges und des »Lebensraumes« überspielt. Von einem »Weltanschauungskrieg« läßt sich daher nur in einem sehr beschränkten Sinne sprechen. Die Politik der SS-Einsatzgruppen, die gleich hinter den vormarschierenden Fronttruppen mit Ausrottungsaktionen begannen, richtete sich weniger auf eine Zerschlagung der Strukturen des bolschewistischen Staates als auf eine systematische Selektion und Vernichtung der jüdischen Bevölkerung. Und wenn die Phantasmagorie des »jüdischen Bolschewismus« für Teile der Bevölkerung anfangs noch eine gewisse Plausibilität besaß, so daß die Ghettoisierung und – wie bald ruchbar wurde – die Massenerschießung von Juden nicht wenigen als eine Art biblische Rache erschien, die sie mit irgendeiner dumpfen Genugtuung erfüllte, so wurde ihnen schnell genug deutlich gemacht, daß es auf ihren Beifall überhaupt nicht ankam.

Die deutschen Besatzer griffen im Gegenteil auf die von der Sowjetmacht geschaffenen Strukturen zurück, vor allem auf das System der Kolchosen, das ihnen als eine geeignete Form erschien, das gesamte Mehrprodukt in die Hand zu bekommen. Es wäre unsinnig, darin eine machtpolitische »Kurzsichtigkeit« zu sehen; denn nach den Prämissen ihrer Lebensraumpolitik war es eher »weitsichtig«. Doch damit wurde auch schlagartig und für jedermann sichtbar, daß diese Eroberer bestenfalls Vasallen und Hilfsvölker, Heloten und Arbeitssklaven suchten, keine Freunde und Verbündeten. Zwar konnten sie eine beachtliche Zahl an Hilfstruppen und »Hilfswilligen« gewinnen. Aber die militärischen Rückschläge, die immer drückendere Besatzungspolitik, die immer barbarischeren Repressalien gegen die Zivilbevölkerung im Falle von Sabotage- oder Partisanenakten und endgültig dann der Übergang zur Zwangsrekrutierung von »Ostarbeitern« für das Reich ließen die Rückkehr der Roten Armee schnell als einzigen Ausweg erscheinen. In diesem Sinne kann man möglicherweise sagen, daß die Politik Hitlers das Regime Stalins gerettet hat.

Aber weit darüber hinaus war der Große Vaterländische Krieg so etwas wie ein zweiter Gründungsakt der Sowjetunion. So wie die Partei der Bolschewiki – die Stalin in den Säuberungen vernichtet hatte – erst im Bürgerkrieg entstanden war, so entstand aus dem Kader jugendlicher Nachrücker der dreißiger Jahre jetzt wie in einem gesellschaftlichen Naturprozeß abermals eine neue Staatsklasse. Der Angriff Nazideutschlands auf die Völker der Sowjetunion bedeutete eine existentielle Herausforderung, die angenommen werden mußte – und schließlich auch bewältigt wurde.

Der Appell an »Rußland« war nicht bloß weltanschaulicher Natur, sondern es war eine Tatsache, daß die Russen durch den Krieg wieder in ihre historische Rolle als Staatsvolk fanden. Das brachte sowohl ideologisch wie soziologisch eine weitgehende Russifizierung des Staats- und Parteiapparates mit sich. Und Stalin, von dem schon Lenin gesagt hatte, er sei wie viele Nichtrussen oft »russischer als die Russen«, wurde in jenen Jahren erst recht zu einem fanatischen Vertreter dieser Entwicklung. Selbst Molotow befand in seinen Gesprächen mit Tschujew, Stalin habe es zu weit getrieben. »Er mochte es nicht, wenn ein Vertreter einer anderen Nationalität seinen Familiennamen mit einem russischen vertauschte, und fragte zum Beispiel: ›Wird er die russische Nation auch nicht verleugnen?‹ Kurzum, er war gegen Nichtrussen auf hohen Posten.«

Die erste Strophe der neuen, 1943 eingeführten Nationalhymne hieß denn auch: »Von Rußland, dem großen, auf ewig begründet /

Ragt hoch der Sowjetrepubliken Bastion ...« Und die Siegesproklamation der Sowjetregierung vom 9. Mai 1945 begann mit dem Satz: »Der jahrhundertelange Kampf der slawischen Völker um ihre Existenz und Unabhängigkeit hat mit dem Sieg über die deutschen Okkupanten und die deutsche Tyrannei geendet.« Keine Rede von Hitler oder vom Faschismus – aber auch keine Rede von den nichtslawischen Völkern der UdSSR. Beim großen Siegesbankett am 24. Mai im Kreml brachte Stalin vor den Befehlshabern seiner Armeen in kunstvoller Steigerung den letzten Toast aus: »Ich trinke vor allem auf das Wohl des russischen Volkes, weil es die hervorragendste Nation unter allen zur Sowjetunion gehörenden Nationen ist ..., weil es sich in diesem Krieg die allgemeine Anerkennung als die führende Kraft der Sowjetunion unter allen Völkern unseres Landes verdient hat.« Damit wurde die Dominanz der Russen im sowjetischen Staatsverband offiziell, nahezu konstitutionell festgeschrieben.

In einer während des Krieges erst in Andeutungen sichtbaren, aber für alle, die es betraf, deutlich fühlbaren Weise ging diese Russifizierung des Partei- und Staatsapparates mit Aufwallungen eines schwach kaschierten Antisemitismus einher, der darauf hinauslief, das »jüdische Element« aus der Tradition der bolschewistischen Partei auszutreiben. Wassili Grossmann hat das in seinem epischen Roman ›Leben und Schicksal‹ als eine Art Übersprung der Rassenideologeme Hitlers auf seinen Gegner gesehen, fast in der Form einer Infektion, so daß der späte Stalinismus selbst Züge eines russischen National-Sozialismus angenommen habe. Das verlegt die Ursachen dieser Entwicklung vielleicht allzusehr nach außen und übersieht, daß schon in der Zeit vor 1939, etwa in den Kampagnen gegen die Trotzkisten, viele Motive und Töne des späteren »Antizionismus« angeschlagen wurden. Sonja Margolina hat die Tatsache, daß die sowjetische Presse während des Weltkrieges über den Judenmord der Nazis einen Mantel des Schweigens, oder richtiger, des bewußten Verschweigens breitete, als Indiz dafür gesehen, daß man befürchtete, die nationalsozialistische Vorgehensweise würde begrüßt. Liest man wiederum die Erinnerungen Lew Kopelews, dann war die penetrant »vaterländische« Weltanschauung der jungen Offiziere und Kader weithin ein Chauvinismus der ältesten Sorte, der sich in einer geradezu natürlichen Rivalität zur »kosmopolitischen« Gesinnung ihrer jüdischen Genossen bewegte.

Der katastrophale Zusammenbruch der Roten Armee in den ersten Wochen und Monaten erschien wie eine blutige Parodie auf die hochtrabenden Perspektiven, die Stalin vor seinen jungen Militärkadern entwickelt hatte. Das Desaster wurde erst dadurch komplett, daß man den Truppen strikt untersagte, sich geordnet zurückzuziehen. Der Befehl hieß: »Keinen Schritt zurück! Halten oder Sterben!« Gerade das verhinderte eine bewegliche Kampfführung. Auch im Bewußtsein der meisten Soldaten bedeutete Rückzug Flucht, die sofort regellosen Charakter annahm, weil die eigene Moral untergraben war. Zwischen Flüchtenden und sich kämpfend Zurückziehenden wurde keinerlei Unterschied gemacht, schreibt Grigorenko: »Die Truppen, die aus dem Landesinneren vorrückten, hatten den Befehl: ›Die Verräter, die dem Feind die Front geöffnet haben, zu erschießen‹ ... So wurden praktisch ohne Untersuchung ... die Frontsoldaten, die Flieger, die ihre Flugzeuge verloren hatten, die Panzerbesatzungen, die sich aus den brennenden Panzern retten konnten, und die Artilleristen, die ihre Geschütze selbst hergeschleppt hatten, erschossen.« Statt gegen die Invasoren warf man also die Ersatztruppen zunächst gegen die *eigenen* Soldaten!

Als »Deserteure« galten auch die Offiziere, die auf eigene Faust den Übergang zu einer beweglichen Verteidigung und notfalls Absetzbewegung befohlen hatten. Sie wurden von fliegenden Feldgerichten abgeurteilt – als erster der Kommandeur des westlichen Militärsonderbezirks, Pawlow, ein fähiger Panzergeneral, der die Hauptlast des ersten Schlages zu tragen hatte. Dadurch wurden sämtliche Kommandeure in einen starren Zustand der Entscheidungsunfähigkeit versetzt. Budjonny rettete als Oberkommandierender der Südfront seinen Kopf, indem er seine ganze Armee von 600.000 Mann durch den Befehl »Halten oder Sterben« in Kiew einschließen ließ.

Als die deutschen Truppen im Oktober vor Moskau standen, kam es dort zu panischen Reaktionen. Die Regierung wurde überhastet nach Kuibyschew evakuiert. Hunderttausende machten sich auf die Flucht. Aber Zehntausende ließen sich auch für das zweite Aufgebot der »Volkswehr« anheuern, nachdem das erste, hundertfünfzigtausend Arbeiter, Angestellte, Studenten und Intellektuelle, bei Wjasma und Brjansk vollständig untergegangen war. Frauen arbeiteten bis zur Erschöpfung, um in den gefrorenen Boden Befestigungen einzugraben. Und in dieser Situation, so heißt es, habe sich der »Oberkommandierende« seinen Leuten bei den Gräben und Sperren vor der Stadt gezeigt, um zu demonstrieren, daß er Moskau nicht verlassen hatte. »Im Kreml brannte noch ein Licht.«

Entscheidend war, daß die Fernostarmee als Reserve gegen die entkräfteten deutschen Truppen geworfen werden konnte – da die Japaner am Vorabend ihres großen Schlages gegen die amerikanische Pazifikflotte stillhielten. Außerdem flossen militärische Güter aus den USA nach Rußland. Die Fabriken im Ural lieferten den ersten Nachschub. Auch Leningrad hielt, fast völlig eingeschlossen, stand. Und der Winter brach früh herein. Damit war das »Unternehmen Barbarossa«, so wie es konzipiert war, gescheitert.

Der Kriegsverlauf muß hier nicht geschildert werden. Jedenfalls dauerte es noch dreieinhalb Jahre, bis die Rote Armee vor Berlin stand. Die deutsche Kriegsmaschine – die sich 1942 mit Truppen aus ganz Europa auffüllte und tatsächlich Züge einer Grande Armée des europäischen Antibolschewismus und Pangermanismus annahm – war von furchtbarer Effektivität und Brutalität. Gestützt auf das Industriepotential ganz West- und Mitteleuropas, konnte sie den Ausstoß an Waffen und Munition nach 1942 noch einmal gewaltig steigern. Doch die Rote Armee lernte von ihrem Gegner. Sie lernte vor allem die bewegliche Kampfführung im verbundenen Gefecht von Panzern, Flugzeugen, Artillerie und Infanterie, die bis dahin die Überlegenheit der deutschen Streitkräfte ausgemacht hatte. Dazu kam, daß Hitler aus Raubgier den Fehler beging, sich über eine immer ausgedehntere Frontlinie vom Weißen bis zum Schwarzen Meer zu verzetteln; und daß er, als die Lage im fast eroberten Stalingrad kritisch wurde, aus Prestigegründen seiner 6. Armee den fatalen Befehl »Halten oder Sterben!« gab. Das war die Wende des Krieges.

Insgesamt gelang es der Stalinschen Führung, dem von Goebbels proklamierten »totalen Krieg« mit einem noch totaleren Krieg zu begegnen. Die nach den anfänglichen Verlusten völlig neu aus dem Boden gestampfte Rote Armee mußte nach anderen Regeln kämpfen als jede andere Armee der Welt. Die Soldaten, die in diesen Krieg geschickt wurden, gingen »ein für allemal« in die Schlacht. Es gab kein geregeltes System eines Fronturlaubs. Nur Offiziere konnten bei Versetzungen oder Abkommandierungen Abstecher zu ihren Familien machen. Die Wehrmacht versuchte bis zum Schluß, ihren Soldaten einen kurzen Jahresurlaub zu sichern. Das war die nüchterne Anerkennung eines Tatbestands, der von Militärpsychologen der US-Armee zur selben Zeit wissenschaftlich beschrieben wurde: Soldaten, die über ein Jahr ununterbrochen im Einsatz waren, brachen psychisch zusammen, viele auch schon früher. Die Rotarmisten mußten in eine endlose Schlacht, aus der sie zurückkamen oder nicht. Man ermißt daraus, in was für einem Delirium sich diese jungen Soldaten befunden haben müssen, als sie schließlich deutschen Boden betraten.

Gerade bei ihren großen Durchbruchsoffensiven der Jahre 1943/44 kämpfte die Rote Armee noch einmal unter verschwenderischem Einsatz von Menschenleben. Insgesamt betrugen ihre Verluste mehr als das Dreifache der deutschen Seite: Über 10 Millionen sowjetische Soldaten und Partisanen sind gefallen. Ein Sichgefangengeben gab es nicht. Wer sich gefangengab, galt als Deserteur. Die Sowjetunion machte daher auch keine Anstrengungen, ihre Kriegsgefangenen durch das Rote Kreuz registrieren und schützen zu lassen; im Gegenteil, sie sagte sich von ihnen los. Das hat dazu beigetragen, daß von den 5,7 Millionen in deutsche Gefangenschaft geratenen Rotarmisten etwa 3,3 Millionen umgebracht werden konnten. Die 1945 lebend freikamen, wurden »filtriert« und anschließend zu einem großen Teil in die eigenen Lager

geschickt. Kein Land der Welt ist je mit seinen Soldaten so umge-
gangen.

Ganz ähnlich verhielt es sich mit den als »Ostarbeitern« nach
Deutschland deportierten Millionen Männern und Frauen. Sie
stufte man, wenn sie nicht das Gegenteil beweisen konnten, pauschal als »Kollaborateure« ein. Viele von ihnen wurden 1945 zur
sowjetischen Zwangsarbeit weiterverschickt. Überhaupt galten all
jene als »Kollaborateure«, die unter der deutschen Besatzung gelebt hatten, ohne für die Partisanen aktiv gewesen zu sein. Und
selbst die Partisanen mußten häufig genug begründen, wie und
warum sie die Nazizeit durchstehen konnten. Erst recht mußten
das die überlebenden Sowjetbürger aus den deutschen Konzentra-
tionslagern. Jemand, der aus einem KZ kam, war hoch verdächtig.
Hatte er sich den Anordnungen der geheimen Parteizelle im Lager
verweigert, mußte er mit seiner Verhaftung rechnen.

Ihren Höhepunkt erreichte die neue Welle der Säuberungen mit
der Verfolgung ganzer Völker und Nationalitäten, die des Verrats
und der Kollaboration beschuldigt wurden. Den Anfang machte
die Deportation der in der UdSSR lebenden Deutschen nach dem
Juni 1941, sowohl der Wolgadeutschen und der Reste der alten
rußlanddeutschen Siedlerbevölkerung im Nordkaukasus, auf der
Krim und in Georgien, wie auch der in den Städten wohnenden
Deutschen, einschließlich vieler überlebender Emigranten, Kommunisten oder Kominternmitarbeiter. Insgesamt wurden etwa
1,2 Millionen Deutsche – von 1,4 Millionen im Zensus erfaßten –
in neue »Sonderansiedlungsgebiete« nach Kasachstan und Sibirien verschleppt, als Zwangsarbeiter zur »Arbeitsarmee« abkom-
mandiert oder direkt in die Lager geschickt. Züge setzten die Menschen in der Steppe oder Taiga aus, so wie zehn Jahre zuvor die
»Kulaken«. Wie viele dabei umkamen, ist kaum zuverlässig zu
schätzen.

Von November 1943 bis Juni 1944 wurden dann in einer Reihe
systematischer, militärisch vorbereiteter Aktionen die Völker der
Tschetschenen, Inguschen, Krimtataren, Karatschaier, Balkaren
und Kalmücken nahezu vollständig deportiert; von Juli bis De-

zember 1944 folgten die Griechen, Bulgaren und Armenier der Krim sowie die Mescheten, Kurden und Tscherkessen des Kaukasus, insgesamt weit über eine Million Menschen. Diese Deportationen waren generalstabsmäßig geplant und wurden, mitten im Krieg, von mehr als einhunderttausend gut bewaffneten und ausgerüsteten NKWD-Truppen durchgeführt. Die Todesraten waren hoch: Gestorben wurde in den völlig überfüllten, ungeheizten oder überhitzten Waggons, und gestorben wurde in den Tagen, Wochen, Monaten und Jahren nach der Ankunft in den unwirtlichen Gegenden der »Sondersiedlungen«. Von den über 600.000 Angehörigen der kleinen Kaukasusvölker, die man deportiert hatte, war 1948 ein Viertel tot. Kinder waren kaum geboren worden oder hatten nicht überlebt.

Der Vorwurf der Kollaboration ließ sich in Wirklichkeit nur gegen sehr kleine Gruppen erheben; eher ging es um Ansätze von Unabhängigkeitsbestrebungen zwischen den Fronten 1941/42. Dafür wurden ganze Völker vom Kind bis zum Greis zu »Verrätervölkern« erklärt. Unter welche Rubrik man diese kollektive »Bestrafung« fassen soll, ist wieder unklar: Rassismus wäre zu modern und zu spezifisch; Klassenkategorien spielten weniger denn je eine Rolle. Eher denkt man an einen nach innen gerichteten Kolonialismus oder an die Völkerverschickungen der alten orientalischen Reiche.

Fanden diese Operationen weit im Hinterland statt, so gestaltete sich der Vormarsch der Roten Armee ebenfalls zu einer großen Säuberungsaktion. In der Westukraine wurden allein 1944 über 150.000 Personen unter dem Verdacht deportiert oder ins Lager geschickt, mit der OUN/UPA zu sympathisieren, einer bewaffneten ukrainisch-nationalistischen Widerstandsorganisation, die sich nach dem »Anschluß« dieser Gebiete an die Sowjetunion im Oktober 1939 formiert und unter den Deutschen teils kollaboriert, teils überwintert hatte. In Weißrußland wurden über 100.000 Personen als »Kollaborateure« oder »Deserteure« verhaftet; letztere waren oft Mitglieder unabhängiger Partisanengruppen, die sich aus versprengten Soldaten und Flüchtlingen aus den Städten und Judenghettos gebildet hatten, ohne sich dem Kommando der Roten Armee zu unterstellen. (In seinem Roman ›Wann, wenn nicht jetzt‹ setzte Primo Levi diesen versprengten Gruppen von Ausgestoßenen jeder Kategorie, unter denen er selbst überlebt hat, ein eindrucksvolles Denkmal.) Und natürlich wurden auch die baltischen Republiken einer erneuten »Säuberungsoperation« unterzogen, die allein aus Litauen über 80.000 »Banditen, Mitglieder nationalistischer Gruppen und Deserteure« in die Lager schwemmte.

Durch den Großen Vaterländischen Krieg konnte die Stalinsche Führung mit einer ganz neuen Freizügigkeit und Legitimität über Menschenleben verfügen und tat das in reichem Maße. Jetzt ging es nicht mehr um »Schädlinge« oder »Volksfeinde«, sondern um »Verräter« und »Kollaborateure«. Der universelle Feind, der zuvor imaginär war, hatte sich plötzlich materialisiert, und das auf die grauenhafteste Weise. Und was bis dahin Terror und Willkür eines fanatischen Regimes gewesen war, nahm im Kampf gegen diesen *realen* Feind nun das Prädikat der »Strenge« an, das als Attribut wirklicher, wirksamer und auch schützender Macht erschien. Noch die grausamsten Maßnahmen des Regimes fanden unter dem Eindruck des Krieges und der Okkupation bald schon ausdrückliche Billigung. Und es bedeutet nicht zu »psychologisieren«, wenn man sagt, daß die Hekatomben von Opfern, und oft sinnlosen Opfern, eine tiefe und paradoxe Bindung zwischen denen, die sie gefordert, und denen, die sie zu bringen hatten, erzeugte. Der »Sieg über den Faschismus« wurde zur neuen und eigentlichen Staatsräson der UdSSR, so als hätte alles, was davor war, der Erringung dieses Sieges gedient.

All das bewegt sich nicht allein im Bereich der Psychologie oder Ideologie. Jeder einzelne sah sich vor eine reale, existentielle, unerbittliche Wahl gestellt. Da der Angriff des nationalsozialistischen Deutschland, seiner Wehrmacht und SS-Formationen gerade nicht dem »Bolschewismus« galt, sondern »Rußland« und den Russen als der faktischen Staatsnation der UdSSR, die nach den Ostraumplänen der NS-Ideologen »in ihrer Volkskraft geschwächt« und der Symbole ihrer Staatlichkeit beraubt werden sollte, zwang er die Menschen, sich mit Haut und Haaren der vorhandenen sowjetischen Macht zur Verfügung zu stellen. Der »Große Vaterländische Krieg« wurde immer mehr zu dem, was er zunächst nur in der Propaganda des Regimes gewesen war.

Es war also der von Hitler und der Führung des Dritten Reiches entfesselte, von den Offizieren und Soldaten der deutschen Wehrmacht geführte Vernichtungs- und Versklavungskrieg, der dem Regime eine neue Basis schuf. Wie überhaupt die »faschistischen Mächte« Deutschland, Italien und Japan beanspruchen dürfen, das »sozialistische Weltlager« erst aus der Taufe gehoben und induziert zu haben. Wenn es zwischen der Geschichte von Kommunismus und Stalinismus auf der einen Seite, von Nationalsozialismus und Faschismus auf der anderen Seite so etwas wie einen »kausalen Nexus« gegeben hat, dann war es *dieser* Zusammenhang.

12

ZWEI WELTEN, ZWEI KULTUREN

DAS »SOZIALISTISCHE LAGER« UND DER KALTE KRIEG

Das »sozialistische Weltlager« entstand am Ausgang des Zweiten Weltkrieges, und das Vorspiel hierzu war die Auflösung der Kommunistischen Internationale im Jahre 1943. Vordergründig handelte es sich um eine Geste an die westlichen Verbündeten der UdSSR. Tatsächlich entsprach dies auch den Bedürfnissen der einzelnen Parteien, ihre Politik unter den jeweiligen Kriegsverhältnissen national festzulegen. Und die Sowjetunion gewann neue Spielräume und die Möglichkeit, notfalls auch doppelbödig zu agieren oder sogar ganz gegensätzliche Politiken zu verfolgen.

Im übrigen stellte der Auflösungsbeschluß mit fast irritierender Offenheit fest, daß das Projekt einer »Weltrevolution« eigentlich niemals aktuell gewesen war: »Der Lauf der Ereignisse des letzten Vierteljahrhunderts ... bewies überzeugend, daß die organisatorische Form der Vereinigung der Arbeiter, die der I. Kongreß der Komintern wählte, in steigendem Maße veraltete. Schließlich wurde die Komintern sogar zum Hindernis einer weiteren Konsolidierung der Arbeiterparteien.«

In mehreren europäischen und asiatischen Ländern konnten die Kommunisten während des Weltkrieges aus ihrem früheren Schattendasein heraustreten und sich an die Spitze nationaler Widerstandsbewegungen gegen die faschistischen Okkupationsmächte stellen. Im allgemeinen lag ihr Vorteil darin, daß sie als eine »dritte Kraft« agieren, das heißt Widerstand leisten konnten, ohne – im Unterschied zu anderen Gruppierungen – ihre frühere antikapitalistische und antikoloniale Ausrichtung ändern zu müssen. Im übrigen profitierten die Kommunisten von ihrer Untergrunderfahrung, ihrer straffen Organisation und vom wachsenden Prestige der Roten Armee. Die Irrungen und Wirrungen ihrer Politik nach dem Hitler-Stalin-Pakt, die sie teilweise an den Rand der Auflösung getrieben hatten, konnten sie meist durch eine besonders scharfe und »prinzipielle« antifaschistische Rhetorik vergessen machen – während sie durch die Theorie, daß der Faschismus nur eine Form des Kapitalismus sei, auch schon auf den Ausbruch des »Kalten Krieges« und eine neuerliche antiwestliche, antikapitalistische oder antikoloniale Wendung der Politik vorbereitet waren.

Allerdings war der Beitrag der Kommunisten zu den Widerstandsbewegungen gegen die deutschen, italienischen oder japanischen Besatzer sehr viel geringer, als die spätere heroische Selbstlegendisierung es wollte. Über die Mythen der französischen oder italienischen Résistance ist mittlerweile vieles gesagt worden. Aber auch die chinesischen, koreanischen oder vietnamesischen Kommunisten hielten im allgemeinen ihr Pulver für den Tag X des Abzugs der Okkupanten trocken. Der Weltkrieg wurde schließlich von den regulären Armeen der Sowjetunion, der USA und Großbritanniens entschieden. In diesem Sinne kann man sagen, daß der Aufstieg weiterer kommunistischer Parteien zur Macht, ähnlich wie im Falle der Bolschewiki, eher ein Ergebnis des Nachkriegs als des Weltkriegs gewesen ist. Der Kampf gegen die Kollaborateure wurde ausgeweitet zum Kampf gegen die alten Eliten und die alten Verhältnisse, die durch den Krieg bereits erschüttert waren.

Die bedeutendste Ausnahme bildete die KP Jugoslawiens, die den Besatzungsarmeen einen wirklichen Krieg lieferte. Allerdings entfesselte sie auch einen »Krieg im Krieg«, nämlich gegen alle nationalistischen und dissidenten Kräfte des Widerstands, die kurzerhand mit den Kollaborateuren in eins gesetzt wurden. Unter den zerfallenen Völkerschaften Jugoslawiens agierten die Kommunisten als ein *Staatsvolk* sui generis, ähnlich wie die Bolschewiki 1917 in Rußland. Schon vor der Befreiung begann ein Gemetzel sondergleichen, das sich mit dem, welches die Auflösung Jugoslawiens begleitet hat, ohne weiteres messen kann.

Aber so war es überall. Auch die Errichtung der Macht der Vietminh – als »patriotischer« Erweiterungsform der Kommunisten Vietnams – im Frühjahr 1945 im Norden des Landes ging, noch bevor sich die Japaner ganz zurückgezogen hatten, mit einer Orgie der »Säuberungen« einher, der keineswegs nur Kollaborateure, sondern vor allem die nichtkommunistischen Widerstandskämpfer zum Opfer fielen und teilweise sogar schon die parteiinternen Widersacher Ho Chi Minhs, darunter legendäre Helden der Befreiungsbewegung. Das war beinahe eine Gesetzmäßigkeit, jedenfalls eine eiserne Regel. Nicht ohne Grund bürgerte sich in der kommunistischen Geschichtsschreibung für diese blutigen Abrechnungen der Begriff der »Säuberung« (frz. *épuration*) ein. Der Tag der Befreiung war zugleich der Tag der »Säuberung«.

In der Rolle, die sie 1945 an sich rissen, waren die Kommunisten allerdings Teil einer viel größeren geschichtlichen Bewegung: der des *nation building*, der Entstehung von Dutzenden neuer Staaten. Diese staatliche Ausdifferenzierung der Welt stellte gewissermaßen das dialektische Gegenstück zur Herstellung eines einheitlichen Weltmarktes dar.

Die nationale Rolle, die Kommunisten als Staatsgründer spielten, stand nur in einem scheinbaren Widerspruch zu ihrem prononcierten Internationalismus. Vielmehr wurden die kommunistischen Parteien zu Protagonisten eines *Inter-Nationalismus*, der sich gegen die neuerlichen Schübe einer kosmopolitischen Entgrenzung und Globalisierung – angetrieben von der herausfordernden Prosperität der kapitalistischen Weltwirtschaft – und insbesondere gegen die darauf beruhende Hegemonie der USA richtete. Die Kommunisten vertraten insoweit nur eine besonders radikale Form der Autarkie und eines Wiederaufbaus, der alle lebendigen Kräfte und materiellen Ressourcen des Landes in der Hand eines planenden und disponierenden Staates vereinigen sollte. Eine ähnliche Tendenz zeigten allerdings auch viele andere, linke wie rechte Regime, die damit ein breites Feld »antiimperialistischer« Bündnisse eröffneten.

Die elf von Kommunisten geführten Staaten, die von 1945 bis 1949 neu gegründet oder in »Volksdemokratien« umgewandelt wurden, entstanden größtenteils im Zuge des Vormarsches der Roten Armee. Stalin hatte im April 1945 gegenüber den Kommunisten Jugoslawiens, darunter Tito und Djilas, folgende Devise ausgegeben: »Dieser Krieg ist nicht wie in der Vergangenheit; wer immer ein Gebiet besetzt, erlegt ihm auch sein eigenes gesellschaftliches System auf ... Es kann gar nicht anders sein.« Daß Stalin auch die Kommunisten Jugoslawiens drängte, eine Koalitionsregierung unter Einschluß von Vertretern der königlichen Exilregierung anzustreben, bildete dazu keinen Widerspruch, sondern entsprach der generellen Linie bei der Sowjetisierung ostmitteleuropäischer Länder. Überall kamen zunächst antifaschistische »Koalitionsregierungen« zustande, in denen die Kommunisten, gestützt auf die sowjetische Besatzung, die Schlüsselpositionen besetzten. Daß sie bei den Wahlen, die zwischen 1945 und 1947 auf Drängen der Alliierten noch stattfanden, trotz massiver Manipulationen überall nur eine Minderheit repräsentierten, überraschte kaum. Die volle Machtübernahme war nur eine Frage der Zeit und der politischen Opportunität. Zunächst mußte der harte Kern des wirklichen Widerstandes eliminiert werden. Und das Spiel mit den verschiedenen politischen und gesellschaftlichen Kräften sicherte gerade die unangefochtene Autorität der Besatzungsmacht.

In Ländern, die weder von der Roten Armee noch von den Westalliierten besetzt waren, kam es gegen Ende des Krieges vielfach zum Bürgerkrieg. In Europa war das in Griechenland der Fall; in Asien traf das auf China, Vietnam, Burma, Indonesien und die Philippinen zu. Diese Bürgerkriege entsprangen in der Regel einem genuinen Machtstreben der Kommunisten – und waren aus sowjetischer Sicht insofern ein bedenkliches Zeichen von Autonomie. Die UdSSR reagierte daher mit einer Doppeltaktik: sie unterstützte diese Aufstandsbewegungen partiell, setzte sie aber gleichzeitig als globale Verhandlungmasse ein. Darin lag bereits der Keim ernster Konflikte mit den betreffenden Parteien.

Bis 1947 verfolgte die Sowjetunion weniger eine Politik der Revolutionierung als vielmehr eine der imperialen Weltteilung. Jedenfalls hatten alle lokalen Revolutionierungsbestrebungen sich diesem übergeordneten Ziel ein- und unterzuordnen. So versuchten die sowjetischen Diplomaten und Staatsmänner, ein weitgespanntes Programm des territorialen und militärischen Ausbaus der UdSSR zu einem globalen Machtstaat auszuhandeln. Die Vielzahl konkreter Vorstöße und Einzelforderungen summiert sich zu einem wahren »Griff nach der Weltmacht«.

Über die von den Westmächten sanktionierten Annexionen nach dem Hitler-Stalin-Pakt – die Angliederung der baltischen Republiken, der Gebiete Ostpolens, der Karpato-Ukraine wie Bessarabiens – und über die schrittweise Sowjetisierung des östlichen Mitteleuropa hinaus konzentrierte sich die Nachkriegspolitik der UdSSR auf folgende Ziele und Forderungen: die »Finnlandisierung« Finnlands, anfangs noch immer mit der Option des Anschlusses; den Versuch, von Dänemark Stützpunkte zur militärischen Kontrolle der Ostseeausgänge zu erpressen; die Einrichtung von Militärstützpunkten am Bosporus – in der Türkei oder auch in Griechenland, wo die Sowjetunion ein kompliziertes Spiel mit den Bürgerkriegsparteien trieb; eine generelle Hegemonie auf dem Balkan, wo sich Tito mit seinem Plan einer sozialistischen Balkanföderation sehr schnell zum Hauptantipoden entwickelte; Stützpunkte in Libyen und Tanger als generelle Anmeldung von »Interessen« an Nordafrika und dem Mittelmeerraum; ein Doppelspiel mit Israel einerseits, bei dessen Gründung man noch auf eine starke Stellung der Kommunisten und enge Beziehungen hoffte, und den arabischen Nationalismen andererseits, die sich sehr bald als der wichtigere Faktor herausstellten; den Versuch, das iranische Aserbeidschan mit dem sowjetischen Aserbeidschan zu vereinigen; die entsprechende Anstrengung, vom sowjetischen Armenien und Georgien aus Teile der östlichen Türkei herauszubrechen; die Verwandlung Afghanistans in einen Klientenstaat vom Typus der Mongolei; die Bemühung, im unabhängigen Indien einen festen Verbündeten zu finden; den Versuch, nach der Besetzung des nördlichen China durch die Rote Armee in der letzten

Kriegsphase dort die alten militärischen und wirtschaftlichen Positionen des Zarenreiches wieder einzunehmen, vor allem in der Mandschurei; die Installierung des Regimes von Kim Il-Sung, der Absolvent einer sowjetischen Militärakademie war, im Norden des geteilten Korea, unter Übergehung – und wohl auch Ermordung – der wichtigsten Inlandskommunisten, die den Widerstand gegen Japan angeführt hatten. Schließlich nahm die Sowjetunion Revanche für die Niederlage des Zarenreiches 1905, indem sie Japan in letzter Minute noch den Krieg erklärte, ganz Sachalin sowie die Kurilen annektierte und die Forderung erhob, in Japan (wie in Deutschland und Österreich) eine Besatzungszone zugeteilt zu bekommen, was von den USA schroff verweigert wurde.

Das alles überschritt den Radius der überspannten Großmachtambitionen des zaristischen Rußland bei weitem. Zugleich trug die Kombination von territorialer Expansion und revolutionärer Subversion einen eigentümlichen, archaisch-modernen Charakter, wie ihn die Sowjetunion und das an sie gekettete »sozialistische Lager« nach dem Zweiten Weltkrieg schließlich insgesamt annehmen sollte.

Der Kalte Krieg ging ursprünglich zweifellos vom Westen aus. In welchem Sinne, das hat Molotow in seinen Gesprächen mit Tschujew sehr deutlich rekapituliert. Er mochte den Ausdruck überhaupt nicht, den Chruschtschow angeblich aus der westlichen Presse übernommen hatte: »Was soll das heißen, ein ›kalter Krieg‹? Zugespitzte Beziehungen! Wir waren in der Offensive, und sie waren erbittert gegen uns ..., überall mußte Ordnung geschaffen, der Kapitalismus an die Kandare genommen werden.« Für Molotow, diesen schrecklichen Greis, war noch dreißig oder vierzig Jahre später die Welt nichts als eine Spielfläche, auf der der Kampf um Vorherrschaft stattfand.

Der Übergang der Westmächte zu einer Politik der »Eindämmung« veranlaßte die Sowjetunion, nationalrevolutionäre Bewegungen und kommunistische Machtcoups offener zu unterstützen und über die 1947 gegründete »Kominform« mit ihren eigenen außenpolitischen Vorstößen möglichst zu koordinieren. Allerdings war das ein ziemlich kompliziertes Unterfangen. Der Einfluß auf die Parteien in Asien, speziell auf die KP Chinas und Vietnams, war von vornherein begrenzt. Beide drängten, angestachelt von Pazifizierungsversuchen der Kuomintang-Regierung in China und der französischen Kolonialverwaltung in Indochina, auf die Entfesselung eines revolutionären »Befreiungskrieges«. Erst relativ spät entschloß sich die Sowjetunion, sie darin zu unterstützen, um ihren Einfluß zu wahren.

Auch die Formierung eines politischen und wirtschaftlichen Blocks im östlichen Europa gestaltete sich schwierig. Zwar waren überall Tausende sowjetische Offiziere und Geheimpolizisten den sehr kleinen, durch die Säuberungen der dreißiger Jahre zusätzlich dezimierten und traumatisierten kommunistischen Parteien beim Aufbau der »Volksmacht« behilflich. Doch trat bald das Problem zutage, daß die Sowjetunion Länder dominierte, die trotz aller Verwüstungen durch Krieg und Okkupation in ihrer sozialökonomischen Struktur fortgeschrittener waren als die UdSSR selbst. Trotzdem gelang es mit einigem Geschick – mittels der Gewalt des Faktischen und unter trügerischen Losungen einer »antifaschistisch-demokratischen Ordnung« oder eines jeweiligen »nationalen Wegs« zum Sozialismus –, Verbündete zu gewinnen, sowohl aus dem Spektrum linker Sozialdemokraten wie aus dem bürgerlichen Lager und der nationalistischen Rechten. Dafür wurden sowohl modernistische als auch lebenskonservative Affekte angesprochen – wie es eben gerade paßte. Auch wenn die Proklamation der »Volksrepubliken« durchweg ein Akt der kommunistischen Usurpation war, gelang es in der Regel, einen »nationalen Block« aus heterogenen Kräften zu formieren, die in den verwüsteten Ländern endlich etwas tun und etwas werden wollten. Und da jeder Wiederaufbau immer auch die Züge eines »Gemeinschaftswerkes« trägt, konnte man sich über das wahre Gesicht des Sozialismus, auf den schließlich alles hinauslief, eine Zeitlang hinwegtäuschen.

Das andere, vielleicht entscheidende Mittel der Stabilisierung war das Spiel mit der »deutschen Karte«. Die Pogrome gegen die verstreut in Ost- und Südosteuropa lebenden Deutschen sowie ihre organisierte Vertreibung aus den »unter polnische Verwaltung gestellten« Ostgebieten des Reiches und aus der Tschechoslowakei dienten nicht nur als psychologischer Kitt der neuentstehenden Volksrepubliken, sondern waren auch ein unfehlbares Mittel, diese an die Sowjetunion zu binden.

Dabei war es keineswegs so, daß die sowjetische Politik eindeutig auf die Spaltung und Knebelung des besiegten Deutschland gerichtet gewesen wäre. Ganz im Gegenteil, der Druck auf die neuen Volksrepubliken Mittelosteuropas funktionierte erst richtig dadurch, daß die Sowjetunion sich zugleich zur Speerspitze eines Kampfes gegen die »Spaltung Deutschlands« machte. Schon das Spiel mit dem unter den alten Reichsfarben Schwarz-Weiß-Rot firmierenden »Nationalkomitee Freies Deutschland«, dem sich viele der in sowjetische Gefangenschaft geratenen Generäle und hohen Offiziere der Wehrmacht anschlossen, war äußerst vieldeutig. Während mit den Alliierten über eine völlig Auflösung des Reiches in Einzelstaaten verhandelt wurde, blieb der Versuch, Hitler durch die Militärs zu stürzen und die deutschen Armeen wieder hinter die Grenzen (die von 1914!) zurückzuführen, über lange Zeit die andere Option.

Da diese Variante spätestens mit dem 20. Juli 1944 hinfällig geworden war, beschloß man in Jalta, Deutschland aufzuteilen, sogar zu »zerstückeln« (to dismember). Ein vorbereitendes »Dismemberment Committee« wurde eingerichtet – zu dessen Sitzungen der sowjetische Vertreter jedoch nicht erschien. Statt dessen hieß es in der Siegesproklamation der UdSSR vom 9. Mai: »Deutschland ist geschlagen. Die deutschen Truppen kapitulieren. Die Sowjetunion feiert den Sieg, wenn sie sich auch nicht anschickt, Deutschland zu zerstückeln oder zu vernichten.«

Mit dem fast beiläufigen Nachsatz warf sich die Sowjetunion in einem abermaligen Schwenk zur Hüterin eines wie auch immer gearteten gesamtdeutschen Zentralstaates mit Berlin als Hauptstadt auf. Eben in dieser Rolle trat Stalin in Potsdam auf. Die Abtretung der Ostgebiete an Polen bildete dazu keinen Widerspruch, sondern die ergänzende eiserne Klammer. Die Sowjetunion trug in prononcierter Weise ihren Anspruch auf Deutschland *als Ganzes*, zumindest jedoch auf Mitsprache in allen gesamtdeutschen Angelegenheiten, vor. Diese »deutsche Karte«, so konnte Stalin hoffen, würde in der Neuordnung Europas als Trumpf dienen. Die Wiederherstellung eines Deutschen Reiches mit noch zu regelnden, offenen Grenzen wäre ein unfehlbares Mittel der »Balkanisierung« *ganz* Europas gewesen. Gerade dagegen richteten sich die westlichen Integrationsbestrebungen, die darauf abzielten, Deutschland machtmäßig auszuschalten und dem sowjetischen Zugriff zu entziehen. Integrierbar war aber nur ein föderativ gegliederter westdeutscher Bundesstaat, kein Berliner Zentralstaat. In diesem Sinne strebte die westliche Politik – nach der Ablehnung des Marshallplans durch die Sowjetunion und die von ihr abhängigen Regierungen – eine Spaltung Deutschlands und damit auch Europas an.

Dagegen wandten sich nicht nur die sowjettreuen Staatssozialisten der neugegründeten SED, sondern anfangs auch die mit ihnen zum »Block der Antifaschisten« vereinigten Christdemokraten, Liberaldemokraten und Nationaldemokraten. Sie alle versuchten, von Berlin aus einen gesamtnationalen Führungsanspruch anzumelden. Und durchweg waren diese ostdeutschen Parteien in strengerer Weise national und zentralistisch orientiert als ihre westdeutschen Konkurrenten. Auch das Kulturleben im Osten war zunächst sehr viel ausstrahlender und repräsentativer. Johannes R. Becher versuchte als Kulturbeauftragter in Absprache mit den Offizieren der Sowjetischen Militäradministration (SMAD) durch eine systematische Politik der Repatriierung bedeutender Literaten und Künstler einen regelrechten, wie Sabine Brandt es genannt hat, »Neu-Weimarer Musenhof« zu errichten.

Einigen Erfolg hatte auch die Politik der Entnazifizierung in der Sowjetischen Besatzungszone (SBZ) mit ihrer spezifischen Dialektik von Be- und Entlastung. Zwar saßen die lautlosen Menschenjagden des ersten Nachkriegsjahres, bei denen keineswegs nur Nazischergen, sondern in einem Aufwasch alle möglichen Gegner einer Sowjetisierung – Sozialdemokraten, Christen und Liberale –

in die umfunktionierten KZ wie Buchenwald und Sachsenhausen oder direkt in sowjetische Lager verschleppt worden waren, noch allen in den Knochen. Doch eröffnete die radikale Erneuerung des alten Beamten- und Wirtschaftskaders soziale Aufstiegsmöglichkeiten, die bald zu einem der wichtigsten Bindemittel der »antifaschistischen Ordnung« der SBZ werden sollten. Wer sich vorbehaltlos auf die Seite der Sieger stellte, konnte seine Vergangenheit hinter sich lassen. So galt die SED unter der Hand bald als »der große Freund der kleinen Pg's«. Und so klein brauchten die Parteigenossen gar nicht zu sein. Die vom »Bund Freiheitlicher Juristen« 1958 zusammengetragene Liste ehemaliger Funktionsträger des Naziregimes in Diensten der SED war durchaus eindrucksvoll. Dabei handelte es sich gar nicht unbedingt um reinen Opportunismus und Karrierismus, sondern oft um eine ganz glaubwürdige Kontinuität staatssozialistischer, deutschnationaler und antiwestlicher Vorstellungen.

Insofern verfügte die UdSSR über eine gute Ausgangsbasis für eine offensive Deutschlandpolitik. Alle politischen und kulturellen »Erfolge« wurden jedoch ständig konterkariert von den wirtschaftlichen und sozialen Maßnahmen der sowjetischen Besatzungsbehörden, die – stellvertretend auch für ihre osteuropäischen Klienten – einen Reparationsanspruch von zwanzig Milliarden Dollar gegenüber Gesamtdeutschland geltend machten. Dabei hielten sie sich natürlich in erster Linie an die SBZ. Die in »Kriegsverbrechen« verwickelten Betriebe, das heißt alle, die in die NS-Kriegsindustrie eingebunden waren, wurden unter die direkte Aufsicht der Besatzungsbehörden gestellt, oder in deren Besitz überführt. Da dieses Kriterium für die meisten größeren Betriebe zutraf, waren binnen eines Jahres sämtliche Schlüsselsektoren der Wirtschaft in »Sowjetischen Aktiengesellschaften« (SAG) zusammengefaßt.

Nach demselben Muster wurde auch in den übrigen, sowjetisch besetzten Ländern Osteuropas eine Reihe großer, von den Deutschen in ihren Rüstungskomplex eingebundener Betriebe teils direkt, teils über gemischte Gesellschaften von der UdSSR übernommen. Jahre später bildeten sie dann den Kern der »Volkseigenen

Betriebe«. So konnten die sozialistischen Umwälzungen der ersten Nachkriegszeit an die kriegswirtschaftlichen Organisationsformen des Dritten Reiches anknüpfen.

Die von den Westalliierten einseitig betriebene Währungsreform von 1948 besiegelte die Abspaltung der Westzonen von der SBZ. Doch dahinter stand längst nicht mehr nur ein Konflikt der Besatzungsmächte, sondern auch schon der zweier Lebensweisen. Der »wilde« Kapitalismus der Gründerjahre der Bundesrepublik war in der gesellschaftlichen Realität so ziemlich das Gegenteil einer »Restauration«. Die längst überfällige Währungsreform entfesselte sofort eine soziale und ökonomische Dynamik, die über die noch offenen Grenzen in die SBZ und am stärksten über West- nach Ostberlin hinein wirkte. In einer ersten großen Fluchtwelle verlor die SBZ einen Teil ihres qualifizierten Personals. Der sowjetische Versuch, mit einer militärischen Blockade Berlins eine Rücknahme der Währungsreform und eine einheitliche gesamtdeutsche Besatzungspolitik zu erzwingen, schlug nicht nur fehl, sondern gab erst den entscheidenden Anstoß zur Gründung der »Bundesrepublik Deutschland«.

Die SED und ihre verbündeten Kräfte reagierten mit der Einberufung eines »Deutschen Volkskongresses« in Berlin, auf dem auch Delegierte aus den Westzonen vertreten waren und der die Gründung einer »Deutschen Demokratischen Republik« verkündete. Diese DDR vertrat in sehr viel militanterer Weise einen gesamtnationalen Anspruch gegenüber der »Bonner Spalterrepublik«, als es umgekehrt die Bundesrepublik mit ihrem demokratischen Verfassungsvorbehalt gegenüber der SBZ getan hatte. Wilhelm Pieck, der erste Staatspräsident, proklamierte die DDR als ein deutsches Piemont oder ein neues, rotes Preußen, das nunmehr die »Wacht an der Elbe« halte, so wie einst die deutschen Patrioten die »Wacht am Rhein«.

Es war vor allem das Telegramm Stalins zur Gründung der DDR, das die Phantasien beflügelte: »Die Erfahrung des letzten Krieges hat gezeigt, daß das deutsche und das sowjetische Volk in diesem Kriege die größten Opfer gebracht haben, daß diese beiden

Völker die größten Potenzen in Europa zur Vollbringung großer Aktionen von Weltbedeutung besitzen. Wenn diese beiden Völker ... für den Frieden mit der gleichen Anspannung ihrer Kräfte kämpfen, mit der sie den Krieg gegeneinander geführt haben, so kann man den Frieden in Europa für gesichert halten. Es lebe und gedeihe das einheitliche, unabhängige, demokratische und friedliebende Deutschland!« Das bedeutete nicht nur, alle Schuldfragen beiseite zu wischen und auch die von den Deutschen gebrachten »Opfer« zu würdigen, so als wäre der von den »Hitler-Faschisten« entfachte Krieg ein fremdes Verhängnis und gemeinsames Schicksal gewesen. Sondern zudem würde eine künftige, *gesamt*deutsche Demokratische Republik mit der Sowjetunion zusammen »den Frieden in Europa garantieren« und »Aktionen von Weltbedeutung« vollbringen. Das war in der Tat ein großes Angebot.

Was der DDR als Rumpfstaat an Statur und Ausstrahlung fehlte, das wurde durch die Gesamtperspektive, in die sie gestellt war, wettgemacht. Denn sie bildete zugleich den westlichen Pfeiler eines neuen »Weltfriedenslagers«, das bereits »von der Elbe bis zum Jangtse« reichte, wie eine häufig zitierte Formel lautete, und in steter, offener Ausdehnung begriffen war. Die kurz zuvor, am 1. Oktober 1949, proklamierte Volksrepublik China trat vom ersten Augenblick an als eine zweite kommunistische Großmacht neben die Sowjetunion. Sie war auch alles andere als deren Geschöpf. Die kompromißlose Machtstrategie Maos in der letzten Phase seines »Volksbefreiungskrieges« wurde von Moskau, das noch 1945 der Kuomintang-Regierung halbkoloniale Verträge oktroyiert und deshalb 1946 Mao Tse-tung zu Verhandlungen über die Bildung einer Koalitionsregierung gedrängt hatte, lebhaft mißbilligt. Erst in der letzten Phase begann die Sowjetunion, ihn klar zu unterstützen und sich auf ein sozialistisches China einzustellen. Die Töne eines scharfen nationalen Selbstbewußtseins waren in Maos Gründungsproklamation auch nicht zu überhören: »Das chinesische Volk, ein Viertel der Menschheit, hat sich endlich erhoben ... Von nun an wird uns niemand mehr beleidigen.«

Maos Besuch in Moskau im Dezember 1949 – seine erste Auslandsreise überhaupt – führte zu harten Auseinandersetzungen, fast sogar zu einem offenen Zerwürfnis. Zwar machte er in seiner Grußadresse beim Festakt zum siebzigsten Geburtstag Stalins vor dem »Führer der internationalen Arbeiterklasse« seinen Kotau. Doch die nationalen Interessen Chinas vertrat er mit aller Hartnäckigkeit. Erst nach zweimonatigen Verhandlungen wurde in den strittigen Fragen ein Kompromiß erzielt: Die äußere Mongolei blieb eine Halbkolonie der Sowjetunion; und diese durfte in Sinkiang noch für einige Jahre Uran schürfen. Aber sie mußte die Rote Armee aus den Randprovinzen Chinas abziehen, die Häfen Port Arthur und Dairen nach einer Übergangsfrist zurückgeben und die ostchinesische und mandschurische Eisenbahn wieder unter chinesische Verwaltung stellen. Die Frage eines endgültigen Grenzvertrages wurde vertagt. Dafür wurde im Februar 1950 ein Freundschafts- und Beistandspakt geschlossen.

Das war auch ein Kriegspakt. Auf Drängen Kim Il-Sungs, der einen allgemeinen Aufstand im Süden versprach, hatten die Sowjetunion und die VR China beschlossen, in Korea einen neuen Befreiungskrieg zu entfesseln. Am 25. Juni überschritten hoch gerüstete nordkoreanische Truppen in einem Überraschungsschlag die von der UNO überwachte Waffenstillstandslinie und eroberten fast den gesamten Süden. Die USA, an die sich die Herausforderung richtete, reagierten mit der Entsendung eines Expeditionskorps unter der Fahne der UNO, aber unter eigenem Kommando, sowie mit einem erbarmungslosen Luftkrieg. Als die nordkoreanischen Truppen weit zurückgedrängt wurden, griffen Hunderttausende chinesischer Soldaten ein. Die USA drohten mit dem Einsatz von Atomwaffen, ohne damit Eindruck zu machen. Mao Tse-tung hatte schon 1946 den beunruhigenden Satz geprägt: »Die Atombombe ist ein Papiertiger.«

Im Laufe der dreijährigen Schlachten und Bombardements starben etwa 500.000 Zivilisten, 200.000 nordkoreanische und 50.000 südkoreanische Soldaten, rund 400.000 chinesische Soldaten sowie mehr als 50.000 Amerikaner und andere unter UNO-

Flagge Kämpfende aus fünfzehn Nationen. Alles in allem waren das auf gedrängtestem Raume über 1,2 Millionen Tote; hinzu kamen Millionen Verwundete, Verstümmelte, Obdachlose. Die Intensität der Kriegshandlungen entsprach absolut der des Zweiten Weltkrieges. Der Korea-Krieg war die eigentliche Entscheidungsschlacht zwischen dem neuen, kommunistischen »Osten« und dem alten, kapitalistischen »Westen«. Erst danach konnte eigentlich von einem Übergang zum Kalten Krieg die Rede sein.

Um so mehr könnte es erstaunen, in welchem Ausmaß es der Stalinschen Sowjetunion und ihren Verbündeten damals gelang, sich einem bedeutenden Segment der Weltöffentlichkeit als »Weltfriedenslager« zu präsentieren, gerade mit Blick auf den Korea-Krieg. *Eine* Erklärung dafür liegt sicherlich im Mythos des »Antifaschismus«, in dem alle Schrecken der sowjetischen Geschichte eine Art rückwärtige höhere Berufung und Rechtfertigung fanden. Man muß sich allerdings noch einmal vergegenwärtigen, in welchem Maße der Charakter des Nationalsozialismus diesen Mythos erst mitproduziert hatte. Hitlers ganzes Unternehmen trug ja Züge eines heidnischen Gottesurteils. Und wenn er, kurz vor seinem Selbstmord, düster orakelte: »Dem stärkeren Ostvolk gehört die Zukunft« – dann sprach er im Grunde nur aus, was sich allen Zeitgenossen aufdrängte.

Der Mythos des »Antifaschismus« war vor allem also das Produkt des weltgeschichtlichen Sieges von 1945 und der Suggestion, die von ihm ausging. Sicherlich gab es ein ganzes Gebäude theoretischer Umdeutungen und nachträglicher geschichtlicher Verfälschungen. Hunderte und Tausende professionelle Ideologieproduzenten, Akademiker und Propagandisten haben über Jahrzehnte daran gearbeitet, aus dem »Antifaschismus« eine Allzweckwaffe im Kalten Krieg zu machen. Aber getragen wurde dieses Gebäude von der völlig vorpolitischen und ahistorischen Überzeugung, daß der militärische Sieg auch ein Ausweis der moralischen und sozialökonomischen Überlegenheit sei. Vergeblich hat Arthur Koestler in seinen Polemiken gegen den »Sowjetmythos« darauf hingewiesen, daß »von vornherein kein Grund vorhanden [war], warum die

Russen von den Deutschen besiegt werden sollten«; und daß die Siege der Roten Armee so wenig als Beleg für die Überlegenheit des Sozialismus gelten konnten, »wie der Sieg von 1815 ein Beweis für die Güte des zaristischen Systems und die Überlegenheit der Leibeigenschaft über die Grundsätze der Französischen Revolution war«. Resigniert mußte Koestler feststellen, daß der Sowjetmythos, »wie alle echten Mythen, einer gewissen tiefen und unbewußten Sehnsucht entsprach, die beinahe unabhängig von der geschichtlichen Wirklichkeit war«.

Durch die Errichtung des »sozialistischen Lagers« trat zum Mythos des Siegers über den Faschismus nun der Nimbus des Vorkämpfers für die Befreiung der Völker von kolonialer Ausbeutung und imperialer Unterdrückung. Daß die Bemühungen Großbritanniens und Frankreichs, ihre Kolonialreiche wiederherzustellen, einen anachronistischen und insoweit reaktionären Charakter trugen und mit den Menschenrechtsdeklarationen der »Vereinten Nationen« kaum in Übereinstimmung zu bringen waren, wurde in ganz anderer Weise als nach dem Ersten Weltkrieg zum Gemeingut einer aufgeklärten Öffentlichkeit. Vor allem der von den Vietminh parallel zum Korea-Krieg entfesselte neue Befreiungskrieg gegen die französische Kolonialadministration schien in eindeutiger Weise historisch legitimiert und zog durch das ungeheure Beharrungsvermögen seiner Kämpfer und das Geschick seiner Strategen Bewunderung und Sympathie auf sich. Der Fall der Dschungelfestung Dien-Bien-Phu wurde zur Nemesis des französischen Kolonialismus überhaupt.

Die USA, obschon selbst an einer beschleunigten Entkolonialisierung interessiert, sahen sich durch den Druck der Ereignisse in die Front der Verteidiger reaktionärer Machtpositionen gerückt. Ihre Versuche, schwach legitimierte, von ihnen ausgehaltene Regime in Asien oder Lateinamerika zu installieren, darunter finstere Militärdiktaturen, brachten ihnen selbst den Ruf einer »neokolonialen« Macht ein. Und überhaupt boten sie im Zeichen eines schärfer geführten Kalten Krieges und eines von paranoiden Unterwanderungsängsten getriebenen Antikommunismus der Welt ein zunehmend häßliches Gesicht. Die vom Senator McCarthy initiierten Verhöre vor dem »Committee for Un-American Activities« zeigten ein Land, in dem trotz demokratischer Institutionen und freier Medien inquisitorische Hexenjagden möglich waren. Unter denen, die verdächtigt wurden, als kommunistische Sympathisanten sich »subversiv« und »illoyal« verhalten zu haben, waren nicht nur einige der besten Filmregisseure und Schriftsteller des Landes, sondern auch eine Reihe bekannter Emigranten aus Nazideutschland. Viele von ihnen verloren ihre Stellung und verließen das Land wieder, in das sie nach 1933 geflüchtet waren.

Die Vorstellung eines drohenden »amerikanischen Faschismus«, in dem sich ein fanatischer Antikommunismus mit Rassismus, Lynchjustiz, christlich-fundamentalistischer Bigotterie, kapitalistischer Ausbeutung, neokolonialer Ausplünderung und atomarer Vernichtungsdrohung auf unheilvolle Weise zu amalgamieren schienen, gewann auch in den Augen vieler, dem kommunistischen Lager sonst durchaus fernstehender Menschen an Plausibilität. Der genuine Antiamerikanismus, der sich durch die Verschiebung der Gewichte im Weltkrieg, durch die Etablierung des Dollar als Weltwährung und durch die allgemeine »Amerikanisierung« des Lebens auftat, ist auch im Rückblick nicht zu unterschätzen.

Diese Stimmungen erhielten im Widerstand gegen die Stationierung von Atomwaffen einen hochsymbolischen Kristallisationspunkt. Daß die neue Weltmachtstellung der USA vor allem in einer Art globaler Lufthoheit ihren schlagendsten Ausdruck fand, schien in irgendeiner Weise mit ihrer Rolle als Geld- und Wirtschaftsmacht zusammenzupassen. Und daß sie, wie die Bomben auf Hiroshima und Nagasaki gezeigt hatten, zur Verteidigung ihrer neuen Vormachtstellung selbst vor der Vernichtung ganzer Städte und ahnungsloser Menschenmassen nicht zurückschreckten, so wie sie nun auch in Korea durch massive Luftbombardements ein militärisches Gleichgewicht herstellten, das sie auf dem Boden allein nicht hätten erreichen können – das alles hatte etwas moralisch durchaus Revoltierendes.

Dagegen stand – für viele wiederum revoltierend – der hedonistische Appeal, der von den amerikanischen Waren, Moden, Musiken, Filmen und Idolen, aber auch vom Ideal eines freien, »automobilen«, selbständigen Lebens ausging. Selbst der militante Antiamerikanismus hatte, näher betrachtet, oft etwas von einem Rückzugsgefecht und von einer vergeblichen Abwehrhaltung gegen die Faszination, die vom »american way of life« ausging. Zwar konnte man sich für die Losung der »Demokratie« kaum in derselben Weise begeistern wie für das Ziel des »Sozialismus« – schon weil sie nur ein Mittel, kein Zweck an sich zu sein schien. Aber Amerika war als Land der Demokratie und der Freiheit mittlerweile von einer Aura des Erfolgs und eines unaufhaltsamen Fortschritts umgeben. Und es wirkte auch in der Realität als eine weltrevolutionäre Macht ganz eigener, neuer Art, deren hauptsächliches Medium die Ökonomie, nicht die Politik war.

Ein »Wettbewerb der Systeme« konnte allerdings kaum stattfinden. Und von der Fortsetzung eines »europäischen Bürgerkrieges« als Kaltem Krieg läßt sich auch nicht wirklich reden. Denn die Menschen im Westen hatten sich in ihrer großen Mehrheit mit der Abschottung des sozialistischen Ostens abgefunden. Der Westen brauchte den Osten gar nicht. Alles in allem hat es ernstliche Versuche, das »sozialistische Lager« zu besiegen, zu unterminieren oder auch nur zu »destabilisieren«, von westlicher Seite kaum jemals gegeben. Und wenn, dann standen sie in einem nahezu lächerlichen Mißverhältnis zur östlichen Propaganda, die in allen Sprachen zum Kampf, zur Erhebung, zum Befreiungskrieg, zur Revolution aufrief, und zu den konspirativen Netzwerken, die zu diesem Zweck aufgebaut wurden. Die Subversion, die vom Westen auf den östlichen Gegenblock ausging, war statt dessen ziviler, *osmotischer* Art.

In dieser schiefen Schlachtordnung bewegte sich der Kalte Krieg vom Anfang bis fast zum Ende. Das »sozialistische Lager«, geführt von der siegreichen Sowjetunion, war auf dem Vormarsch – bis in die achtziger Jahre –, da es von dem Konflikt zwischen den Kolonialmächten und den »neokolonialistischen« USA auf der einen und den nach Unabhängigkeit strebenden unterentwickelten Ländern auf der anderen Seite profitieren konnte. Auch die Reibungen zwischen den europäischen Ländern und den Vereinigten Staaten ließen sich ausbeuten, so daß das »Weltfriedenslager« mit einer imposanten Zahl bedeutender Persönlichkeiten und einem erheblichen Potential mobilisierbarer Massen zeitweise die Straßen und die öffentliche Meinung dominieren konnte. Nur konnten die UdSSR und die anderen sozialistischen Länder am Ende keine wirkliche Attraktion entfalten. Sie fanden Verteidiger und Lobredner – aber alle diese Verteidigungen und Lobreden hatten stets etwas Angestrengtes, Forciertes, so wie die Revolutionsaufrufe auch.

Die USA und die westlichen Demokratien befanden sich dagegen politisch und militärisch auf dem Rückzug und waren bemüht, eine Politik der »Eindämmung« zu betreiben. Aber inmitten aller Aversionen, die sie weckten, entfalteten sie eine gesellschaftliche und kulturelle Anziehungskraft, die dazu führte, daß es eine beständige, latente Ost-West-Drift gab, eine vielfüßige Wanderung und einen stillen *brain drain*, die nur mit Gewalt unterbrochen werden konnten.

Die sowjetische Führung hat diese Drift immer gespürt – nicht zuletzt in den Erwartungen, die viele ihrer Bürger, Soldaten und Offiziere, aber auch ihrer Parteikader 1945 an eine Fortdauer des Bündnisses mit den westlichen Demokratien geknüpft haben. Der Vormarsch der Roten Armee bis Berlin brachte zugleich eine zeitweise Öffnung des Landes nach Westen mit sich, die mit vielen Risiken behaftet war. Der Stalinsche Machtzirkel hat diese latenten Erwartungen, über alle repressiven Maßnahmen hinaus, durch die Mobilisation eines superlativen Sowjetpatriotismus zu übertrumpfen versucht.

Im August 1946 eröffnete der für Kultur und Ideologie zuständige ZK-Sekretär Andrej Shdanow mit seiner Attacke gegen eine Reihe von Leningrader Autoren – vor allem die Lyrikerin Anna Achmatowa und den Satiriker Michail Sostschenko – eine neue Kampagne gegen den »Formalismus« und die »Dekadenz« in der Kunst und Kultur, die, wie jeder sofort begriff, nur das Signal für eine erste allgemeine ideologische Säuberung nach dem Krieg war.

Shdanow lieferte im Jahr darauf mit seiner Formel von den »Zwei Welten« und »Zwei Kulturen« zudem den dazugehörigen übergeordneten Interpretationsrahmen. Und als der Inbegriff aller negativen Tendenzen kristallisierte sich schließlich der »bürgerliche Kosmopolitismus« heraus, der die Antithese zum »proletarischen Internationalismus« darstellte.

Das war eine ziemlich präzise Bezeichnung des Gegensatzes, um den es sich handelte. Dort – eine neue Dynamik der weltwirtschaftlichen Verflechtung, die *tatsächlich* eine gewisse »kosmopolitische«, also »weltbürgerliche« Integration der Kulturen und Gesellschaften mit sich brachte und jene erwähnte osmotische Wirkung auf das entstehende »sozialistische Lager« ausübte. Und hier – eine »inter-nationalistische« Bewegung zur Verteidigung der jeweiligen nationalen Autarkie eines planenden und disponierenden Staates. Die Aufgabe der Kommunisten aller Länder war es jetzt erklärtermaßen, sich an die Spitze des Kampfes um die Verteidigung der nationalen Souveränität und Kultur eines jeden Landes gegen die kosmopolitische Weltwirtschaft und die »billige Massenkultur« des Kapitalismus zu setzen. So lautete seit der Gründung der Kominform im September 1947 die Generallinie für die Kommunisten aller Länder.

Im übrigen lief die These von den »Zwei Welten – zwei Kulturen« auf eine welthistorische Gegenüberstellung hinaus, worin die neue, russisch-proletarisch geprägte Sowjetzivilisation der europäisch-kosmopolitischen Zivilisation des Westens ihren Primat auf allen Feldern streitig machte, und das bis weit zurück in die Geschichte. Zum Entdecker des Gesetzes der Erhaltung der Energie und zum Erfinder der Dampfmaschine wurde der universale Denker des 18. Jahrhunderts, W. M. Lomonossow, ernannt. Und als russische Erfindungen wurden das elektrische Licht, das Radio, der Transformator, das Flugzeug, die Rakete, der Fallschirm und vieles andere mehr reklamiert. Soviel Anlaß zu schönen Witzen das gab, so blutig ernst gemeint war es. In diesem Zusammenhang stand auch die Kanonisierung der Lehren Lyssenkos, der als Schüler Mitschurins die »kosmopolitischen« Irrlehren der bürgerlichen Genetik von Mendel bis Weismann entlarvte und die wahren, universellen Gesetze der Vererbung und ihrer »sozialen Steuerung« entdeckt und in die Tat umgesetzt haben soll.

Wie sich herausstellte, war ein immer größerer Teil der sogenannten Kosmopoliten jüdischer Herkunft. Ab 1949 bürgerte es sich ein, ihre »wahren« – eben jüdischen – Namen zu enthüllen, um die »wurzellose« und »volksfremde« Natur ihrer Auffassungen deutlich zu machen. Diese Sorte polemischer Anschwärzungen deckte einen viel brutaleren und dramatischeren Sachverhalt zu, von dem öffentlich kaum die Rede war: die stillschweigende Vernichtung aller noch bestehenden Formen jüdischer Organisation und Kultur innerhalb der Sowjetunion. Nach der als Unfall getarnten Ermordung des Vorsitzenden des »Jüdischen Antifaschistischen Komitees« (JAK), des berühmten Schauspielers Solomon Michoels, im Januar 1948 wurden im Jahr darauf alle führenden Figuren des Komitees verhaftet und alle Repräsentanten der jiddischsprachigen Literatur und Kultur mitsamt allen Zeitschriften, Theatern, Verlagen zum Schweigen gebracht. Sogar die Druckstöcke mit hebräischen Bleilettern wurden eingeschmolzen. Ab 1950 entließ man die wenigen noch verbliebenen führenden Parteifunktionäre, dazu die Mehrzahl der Diplomaten und der höheren Offiziere jüdischer Herkunft aus dem Dienst. Viele wurden festgenommen, manche zum Tode verurteilt und erschossen. Nur eine winzige Anzahl von Galionsfiguren – wie der faktisch längst entmachtete Kaganowitsch – blieb übrig von dem, was einmal die Welt als Gespenst des »jüdischen Bolschewismus« so sehr beschäftigt hatte.

Das alles spielte sich im übrigen fast lautlos ab. Die ideologische Form war noch immer der »Kampf gegen den Kosmopolitismus«. Ihn als einen bloßen Durchbruch aufgestauter antisemitischer Ressentiments zu interpretieren griffe allerdings erheblich zu kurz. Es ging, wenn schon, um eine welthistorische *Rivalität*; und als natürliche Antipoden und Prototypen kristallisierten sich der russische Kommunist und der jüdische Kosmopolit heraus.

Zunächst blieben die antisemitischen Konnotationen auf den innersowjetischen Gebrauch beschränkt. Bei der Säuberung der

Parteien in den sowjetisierten Ländern Osteuropas hatte der im Sommer 1948 durch einen Bannbrief der KPdSU exkommunizierte »Titoismus« – auch als »Tito-Faschismus« bezeichnet – die Rolle eines zeitgemäßen Trotzkismus zu übernehmen. In einer Serie von Schauprozessen in Budapest, Sofia, Bukarest und Prag wurden 1949 bis 1952 Gruppen führender Parteikader, die man je nach Lage aus den Reihen der Westemigranten, der Inlandskommunisten oder der Spanienkämpfer ausgesucht hatte, als »Titoisten« und »gekaufte Agenten des Imperialismus« abgeurteilt und mehrheitlich auch hingerichtet.

Das Bemerkenswerte war der fast unglaubliche, offene Zynismus; von Teams sowjetischer Sicherheitsoffiziere vorbereitet, wurden die Drehbücher dieser Aktionen in Moskau redigiert und überarbeitet (und diesmal waren es wirklich Drehbücher – die Angeklagten hatten ihre Rollen regelrecht einzustudieren). Noch eindeutiger als im Falle der Moskauer Prozesse handelte es sich darum, die Parteien, einschließlich ihrer aus dem Exil zurückgekehrten Führungen, unter einen terroristischen Generalverdacht zu stellen und auf diese Weise alle noch bestehenden Verbindungen zur Außenwelt zu unterbrechen. Mit diesen Prozessen, die natürlich nur die Schauseite viel tiefgreifenderer Säuberungen waren, ging der vielzitierte »Eiserne Vorhang«, einer Guillotine gleich, endgültig nieder.

Den Haßkampagnen gegen »Judas Tito« und alle abtrünnigen »Kosmopoliten« stand der zu immer neuen Höhepunkten getriebene Liebeskult um Stalin gegenüber. Dessen siebzigster Geburtstag im Dezember 1949 wuchs sich zu einer alles in den Schatten stellenden Orgie der internationalen Huldigungen aus – einer wahren Kakophonie von Millionen Stimmen, aus denen sich nach dem Muster von Rezitativ und Arie die »großen Gesänge« der bedeutenden Dichter und Künstler der Zeit emporschwangen.

Die ›Prawda‹ ließ sich eigens die Erlaubnis geben, täglich nur zwei Seiten mit Grußadressen zu füllen – was sich allerdings über Wochen hinzog. Keine Fabrik, keine Kolchos, keine Behörde, die es gewagt hätte, *kein* Geschenk nach Moskau zu schicken, so wie es auch die Bruderländer, die Bruderparteien, die Friedenskämpfer und »ehrlichen Menschen« jeglicher Hautfarbe und Nation taten. Die Donationen und Devotionalien aus aller Welt füllten zehn Säle des Revolutionsmuseums, wo sie noch jahrelang zu betrachten waren: unzählige Pfeifen und Tabakdosen, kleine Panzermodelle, ein Kopfschmuck aus Adlerfedern von einem indianischen Stammeshäuptling, ein Spazierstock von einem Stammeshäuptling aus Afrika oder ein »Brief des koreanischen Volkes« mit (angeblich) über 16 Millionen Unterschriften, auf purpurne Atlastäfelchen gestickt.

Prominente Dichter aller Nationen, von Louis Aragon bis Rafael Alberti, von Nazim Hikmet bis Pablo Neruda, von Vitezlav Nezval bis Johannes R. Becher, schrieben kürzere oder längere Poeme zum Ruhme »des größten aller lebenden Menschen«, wie er jetzt schon offiziell hieß. Pablo Picasso brachte eine kleine Glückwunschzeichnung für Stalin aufs Papier, ein erhobenes Glas: »À votre Santé!« George Bernard Shaw als einundneunzigjähriger Methusalem erklärte auf dem Sterbebett: »Stalin ist der größte Verteidiger des Friedens. Ihm verdankt die Sowjetunion ihre Stärke und Einheit. Diese Stärke aber sichert den Weltfrieden.« Man könnte sehr lange fortfahren.

Eine besondere Intensität erreichte der Kult in Deutschland. In allen Städten Ost- und Westdeutschlands fanden Stalin-Geburtstagsfeiern statt, die in einer großen Rundfunkringschaltung mit denen aller anderen Länder kurzgeschlossen wurden – eine Weltoper aus Musiken, Hymnen, Rezitationen und Adressen, die die Sphären füllte. Kurt Barthel (Kuba) hatte eine Kantate geschrieben, die mit Chor und Orchester in einem Staatsakt aufgeführt wurde. Stephan Hermlin lieferte das siebenseitige Großpoem ›Stalin‹, das in einer Apotheose mündete: »Aus dem unendlichen Raunen von Inseln und Ländern / Hebt das Entzücken sich mit einer Botschaft dahin, / Wo die Verheißungen leben und die Epochen verändern, / Namenlos sich die Zeit endlich selbst nennt: Stalin.«

Heinrich Mann, der kurz vor seiner Rückkehr nach Berlin als

Präsident der Akademie der Künste stand, schickte aus Amerika einen seltsam quietistischen Text mit dem Titel ›Die Züge des Berufenen‹, in dem es hieß: »Zeitweilig erregt ein zuletzt doch sterblicher Einzelner eine Massenfurcht …, den Haß einer Welt, wie er manchmal aufsteigt gegen den einen Lebenden. Kein zweiter gebietet über dieses Maß an Leidenschaften. Indessen, bevor sie ihn treffen, sind sie schon verändert, den Haß erfährt er hauptsächlich vermischt mit einem Erstaunen …, daß sie Größe gefühlt haben und sich beugen mitsamt ihrem Haß, der in Ehrfurcht verläuft … Sein Gesicht trägt wie eh und je die Züge des Berufenen, der eingesetzt war für eine Idee, die Macht der Idee und seine eigene. Seit neuestem zeigt dasselbe Gesicht, was es sonst nicht sichtbar entblößte …: Menschenliebe. Sie ist die andere Seite der Größe.«

Das von Chruschtschow später recht harmlos als »Personenkult« bezeichnete Phänomen war keine bloße byzantinische Ausschmückung einer terroristischen Diktatur, sondern der alles übergipfelnde Kult um Stalin war ein kulturgeschichtliches Phänomen eigener Art und gehörte wie der Terror zum Wesen des Systems.

Chruschtschow wollte mit dem Begriff des »Personenkultes« sagen, Stalin habe sich zum Diktator über die Partei gemacht und dafür seine eigene Erhöhung betrieben. Daß er das tat, ist unbestreitbar, und die von Chruschtschow in seiner Geheimrede auf dem XX. Parteitag 1956 angeführten Beispiele sind drastisch genug. So redigierte Stalin mit eigener Hand 1947 das Lehrbuch »J. Stalin – Kurze Lebensbeschreibung«, das die festen Formeln des täglichen Kultus lieferte. So machte er etwa die folgende Einfügung: »Obgleich er seine Aufgabe als Führer der Partei und des Volkes mit vollendeter Kunst meisterte und die uneingeschränkte Unterstützung des ganzen Sowjetvolkes genoß, ließ es Stalin niemals zu, daß seine Arbeit auch nur durch den leisesten Schatten von Eitelkeit, Hochmut oder Eigenlob beeinträchtigt wurde.«

Doch wäre der Kult um Stalin ausschließlich »gemacht« und inszeniert gewesen, hätte er seine eigentümliche Intensität wohl nie erreichen können. Wahrscheinlich erfaßte der Stalinkult der Nachkriegsperiode – viel stärker als in den dreißiger Jahren – nicht nur den aktiven Kern der Gläubigen und Aufstrebenden, war er nicht nur Teil der Liturgie des Regimes, sondern er scheint auch in den breiten Massen ein Bedürfnis nach Begründung, nach Legitimation, nach »Heiligung« alles Erlittenen und Durchlebten befriedigt zu haben. Die Kette von radikalen Umbrüchen, die Erfahrungen des Terrors und schließlich der Einbruch des Krieges hatten alle Schrecken der Kontingenz, der Zufälligkeit des individuellen Lebens, wie sie ohnehin zu den Erfahrungen einer modernen Existenz gehört, bis ins Extrem gesteigert. Und da der Himmel leer war, da es irgendeinen anderen spirituellen oder institutionellen Haltepunkt für einen Sowjetmenschen schlechterdings nicht mehr gab, ließ sich Sinnstiftung nirgendwo als im Kollektiv, so wie es war, also im Sowjetstaat, in seinem Sieg und seiner Erhebung zu einer Großmacht der Zeit finden und am Ende auch in der Figur des Oberbefehlshabers, des Führers, des Vaters.

George Orwell ließ in seinem 1948 geschriebenen Roman ›1984‹ seinen dissidenten Helden Winston nach allen Kämpfen und Widerständen schließlich, nachdem er verhaftet und einer brutalen Gehirnwäsche unterzogen worden war, sagen: »Aber nun war es gut, war alles gut, der Kampf beendet. Er hatte den Sieg über sich selbst errungen. Er liebte den Großen Bruder.« Natürlich war Orwells Roman »nur« eine Parabel, keine unmittelbare Zeitkritik. Aber Orwell hatte einen elementaren Mechanismus beschrieben: wie in einer Situation totaler Ausgeliefertheit Furcht und sogar Haß, Leiden und sinnlose Opfer sich am Ende in *Liebe* verwandeln können.

Der Stalin des Jahres 1949 war viel mehr als nur der Führer eines Landes. Er war nicht nur in der Propaganda, sondern auch in der geschichtlichen Realität der Führer eines sozialistischen Weltlagers, der Schöpfer einer neuen Welt, der »hohe Mittag« (Neruda), der Vater der Völker, ein lebender Gott. Die intellektuelle und künstlerische Faszination, die das draußen in der Welt erzeugte, war von der Orwellschen Liebe seiner Untertanen durchaus zu unterscheiden. Die Gefühle tiefer Hingezogenheit, die Stalin eine Zeitlang bei Intellektuellen, Künstlern, Kirchenleuten, Gewerkschaftern und politischen Dissidenten verschiedener Couleur im Westen und bei den Kämpfern für eine nationale Befreiung in der »blockfreien« oder kolonialen Welt auslöste, resultierten aus ihrem eigenen ideologischen Koordinatensystem und den spezifischen Oppositionen, in denen sie sich bewegten. Das von Stalin repräsentierte »Weltfriedenslager« war ganz einfach das Andere, das Gegenüber jener Welt, in der sie lebten und die sie bekämpften. Und daß dieses Gegenlager sich in einer Gestalt verkörperte und ein Gesicht hatte, erleichterte den emotionalen Übergang auf die andere – sonst ja versperrte – Seite im Kalten Krieg.

In den Erfahrungshorizont meiner Generation ist das noch ohne weiteres zu übertragen: Das Bild des weise blickenden, unerschütterliche Ruhe und Festigkeit ausstrahlenden Stalin wird in diesen Kriegs- und Nachkriegsjahren für viele »friedliebende« und »fortschrittliche« Menschen ganz ähnliche Funktionen projektiver Übertragung gehabt haben, wie um das Jahr 1968 herum die zahllosen Photos des gütigen »Onkel Ho«, die Pop-Ikone des Ché oder das Plakat des Mona-Lisa-gleich lächelnden Mao in etlichen WG-Küchen und geweißten Studentenzimmern von Berkeley bis Frankfurt, von Paris bis Rom, von Santiago de Chile bis Kalkutta.

Stalins Bild evozierte in seinen »besten«, das heißt trügerischsten Momenten das alte Ideal eines guten Fürsten, sogar eines Weltfürsten, eines Weltfriedensfürsten. Frieden bedeutete dann die Neutralisierung, Isolierung und schließlich Ausschaltung aller Unruhestifter, aller Weltausbeuter, aller Völkerunterdrücker – also die Vollendung der von Lenin begonnenen »Reinigung der Erde von bösen Geistern« und allem »Ungeziefer«.

13

VOM ENDKAMPF ZUR AUFLÖSUNG
STALINS LETZTER WAHN UND DER ÜBERGANG ZUM POSTTOTALITÄREN SYSTEM

Bei diesem Unternehmen einer definitiven Säuberung der Welt kristallisierte sich der »Zionismus« immer mehr als der eigentliche und letzte Feind heraus, eine Art »Feind im Feind«, der böse Geist und der *spiritus rector* des Weltkapitalismus und Weltimperialismus.

Der Begriff war seit den späten zwanziger Jahren, seit der Ausschaltung der letzten russischen Zionisten, hier und da schon unter den sowjetischen Feindkategorien aufgetaucht. Von 1941, als nach dem Überfall Hitler-Deutschlands das »Jüdische Antifaschistische Komitee« (JAK) entstand, bis 1947/48, als die Sowjetunion die Gründung Israels in der UNO offiziell unterstützte, wurde der Begriff im großen und ganzen wieder neutral zur Bezeichnung der real existierenden zionistischen Organisationen verwandt, mit denen es sogar so etwas wie diplomatische Beziehungen gab. Das JAK gewann Züge einer nationalen Repräsentation der russischen Juden. Das macht die These von Arkadi Waksberg plausibel, daß der Ende 1947 intern gefaßte Beschluß, das JAK aufzulösen und seinen charismatischen Vorsitzenden Michoels zu ermorden, geradezu das *Pendant* zur Politik der – zeitweisen – Unterstützung Israels war, die ein Schlag gegen die britische Position im Nahen Osten sein sollte.

Doch erst von 1949/50 an wurde der Begriff des »Zionismus« auch wieder öffentlich mit klar negativen Konnotationen verwendet, oft übersetzt als »jüdischer Nationalismus«. Eine nochmalige Steigerung erfuhr dies in den beiden letzten Lebensjahren Stalins, als der »Zionismus«, verbunden mit dem »Kosmopolitismus«, sich zu einem überlebensgroßen Phänomen auswuchs, das in vielem dem sattsam bekannten »Weltjudentum« glich – und beinahe zum »Endfeind« des Sozialismus und des Weltfriedenslagers geworden wäre.

Der Prager Prozeß gegen Rudolf Slánský, vormaliger Generalsekretär der KPTsch, und seine Mitangeklagten, der nach langer, sorgfältiger Vorbereitung im November 1952 über die Bühne ging und – anders als alle früheren Schauprozesse – mittels Radio und Wochenschauen auch als ein modernes Medienspektakel inszeniert wurde, trug Züge einer regelrechten antisemitischen Hetzjagd. Die vierzehn Angeklagten, die in Spanien und bei den Partisanen gekämpft, Gefängnisse und Konzentrationslager überlebt und nach 1948, so vor allem Slánský, selbst als treue Stalinisten an den Parteisäuberungen teilgenommen hatten, wurden jetzt im Prozeß mit Wendungen vorgestellt wie: »Slánský, der aus einer alten jüdischen Familie stammt ...« – »André Simone, der eigentlich Otto Katz heißt und internationaler Spion, Zionist und Trotzkist ist ...« – »Der Trotzkist und jüdische bürgerliche Nationalist Bedrich Geminder ...« – »Hanus Lomsky, der eigentlich Gabriel Lieben heißt ...« – und so fort. Sie alle »gestanden« nach barbarischen Foltern und falschen Versprechungen, über Noel Field – einen amerikanischen Kommunisten, der seit dem Rajk-Prozeß in Budapest 1949 die Rolle eines mysteriösen Superagenten zu spielen hatte – von zionistisch-imperialistischen Organisationen angeworben worden zu sein, um die volksdemokratische Ordnung zu stürzen. Die Kooperation der Angeklagten, die man entsprechend »bearbeitet« hatte, milderte die Urteile nicht. Elf wurden zum Tode durch den Strang, drei, darunter Arthur London, zu lebenslanger Haft verurteilt. Die Asche der Hingerichteten wurde auf den winterlichen Straßen vor den Toren Prags verstreut.

Auch in der DDR war ein Schauprozeß mit »antizionistischer« Stoßrichtung geplant. Der designierte Hauptangeklagte, das ehemalige Politbüromitglied Paul Merker, wurde vom ZK der SED beschuldigt, im Dienste des »jüdischen Finanzkapitals« die Wiedergutmachung für rassische Opfer des Nationalsozialismus gefordert zu haben, um »deutsches Volksvermögen zu verschieben« und Genossen für die jüdisch-zionistische Spionageorganisation »Joint« anzuwerben. Wie ein solcher Prozeß in Berlin acht Jahre nach Kriegsende und nach der Öffnung der Tore von Auschwitz ausgesehen hätte, übersteigt allerdings das Vorstellungsvermögen.

Die entscheidenden Entwicklungen in diesem letzten Jahr des Stalinschen Regimes vollzogen sich jedoch in Moskau. Dabei konnte der Geheimprozeß im Sommer 1952, in dem die letzten führenden Mitglieder des aufgelösten JAK als »zionistische Agenten« verurteilt wurden, im Grunde schon als ein gewisser Abschluß der sowjetischen »Judenfrage« gelten – um es klassisch zu formulieren. Unter den Verurteilten befanden sich der stellvertretende Kominformchef und Außenminister Solomon Losowski und mit Perez Markisch, Dawid Bergelson, Leib Kwitko und Jizchak Feffer die letzten bedeutenden Schriftsteller und Dichter jiddischer Sprache. Sie alle wurden erschossen. Manès Sperber ging so weit zu sagen, Stalin habe damit die von Hitler betriebene physische Vernichtung des europäischen Judentums durch einen »kulturellen Genozid« vollendet.

Nach Auskunft Wladimir Naumows trug dieser Geheimprozeß, der sich, ungewöhnlich genug, über Wochen erstreckte, Züge eines »internen Schauprozesses für die Partei«. Die Stenogramme der Verhöre und Geständnisse faßte man, wie bei den Schauprozessen der Jahre 1936 bis 1938, in einem Band zusammen, der jedoch nicht zur Veröffentlichung bestimmt war, sondern ausschließlich in den höheren Parteiebenen studiert werden sollte. Damit war klar, daß es sich um Material zur weiteren Verwendung handelte und daß dieser Prozeß nur der Auftakt zu einer viel weitergreifenden politischen Säuberung sein würde.

Im Zuge der Ermittlungen war Jakow Etinger, einer der Kremlärzte, verhaftet und mit den üblichen Methoden dazu gebracht worden, zwei Dutzend andere Personen zu nennen, darunter weitere Ärzte, die mit ihm zusammen ein Komplott zur Ermordung der gesamten sowjetischen Führung geschmiedet haben sollen.

Nachdem Etinger unter der Folter gestorben war, beschuldigte einer der Untersuchungsoffiziere, Rjumin, in einem Brief an Stalin den Leiter des Geheimdienstes, Abakumow, er habe die Untersuchungen bewußt schleifen und Etinger sterben lassen, um die Spuren des Komplotts zu vertuschen. Abakumow wurde verhaftet, Rjumin mit der Leitung der Ermittlungen betraut. Ohne daß ein einziges Wort an die Öffentlichkeit drang, behandelte man die »Ärzteaffäre«, als die sie später bekannt wurde, im Sommer und Herbst 1952 bereits als eine Staatsverschwörung noch unbekannten Ausmaßes. Stalin selbst gab im Oktober Anweisung, »die Glacéhandschuhe abzulegen«, um von den inzwischen mehr als fünfzig Neuverhafteten durch verschärfte Foltern so schnell wie möglich »alles« zu erfahren, insbesondere die »Auftraggeber«.

Mitte Januar 1953 erschienen dann die berühmten TASS-Meldungen und ›Prawda‹-Artikel, die die verhafteten Kremlärzte als terroristische Gruppe präsentierten, die über die »internationale jüdische bürgerlich-nationalistische Organisation ›Joint‹« zum Zweck der »Vernichtung der führenden Kader der Sowjetunion« angeworben worden sei. Die Beschuldigten wurden als »Mörder in weißen Kitteln«, »Bande von Giftmischern«, »Bestien in Menschengestalt«, »verächtliche Mietlinge des Imperialismus«, »Helfershelfer des Zionismus« oder »wurzellose Kosmopoliten« gebrandmarkt. Eine Welle von Denunziationen gegen jüdische Ärzte, aber auch gegen Ingenieure, Ökonomen oder Professoren ergoß sich über das Land. Und in Hunderten von Versammlungen wurde die sofortige Verurteilung und Hinrichtung der Kremlärzte gefordert, um den Zorn des Volkes zu besänftigen.

Diese Sprache des Hasses erinnerte schon durch ihr Vokabular und ihre Intensität an das Schreckensjahr 1937 – und sollte offensichtlich auch daran erinnern. Es war klar, daß eine neue, allerletzte politische Säuberung bevorstand. Ob tatsächlich, wie viele zu wissen glaubten, die Juden aus den Städten der Sowjetunion nach Birobidshan deportiert werden sollten oder ob dies eine kollektive Angstphantasie der Angegriffenen war, ist bis heute umstritten. Von vorbereiteten Listen, von frisch errichteten Lagerkomplexen, von bereitstehenden Zügen war die Rede. Daß sich keine schriftliche Direktive finden ließ, muß nichts heißen. Die Entscheidungen im Zentrum der Macht kamen schon seit längerem auf vollkommen irreguläre Weise zustande. Selbst in so gravierenden Fragen wie dem Krieg gegen Finnland 1939/40 oder den Deportationen, beispielsweise der Tschetschenen 1944, wurden die formellen Beschlüsse anscheinend erst im nachhinein fabriziert, als die Aktionen schon angerollt waren.

Im letzten Jahrzehnt seiner Macht war die Atmosphäre um Stalin vollends shakespearehaft geworden. Regelmäßige Sitzungen des Zentralkomitees, des Politbüros oder des ZK-Sekretariates fanden seit dem Krieg nicht mehr statt. Selbst die Regierung »hörte praktisch auf zu funktionieren«, wie Chruschtschow berichtet hat. Seine Erinnerungen sind ein einzigartiges, wenn auch mit Vorsicht zu lesendes Zeugnis aus dem innersten Kreis der Macht. Chruschtschow zufolge hatte es sich eingebürgert, daß Stalin mehr oder weniger täglich, nachdem er einige Stunden in seinem Büro gearbeitet hatte, die Mitglieder des engeren Machtzirkels gegen zehn Uhr abends zusammenrufen ließ: »Wir sahen uns Filme an und sprachen zwischen den Filmvorführungen über verschiedene Dinge.« Im allgemeinen waren es westliche Filme, von denen der Kreml einen großen Fundus besaß – »sozusagen Beutegut«, wie Chruschtschow sagte. Man saß im Kremltheater, und der für Filmindustrie zuständige Minister mußte die Handlung erklären, obwohl auch er keine Fremdsprachen beherrschte. Schon das eine erstaunliche und obskure Szenerie. Die Herren delektierten sich an einer Welt, von der ihr Land nichts mehr wissen durfte.

»Sobald der Film zu Ende war, schlug Stalin in der Regel vor: ›Jetzt wollen wir etwas essen, nicht wahr?‹ Wir anderen waren keineswegs hungrig. Inzwischen war es gewöhnlich ein oder zwei Uhr morgens geworden ... Jeder sagte, ja, er sei auch hungrig ... Dann stiegen wir alle ins Auto und fuhren zur nahen Datscha ... Sobald wir in der Datscha angelangt waren, ging die ›Sitzung‹ weiter, wenn man es Sitzung nennen kann.« Auf diesen »Sitzungen«, die sich bis in die frühen Morgenstunden zogen, wurden die meisten entscheidenden Fragen der inneren und äußeren Politik – freilich ohne jede Tagesordnung – besprochen und entschieden. Es waren auch keine Protokollanten oder Sekretäre anwesend, nicht einmal Dienstboten. Man war unter sich. Mitunter ergaben sich auch dadurch neue Themen, daß andere Personen – Provinzsekretäre, Minister, ZK-Mitglieder, Militärs oder Fachleute – eingeladen wurden, oft auch ausländische Gäste, vor allem Mitglieder der Bruderparteien, so Milovan Djilas, der diese Szenerien ebenfalls geschildert hat. Es wurde üppig und schwer gegessen und noch mehr getrunken. Das Trinken habe in den Jahren »vor dem Krieg« begonnen, berichtete Chruschtschow – in den Jahren des Großen Terrors demnach!

Stalin selbst hielt mit, zeigte aber nie Anzeichen von Trunkenheit. Doch legte er auf diesen nächtlichen Gelagen die Maske der schweigsamen, unerschütterlichen Ruhe ab, die er sonst trug. Er sprach lebhaft, hielt des öfteren weit ausgreifende Kollegs über Fragen der großen Politik oder der Geschichte – leider gibt es keine Aufzeichnungen über »Stalins Tischgespräche« –, oder er kommentierte Tagesereignisse und Aktivitäten von Partei- und Regierungsmitgliedern. Oft sprach er mit giftigem Witz, noch öfter mit aufbrausendem Zorn und nackter Wut. Häufig nahm er sich einen der Anwesenden vor und fing an, ihn zu provozieren oder irgendwelcher Dinge zu beschuldigen, ohne daß klar war, ob es sich um eine vorübergehende Laune oder eine ernsthafte und vorbereitete Attacke handelte.

In vielen Fällen faßten Mitglieder des ZK-Sekretariats, der Regierung oder des Geheimdienstes eine bloße Bemerkung, einen Hinweis oder Vorschlag Stalins als Direktive auf und wurden daraufhin tätig. (Waksberg nennt es »die Zeichensprache des Kreml und der Lubjanka«.) Aber dann konnte es passieren, daß er sich plötzlich distanzierte. Stalin trieb an und wusch sich die Hände in Unschuld – so als er mitten in der anrollenden Kampagne gegen die »Mörderärzte« bei einer Sitzung des Stalinpreis-Komitees die Bemerkung fallenließ, es gebe im ZK Antisemiten, das sei ungeheuerlich! Mitten in der losbrechenden »antizionistischen« Propagandakampagne sorgte er für die Verleihung des Preises an Arnold Zweig – und an Ilja Ehrenburg, der als einziges prominentes Mitglied des JAK überlebt hatte.

Das war zur üblichen Regierungsmethode geworden. Nach demselben Muster hatte Stalin seinerzeit die totale Kollektivierung proklamiert, um Monate später in einem ›Prawda‹-Artikel empört die »Überspitzungen« anzuprangern. Er selbst hatte den Großen Terror 1936/37 über Jeshow eingeleitet und war Anfang 1939 dann plötzlich als Kritiker und Ankläger aufgetreten, der die Verurteilung Jeshows verlangte. Niemand konnte sich definitiv auf ihn berufen oder von ihm gedeckt fühlen.

Gleichzeitig ließ er die Diadochen kämpfen und sich gegenseitig anschwärzen. Es bildeten sich informelle Gruppen, Fraktionen und Seilschaften quer durch die Instanzen. Es gab, wie schon in den zwanziger und dreißiger Jahren, unklare Todesfälle rings um den Kreml, insbesondere den Tod Shdanows, der dann den »Mörderärzten« als bewußte Fehlbehandlung angelastet wurde. Doch auch der plötzliche Tod des nach Moskau gerufenen Dimitroff, just auf dem Höhepunkt der Auseinandersetzungen mit Tito, zu dem er gute Beziehungen unterhielt, blieb ominös. Es gab nicht weniger unklare Geheimprozesse, so die »Leningrader Affäre«, bei der 1950 die Führung der dortigen Parteiorganisation, darunter die Politbüromitglieder Wosnessenski und Kusnezow, hingerichtet wurde. Und es gab vollkommen unverständliche Beschuldigungen und Einzelsäuberungen, so die »mingrelische Affäre«, durch die Berija, vielleicht als Beweis seiner Treue zum Führer, genötigt wurde, seine engsten Clangenossen – er war selbst Mingrelier – zu massakrieren.

Die meisten alten Weggefährten Stalins waren zunehmend einflußlos geworden, so Kaganowitsch, der die Rolle des »Hofjuden« spielte, und Woroschilow, den Stalin zeitweise verdächtigte, seit ihren gemeinsamen Revolutionsjahren ein britischer Agent gewesen zu sein. Selbst Molotow, Stalins bisherige rechte Hand, geriet durch die antizionistische Kampagne in unmittelbare Gefahr.

Seine Frau Polina Shemtschushina war, wie es scheint, einen Moment lang sogar als Hauptangeklagte im Prozeß gegen das JAK vorgesehen und hätte wahrscheinlich im »Ärzteprozeß« noch eine Rolle spielen sollen. Sie ließ sich als treue Parteigenossin von Molotow scheiden, kam zunächst in ein Straflager, dann in ein Moskauer Gefängnis, aus dem sie nach Stalins Tod befreit wurde. Überhaupt hatte Stalin, in Absprache mit Berija, mittlerweile von einem gut Teil der Mitglieder des engeren Machtzirkels die Ehefrauen oder andere nahe Angehörige ins Lager verschicken lassen – die damit faktisch als Geiseln dienten! Zuletzt war es die Frau seines Kanzleileiters und treuesten Paladins überhaupt, Poskrjobyschew, der wenig später selbst verhaftet wurde.

»Wir alle, die wir zu Stalins engster Umgebung gehörten, lebten gleichsam auf Abruf. Solange er uns bis zu einem gewissen Grade vertraute, war es uns gestattet, weiterzuleben und weiterzuarbeiten. In dem Augenblick aber, da Stalin aufhörte, einem zu vertrauen, nahm er einen unter die Lupe, bis das Maß seines Mißtrauens überlief. Dann war man an der Reihe, denjenigen zu folgen, die nicht mehr unter den Lebenden weilten.« So Chruschtschow in seinen Erinnerungen. Offenkundig lag ihm daran, sich und seine Genossen als die »ersten Opfer« Stalins darzustellen. Aber daß nahezu der gesamte höhere Funktionärskörper Grund hatte, einer Säuberung entgegenzuzittern, ist auch durch viele andere Zeugnisse und Dokumente belegt. Und gerade gegen Berija, dem Stalin die direkte Leitung der – mittlerweile in MGB umbenannten – Geheimpolizei entzogen hatte, hegte Stalin offenkundig ein immer wiederkehrendes Mißtrauen, dem dieser geschickt zuvorkam, indem er den Verdacht auf andere lenkte, so zuletzt auf seinen Nachfolger Abakumow.

Wie sich die antizionistische Kampagne und das »Ärztekomplott« am Ende mit der Notwendigkeit eines erneuten »Blutaustauschs« des höheren Partei- und Regierungsapparates verknüpft hätte, läßt sich nicht sagen. Aber selbst Stalins Tochter Swetlana hat bezeugt, daß ihr Vater sich – obwohl es in seiner Umgebung kaum noch Juden gab – von »Zionisten« umstellt sah. »Die Zio-

nisten haben auch dir deinen jämmerlichen ersten Mann unterge-
schoben«, sagte er ihr einmal, um gedankenschwer fortzufahren:
»Der Zionismus hat die ganze ältere Generation angesteckt, und
die gibt ihn überall an die Jugend weiter.«

Die Vorzeichen einer nochmaligen, letzten terroristischen Säuberung des Machtapparates waren Ausdruck einer wachsenden End-
kampfstimmung. Molotow sagte in seinen Gesprächen mit Tschujew: »Stalin hielt Kurs auf den Untergang des Imperialismus und
die Annäherung an den Kommunismus ... Stalin urteilte so: Der erste Weltkrieg hatte ein Land aus der kapitalistischen Sklaverei befreit, der zweite Weltkrieg schuf das sozialistische Lager, und ein
dritter Weltkrieg würde mit dem Imperialismus für immer Schluß
machen.«

Das war nicht mit irgendeinem Plan, den Westen anzugreifen,
gleichzusetzen. Im Gegenteil, Stalin ging davon aus, daß es die imperialistischen Mächte selbst wären, die erneut übereinander her-
fallen würden. So wie er in den dreißiger Jahren den unvermeid-
lichen Zusammenstoß zwischen den »alten« Versailler Mächten
und den »jungen« faschistischen Staaten vorhergesagt hatte, so
sah er auch jetzt einen weiteren Krieg voraus. Erst wenn er im
Gange war, würde die Sowjetunion, wie er es 1925 schon progno-
stiziert und im Zweiten Weltkrieg – letztlich erfolgreich – praktiziert hatte, »auftreten«, um ihr »Gewicht in die Waagschale zu
werfen« und damit den Ausschlag zu geben.

In seiner Grundlagenschrift ›Ökonomische Probleme des Sozialismus‹, die er im Herbst 1952 veröffentlichte, erklärte Stalin:
»Nach außen hin scheint alles ›wohlgeordnet‹ zu sein. Die Vereinigten Staaten von Amerika haben Westeuropa, Japan und andere
kapitalistische Länder auf Ration gesetzt ... Es wäre aber falsch,
wollte man annehmen ..., diese Länder würden die Herrschaft und
das Joch der Vereinigten Staaten von Amerika endlos dulden.«
Stalin hielt es für möglich, daß England und Frankreich getrieben
sein könnten, »sich aus der Umarmung der USA loszureißen und
einen Konflikt mit ihnen zu riskieren«, wie er andererseits damit

rechnete, daß Westdeutschland und Japan, die »unter dem Stiefel des amerikanischen Imperialismus ein elendes Dasein fristen«, versuchen würden, »wieder auf die Beine zu kommen und das ›Regime‹ der USA zu durchbrechen«.

Deutlich ist, daß Stalin – der dazu neigte, in Wiederholungen zu denken – die zweite Variante, die auf einen erneuten Revanchismus der Besiegten hinauslief, für die wahrscheinlichere und günstigere hielt. In diesem Zusammenhang standen die vermeintlichen Angebote der Stalin-Note im März 1952, die eine Aufforderung an die Westmächte enthielt, im Rahmen der Viermächte-Verantwortung Deutschland als ein »vereintes, unabhängiges, demokratisches und friedliebendes Land« wiederherzustellen und einen Friedensvertrag mit ihm abzuschließen. Ihr unmittelbarer Zweck war es, die Vereinbarungen über die Schaffung einer »Europäischen Verteidigungsgemeinschaft« und eine Integration und Wiederaufrüstung der BRD im Rahmen der westlichen Bündnissysteme zu konterkarieren und die bundesrepublikanische Öffentlichkeit zu spalten.

Daß die Politik Adenauers und der Westmächte die Teilung Deutschlands zementieren würde, war tatsächlich klar ersichtlich. Dagegen richtete sich noch einmal ein heftiger Widerstand. Aber eine wachsende Mehrheit der Bundesbürger zeigte sich, wie die Wahlen 1953 dann schlagend bewiesen, bereit, die deutsche Einheit bis auf weiteres preiszugeben. Natürlich konnte man langfristig, wie es Adenauers Vision war, auf eine Erosion des östlichen Lagers durch die Attraktion des eigenen gesellschaftlichen Modells setzen. Doch das war eine Rechnung, die erst Jahrzehnte später aufging, als kaum noch jemand damit gerechnet hatte. Die Härte der Anfang der fünfziger Jahre getroffenen Grundsatzentscheidung *für* Westintegration, Demokratie und Marktwirtschaft ist damit nicht beiseite zu wischen.

Andersherum zeigte sich gerade hier, an der Schnittstelle der beiden entstehenden Blöcke, die grundlegende Schwäche des sowjetischen Lagers. Wenn in der Stalin-Note von einem künftigen »demokratischen« Gesamtdeutschland die Rede war, dann hatte man dabei – wie die internen Diskussionen zweifelsfrei belegen – nie an etwas anderes als an eine Volksdemokratie vom Typus der DDR gedacht. Gespräche zwischen der SED-Führung und Stalin lassen erkennen, daß die mit der Note verbundene Politik keineswegs auf einen sowjetischen Teilrückzug oder Kompromiß angelegt war, sondern im Gegenteil darauf abzielte, durch Spaltung und Verwirrung des Gegenlagers eine offensive Politik zum »Sturz des Adenauer-Regimes« einzuleiten, das angeblich dabei sei, eine auf US-Bajonette gestützte »faschistische Militärdiktatur« zu errichten.

Der im Juni 1952 überraschend ausgerufene »Übergang zum Aufbau des Sozialismus« in der DDR war ein von langer Hand vorbereiteter Teil dieser Politik. Die damit verbundenen Maßnahmen der SED-Führung trugen Züge eines Kriegssozialismus und einer nationalen Mobilmachung – die allerdings die »Patrioten« in Westdeutschland, wie sich herausstellte, nur abstießen, während sie innerhalb der DDR die gesellschaftliche Erosion beschleunigten und eine Fluchtbewegung auslösten. Die gleichzeitig begonnene »Sicherung der Grenze« ließ sich nicht länger als Schutz gegen die angebliche Infiltration westdeutscher Spione, Agenten und Saboteure verkaufen. Es war klar, daß man begonnen hatte, die eigene Bevölkerung einzusperren. So mündete die nationale Befreiungsoffensive schon 1952/53 in eine krampfartigen Bewegung des Festhaltens und der Selbsteinmauerung – und am 17. Juni 1953 in einen ersten großen Volksaufstand.

So bedrohlich die von Stalin skizzierten Endkampfperspektiven waren, so unübersehbar ist der Zug des Weltfremden und Irrealen darin. Der im Oktober 1952 abgehaltene XIX. Parteitag – der vorhergehende lag über dreizehn Jahre zurück – war eine triumphale Selbstinszenierung, die diesen Wirklichkeitsverlust nur noch schlagender zum Ausdruck brachte. Die Führer aller wichtigen Bruderparteien saßen im Ehrenpräsidium – mit Ausnahme von Mao Tse-tung, der sich von Liu Shao-tschi vertreten ließ. Als Stalin als letzter den Saal betrat, in seiner etwas abgetragenen Feldbluse, brach ein nicht enden wollender Beifall los. Der bescheiden abwinkende Führer des Weltproletariats verschwand bald nach der

Eröffnung wieder und nahm an den achttägigen Verhandlungen des Kongresses kein einziges Mal teil. Mit seiner zuvor veröffentlichten Schrift waren alle nötigen Direktiven bereits erteilt. Er überließ es Malenkow, die darin geäußerten Ansichten über die gesetzmäßige Vertiefung der Krise des kapitalistischen Weltsystems und den gesetzmäßigen Übergang vom entwickelten Sozialismus zum Kommunismus mit einem Feuerwerk phantastischer Ziffern und Statistiken auszuschmücken und zu begründen.

Erst am letzten Tag des Kongresses erschien Stalin wieder zu einer kurzen Ansprache, worin er die Bruderparteien für ihre Bereitschaft lobte, »unsere Partei in ihrem Kampf für eine lichte Zukunft der Völker zu unterstützen«, um ihnen im Gegenzug zu versichern, daß auch die KPdSU »ihre Schuldigkeit tun« und den »Völkern in ihrem Kampf um die Befreiung« helfen werde. Er zeigte sich überzeugt, daß die Kommunisten in mehreren Hauptstaaten des Kapitalismus in absehbarer Zeit die Macht übernehmen könnten, wenn sie es verstünden, den Kampf für Frieden und Demokratie mit dem Kampf für den Sozialismus zu verbinden und »das Banner ... der nationalen Unabhängigkeit und Souveränität ihrer Länder« aufzunehmen, das die Bourgeoisie längst über Bord geworfen habe.

Kaum geringer als die Unkenntnis der Welt draußen war die des eigenen Landes. In seiner Schrift ›Ökonomische Probleme des Sozialismus‹ erklärte Stalin, die UdSSR habe die schwerindustriellen Grundlagen für einen entwickelten Sozialismus nunmehr gelegt. Damit komme das »ökonomische Grundgesetz des Sozialismus« zum Tragen, welches laute: »Sicherung der maximalen Befriedigung der ständig wachsenden materiellen und kulturellen Bedürfnisse der gesamten Gesellschaft durch ununterbrochenes Wachstum und stetige Vervollkommnung der sozialistischen Produktion auf der Basis der höchstentwickelten Technik.« Das bedeutete, eine propagandistische Wunschvorstellung geradewegs zum »Gesetz« zu erheben.

Die UdSSR bildete Stalin zufolge mit den anderen sozialistischen Ländern bereits einen eigenen Weltmarkt, und gemeinsam legten sie ein solches Entwicklungstempo vor, daß sie schon in naher Zukunft »die Notwendigkeit spüren, die überschüssigen Waren ihrer Produktion zu exportieren« – was den Zusammenbruch des kapitalistischen Weltmarktes vollenden werde.

Schwerlich hätte etwas von der sowjetischen Realität der frühen fünfziger Jahre weiter entfernt sein können. Zwar stieg die nominelle Industrieproduktion nach dem Krieg rasch wieder über das Vorkriegsniveau, aber das Phänomen einer schwerindustriellen Überakkumulation war durch die Ausrichtung auf die Kriegswirtschaft noch gesteigert worden und machte sich bei der Umstellung auf eine Friedensproduktion stark bemerkbar. Im übrigen betrugen die – offiziell ausgewiesenen – Militärausgaben für die über den halben Erdball, von Berlin bis Port Arthur, verteilte Viermillionenarmee 1952 bereits wieder ein Viertel des staatlichen Gesamtetats. Riesige Mittel waren in die Entwicklung der neuen Atomrüstung, die Aufstellung strategischer Bomberflotten sowie die Anfänge der Raketenentwicklung geflossen.

Elementare Konsumgüter waren derart knapp und teuer, daß die Reallöhne 1952 noch immer deutlich unter denen der zwanziger Jahre lagen. Und auch das war nur möglich, weil die Lebensmittelpreise künstlich niedrig gehalten wurden. Die Kolchosbauern ernährten sich ausschließlich von ihren winzigen Hofparzellen und hatten dem Staat das Produkt der Kollektivwirtschaften nahezu unentgeltlich abzuliefern. Die Abgaben wurden nach dem Krieg so unerbittlich wie eh und je eingetrieben. 1946 gab es in der Ukraine und einigen zentralrussischen Gebieten eine neue Hungersnot, die zwischen einer halben und einer Million Menschen das Leben kostete, ohne daß darüber auch nur hätte berichtet werden dürfen. Ungeachtet dessen investierte der Staat nach wie vor lediglich minimale Mittel in die Landwirtschaft (etwa sechzehn Prozent aller Investitionen). So lag der Getreideertrag pro Hektar noch immer unter dem Niveau der Zarenzeit oder der zwanziger Jahre.

Ab 1950 begann man, die Kolchosen zusammenzulegen. Und Chruschtschow machte 1951 einen ersten Vorstoß, alle Bauern zu

Landarbeitern zu machen und in Agrostädten zusammenzufassen, was bedeutete, die Dörfer zu schleifen und riesige Staatsfarmen zu errichten. Dafür fehlten allerdings die Mittel. Sie steckten zu einem erheblichen Teil in neuen, megalomanen Infrastrukturprojekten, die den »Stalin-Plänen« zur Umgestaltung der Natur oder der Hauptstädte entsprungen waren. Darunter firmierten große Irrigationsprojekte zur Ableitung und Umleitung der Flüsse in die Trockengebiete Zentralasiens, neue Kanalbauten, Staudämme, Elektrostationen, Eisenbahn- und Metrolinien sowie die Rekonstruktion des Moskauer Stadtzentrums mit seinen Hochhausbauten, Behördenkomplexen und prachtvollen Wohnbauten entlang der Hauptstraßen und Flußufer. Für den einfachen Wohnungsbau, für Straßen und Wege, Bahnen und Busse, Wasser- und Klärwerke, kurzum für die Infrastruktur des Alltagslebens fehlten entsprechend die Mittel. So wurde der eingeschlagene Weg nach dem Krieg unbeirrt fortgeführt. Der Sieg hatte nichts verändert. Die Flucht nach vorne ging weiter, von einer Kalamität in die nächste. Das Machtzentrum »steuerte« eine Gesellschaft, zu der es die Fühlung größtenteils verloren hatte.

Zur Hauptform des Terrors wurde nach dem Weltkrieg die Lagerwelt des Gulag. Hinrichtungen erfolgten – gemessen an früheren Zeiten – nur noch relativ selten. Im Mai 1947 wurde die Todesstrafe sogar aufgehoben, im Januar 1950 wieder eingeführt. Dieses Spiel mit der Todesstrafe, die man nach 1917 mehrmals für kurze Zeit ausgesetzt hatte, um sie danach wieder einzuführen, gehört zu den Merkwürdigkeiten der sowjetischen Geschichte – so als versuche die Macht sich von einem Mittel abstinent zu machen, das sie sonst unweigerlich exzessiv und bis an den Rand der Selbstzerstörung nutzen würde.

In den letzten Lebensjahren Stalins erreichte das System des Gulag seinen Höhepunkt und war zugleich auch schon in Auflösung begriffen. Anfang 1953 wurden nach offiziellen Unterlagen etwa 2,75 Millionen Gulag-Häftlinge gezählt, zu denen noch einmal 2,75 Millionen »Spezialsiedler« kamen, die ebenfalls unter der Aufsicht der »Organe« standen. Nicht mitgerechnet sind in je-

dem Falle die verschiedenen Kategorien der Verbannten und der
»Chemiker«, der zu Kurzstrafen Verurteilten oder bedingt Haft-
entlassenen, die sich als halbfreie Arbeiter unter Polizeiaufsicht auf
einer Baustelle, bei einem Industriebetrieb, einem Sowchos oder
Kolchos verdingen mußten. Die neuerdings bekannt gewordenen
Zahlen der Gulag-Häftlinge sind deutlich niedriger als frühere
Schätzungen, die meist von sieben bis fünfzehn Millionen Gefangenen ausgingen. Die verschiedenen Kategorien unfreier Arbeit
bleiben bei diesen offiziellen Angaben jedoch unberücksichtigt.
Viele Gefangene und Deportierte blieben offenbar nach ihrer Entlassung an den jeweiligen Haftorten, da alle Verbindungen nach
Hause abgerissen waren. Manche kehrten sogar zurück, weil in
den Dörfern daheim noch schlimmere Zustände herrschten. Städte
wie Workuta und Magadan waren ein einziges Gewimmel freier,
halbfreier und versklavter Arbeitskräfte.

Eine wichtige Gruppe der Neuhäftlinge waren nach 1946 Leute
vom Lande, die während des Krieges illegal Boden in Bearbeitung
genommen oder sich darauf niedergelassen hatten. Nach dem Erlaß eines Gesetzes gegen den »Landmißbrauch« wurden binnen
kurzer Zeit fast fünf Millionen Fälle angezeigt. Zehntausende dieser Landbesetzer wurden ins Lager verschickt. Rigorose Strafen
warteten aber auch auf all jene, die – wie in den Hungerjahren
1932/33 – der »Veruntreuung von Kolchoseigentum« beschuldigt
wurden. Und wie damals handelte es sich meist um kleine Fälle
von Mundraub, fast immer aus schierer Not. Auch diese Paragra-
phen brachten Zehntausende ins Lager – darunter viele Frauen
und Halbwüchsige. Insgesamt stieg der Anteil der Frauen an den
Lagerhäftlingen bis 1953 auf mehr als ein Viertel.

Eine weitere bedeutende Proportion der Häftlinge und der Spezialsiedler rekrutierte sich aus den deportierten Völkerschaften.
Die Säuberungen in den 1940 annektierten Westgebieten hielten
bis 1950 an, als im Baltikum die letzten Reste von »Banditentum
und Nationalismus« eliminiert und in der Westukraine die letzten
Widerstandsnester der UPA-Rebellen mitsamt den sympathisie-
renden Teilen der Bevölkerung beseitigt worden waren. Nicolas

Werth zufolge sind zwischen 1940 und 1953 etwa zehn Prozent der Gesamtbevölkerung der baltischen Republiken verhaftet oder verschleppt worden.

Ein Dekret aus dem Jahr 1948 systematisierte noch einmal die im Krieg begonnene Aussonderung der »besonders gefährlichen« politischen Häftlinge: »Spione, Trotzkisten, Diversanten, Rechte, Menschewiken, Sozialrevolutionäre, Anarchisten, Nationalisten, Weiße und andere antisowjetische Elemente«, die nach § 58 des Strafgesetzbuches verurteilt und in »Speziallagern mit verschärftem Regime« zusammengefaßt worden waren. Hier, ebenso wie in den Goldgruben der Kolyma und den arktischen Grubenkomplexen von Workuta oder Norilsk, in denen Blei, Radium, Nickel und Kohle gefördert wurden, waren die Arbeits- und Lebensbedingungen mörderisch und ähnelten zeitweise denen wirklicher Todeslager: Nicht nur während des Krieges, sondern auch in der Zeit danach starben pro Jahr bis zu dreißig Prozent der Häftlinge an Kälte, Hunger und Erschöpfung. Warlam Schalamows ›Geschichten von der Kolyma‹ sind in ihrer versteinerten Lakonik das unmittelbare literarische Gegenstück zu Tadeusz Borowskis Erzählungen ›Bei uns in Auschwitz‹.* Wie hoch die Sterblichkeit in den Lagern der Nachkriegszeit insgesamt war, darüber gehen die Angaben und Schätzungen noch immer weit auseinander. Ob es Hunderttausende oder Millionen waren, muß vorläufig offenbleiben.

Das Dekret von 1948 verfügte für die zur Entlassung anstehenden Polithäftlinge eine nochmalige Verbannung von zehn Jahren. Daraufhin wurden die »Speziallager« mit ihren etwa 230.000 überlebenden Häftlingen zu Herden eines harten, teilweise organisierten Widerstandes, der die Form von Streiks, Meutereien, aber auch regelrechten Aufständen annahm. In den anderen Lagern da-

---

* Bei diesen Lagern weichen die Zahlenangaben der neueren Forschung, die von den offiziellen Unterlagen der Gulag-Behörden ausgehen, und die Häftlingsberichte besonders weit voneinander ab. Nach den älteren Forschungen und Berichten müßten allein im riesigen Komplex von Magadan, zu dem die Kolyma-Gruben gehörten, zwischen 1931 und 1955 mehrere hunderttausend, nach manchen Angaben bis zu drei Millionen Menschen umgekommen sein.

gegen übernahmen die Kriminellen weitgehend die Macht und errichteten ihr Schreckensregiment. Das war früher geduldet und sogar einkalkuliert worden. Doch die Versuche, sie vermehrt in die reguläre Zwangsarbeit einzuspannen, stießen auf Widerstand. Und die Kämpfe rivalisierender Fraktionen, etwa zwischen den »Dieben im Gesetz«, die sich gemäß dem Kriminellenkodex weigerten zu arbeiten, dafür stahlen und andere terrorisierten, und den »Kötern«, die kollaborierten, aber zugleich versuchten, mittels der »Hirten« eine gewisse Ordnung aufrechtzuerhalten, konnten das Lagerregime erschüttern. Auch das Gewicht der Funktionshäftlinge in den Sanitätsrevieren, Büros und Versorgungsbereichen, in denen die Gebildeten des Lagers mit den Ärzten und Verwaltern zuweilen kleine Inseln der Zivilität zu schaffen bemüht waren, wuchs zunehmend. Außerdem gab es unter den Gefangenen Kristallisationspunkte einer unbestrittenen Autorität, wie sie vor allem von Offizieren und Weltkriegsteilnehmern ausging, die meist an der Spitze der Meutereien und Widerstandsaktionen standen. Die Nationalitätengruppen bildeten ihre eigenen Strukturen und hatten ihre »Ältesten«. Ähnliches galt für andere, abgegrenzte Häftlingsgruppen. Kurzum, das Lager wurde zu einer grausam verzerrten, aber sich allmählich differenzierenden Gegengesellschaft, wie sie in den klassischen Berichten von Alexander Solschenizyn, Warlam Schalamow, Lew Kopelew, Jewgenija Ginsburg, Joseph Scholmer und Erica Wallach beschrieben ist und in den poetischen Zeichnungen der ›Bildchronik aus dem Gulag‹ von Jefrosinja Kersnowskaja oder in den ebenfalls in Zeichnungen gebannten Alpträumen des ehemaligen Aufsehers Dancik Baldajew Gestalt annimmt.

Schon 1952 stellten die Verantwortlichen auf einer Konferenz fest, daß sie die Kontrolle über eine Reihe von Lagern weitgehend verloren hatten. Das reguläre Lagerpersonal von über 200.000 Mann, dazu das Bewachungspersonal auf den Transporten und in den Etappengefängnissen wurden zusehends teurer. Versuche, die Produktivität der Gulag-Arbeit durch Lohnzahlungen und größere Lebensmittelrationen zu steigern, brachten ebenfalls Unkosten mit sich. Die letzten »Großbauwerke des Sozialismus«, die von Häftlingen errichtet wurden, wie der Wolga-Don-Kanal und die turkmenischen Kanalbauten zur Flußumleitung, gerieten heillos in Verzug und zeigten, daß die Produktivität der Sklavenarbeit nicht zu steigern war. Und das galt auch für die anderen Formen halbfreier und unfreier Arbeit. Die Übergänge zwischen der Welt der Lager und der übrigen Gesellschaft wurden immer fließender.

Stalins Pläne einer endgültigen Säuberung galten wohl kaum ausschließlich dem inneren Machtapparat. Vieles spricht dafür, daß die Gesellschaft im ganzen noch einmal einer gewaltsamen Säuberung unterzogen werden sollte. So hatte die Zusammenlegung der Kolchosen nicht zuletzt mit ihrer gewachsenen Selbständigkeit zu tun; unter der Hülle des Kolchos tauchte immer wieder der störrische Rest der alten, patriarchalen Dorfgemeinschaften auf. Ihre abermalige Zerschlagung war eine Kollektivierung auf neuer Stufe und gehörte insoweit ebenfalls zu den Vorbereitungen auf einen globalen Endkampf, für den das Regime sich rüstete.

Die erneuten Wellen der Repression nach der Wiedereinführung der Todesstrafe im Jahre 1950, die sich gegen die »Leningrader« richteten, aber auch gegen Dutzende führender Militärs – darunter berühmte Helden des Vaterländischen Krieges –, hatten mit der Zerschlagung informeller Strukturen zu tun. Doch sie dienten zugleich dazu, die noch vorhandenen Verbindungen zur äußeren Welt systematisch zu unterbrechen. Die öffentlichen Denunziationen und Verfolgungen der »kosmopolitischen« Wissenschaftler in den verschiedensten Sektoren trafen nicht nur einzelne Personen, sondern ganze Milieus. Mit ihnen wurden auch wichtige Erkenntnisse der modernen Wissenschaften abermals verpönt und ausgetrieben.

In welchem Maße man dabei vorhandenes wissenschaftliches Potential verschleuderte, zeigt das absurde Beispiel der gewaltsam in die Sowjetunion verschleppten deutschen Atom- und Raketentechniker, die zwar in einem goldenen Käfig gehalten wurden, um dort ihre »Eier« zu legen, aber keinerlei Kontakt zu ihren russischen Kollegen haben durften, so daß sie sich neuere wissenschaftliche Erkenntnisse nicht aneignen konnten. Nach wenigen Jahren waren sie wertlos und wurden in die DDR zurückgeschickt. (Man vergleiche das mit der Karriere eines Wernher von Braun in den USA.)

Die Paranoia des Regimes übertrug sich auf die Gesellschaft und den neuen »Ostblock« im ganzen und entwickelte sich gewissermaßen zu einer geistigen Lebensform. Eine Kartoffelkäferplage, die 1952 in Weißrußland, Polen und der DDR einen großen Teil der Ernte vernichtete, führte man auf Abwürfe aus feindlichen Flugzeugen zurück. Bauern wollten sie nachts deutlich gehört haben! Schulklassen, Universitäten, Bürobelegschaften wurden aufgeboten, um dieses imperialistische Kartoffelkäferkomplott zunichte zu machen.

Das führt zu der Frage, ob der manifeste Verfolgungswahn Stalins in seinen letzten Lebensjahren als ein bloßes klinisches Individualsymptom zu werten ist – oder als Ausdruck einer *real* begründeten Angst. Als er seine Kampfgefährten über die Verschwörung der Ärzte informierte, sagte er: »Ihr seid blind wie junge Katzen; was werdet ihr ohne mich machen? Unser Land wird zugrunde gehen, weil ihr es nicht versteht, Feinde zu erkennen.«

Daß solch mangelnde Wachsamkeit an Verrat grenzte, war ihnen allen bewußt. Sie waren also dabei, sein Erbe zu verspielen! War das schiere Paranoia? Ja und nein. Der Wahn spiegelte nur die reale Situation, in der Stalin und das gesamte, auf seine Person zentrierte System sich befanden. Tatsächlich waren selbst seine engsten Mitarbeiter unter der Maske völliger Ergebenheit und martialischer Entschlossenheit voller Vorbehalte. Er konnte *wirklich* niemandem mehr trauen – nicht in dem Sinne jedenfalls, wie er das für notwendig hielt. Viele waren nicht mehr bereit, um den Preis neuer Blutbäder, neuer Verwüstungen, neuer Kriege den Marsch ins Niemandsland, diese nie endende Flucht nach vorne, weiter fortzuführen. Sie alle lebten Jahrzehnte im Bannkreis des Terrors und waren dessen müde. Sie alle überlegten insgeheim, was sie tun müßten, um eine Explosion oder einen Zusammenbruch zu verhindern, wenn der

Alte stürbe. Allerdings wagten sie nicht, diese Gedanken zu Ende zu denken, aus Angst, sich zu verraten.

Diese Zweifel der Führungsgarde reflektierten nur die wirkliche Lage im Land, die man Stalin gar nicht mehr zu berichten wagte. Die neue sowjetische Gesellschaft, die neue sowjetische Ökonomie, die neue sowjetische Kultur – das alles war zwar inzwischen weitgehend habitualisiert und homogenisiert; es gab keine »Fremdkörper« mehr im Gefüge. Doch zusammengehalten wurde das Ganze nur durch das äußere Band von Befehl, Direktive, Reglement, Zensur, Liturgie und Gewöhnung. Diese Gesellschaft trug und reproduzierte sich nicht aus sich selbst heraus, sie lebte nicht durch die vitalen inneren Antriebe ihrer Subjekte, sondern bedurfte immer und in allem eines leitenden und antreibenden Zentrums. Und sobald der Zugriff und die direktive Kraft dieses Zentrums erlahmte, begann sich die gesellschaftliche Basis aufzulösen. Dann entwickelten sich sehr schnell wieder vorrevolutionäre, gar vormoderne Zustände und Organisationsformen, wie die Dorfgemeinschaften oder die Clans, oder eben bandenartige und kriminelle Strukturen, die auch in der Stalinzeit einen breiten Bodensatz der Gesellschaft bildeten. Sehr schnell lebten dann die Nationen und Nationalitäten auf und suchten nach kulturellem Ausdruck und politischer Geltung. Und gleichzeitig entstanden dort, wo die osmotischen Einflüsse der westlichen Welt nicht auszuschalten waren, in den großen Städten oder unter den Wissenschaftlern und Künstlern, sofort Nester einer jeweiligen Dissidenz.

Es waren diese Drift, von der wir gesprochen haben, dieses stille Auseinanderströmen und Erodieren, diese unausrottbare latente Dissidenz und andererseits das wütende Bewußtsein, die radikal gesäuberte und neuformierte Gesellschaft noch immer nicht in der gewünschten Weise planen und steuern zu können, die die ewige, paranoide Jagd nach Feinden, Agenten und Spionen letzten Endes bedingten.

Mit Stalin stirbt auch das von ihm geschaffene System, der Stalinismus. Allein das besagt viel. Und die Umstände des Todes passen dazu. Es gibt keine direkten Anhaltspunkte, daß die bedrohten

Mitglieder seines Politbüros, darunter Berija, ihn umgebracht hätten – auch wenn das höchst plausibel gewesen wäre und die Berichte über den Ablauf der Ereignisse zu Spekulationen Anlaß bieten. Tatsache ist jedenfalls: Als Stalin am 1. März 1953 recht unvermutet von einem Gehirnschlag ereilt wird, unternehmen die Dienstboten oder die Wachleute, die ihn schließlich entdecken, dann die Mitglieder des Politbüros, die sich über Stunden hinweg beraten, und schließlich die hinzugezogenen Ärzte nichts, um lebensrettende Maßnahmen zu ergreifen – sei es aus Angst oder aus anderen Motiven. So stirbt der Despot einen langen, qualvollen Tod.

»In einem dieser Augenblicke ... öffnete er plötzlich die Augen und ließ seinen Blick über die Umstehenden schweifen. Es war ein furchtbarer Blick, halb wahnsinnig, halb zornig, voll Entsetzen vor dem Tod und den unbekannten Gesichtern der Ärzte, die sich über ihn beugten. Dieser Blick ging in dem Bruchteil einer Sekunde über alle hin, und da – es war unfaßlich und entsetzlich ... – da hob er plötzlich die linke Hand (die noch beweglich war) und wies mit ihr nach oben, drohte uns allen. Die Geste war unverständlich, aber drohend, und es blieb unbekannt, worauf und auf wen sie sich bezog.« So heißt es in der eindrucksvollen Schilderung Swetlana Allilujewas, die ihn auf besondere Weise geliebt und gefürchtet hatte.

Die Todesnachricht wird erst mit einem halben Tag Verspätung hinausgegeben. In dieser Zeit haben sich die Diadochen auf ein vorläufiges Machtarrangement geeinigt. Stalins Hirn, das ähnlich sklerotisch deformiert ist wie das Lenins, wird zum Zwecke der Präparierung entnommen; aber es werden keine Genialitätsforschungen in Auftrag gegeben. Kein Arzt wird der Nachlässigkeit bezichtigt, im Gegenteil, das Krankheitsbulletin Stalins ist von fast peinlicher Detailliertheit. Auch gibt es keinerlei Anspielung auf die verhafteten »Mörder in weißen Kitteln«. Das alles signalisiert: Stalin ist den Tod eines gewöhnlichen Sterblichen gestorben.

Sein Begräbnis eine Woche darauf wird noch einmal eine Orgie der ungeheuerlichsten Huldigungen in Prosa und in Versen, Musiken und Bildern. In der ganzen Welt heulen Fabriksirenen und werden Trauerfeiern abgehalten. Und in Moskau kommt es zu einem Aufmarsch der Massen, der in Hysterie und Panik mündet und Hunderte von Toten fordert. Hunderttausende aus dem ganzen Land bildeten »Begräbnisdelegationen« und fuhren – mit oder auch ohne Genehmigung – in die Hauptstadt. Das trug Züge einer anarchischen Volksbewegung. Es gab viele dunkle Gerüchte, und es gab Auseinandersetzungen mit der Polizei, die einem späteren kryptischen Kommuniqué zufolge einschreiten mußte, »um Lynchjustiz und Blutvergießen zu vermeiden«, nachdem »konterrevolutionäre Elemente und imperialistische Agenten« versucht hätten, »die Menge mit antisowjetischen und antistalinistischen Parolen aufzupeitschen«. Was wirklich passierte, wird sich kaum ganz rekonstruieren lassen. Das in vielen Erzählungen immer wieder variierte Motiv war das einer untrennbaren Mischung aus Trauer, Angst und Erleichterung, verbunden mit dem unbändigen, überbordenden Drang der Menschen, den noch einmal zu sehen, der wie kein anderer ihr Leben bestimmt hatte.

Mit Stalins Tod endete der Massenterror gegen das eigene Volk. Damit trat die Geschichte der Sowjetunion in eine Phase ein, die man als posttotalitär bezeichnen könnte und die fast vierzig Jahre andauern sollte. Zwar blieb das Monopol der Partei auf die Kontrolle und die Gestaltung aller Lebensäußerungen der Gesellschaft gewahrt, wie auch das sowjetische Wirtschafts- und Sozialsystem in seinen Grundzügen erhalten blieb. Doch der Prozeß des Abbaus der Dispositive des Massenterrors erwies sich als unumkehrbar.

Ab 1954/55 begannen die riesigen Lagerkomplexe des Gulag – nach einer Kette von Streiks, Meutereien und Aufständen – sich allmählich aufzulösen. Vor allem das Jahr 1956 war das Jahr der Rückkehr von Hunderttausenden Opfern des Terrors. Was blieb, war eine Vielzahl von Einzellagern und Haftkomplexen, in denen immer noch zahllose Menschen einsaßen. Doch das Lager war von nun an lediglich die reguläre Form einer Strafhaft für kriminelle Vergehen – und ist es bis heute. Das juristische Hauptinstrument des Terrors, der § 58 des Strafgesetzbuches, wurde 1958 durch eine

Reihe neuer, schwächerer Unterdrückungsparagraphen abgelöst, die eine »antisowjetische Propaganda« und andere auf die »Schwächung der Sowjetmacht« zielende Handlungen als kriminelle Vergehen unter Strafe stellten. In den sechziger und siebziger Jahren gab es noch einige tausend, in den frühen Achtzigern noch mehrere hundert politische Häftlinge. Aber die Verfolgungen richteten sich nun tatsächlich gegen die Anfänge einer wieder aufkommenden politischen Opposition, vor allem in Gestalt einer Dissidentenbewegung, die mit allen persönlichen Risiken auf einer offenen, legalen Tätigkeit und Kritik beharrte. Der von Lenin inaugurierte und von Stalin zum System entwickelte Massenterror der Jahre von 1918 bis 1953 war nur noch als drohende Erinnerung präsent. Die allerdings blieb wirksam.

Auf dem XX. Parteitag der KPdSU im April 1956 war es kein Geringerer als der Vorsitzende Nikita Chruschtschow, der in einer dramatischen Sondersitzung die ungeheuerlichen Greueltaten Stalins in einer langen und sehr persönlichen Rede anprangerte. Dabei sprach er nur von den an der Partei selbst begangenen Verbrechen, so wie auch die Öffentlichkeit, an die er sich wandte, nur die Partei war. Aber die leidenschaftliche Form verriet, daß seine Rede sich insgeheim doch an die Menschen im Land und an die internationale Öffentlichkeit richtete. Denn es war mindestens so sehr eine Verteidigungsrede wie eine Anklagerede. Das machte sie anfechtbar und in vieler Hinsicht empörend – so, als spräche Chruschtschow nicht über Massenverbrechen, an denen er selbst und viele, die vor ihm saßen, maßgeblich beteiligt waren; und so, als sei die Partei das Hauptopfer Stalins gewesen. Die Millionen Toten des Bürgerkrieges und der Kollektivierung rechtfertigte er dagegen als Opfer eines historisch notwendigen Prozesses und den Terror gegen die »Volksfeinde« als notwendige Vorbereitung auf den Krieg. Aber gerade indem Chruschtschow sich in dieser Weise *verteidigte*, bestätigte er einen Vorwurf, der überlebensgroß im Raum stand. In Kategorien von Schuld und Verantwortung hatte kein einziger führender Kommunist in Rußland seit 1917 über die eigene Politik gesprochen.

Was waren die objektiven und subjektiven Triebkräfte dieses später als »Entstalinisierung« bezeichneten Prozesses? Und was machte ihn letztlich irreversibel? Es handelte sich, jenseits aller moralischen Skrupel – die zumindest Chruschtschow wohl bis an sein Lebensende geplagt haben –, zunächst um ganz handfeste und nüchterne Faktoren, die es unmöglich machten, den unter Stalin eingeschlagenen Weg weiterzuverfolgen.

Das erste und stärkste Motiv dürfte das des Selbstschutzes der führenden Kader gewesen sein. Der von Chruschtschow mit Hilfe einer Reihe von Generälen durchgeführte, putschartige Handstreich zur Festnahme Berijas – obwohl oder gerade weil dieser sich zum Champion einer Politik der inneren Liberalisierung und äußeren Entspannung aufgeworfen hatte – und die anschließende »Säuberung« des Sicherheitsapparates von Berijas Leuten waren die letzten Fälle, in denen Machtauseinandersetzungen in der Partei- und Staatsführung der KPdSU mit gewaltsamen Mitteln ausgetragen wurden.

Der Geheimprozeß gegen Berija und dessen Hinrichtung trugen noch einmal ausgesprochen stalinistische Züge. Dagegen hatten die Prozesse, die 1954/55 gegen eine Reihe berüchtigter Schergen der Lubjanka geführt wurden, schon eher den Charakter einer juristischen Abrechnung mit dem System des zügellosen Terrors selbst. Es kamen die »ungesetzlichen Methoden« der Verhöre und Foltern zur Sprache und die Fälschung der »Geständnisse«. Daß es gerade NKWD-Beamte mit jüdischen Namen waren, die jetzt als Schurken vorgeführt wurden – während noch größere Schurken wie der Stellvertreter und Nachfolger Berijas, Serow, sich flugs nach dem Wind gedreht hatten –, war schwerlich ein Zufall. Gleichwohl waren diese Prozesse ein wichtiger Schritt zur Wiederherstellung elementarer rechtlicher Normen, vor allem auch im Zusammenhang mit den beginnenden Rehabilitierungen der Lagerhäftlinge.

Die Rückkehr zu rechtlichen Verfahren gründete auf der Erfahrung, daß Massenterror gegen die Gesellschaft nicht möglich war, ohne daß dieser auf die Partei selbst zurückschlug. Und die Einführung terroristischer Methoden in die Diskussionen und Entscheidungen der Partei zerrüttete unweigerlich ihren Apparat, idiotisierte alle miteinander und machte jedes reguläre Arbeiten unmöglich. Insofern handelte es sich um eine wirkliche »thermidorianische« Wende, eine Sehnsucht nach Ruhe und Ordnung, auch und gerade in der Partei selbst.

Darüber hinaus setzte sich die Einsicht durch, daß die Utopie einer totalen Säuberung, Homogenisierung und Gleichschaltung der Gesellschaft nicht nur uneinlösbar, sondern auch desaströs war. Fast schien es, als habe sich über Nacht der Wunsch verflüchtigt, »neue Menschen«, »Übermenschen«, »Stalinsche Menschen« zu produzieren. Man begann, schlicht gesagt, mit dem menschlichen Material zu arbeiten, das man vorfand. Und man begann, den allgemeinen Wunsch nach einer Besserung der materiellen Lage zumindest verbal zu berücksichtigen. Chruschtschows Verkündung eines kommenden »Gulaschkommunismus« bedeutete, in die ewige, hochfahrende Ideensprache der Partei so etwas wie »Knödelargumente und Suppenlogik« (frei nach Heinrich Heine) einzuführen. Zwar tat der kugelige Bergarbeitersohn das in der phantastisch übersteigerten Form eines Versprechens, die USA in den nächsten zwanzig Jahren »einzuholen und zu überholen«. Aber selbst das klang noch handfester und appetitanregender als die dürren Feiertagsreden vom Übergang zur »entwickelten sozialistischen Gesellschaft« als der »ersten Stufe des Kommunismus«.

Andererseits gab es in der Gesellschaft keine rivalisierenden Gegenzentren und alternative Strukturen mehr. Die Partei war konkurrenzlos. Sie konnte sich gefahrlos öffnen und allen, die etwas werden wollten, eine Aufstiegsmöglichkeit bieten. Dabei änderte sie natürlich selbst ihren Charakter. Sie wurde von einer Kader- zu einer Massenpartei, von einer reinen Staatspartei zum generellen Medium sozialer Karrieren.

Insofern profitierte sie von den Nachwirkungen des Terrors, den sie einmal geübt hatte. Sie hatte nicht nur das alte, vielgestaltige Sozialgefüge in einer Weise einplaniert, für die es keinen Ausgleich gab, sondern zudem in der zweiten und dritten Generation von Sowjetbürgern tatsächlich so etwas wie eine zum Regime passende »Mentalität« geschaffen, eben jenen vielzitierten »homo sovieticus«, den Jurij Lewada in der Umbruchphase von 1989 bis 1991 als »soziokulturellen Typus« beschrieben hat, und zwar als den Prototyp des »einfachen Menschen« (in einer weiten Bedeutung des Wortes).

Auf dieser Basis konnte die Partei ihre »führende Rolle« behaupten, während sie in höherem Maße wieder Teil der Gesellschaft wurde. Das Prinzip der »Nomenklatura«, das heißt der Besetzung aller leitenden Posten in Staat, Wirtschaft und Kultur wie in schlechthin allen Bereichen des gesellschaftlichen Lebens, schlug insofern auf die Partei zurück, als sie teilweise von der Gesellschaft assimiliert und von ihren sachlichen und funktionellen Aufgaben absorbiert wurde. Genau das beschreibt der Begriff des »Posttotalitarismus«: Die Partei behielt den totalitären Anspruch auf Steuerung und Gestaltung aller gesellschaftlichen Lebensbereiche und der Gesellschaft selbst; aber die Gesellschaft und das Leben milderten und modifizierten dieses Regime. Anders ließe sich die unübersehbare Rolle ehemaliger Parteikader bei der Auflösung der kommunistischen Macht- und Sozialformationen gar nicht erklären.

Nicht durchzuhalten war nach Stalins Tod auch das Prinzip einer immer schärferen Abschottung von der übrigen Welt. Zwar blieb die Sowjetunion bis zu ihrem Fall ein aus dem Weltmarkt ausgegliederter Sektor, und viele Modi eines normalen gesellschaftlichen Verkehrs blieben noch über Jahrzehnte gestört – ein Vorgang, der in seiner kulturellen Dramatik kaum zu unterschätzen ist. (Es fehlt, um nur das Handgreiflichste zu nennen, in den russischen Bibliotheken ein großer Teil der Wissensbestände dieses Jahrhunderts!) Aber unter dem Gesichtspunkt der Kontinuitäten des Systems läßt sich die Entwicklung ab 1953 dennoch als ein Prozeß der allmählichen, osmotischen Aufweichung der in den dreißiger Jahren vollzogenen totalitären Abschließung von der Welt beschreiben.

Der letzte und entscheidende Faktor, an dem sich der stalinistische Totalitarismus am Ende brach, war der der schieren Erschöpfung. Keine andere menschliche Gemeinschaft hat eine derart blutige Folge sozialer und kriegerischer Kataklysmen durchlebt wie die Völker des historischen Rußland zwischen 1914 und 1953.

Dabei handelt es sich nicht allein um die »Opfer des Kommunismus« – was an sich schon eine verkürzende Redeweise ist. Es war eben auch das Zeitalter zweier ungeheurer Weltkriege, deren Ursachen eher in Deutschland als in Rußland zu finden sind. Und es gab Faktoren des Bürgerkriegs, die nicht oder nicht allein auf das Konto der Bolschewiki gingen. Aber natürlich ändert das nichts daran, daß die Machtergreifung der Bolschewiki im Oktober/November 1917 sich für die Völker des ehemaligen Russischen Reiches als eine »Urkatastrophe« erwiesen hat. Jenseits aller Erörterungen von Schuld und Verantwortung, Ursachen und Folgen steht die völlig beispiellose Bilanz menschlicher Opfer.

Daß diese Bevölkerungsverluste auch eine demographische Katastrophe waren, ist klar. Eine plausible Gesamtdarstellung, die die neuesten zugänglichen Zahlen berücksichtigt, gibt es meines Wissens nicht. Doch über die entscheidende Bruchstelle, die dreißiger Jahre, liegen fundierte Schätzungen vor.* So ermittelte Alec Nove bei Durchsicht verschiedener Berechnungen und Statistiken

---

* Eine erschreckende und bezeichnende Episode verrät etwas über die unglaubliche Ahnungslosigkeit der sowjetischen Führung, was ihr eigenes Land betraf – gerade in den Zeiten der »Fünfjahrespläne«. So gab Stalin auf dem Parteitag 1934 die Zahl der sowjetischen Bevölkerung mit 168 Millionen an. Diese Zahl war vollkommen falsch! In Wirklichkeit besagten die internen Schätzungen der Statistiker, die eine regelrechte doppelte Buchführung betrieben, daß es nur 160,5 Millionen waren. Aber selbst das war zu hoch gegriffen. Ausgerechnet zu Beginn des Jahres 1937, also des eigentlichen Großen Terrors, wurde ein neuer Zensus durchgeführt, der nur 162 Millionen Menschen ermitteln konnte, was für 1934 rückgerechnet eine Zahl von etwa 158 Millionen ergab. Das bedeutete, daß Stalin 1934 auf dem Parteitag um zehn Millionen zu hoch gegriffen hatte. Und gerade dafür wurde der gesamte Zensusstab, der die qualifiziertesten Bevölkerungsstatistiker des Landes versammelte, erschossen; die Zahlen wurden unter Verschluß genommen. Ein neuer Zensus wurde 1939 abgehalten, als Gras über die Sache gewachsen war. Er ermittelte 170,5 Millionen Menschen.

für die Zeit zwischen 1937 und 1939 – den beiden Jahren also, für die veröffentlichte und halbwegs glaubwürdige Zensusziffern vorliegen – einen »Verlust« von neun bis elf Millionen Menschen, was unter Einschluß der ungeboren gebliebenen Kinder eine Bevölkerungslücke von dreizehn bis fünfzehn Millionen Menschen ergibt. So viele Menschen hätten *mehr* leben sollen. Das entspricht im übrigen in etwa jenen fünfzehn Millionen »verlorenen Seelen«, nach deren Verbleib Arthur Koestler schon 1944 gefragt hatte, um hinzuzufügen: »Die einzige Gewißheit ist die, daß rund zehn Prozent der Sowjet-Bevölkerung im statistischen Sinne fehlen.«

Aber rechnet man die mehr als zwei Millionen Opfer des Ersten Weltkrieges, die zehn bis elf Millionen des Bürgerkrieges und die fünf Millionen der anschließenden Hungerkatastrophe, also die Opfer der Jahre von 1914 bis 1922 zusammen, dann war es schon einmal ein Zehntel der Bevölkerung des Reiches, das gewaltsam ums Leben kam. Und wenn die offizielle Statistik für das Jahr 1950 178,5 Millionen Einwohner der UdSSR angab, dann waren das – unter Einschluß der annektierten Gebiete von 1940 – wiederum statistisch gut fünfzehn Millionen Menschen weniger als 1939/40. Rechnet man die Geburten dieser Jahre hinzu, erreicht man jene immensen Verlustziffern, die für die Kriegsperiode genannt werden und sich wiederum auf etwa fünfzehn Prozent der Bevölkerung belaufen.

Will man in der Geschichte Vergleichbares finden, dann muß man tatsächlich die Pestzeiten, die hundert- oder dreißigjährigen Kriege, die großen Sklavenverschickungen nach Amerika und das Schicksal der nord- und südamerikanischen Indianer herbeizitieren – oder eben die großen Genozide des 20. Jahrhunderts, wie das Armeniermassaker und die Vernichtung des europäischen Judentums. Natürlich ist jede dieser Parallelen »falsch«. Auch in diesem Sinne bleibt die Geschichte der Sowjetunion in der Ära Lenins und Stalins singulär.

Damit nicht genug: Es gibt eine aktuellere statistische Größe, die – wie in einem Prisma – das ganze Drama der kommunistischen Geschichte Rußlands und der ehemaligen UdSSR enthält. Das ist die seit 1960 wieder gesunkene Lebenserwartung der erwachsenen Bevölkerung. Allein zwischen 1965 und 1975 sank sie bei den erwachsenen Männern um vier Jahre. Das war noch nicht die Generation der Kriegsjahre, sondern die der Revolution, des Bürgerkriegs, der Kollektivierung und des Terrors. Und diese Entwicklung ist weitergegangen, vor allem in den Kerngebieten der ehemaligen Sowjetunion, dem heutigen Rußland, der Ukraine und in Weißrußland. Entgegen dem allgemeinen, weltweiten Trend ist die Lebenserwartung der Menschen, die ihr ganzes Leben unter dem sowjetischen Regime verbracht haben, nicht gestiegen und ist heute die niedrigste aller entwickelten und industrialisierten Länder der Welt. Es ist wohl kaum zuviel gesagt, wenn man darin nicht nur ein Konzentrat aller gegenwärtigen Lebensumstände, sondern auch der historischen Erfahrungen, die dahin geführt haben, erkennt. Es handelt sich, anders betrachtet, um die an der Wurzel getroffene Lebensvitalität jener Generationen, die mit dem Kommunismus am längsten und intensivsten verbunden gewesen sind.

Die Sowjetunion hat nach Stalins Tod noch beinahe vierzig Jahre existiert und einen ganzen historischen Zyklus durchlaufen. In dieser Periode, die sicherlich ihre eigenen Charakteristika aufwies und nicht ausschließlich als »poststalinistisch« oder »posttotalitär« beschrieben werden kann, gelang es der sowjetischen Führung gleichwohl nicht, eine aus sich heraus tragfähige sozialökonomische Basis zu schaffen. (Wie könnte auch eine Führung eine Basis schaffen?) Es entwickelte sich eine merkwürdig gemischte Gesellschaftsform, in der eine beinahe allgemeine Subsistenzproduktion – aus den Parzellen der Kolchosniki wie den Datschenwirtschaften der Stadtbewohner – die Grundernährung sicherte, während der Staat aus dem verbleibenden Rest der gesellschaftlichen Arbeit einen extensiv wachsenden administrativen, industriellen und militärischen Überbau schuf, einen kolossalen Staatsmonolithen, der immer mehr zum Selbstzweck wurde.

Seinen paradigmatischen Ausdruck fand dies in der Gestalt des stets dominierenden schwerindustriellen Sektors, der seine Produkte zu zwei Dritteln selbst verzehrte, das heißt eine unter enormer Vergeudung von Menschen und Materialien leerdrehende Megamaschine darstellte. Das bedeutete immer auch ein Leben aus der Natursubstanz des Landes, und zwar ohne jedes gesellschaftliche Korrektiv von Öffentlichkeit oder Demokratie. Es hätte auch die Mittel gar nicht gegeben, Industrieabwässer zu klären oder Filter einzubauen. Und die willkürlich festgelegten Preise waren kein Anreiz, sparsam und schonend mit den Naturressourcen umzugehen. Nur die unendliche Weite des Landes und die Tatsache, daß es bis heute von verhältnismäßig wenigen Menschen bereist wird, verstellt den Blick darauf, daß das »sowjetische Experiment« zur Verseuchung, Verödung, Verstrahlung, Versalzung, Versteppung, Austrocknung und Verwüstung riesiger Gebiete geführt hat – und damit zur bisher wohl größten ökologischen Katastrophe dieses Zeitalters, die allenfalls von der Abholzung der tropischen Regenwälder übertroffen werden könnte.

Die avanciertesten Bereiche des »militärisch-industriellen Komplexes« waren die Weltraumforschung und die Raketenrüstung. Hier wurden wirkliche Spitzenleistungen erbracht – wenn auch in einem der Gesellschaft völlig entrückten Reservat und unter höchster Geheimhaltung. Und da den hier eingesetzten Techniken der breite Unterbau ziviler und konsumtiver Anwendungen fehlte, gerieten sie schnell in eine Sackgasse.

Das beste und zugleich schwerwiegendste Beispiel ist die Datenverarbeitung, deren eigentliche revolutionierende Wirkung in den westlichen Ländern von den Personalcomputern ausging, das heißt von der massenhaften individuellen Anwendung, nicht von den Pentagon-Hochleistungsrechnern. Daß es solche Formen der Massenanwendung von Informationstechniken in der Sowjetunion nicht gab, hing mit der posttotalitären Kontrolle sämtlicher gesellschaftlichen Tätigkeiten durch Staat und Partei und mit der Überzentralisation aller produktiven Prozesse und der dazugehörigen Informationen zusammen. Die Planbehörden, damit aber auch die Staatsführung, hatten den Kontakt zur sozialen und ökonomischen Realität größtenteils verloren. Sie konnten ihren »Datenfluß« nur noch fiktional verarbeiten. So ist der sowjetische Staatsmoloch beim Eintritt ins Informationszeitalter, plakativ gesagt, an Gehirnschlag gestorben.

Die Sowjetunion ist als imperialer Großstaat zugleich an der heillosen Überspannung ihrer Kräfte gescheitert. Als Helmut Schmidt irgendwann Mitte der achtziger Jahre die Sowjetunion ein »Obervolta mit Raketen« nannte, war das natürlich nicht ernst gemeint. Aber er traf bei aller Überspitzung einen richtigen Punkt: Für den Aufstieg zur zweiten Supermacht neben den USA fehlte der Sowjetunion die entsprechende ökonomische Basis, mehr noch, gerade dieser Aufstieg machte die Basis immer schmaler.

Der sowjetische Machtzuwachs trug phantasmagorische Züge. Die Explosion der Wasserstoffbombe, der Sputnik-Schock, die Kuba-Krise und der Abschuß der U-2, die Expeditionen der sowjetischen Kosmonauten ins All und das gigantische Raketenarsenal mit seinen x-fachen Overkillkapazitäten zu Lande, zu Wasser und in der Luft – das alles war natürlich höchst real. Grobe Schätzungen besagen, daß die Sowjetunion rund vierzig Prozent ihres gesamten Bruttosozialproduktes für Rüstungen aufwendete – ein weltgeschichtlicher Spitzensatz.

Doch der Aufbau einer sowjetischen Weltmachtposition verdankte sich in erster Linie dem Spannungsverhältnis, das zwischen anderen Staaten und den dominierenden Ländern des Westens bestand. Die Sowjetunion wurde etlichen »progressiven« oder, wenn es ins Konzept paßte, auch stockreaktionären Regierungen zum »natürlichen Verbündeten«. Sie errichtete an allen Meeren und Küsten Stützpunkte und schloß hier und da Handelsverträge. Aber im großen und ganzen zahlte sie enorm drauf. Der Block der Volksdemokratien, die – abgesehen von China und Albanien – mit der Sowjetunion und dem von ihr kontrollierten gemeinsamen Markt (Comecon) assoziiert waren, wurde größer und größer und umfaßte 1980 annähernd zwanzig Staaten. Sie waren jedoch teure Klienten statt starke Partner. Das sich ständig erweiternde »sozialistische Weltlager« wurde zu einem riesigen Bleigewicht – auch weil es immer wieder durch militärische Interventionen zusammengehalten werden mußte. Der Einmarsch in Afghanistan 1980, der eine Notoperation war, um den Sturz eines zuvor an die Macht geputschten Regimes von linken Militärs und KP-Führern zu verhindern, und die kurz darauf ausbrechenden Streiks auf der Danziger Lenin-Werft läuteten den Anfang vom Ende der sowjetischen Weltmacht ein.

Die »Perestroika« des Michail Gorbatschow bezieht einen Großteil ihrer historischen Bedeutung daraus, daß sie ein grandioses Mißverständnis war. Als der Zögling des KGB-Chefs Andropow, der selbst noch die Weichen gestellt hatte, 1985 zum Generalsekretär gewählt wurde, brachte das zunächst ein wachsendes Krisenbewußtsein der Partei- und Staatsspitze zum Ausdruck. Indirekt war dieser Wechsel, der einem jungen, unkonventionellen und intellektuell beweglichen Apparatschik die Macht überließ, aber auch Reflex einer zunehmenden Pluralisierung, eines allmählichen Autonomiegewinns gesellschaftlicher Kräfte. Das betraf nicht nur die kleinen, mit der Weltöffentlichkeit und der Emigration in Verbindung stehenden Gruppen der »Dissidenten«, die dabei waren, sich in einander entgegengesetzte politische Richtungen zu teilen. Das betraf auch das Aufkommen verschiedener »Schulen« in den Wissenschaften, eine unabhängiger werdende Publizistik, Literatur und Kunst, in der sich ebenfalls divergierende und teilweise heftig befehdende Richtungen herauskristallisierten, sowie Ansätze gesellschaftlicher Initiativen, etwa gegen den Verfall historischer Bauten oder gegen die wahnsinnigen Projekte einer »Umkehrung« der sibirischen Flüsse. Alle diese gesellschaftlichen Bewegungen und Initiativen hatten ihre informellen Basen in der Partei und den Institutionen. Und insgesamt lag ihnen als gemeinsamer Nenner und primäres Movens ein erneuter Generationswechsel zugrunde, der sich auch in den Lebensstilen bemerkbar machte.

Gorbatschow begann seine Karriere unter der Losung der »Uskorenie«, der *Beschleunigung*. Gemeint war eine forcierte Revitalisierung der Partei und der Gesellschaft mit den Leninschen Methoden eines »unbürokratischen« Anfeuerns und Anpeitschens von oben, mit allerhand Massenkampagnen zur moralisch-sozialistischen Aufrüstung und der allgemeinen Wiederherstellung der Arbeitsdisziplin. Wie bei jedem solchen Machtwechsel wurden nach kurzer Zeit das Regime und die Amtsvorgänger Gorbatschows der »Stagnation« verurteilt, so daß alle Staatsführer – von Trotzki über Stalin, Malenkow, Chruschtschow, Breschnew bis Tschernenko – eine einzige Galerie von Unpersonen bildeten. Was blieb, war die Kommunistische Partei, die trotz aller »Fehler« und »Abweichungen« stets an der »Leninschen Generallinie« festgehalten hatte und natürlich an Lenin, als dessen unmittelbarer Nachfolger sich der neue Generalsekretär denn auch verstand.

Ab 1986 war dann von einer »zweiten Revolution« die Rede, die eine »Perestroika«, ein großer »Umbau« der Sowjetunion, sein müsse. Diese ganze Vorstellung eines »Umbaus« des Reiches, wiederum nach einem großen, einheitlichen, vom politischen Zentrum aus strategisch und operativ durchgeführten Plan, war eine neoleninistische Illusion reinsten Wassers. Der von Lenin übernommene und häufig verwendete Begriff »Glasnost« besagte, daß die Partei »Offenheit« und »Transparenz« zeigen und in der »Öffentlichkeit« agieren müsse, um diese zu motivieren. Aber auch »Einverständnis« und »Einstimmigkeit« schwangen in der Semantik des Wortes mit. Gorbatschows vor allem für den westlichen Markt kompilierter Bestseller ›Perestroika‹ stand denn auch ganz unter der Leninschen Devise »Mehr Sozialismus«: »Mehr Sozialismus bedeutet mehr Dynamik, Elan und schöpferische Anstrengung, mehr Organisation, Gesetz und Ordnung ... Mehr Sozialismus bedeutet mehr Demokratie, Offenheit und Kollektivismus im Alltag, mehr Kultur und Humanität in der Produktion ... Mehr Sozialismus bedeutet mehr Patriotismus und Streben nach hohen Idealen.«

Die Vorstellung einer »sozialistischen Marktwirtschaft«, wie sie in Ungarn oder anderen Ländern des Blocks offen diskutiert und praktiziert wurde, verwarf Gorbatschow im Jahre 1987 noch einmal ausdrücklich. Vielmehr sollte in den Betrieben die »Einmann-Führung im Namen des Kollektivs« ausgeübt werden; »ehrliche Arbeit« sollte nicht durch besseren Lohn, sondern durch soziale Prämien honoriert werden; dagegen gehörten »schlechte Arbeiter, Drückeberger und Trinker« härter an die Kandare genommen. Kurzum, es sollte durch »bessere ideologische Arbeit« und ein »gesünderes moralisches Klima« der »Faktor Mensch« gestärkt werden, der »unsere wichtigste Reserve ist«.

Besonders nachdrücklich wandte sich Gorbatschow gegen alle Tendenzen einer »Verwestlichung«. Dem Idealbild der amerikanischen Pilgerväter von einer »leuchtenden Stadt auf den Hügeln« stellte Gorbatschow als das höhere Ideal jenes der sowjetischen Gesellschaft gegenüber: einen »strahlenden Tempel« zu erbauen.

Das alles hatte etwas vom Fuchteln im luftleeren Raum. Und nichts war, genaugenommen, komischer als das Mißverständnis in der westlichen Welt, hier sei noch einmal ein aufgeklärter Reformer an der Spitze des östlichen Reiches erschienen und werde es tatsächlich von oben her einem großen »Umbau« unterziehen. Es liegt auf der Hand, daß es sich dabei um eine Wunschvorstellung des Westens handelte. Niemand wollte das riesige sowjetische Reich explodieren oder chaotisch auseinanderfallen sehen. Man wollte nur, daß es sich langsam zurückzöge, den Griff auf seine Vasallen lockerte, aus dem rasenden Rüstungswettlauf ausstiege und sich der Welt wieder öffnete.

Und das tat Gorbatschow schließlich auch. In diesem Sinne – als einer der »Helden des Rückzugs«, als den ihn Hans Magnus Enzensberger seinerzeit apostrophiert hat – spielte er tatsächlich eine welthistorische Rolle. Nur daß es absolut nicht die war, die er spielen wollte oder bis zuletzt zu spielen glaubte! Aber was soll's: Die Leninschen Losungen, die die Rückzüge von Afghanistan bis zum »Star War« begleiteten, waren wahrscheinlich das Maß an *Selbsttäuschung*, das notwendig war, um die Partei und sich selbst zu überreden, diesen Weg weiterzugehen, zu dem es keine Alternative mehr gab. Und die enthusiastischen Elogen, die Gorbatschow aus dem weiten Forum der Weltöffentlichkeit begleiteten, haben in diesem Rahmen ihre eigene Funktion gehabt.

Die im großen und ganzen friedliche Auflösung des sowjetischen Blocks und des Reiches selbst seit 1989 grenzt – bedenkt man seine Entstehungsgeschichte seit 1917/18 und 1944/45 – an ein historisches Wunder. Es handelte sich um ein erschöpftes Loslassen. Nicht gewaltsame Separationen der Randstaaten oder der nichtrussischen Republiken waren das primäre Movens dieses Prozesses. Es genügte die von den oppositionellen Kräften bewußt verfolgte Strategie einer friedlichen Bürgerrechtsbewegung, um – so ähnlich, wie es György Konrád in seiner ›Antipolitik‹ hoffnungsvoll skizziert hatte – den Staatspanzer zum Abschmelzen zu bringen oder, wie es Adam Michnik propagierte, einen »historischen Kompromiß« zwischen Staat und Gesellschaft zu schließen. Der »Runde Tisch« in Warschau und zwei kleine Stiche durch den immer noch existierenden »Eisernen Vorhang« in Ungarn und dann in Berlin reichten aus, um eine geschichtliche Umwälzung größten Ausmaßes in Gang zu setzen. Das zeigt natürlich nur, wie überfällig sie war.

Noch entscheidender war vielleicht, daß es auch innerhalb der Sowjetunion – kaum daß sich der bleierne Deckel hob – zu einer sprunghaften Belebung der Geister und der verschiedenen sozialen und nationalen Kräfte kam. Allerdings waren es völlig andere Kräfte als die, auf die Gorbatschow für seine »Perestroika« gesetzt hatte. Und es war die Partei selbst, die als erste von ihnen infiltriert und zersetzt wurde. Sie zerfiel binnen kürzester Zeit in mehrere nationale Parteien und gleichzeitig in vollständig divergierende Fraktionen. Gruppen von »Reformern« und »Demokraten« lösten sich von der Partei. Andere, die sich entschlossen zeigten, den »Sozialismus« oder die »Staatlichkeit« zu verteidigen, konspirierten mit Teilen des Militärs oder Geheimdienstes. Gorbatschow stand in der Mitte. Seine eigene Rolle bleibt ein wenig unklar. Aber als er nach dem Putsch vom August 1991 – den immerhin das konstitutionell vorgesehene »Notstandskomitee« seiner eigenen Regierung gegen die wachsende demokratische Volksbewegung angezettelt hatte – mit Frau und Enkeln in Decken gehüllt die Gangway des Flugzeuges herunterkam, das ihn aus seinem Ferienarrest herausgeflogen hatte, da wirkte er wie der Überlebende eines weltgeschichtlichen Schiffbruchs.

Derweil stand Jelzin auf dem Panzer wie weiland Lenin vor einem »Weißen Haus«, das der Sitz seiner demokratischen russischen Regierung war, die sich der sowjetischen Regierung entgegengestellt hatte. Eine russische Regierung stellte sich einer sowjetischen Regierung entgegen! Und die Demonstranten, die die Putschistenpanzer gestoppt hatten, waren unter der Fahne einer 1917 erstmals gezeigten Trikolore marschiert – der Trikolore eines demokratischen Rußland. Das war kein Zufall. Es verweist auf den seltsamen Aufbau dieses sozialistischen Imperiums, dessen innerer Staatskern, Rußland und das russische Volk, noch stärker verarmt und devastiert war als die Völker und Republiken der Peripherie.

So trug die historische Auflösung der Sowjetunion abermals die Züge einer Involution statt einer Revolution – aber diesmal im großen und ganzen in einer friedlichen und vertragsgemäßen Form. Allerdings besteht weiterhin die Gefahr, daß sich keine tragfähige neue Konstellation sozialer und politischer Kräfte und arbeitsfähiger staatlicher Institutionen bildet. Fragt man, warum sich Rußland und die Republiken der ehemaligen Sowjetunion ungleich schwerer tun als etwa die Reformstaaten Mittelosteuropas, dann ist klar, daß es nicht einfach nur um »demokratische Traditionen« geht, die auch in Polen, Ungarn oder Rumänien keine besonders tiefen Wurzeln hatten. Vielmehr geht es um die beispiellose Art und Weise, in der das gesamte historische Gesellschaftsgefüge der Völker der Sowjetunion über fast ein dreiviertel Jahrhundert hinweg eingeebnet worden ist.

14

WAS WAR DER KOMMUNISMUS?

Das 19. und das 20. Jahrhundert sind voller totalitärer Weltentwürfe gewesen. Sie wurden an jeder Stra-

EPILOG AUF EINE NAHE VERGANGENHEIT

ßenecke gepredigt. Davon ist niemand satt geworden, aber auch niemand gestorben. Carl Bry hat es in seinem Buch ›Verkappte Religionen‹ (1925) geradezu für ein Merkmal der modernen Zeiten gehalten, daß die Zahl der Parteien, Bünde, Sekten und »Persönlichkeiten«, die sich anheischig machen, die Welt aus einem bestimmten Punkte zu erklären und zu kurieren, ständig zunimmt.

Die reale Geschichte des Kommunismus ist daher weniger die Wirkungsgeschichte einer »Idee«, einer »Ideologie«, einer »Illusion« oder eines »Wahns«. Was konnte der »Kommunismus« für einen Petrograder Soldaten oder einen Bauernsohn aus Hunan anderes sein als ein geheimnisvolles großes Wort? Vielmehr bleibt die Frage, aus welchen Motiven und unter welchen historischen Bedingungen Menschen begannen, mit dem historischen Sozialismus zu brechen und neue, »kommunistische« Parteien zu gründen oder sich ihnen, auch ohne je Sozialist gewesen zu sein, anzuschließen; was diese Menschen sich in ihrer Lebenszeit und unter den Bedingungen ihrer Länder tatsächlich vorgestellt haben; unter welchen Umständen die kommunistischen Parteien politischen Einfluß und schließlich die Macht erringen konnten; und warum sie dann – eher *entgegen* ihren Idealen und Theorien als ihnen folgend – das taten, was sie wirklich taten.

Dies alles habe ich anhand des historisch erstmaligen und zugleich dramatischsten und folgenreichsten Falles, der Errichtung einer bolschewistischen Staatsmacht und Gesellschaftsformation auf dem Boden des alten Russischen Reiches, in großen Zügen zu beantworten versucht. Die revolutionäre Machtergreifung der Bolschewiki war offenkundig möglich, aber sie war in keinem Sinne »historisch notwendig«, und sie ließ sich, wie schnell klar wurde, auf kein anderes Land übertragen. Am deutlichsten erwies sich das beim generalstabsmäßig vorbereiteten »deutschen Oktober« im Jahr 1923. Dieser angesichts der relativen Stärke der deutschen Kommunisten und der Zerrüttung des Landes bemerkenswert hilflose Revolutionierungsversuch überschnitt sich in symbolhafter Weise mit dem hausgemachten Lokalereignis des Hitlerputschs in München. Wie sich zehn Jahre später zeigte, war der Nationalsozialismus in Deutschland eine politische Möglichkeit, der Kommunismus jedoch nicht.

Das verweist auf bestimmte gesellschaftliche Dispositionen, die für eine erfolgreiche Machteroberung der Kommunisten vorhanden sein mußten – und die ihnen in allen entwickelten Ländern, in denen es eine tragfähige soziale Grundstruktur gab, offensichtlich entgegenstanden. (Der Nationalsozialismus zerschlug diese Grundstruktur nicht, sondern setzte sie für seine Zwecke ein. Das war in jeder Hinsicht etwas anderes.)

Letztlich ist auch nur eine Handvoll kommunistischer Parteien in der Lage gewesen, von sich aus die Macht zu ergreifen. Das gilt für die Kommunisten Rußlands, Jugoslawiens, Albaniens, Chinas, Koreas, Vietnams und – fünfundzwanzig Jahre später – Kampucheas. Wenn das »sozialistische Lager« 1987 – auf seinem statistischen Höhepunkt! – zweiundzwanzig Länder umfaßte, dann stand neben der Gruppe autochthon kommunistischer Staaten als eine zweite die der »Volksrepubliken« Osteuropas, die ihre Existenz im wesentlichen der Präsenz der Roten Armee nach dem Zweiten Weltkrieg verdankten. Und als eine dritte Gruppe kamen die im Laufe der sechziger und siebziger Jahre im Zuge der antikolonialen Befreiungskämpfe ausgerufenen »Volksrepubliken« hinzu, wobei zuweilen erst Konfessionswechsel der führenden Revolutionäre – wie im Falle Fidel Castros – die Zugehörigkeit zum »sozialistischen

Lager« begründeten. Auf der Weltkarte der Achtziger nimmt dieses Lager, rot eingezeichnet, sich wie ein gigantischer eurasischer Koloß aus, mit Stützpunkten auf dem afrikanischen und lateinamerikanischen Kontinent. Das eigentliche Gewicht gaben natürlich die Sowjetunion als der größte Flächenstaat und China als das bevölkerungsreichste Land der Erde – die »theoretisch« eine furchterregende Kombination bildeten. In der Realität war davon nur einen kurzen, halluzinatorischen Augenblick lang die Rede. Im Gegenteil: Nach dem offenen Schisma 1960 wurden die Beziehungen immer spannungsreicher. Ende der sechziger Jahre führten die Grenzkämpfe am Ussuri bis an den Rand eines atomaren Konfliktes. Auch die anderen »roten Kriege« – der vietnamesische Einmarsch in Kampuchea 1979/80 und die blutige »Lektion«, die die chinesische Volksarmee im Gegenzug den unbotmäßigen Führern Vietnams erteilte – zeigen, daß etwaige ideologische Affinitäten stets gegenüber nationalen Differenzen zurücktreten mußten.

Was für Staaten waren das, in denen Kommunisten siegten? Es handelte sich durchweg um Länder mit einer vormodernen Gesellschaftsstruktur sowie einer bäuerlich-agrarischen Ökonomie und Bevölkerung – in denen sich aber das Unruheelement des modernen Kapitalismus festgesetzt hatte. Überall gab es einen avancierten industriellen und kommerziellen Entwicklungssektor, teils auf heimischer, teils auf (halb-)kolonialer Basis. In Rußland stand er sogar, für sich genommen, schon auf dem Niveau einer modernen Industriegesellschaft und bildete eine Art »Gesellschaft in der Gesellschaft«. In diesen Bereichen hatten auch die säkularisierten und individualisierten Kultur- und Lebensformen des Westens Fuß gefaßt – und weckten, noch jenseits aller sozialen Widersprüche, heftige Aversionen, in denen sich aber zugleich starke Attraktionen verbargen.

Die Adaption des »Marxismus« durch Teile der modernen Intelligenz der betreffenden Länder enthielt immer Elemente von beidem. Nur vordergründig handelte es sich um die Rezeption einer westlichen, modernistischen Entwicklungsideologie. Boris Groys hat die Geschichte des Marxismus in Rußland vielmehr in eine historische Linie mit der Übernahme des Christentums oder der idealistischen deutschen Philosophie gestellt – aus denen dann Orthodoxie, Slawophilie und Bolschewismus wurden. Rußland habe westliche Ideen nur übernommen, um sie sich anzuverwandeln und von dieser Plattform aus dem Westen als eine »höhere« Synthese entgegenzutreten. Vom chinesischen Kommunismus in Form des Maoismus ließe sich insoweit Ähnliches sagen: Er stellte eine eigentümliche Synthese aus westlichem Marxismus, russischem Leninismus und traditionellem chinesischem Denken dar.

Dabei fällt auf, daß die bedeutendsten kommunistischen Revolutionen dieses Jahrhunderts in alten, von Zerfall bedrohten oder in halbkoloniale Abhängigkeit geratenen Reichen stattgefunden haben. Man könnte sagen, es seien Neugründungen dieser Reiche aus dem Geist des Antikapitalismus und des Antiimperialismus gewesen. (Elemente einer solchen Reichsideologie haben auch in Vietnam oder in Äthiopien eine Rolle gespielt.) Die von Kommunisten geführten Revolutionen waren insgesamt Teil des großen Prozesses des *nation building* im 20. Jahrhundert. Dieser bildete das Gegenstück und die Ergänzung zur wirklichen Weltrevolution, die durch die Herstellung eines Weltmarktes und immer neue Schübe der Globalisierung, Pluralisierung und Individualisierung gekennzeichnet war. Der Kommunismus war im wesentlichen eine *Reaktion* auf diese eigentliche Weltrevolution des Jahrhunderts.

»Kommunismus« bezeichnete zunächst das Bestreben, alle sachlichen Ressourcen und lebendigen Potentiale des Landes in den Händen eines radikal erneuerten Staates zu konzentrieren, der von einer monolithisch zusammengeschlossenen, aufgeklärten Partei geleitet werden würde. Daß diese Partei »proletarischen« Charakter trug und sich »auf die Massen stützte«, bedeutete, in die Sprache des realen Lebens übersetzt, die totale Mobilisierung aller sozialen Potenzen und die Ausrichtung aller Produktions- und Verkehrsformen auf das Ziel der »Wiedergeburt« des Landes als eines Machtkomplexes neuen Typs. Andererseits sicherte die formelle »Eigentumslosigkeit« den Staatsklassen erst den Kollektivcharakter ihres Regimes. Das Prinzip der »Nomenklatura« war das einer hierarchischen Kooptation, das an die Stelle von Erbfolge und Besitz trat und ebenso natürlich an die Stelle von Wahlen und demokratischer Berufung (oder Abberufung). Mit dem Nepotismus kamen allerdings ältere kulturelle Traditionen sehr bald wieder zum Durchbruch, bis hin zu Versuchen einer dynastischen Erbfolge – von Ceauşescu bis Kim Il-Sung.

Der »proletarische Internationalismus« erfüllte ebenfalls eine ganz praktische Funktion. In den neubegründeten Reichen wie Rußland oder China oder in einem Land wie Jugoslawien diente er nicht nur der Zusammenschweißung der supranationalen Staatsklasse, sondern auch der »Verschmelzung« der verschiedenen Völker. Darüber hinaus galt es, ein Weltlager der armen, ausgebeuteten, kolonial oder postkolonial unterdrückten Nationen gegen die vorherrschenden Nationen des reichen Westens zu schmieden – und innerhalb dieses Lagers die Suprematie für die eigene Partei, das eigene Land, den eigenen Staat zu reklamieren. So gesehen, war der kommunistische Inter-Nationalismus in seinen jeweiligen Ausprägungen als Leninismus, Stalinismus oder Maoismus nur die höchste Form eines nationalen Suprematismus und Hegemonismus, der sich auf absolute Menschheits- und Fortschrittstitel berief – wie es allerdings jeder moderne Nationalismus seit den Tagen der Französischen Revolution getan hat.

Das alles zeigt, daß es in einem politikgeschichtlichen Sinne zwar legitim und notwendig ist, vom »Kommunismus« (im Singular) als von einem *Typus* von Parteien, Ideologien, Staaten und Gesellschaften zu sprechen, etwa in demselben Sinne, in dem man vom Liberalismus, vom Sozialismus oder vom Faschismus spricht. Aber als historische Phänomene führen diese Ismen keine eigene Existenz und lösen sich, näher betrachtet, in eine Reihe einzelner, nationaler Geschichten auf. Und erst in diesem Rahmen enthüllt sich ihre eigentliche historische Pointe oder Logik. Der »Kommunismus«, so könnte man zugespitzt sagen, erweist sich rückblickend als eine radikale Methode zur Erreichung von Zwecken, die weniger in ihm selbst lagen als vielmehr in den historischen Kontexten und praktischen Bewegungen, die sich dieser programmatischen Selbstbezeichnung bedient haben. Er war nicht das Ziel, sondern der Weg.

Der Bruch Lenins und der Bolschewiki mit der historischen Arbeiterbewegung, der den Ausgangspunkt des modernen Kommunismus bildete, lief gleich in mehrfacher Hinsicht auf eine *Verkehrung* dessen hinaus, was man bis dahin als Sozialismus bezeichnet hatte. Neben den Fragen von Demokratie und Diktatur oder Krieg und Frieden betraf das den Kernbestand der wirtschaftlichen und sozialen Vorstellungen.

Indem Lenin ausgerechnet im Kriegskapitalismus mit seinen Zwangsinstrumenten von »Brotkarte und Arbeitsbuch« die Möglichkeit für den Übergang zu einem Kriegssozialismus entdeckte, machte er die Ökonomie zu einem Hauptmittel der politischen Diktatur. Es ging darum, sich den gesellschaftlichen Lebensprozeß in einer Weise zu unterwerfen und verfügbar zu machen, wie das mit den bloßen Mitteln der Politik und der staatlichen Gewalt alleine niemals zu bewerkstelligen gewesen wäre.

Unter diesem Primat einer – ihrem ganzen Ansatz nach – totalitären Politik entwickelte sich der »real existierende« Kommunismus im 20. Jahrhundert zu einem System krasser wirtschaftlicher und sozialer Fehlgedanken, die allerdings ihre ganz eigene Folgerichtigkeit haben. Das war in keinem einzigen Fall als »Modernisierung« einer bestehenden, rückständigen und wenig entwickelten Gesellschaft zu bezeichnen. Sondern das Ergebnis war in allen Fällen eine Senkung des bereits erreichten Grades der arbeitsteiligen Vergesellschaftung und Differenzierung und damit, statt eines Fortschritts, einer »Progression«, eine tiefe *Regression*.

Die erste und reaktionärste Tat der Bolschewiki war die Eliminierung der gesamten, historisch mühsam herausgebildeten gesellschaftlichen Feingliederung, vom Handwerk über den kleinen und großen Handel bis zu den bürgerlichen Berufen und den Bauern. Wir haben in diesem Buch immer wieder festgestellt, daß sich in der bolschewistischen Propaganda alle »Klassen«-Kategorien weitgehend in eine Dämonologie des universellen Feindes auflösten.

Wenn nicht nur Industrielle, Grundbesitzer oder kaiserliche Beamte, sondern das städtische und ländliche »Kleinbürgertum« und die »bürgerliche Intelligenz« als potentielle Agenten des Weltkapitalismus behandelt wurden, dann hieß das, die gesamte produktive Basis des Landes zu zerschlagen.

Daraus ergab sich zwangsläufig die Vorstellung einer forcierten Industrialisierung »von der Basis«, von den schwerindustriellen Fundamenten aus. Von Marx war dieser Fehlgedanke nicht herzuleiten, ganz im Gegenteil, die bolschewistischen Ökonomen betrieben einen riesigen theoretischen Aufwand, um zu zeigen, daß in einem Land wie Rußland der Fluß der gesellschaftlichen Akkumulation – der noch stets vom Handel, von der Kleinproduktion und der Leichtindustrie ausgegangen war – *umgekehrt* werden müsse. Das lief auf die ebenso primitive wie menschenverachtende Vorstellung einer »ursprünglichen sozialistischen Akkumulation« hinaus: Aus dem Schmelztiegel von roher Arbeitskraft und konsumtiver Entbehrung gelte es, »die Fundamente« zu legen, um darauf einen industriellen Pyramidenbau zu errichten, der irgendwann alles »im Überfluß« bereitstellen werde.

Die Voraussetzung dafür war die Überzeugung, daß man den »Tauschwert« der Produkte aufheben und durch staatlich »regulierte« Preise ersetzen könne, die nicht den tatsächlichen Aufwand, sondern einen willkürlich dekretierten »Gebrauchswert« repräsentierten. Das bedeutete, das Geld als Wertmesser und Wertzeichen außer Funktion zu setzen und auf die darin enthaltenen, auf keine andere Weise als im gesellschaftlichen Tausch zu erlangenden Informationen zu verzichten. Natürlich gab man damit zugleich alle modernen Mittel einer Wirtschaftspolitik mit Geldmengen, Wechselkursen, Zinsen, Krediten usw. aus der Hand.

Die völlige Unterschätzung und Vernachlässigung der produktiven Rolle eines funktionierenden Handels und Distributionssystems war die logische Kehrseite der notorischen schwerindustriellen Überakkumulation. Das war keineswegs nur eine Frage der Lebensqualität. Die Tatsache, daß die Menschen im »realen Sozialismus« bis zuletzt einen unverhältnismäßig großen Teil ihrer

Arbeitskraft darauf verwenden mußten, sich mit den nötigsten Produkten zu versorgen, stellte auch einen kaum abschätzbaren volkswirtschaftlichen Verlust dar.

Die Vorstellung, die Landwirtschaft wie eine Großindustrie mit Direktoren, Agronomen, Maschinisten und einfachen Arbeitskräften betreiben zu können, war ein weiterer grundlegender Fehlgedanke. Das bedeutete einen – in Rußland in Generationen nicht mehr aufholbaren – Verlust an tradiertem landwirtschaftlichem Wissen und den dazugehörigen Formen familärer Kooperation. Und letztlich bedeutete das auch eine Primitivierung und Entdifferenzierung der gesamten Landbaukultur. Es ist bezeichnend, daß die sowjetische Agrarpolitik sich fast ausschließlich um die einfachsten Grundnahrungsmittel drehte, um Getreide, Kartoffeln, Kohl und Rüben. Das war schon nicht mehr nur eine Frage von Produktionsziffern, sondern ein Fall um Kulturstufen, was das Essen, das Trinken, das Leben und die Sozialität überhaupt betraf. Die Antwort war der exzessive Alkoholismus, der schon in der Stalinära zur Volkskrankheit wurde – mit allen sozialen, ökonomischen und psychischen »Folgekosten«.

Der Gedanke, die gesamte Ökonomie – und über die Ökonomie den gesamten materiellen Lebensprozeß der Gesellschaft – von einem leitenden Zentrum aus steuern und »planen« zu können, war ebenso vermessen wie abstrus. Er lief darauf hinaus, Myriaden lebensrationaler Einzelentscheidungen der Individuen und Wirtschaftssubjekte durch die Direktiven einer vermeintlich aufgeklärten Macht zu ersetzen; an die Stelle eines komplexen Gefüges von individuellen Überlegungen und Aktivitäten trat eine ungleich primitivere Struktur papierner Anordnungen und Materialbewegungen. Daraus entwickelte sich zeitweise die Vorstellung, man könne die staatliche Gesamtplanung auf eine »kybernetische« Steuerung stützen und somit das, was eigentlich Gesellschaft ausmacht, in Datenverarbeitungsmaschinen *simulieren.*

Jegliche Ökonomie, jedes »Wirtschaften« mit knappen Mitteln nach Kriterien der Rentabilität, wurde durch eine Antiökonomie ersetzt, durch ein organisiertes Verwirtschaften und einen staatlich produzierten Mangel. Das aber bedeutete, die Menschen in noch ungleich größerem Maße dem »Terror der Ökonomie« zu unterwerfen – um einen zeitgenössischen Buchtitel zu zitieren –, als es eine kapitalistische Wirtschaftsform jemals könnte.

Das letzte Fanal dieser Politik war der Super-GAU von Tschernobyl – der von seiner Entstehung bis zum Krisenmanagement deutlich systembedingte Züge trug. Jede andere Regierung, die über zwei Wochen hinweg ihre Bürger bewußt im unklaren gelassen und sie noch zu Maikundgebungen versammelt hätte, wäre gefeuert worden. Nicht so Gorbatschow – dem im Jahr darauf noch tausend Schriftsteller, Künstler, Wissenschaftler und Bankiers aus allen Ländern des Westens auf einem »Weltfriedensforum« in Moskau als jenem huldigten, der die »großen Menschheitsfragen« endlich wieder auf die Tagesordnung der Weltpolitik gesetzt habe.

Auch die Faszination der Bürger der westlichen Länder gehört zur Geschichte des Kommunismus. Ein Widerschein findet sich in Eric Hobsbawms biographisch-theoretischer Reflexion über ›Das Zeitalter der Extreme‹ – über unser ausgehendes 20. Jahrhundert also, das er als ein »short century« bezeichnet hat, welches von 1914 bis 1991 zu datieren wäre. Die Schüsse von Sarajevo im Juni 1914 fanden für Hobsbawm ihren notwendigen und gerechten Widerhall im Oktober 1917. Seine Arbeit ist insofern auch ein großangelegter Versuch, die historische Bedeutung der bolschewistischen Oktoberrevolution zu retten: »Die Welt, die Ende der achtziger Jahre in Stücke brach, war eine Welt, die von den Auswirkungen der Russischen Revolution geprägt war. Wir alle waren von ihr gekennzeichnet.«

Hobsbawms Beweisführung ist allerdings hoch paradox. Denn die eigentlichen revolutionären Veränderungen des Jahrhunderts, die er konstatiert, führt er – unter Berufung auf Marx! – auf den *Kapitalismus* zurück: das Ende der Vormachtstellung Europas, die endgültige Globalisierung von Politik, Wirtschaft und Kultur sowie die Auflösung der traditionsgebundenen Sozial- und Beziehungsstrukturen. Der Kapitalismus sei die eigentliche »Kraft der permanenten, unterbrochenen Revolution« dieses Jahrhunderts gewesen. (Was ganz meiner eigenen These entspricht; nur daß die Kategorie »der Kapitalismus«, die Marx selten verwandt hat, eine arg grobschlächtige Bezeichnung für die Pluralität bürgerlicher Zivilgesellschaften mit kapitalistischer Produktionsweise und demokratischer Verfassung ist.)

Worin lag dann die historische Rolle der bolschewistischen Revolution – abgesehen von ihrer Unterstützung für die kolonialen Befreiungsbewegungen? Hobsbawm zufolge darin, daß der Kommunismus sich »als Retter des liberalen Kapitalismus« erwiesen habe! Erst die Oktoberrevolution habe den kapitalistischen Ländern den Anstoß gegeben, »sich selbst zu reformieren« und, mehr noch, »den orthodoxen Glauben an die freie Marktwirtschaft zu revidieren«. Somit wären also alle Resultate einer hundertjährigen Arbeiterbewegung, von den Gewerkschaften bis zur Sozialdemokratie, und dazu alle Resultate ziviler und demokratischer Bürgerbewegungen des Westens eigentlich der Wirkungsgeschichte der »russischen Revolution« gutzuschreiben – eine ebenso zweifelhafte wie geläufige Argumentation.

Gemeint sein kann hier höchstens *eine* soziale Forderung, in der die sozialen Bewegungen des Westens sich, wie es schien, am Osten orientieren konnten: der des »Rechts auf Arbeit«. Natürlich ließ sich das beliebig ausweiten: »Recht auf Wohnung – Recht auf Bildung – Recht auf freie Gesundheitsversorgung …« In Wahrheit waren diese scheinbar verständlichen und vielfach beschworenen Forderungen aber nur die letzten ökonomischen und gesellschaftlichen Fehlgedanken, die den Kommunismus als System ausgemacht haben. Denn jene erträumte gute Staatsmacht und »große Nährerin«, die den einzelnen Menschen ihr Lebensrisiko abnehmen sollte, versammelte damit bereits eine potentiell schrankenlose Kompetenz und Macht in ihren Händen. So muß einem universellen staatlichen »Arbeitgeber« – hier hat der Begriff seine wortwörtliche Bedeutung – zugestanden werden, mit den Arbeitskräften zu disponieren und *seinerseits* ein »Recht auf Arbeit«, ein staatliche Arbeitspflicht also, einzufordern. Und natürlich bedeutet das den Verlust des Streik- und Organisationsrechtes, da die

Hand, die füttert, nicht auch noch gebissen werden will. Gerade die Losungen des »Recht auf ...« stehen also im Zentrum jener großen sozialökonomischen – und dann lebenskulturellen und psychologischen – Regression, die das Resultat und zugleich die passive Bedingung einer kommunistischen Gesellschaftsordnung war.

Hans Magnus Enzensberger hat dazu 1982 eine ironische, aber ernstgemeinte Hypothese von der »Unterentwicklung als höchstem Stadium des Sozialismus« formuliert, die als Gegenperspektive zu der von Hobsbawm vorgetragenen Sicht des Jahrhunderts gelten kann: »Vielleicht ist es nicht nur so, daß unterentwickelte Gesellschaften sozialistische Regimes hervorbringen, vielleicht bringen umgekehrt sozialistische Regimes unterentwickelte Gesellschaftsformen hervor.« Als typische Phänomene einer solchen sozialistischen Unterentwicklung nennt Enzensberger unter anderem: Mangel und Vergeudung, Wertlosigkeit der Zeit, Desinformation, Unfähigkeit zur Innovation. Das alles sind aber keine Relikte einer alten Gesellschaft. Sondern der Begriff der »Unterentwicklung« bezeichnet in dieser Bestimmung eine aktive, über Jahrzehnte sich erstreckende Bemühung der führenden Partei und des Staates, die ihnen anvertraute Gesellschaft *unterzuentwickeln*.

Natürlich ließen sich die Länder des »real existierenden Sozialismus« nicht alle über einen Kamm scheren. In Ungarn, in Jugoslawien, in Polen und selbst in der DDR war auch lange vor dem Umbruch schon vieles anders als in der Sowjetunion, dem Urtyp einer kommunistischen Gesellschaft. Aber diese Abweichungen hatten damit zu tun, daß die herrschenden kommunistischen Parteien hier nicht die Mittel und die Zeit besaßen, um die Gesellschaft in ähnlicher Weise totalitär zuzurichten, wie das in der Sowjetunion seit 1917 der Fall war. Hier, an der westlichen Peripherie des sozialistischen Lagers, waren die Einwirkungen von außen und die darauf beruhenden Erosionen am stärksten. Und schließlich hatte man alle Freiräume in einer Kette schwerer und teilweise blutiger Volksaufstände sauer erkämpft. Ausgefüllt wurden sie dann durch zivile Bürgerbewegungen und durch die Initiativen einzelner.

Ein Land allerdings ist weitgehend außerhalb des Kreises unserer Betrachtungen geblieben, das andere große Beispiel einer kommunistischen Staatsgründung in diesem Jahrhundert: China. Eine vergleichende Einbeziehung hätte den Rahmen dieses Buches gesprengt. Dabei ist China seiner politischen Verfassung nach bis heute das einzige bedeutende Land, das eine Volksrepublik unter Führung der Kommunistischen Partei geblieben ist. Andererseits hat es in den letzten zehn Jahren eine wirtschaftliche und soziale Umwälzung erlebt, die offenkundig auf einer ganz anderen, neuen Linie verlaufen ist. Mehr noch: In einem gewaltigen Entwicklungssprung scheint das politisch unreformierte, »kommunistische« China mit seiner wirtschaftlichen Dynamik die politisch reformierte, »kapitalistisch« gewordene Sowjetunion weit hinter sich zu lassen.

Sollte es etwa so sein, daß die chinesische Revolution in der Ära Mao Tse-tungs ihre späten Früchte trägt? Führt womöglich doch irgendein Weg von der »antibürokratischen« Kulturrevolution der Rotgardisten vor dreißig Jahren zum Wirtschaftswunder von heute? Oder ist die fortdauernde Macht der Kommunistischen Partei nur Mimikry und Fassade, die die Tatsache verdecken soll, daß das Land längst – um es in maoistischen Kategorien auszudrücken – »den kapitalistischen Weg geht«?

Weder – noch. Wenn sich China seiner politischen Verfassung nach kaum reformiert hat, so in sozialökonomischer Hinsicht viel früher und viel radikaler als die Sowjetunion. Deng Xiaoping war im Vergleich mit Gorbatschow der sehr viel entschlossenere Reformer. Mit einem Minimum an ideologischem Aufwand, der aus kaum mehr als einer Handvoll Sentenzen bestand, hat Deng das alte Reich im Laufe der achtziger Jahre wieder auf seine eigentliche, breite Grundlage gestellt: das Land, die Dörfer und die Bauern. Er hat die Volkskommunen als Zwangsverbände aufgelöst und den Bauern die Möglichkeit gegeben, wieder in ihren familiären und dörflichen Formen, jenseits staatlicher »Plan«-Diktate, zu wirtschaften, ihre Wirtschaften selbst zu modernisieren – und ihre Produkte auch selbst zu Markte zu tragen. Das taten die Bauern über Nacht und setzten damit ein enormes sozialökonomisches Potential frei. Eine sofort aufschießende ländliche Nebenindustrie verknüpfte sich mit einer städtischen Hinterhofindustrie und bildete die Grundlage für eine rasant aufstrebende, moderne Fertigungsindustrie, die zu einem großen Teil mit ausländischem Kapital installiert wurde. Das war die andere große Tat Dengs. Mit dem lakonischen Satz »Wir müssen unser Land der Welt zugänglich machen, das bringt keinen Schaden« betrieb er die Öffnung Chinas. Diese Kombination einer vom Land und von den Vorstädten ausgehenden Dynamik einer millionenfachen Kleinökonomie, die sich mit dem Weltmarkt verbindet, war ziemlich genau die Entwicklung, gegen die Stalin Ende der zwanziger Jahre am Ausgang der NÖP die Kollektivierungsrevolution entfesselt hat.

Hier zeigte sich allerdings noch etwas ganz anderes: Die Potentiale einer agrarischen oder handwerklich-industriellen, dörflichen oder städtischen Kleinproduktion waren in China offensichtlich sofort wieder aktivierbar. Das scheint nur damit erklärbar, daß die Experimente des maoistischen Ultrakommunismus trotz der immensen Verluste, die sie gefordert haben, durch ihre viel kürzere Dauer die alte landwirtschaftliche und handwerkliche Tradition Chinas im Kern nicht haben treffen können.

Das verweist auf einen grundlegenden Unterschied zwischen dem chinesischen und dem russisch-sowjetischen Kommunismus. Für Mao war der Kommunismus erklärtermaßen ein Mittel, um die »Wiederaufrichtung Chinas« zu betreiben.* Seine kaiserlichen Attitüden waren nicht gestellt. Er sah sich selbst durchaus als eine Art chinesischen Volkskaiser, der allerdings zu den extremsten Mitteln griff, um China in einem einzigen »großen Sprung nach vorn«

---

* Die Bildungsgeschichte Maos ist in dieser Hinsicht äußerst aufschlußreich. Der Sohn eines relativ wohlhabenden Bauern und Händlers – in russischen Kategorien ein wirklicher »Kulak« – lebte bis 1920 als verbummelter Student und Bibliothekar in einer Welt der Bücher, und zwar der alten Schriften Chinas. Wie er seinem frühen Biographen Edgar Snow erzählte, war er ein romantischer Monarchist und verschlang vor allem »Berichte über die Herrscher des alten China«. Erst im Winter 1920 bekam er die ersten marxistischen Schriften in die Hand – das ›Kommunistische Manifest‹, eine Schrift des von Lenin zum Renegaten erklärten Kautsky sowie eine kurzgefaßte ›Geschichte des Sozialismus‹. Andere Texte in chinesischer Sprache gab es auch gar

zur Industrie- und zur Weltmacht zu erheben. Er betrieb mit heiterer Miene die Säuberung der chinesischen Gesellschaft von allen »Feudalen«, »Konterrevolutionären«, »bürgerlichen Elementen«, »Lakaien des Imperialismus« und »korrupten Elementen«. In vieler Hinsicht waren seine terroristischen Methoden, die schon in einem zwanzigjährigen Bürgerkrieg angewandt worden waren, noch scheußlicher und – so absurd das klingt – »noch totalitärer« als die der Sowjetunion unter Stalin. Die entscheidende Neuerung waren die schon im »roten Stützpunktgebiet« in Jenan erprobten, oft tagelangen *öffentlichen* Tribunale und Hinrichtungen. Sie waren, in sowjetischen Kategorien betrachtet, alles auf einmal: Polizeiverhöre, Schauprozesse, Parteiversammlungen, Kritik-und-Selbstkritik-Rituale und Orwellsche »Haßwochen«. Es wurde vor großen Menschenmengen gefoltert und exekutiert, aber auch bereut und begnadigt. Wenn in der stalinistischen Sowjetunion der Terror im wesentlichen eine Sache der »Organe« blieb und sich in seinem wahren Ausmaß kaum enthüllte, so war im maoistischen China der Terror immer auch und vor allem eine massenpädagogische Veranstaltung der Erziehung und der Abschreckung, die das Volk in einen blutigen Zwangszusammenhang verstrickte.

Dabei entsprachen die Zahlen der Opfer der Exekutionen oder die der Häftlinge des Laogai, des chinesischen Gulag, binnen kurzem denen der Sowjetunion in den Zeiten des Terrors, das heißt, sie waren absolut sehr viel höher. Aber das ungeheuerlichste Ereignis war der »große Sprung nach vorn«, der Versuch einer Industrialisierung »mit bloßen Händen«, der in einer beispiellosen Hungersnot endete, die von 1960 bis 1962 zwischen zwanzig und

---

nicht. Eher durch Zufall stieß Mao, wie er freimütig einräumte, 1921 zu einem der Gründungszirkel der KP Chinas. Daß er überhaupt beschloß, Kommunist zu werden, kann am Marxismus im strikten Sinne kaum gelegen haben. Offensichtlich verband Mao mit dem Begriff von vornherein ganz eigene Vorstellungen. Die Errichtung der Sowjetmacht in Rußland habe ihm gezeigt, sagte er Snow, daß es einer grundstürzenden Revolution und eines Bürgerkrieges bedürfe, um eine zusammengebrochene Nation wieder aufzurichten; und daß es »die Pflicht des ganzen Volkes sei«, an der Rettung Chinas teilzunehmen. Ganz deutlich war das Ziel des Sozialismus dem der Wiederaufrichtung Chinas als altem Reich und großer Nation untergeordnet.

vierzig Millionen Menschen das Leben gekostet hat. Und wenig später folgte das kaum weniger ungeheuerliche Ereignis der »Kulturrevolution«, als Mao Tse-tung es verstand, die reale Opposition in der Partei, die ihn fast entmachtet hatte, durch einen Appell an die von Lin Piao geführte Armee und an die Jugend zu zerschlagen – um den Preis, daß das ganze Land in einen wirren Bürgerkrieg von Rotarmisten gegen Rotarmisten, Armee gegen Armee, Arbeiter gegen Arbeiter gestürzt wurde, der noch einmal Millionen Menschen den Tod brachte und Industrie und Landwirtschaft an den Rand des Zusammenbruchs trieb.

Aber das alles blieben, wie sich herausstellte, »Stürme am Wolkenhimmel« eines einzigartigen, dreitausendjährigen Reiches, dessen Grundkonstitution etwas Unerschütterliches zu haben scheint. Wenn die Ära Maos – dem ›Schwarzbuch‹ zufolge – insgesamt 65 Millionen Chinesen das Leben gekostet hat, so entspricht das als soziale Katastrophe etwa der Taiping-Rebellion des 19. Jahrhunderts, die sogar noch gewaltigere Bevölkerungsverluste mit sich gebracht hatte. Man hat Mao – wie Lenin – mumifiziert und ins Mausoleum gelegt. Aber der Maoismus, der in einer historisch völlig präzedenzlosen Weise fast ein Jahrzehnt lang die *gesamte* geistige Produktion des Landes monokulturell beherrscht hatte, verblich beinahe an demselben Tag im Jahre 1976, an dem Mao starb (und ein Erdbeben das Land erschütterte). Das ganze, blutige Experiment des Maoismus ist, so scheint es, an China nahezu spurlos vorübergegangen. Wenn es einen Zusammenhang mit dem Wirtschaftsaufbruch der letzten zehn Jahre gibt, dann nur in dem Sinne lange aufgestauter oder fehlgeleiteter sozialer Energien.

Der Unterschied zur Sowjetunion könnte größer kaum sein. Der Versuch der Bolschewiki, auf dem Boden des alten Russischen Reiches eine neue »Union der Sozialistischen Sowjet-Republiken« zu begründen, blieb letzten Endes ein anachronistisches Unternehmen. Sie hatten *tatsächlich*, wie einige weiße Konvertiten 1920 feststellten, »mit roten Händen die weiße Sache« vollbracht. Auf die Dauer erwies es sich als unmöglich, dieses vollkommen heterogene, erst im 18./19. Jahrhundert zusammengezimmerte Großreich

413

von Moskau aus zu verwalten und zu ordnen. Und das von der Sowjetunion im Zweiten Weltkrieg eroberte erweiterte Imperium war erst recht unhaltbar. So sind ungeheure Kräfte und Mittel an ein letztlich sinnloses Unternehmen verschwendet worden. Deshalb ist die Sowjetunion zusammengebrochen, China jedoch nicht.

Das Regime der Kommunistischen Partei Chinas ist in Wirklichkeit längst zu etwas ganz anderem geworden. Es geht »den kapitalistischen Weg«, hat aber den Machtapparat der Partei ganz mit dem des Staates verschmolzen und behält einen Rest von Sozialismus in Form von Planbehörden, verstaatlichten Industrien und Infrastrukturen bei. Sie wahrt, wenn nötig, brutal – wie in Tibet oder Sinkiang – die Einheit des Reiches und betreibt mit großer Hartnäckigkeit die Wiedereingliederung der abgetrennten Teile, zunächst Hongkongs. Ob sich Hongkong allerdings China oder ob sich nicht am Ende China Hongkong angeschlossen hat, das ist noch die Frage.

Die Geschichte des Kommunismus, haben wir gesagt, läßt sich nicht in erster Linie als die einer »Idee«, einer »Ideologie«, einer »Illusion« oder eines »Wahns« beschreiben. Natürlich bedeutet das nicht, daß diese keine Rolle gespielt hätten. Sie haben ganz im Gegenteil eine entscheidende Rolle gespielt. Doch sie füllten sich – vielfach entgegen dem Bewußtsein ihrer Akteure – mit sehr viel handgreiflicheren, praktischeren Zielen und Zwecken auf. Ihr systematischer Stellenwert für ein Verständnis der kommunistischen Gesellschaftsformationen ist der einer »überschießenden« Motivation. Dieses überschießende Element kann nicht weggestrichen werden, und es läßt sich auch nicht interpretatorisch in einen »sozialen Naturprozeß« und damit wieder in Sozialgeschichte auflösen. Sondern das »überschießende« ideologische Element der kommunistischen Massenbewegungen führt uns in Verbindung mit einer Sozial- und Kulturgeschichte der konkreten Länder erst in die Sphäre des eigentlich Extremistischen und Totalitären, das sie ausgezeichnet hat.

Schon die politische Verfassung dieser Bewegungen, und erst

recht die der von ihnen begründeten Staaten, läßt sich in Kategorien einer reinen Sozial- und Kulturgeschichte nicht erschließen. Ein ins Genialische und Kultische entrücktes Führertum verband sich mit einer Oligarchie, in der etwas von der Aura des Führers sich auf seine nächsten Schüler und Gefährten übertrug. Von den Oligarchen erster und zweiter Ordnung ging es in hierarchischer Stufenfolge und Verzweigung weiter zur Sphäre der verantwortlichen Kader, die die arbeitsteilige Nomenklatura ausmachten, also die wichtigen Posten von den Ideologiebeamten bis zu den Fachleuten besetzten, und von dort hinunter zu den einfachen, aber doch geschulten und mit einer gewissen Mikromacht ausgestatteten Parteisoldaten, deren Aufgabe es war, über den Transmissionsriemen der Massenorganisationen die breiten Massen anzuleiten und zu führen. Die fade, allzu sachliche Kategorie der »Bürokratie« greift hier viel zu kurz oder daneben. Eher könnte man diese Gesellschaften als ein System konzentrischer Kreise beschreiben, mit einem innersten Zirkel der Macht, der im Kreml oder in der Verbotenen Stadt wohnte und der die Sphäre des erleuchteten Wissens über den Lauf der Welt und den Hort des universellen Staatsgeheimnisses darstellte – während ganz an der Peripherie, sozusagen im Staubgürtel, die Ahnungslosen lebten, die jedoch irgendwann in den achtziger Jahren begannen, auf die Balkone ihrer Wohnbatterien Parabol-Antennen zu montieren und Kontakt zu der Welt »da draußen« aufzunehmen.

In der Gestalt des Führers hüllte sich die Partei in eine Aura des Kultischen, des Übermenschlichen oder des Übergeschichtlichen. Zahllose Helden- und Märtyrerkulte säumten die glorreiche Heerstraße, die diese Armee des Proletariats gezogen war, und bepflasterten nach und nach jeden Flecken des Landes. Man bedenke das Maß an Selbstüberhebung, wenn die Führer der Bolschewiki schon vor Lenins Tod damit begannen, die alten Städte des Reiches und bald schon alle Fabriken, Wohnquartiere, Schulen und Kindergärten nach *sich selbst* zu benennen. Sie waren Männer von vierzig oder fünfzig und gerade ein paar Jahre an der Macht.

Tatsächlich teilt sich die ganze Geschichte des realen Kommunismus in eine der hochmotivierten Parteikerne, deren Feldzüge zur Eroberung der politischen Macht und zur Umgestaltung der ihnen unterworfenen Gesellschaften scharfe voluntaristische und utopistische Züge trugen – und in die Geschichte der Objekte dieses Experiments, jener »Massen«, in deren Namen angeblich alles stattfand, was an ihnen vollzogen wurde, wenn sie nicht gerade jener »Handvoll Feinde des Volkes« angehörten, den unausrottbaren fünf Prozent, die immer von neuem liquidiert werden mußten.

Zwischen diesen Menschenopfern und den Hochmotivierten gibt es offensichtlich eine Verbindung, und wir haben schon eingangs darauf hingewiesen, daß von dem terroristischen Gestaltungswillen, der sich erstmals in der russischen Revolution zeigte, sowohl etwas Erschreckendes wie auch etwas Bezwingendes oder sogar Anziehendes ausging; so daß nicht nur der Zweck die Mittel heiligte, sondern vielmehr noch die terroristischen Mittel den Zweck, da sie von einer Unbedingtheit des Wollens kündeten, hinter dem sehr starke Motive stehen mußten.

Diese genuine Verführungskraft einer totalitären Gewalt führt zurück an die dunklen Quellen aller Religion – eines Numinosen, das sich ursprünglich gerade aus dem Menschenopfer und dem Schrecken vor einem Dämonisch-Göttlichen speiste. In einer Zeit, die nach dem Zerfall der alten Weltordnung, und mit ihr auch der meisten Formen traditioneller Gläubigkeit und Bindung, nach neuer Orientierung, Sinnstiftung und Zusammenfassung strebte, war ein solcher unbedingter Gestaltungswillen, der keine Opfer scheute, weil er sich vom objektiven Gang der Geschichte getragen fühlte, ein Magnet, auf den sich viele Späne ausrichteten. Gerade die Opfer waren der Beweis dafür, daß es hier ums »Ganze« ging, um etwas historisch »Erstmaliges« und zugleich auch »Letztes«, um einen geschichtlichen Durchbruch aus einer grauen Vorzeit in eine völlig neue, lichtere Menschheitsepoche.

Kurzum, die religiösen Konnotationen sind nicht zu übersehen. Und wenn man die kommunistischen Bewegungen einmal unter diesem Gesichtspunkt betrachtet, dann findet man eine unendliche Fülle von Attributen und Assoziationen, die sie fast wie eine neue

Kirche aussehen ließen, anfangs mehr protestantisch-ketzerischer Provenienz, bald dann schon, wie im Zeitraffer, katholisch-traditioneller Manier. Man findet Propheten und Märtyrer, Prediger und Gläubige, Lehre und Exegese, Riten und Katechismen, Eucharistie und Gebet, Beichte und Reue. Aber das alles sind nur *Analogien*. Sie verweisen auf eine Ähnlichkeit der psychischen Energien, die mit einfließen – oder, anders herum, auf die Leerstelle, die der Verlust der Religion als Heilsgewißheit im Seelenhaushalt der einzelnen wie auch der Gesellschaft hinterlassen hat.

Zeitgeschichtlich konkreter scheinen mir die Bezüge auf jenen Geist des Fin de siècle, worin alle Heils- und Unheilserwartungen einer modernsten Moderne haarscharf nebeneinanderlagen und Nietzsches »Gott ist tot« sich mit einer frenetischen Suche nach dem »Übermenschen« in jeglicher Gestalt verband. Die geistig-psychischen Quellgebiete des modernen Kommunismus findet man am ehesten wohl in diesen apokalyptischen Zeitströmungen – mehr jedenfalls als im »Marxismus«, der längst schon eine recht feste, traditionelle und allzu bieder-erfolgreich im gesellschaftlichen Diesseits wirkende Gestalt angenommen hatte: die der Sozialdemokratie, der Gewerkschaften und des breiten Feldes proletarischer Lebenskultur. Dort fehlte genau das Element der »Transzendenz«, in dem Ernst Nolte das Scharnier von Marxismus und Kommunismus sehen wollte. Dieses Element fand Lenin aber schon nicht mehr im bloßen Gang der kapitalistischen Ausbeutung, sondern im völkerverschlingenden Geist des modernen Imperialismus und seiner Epiphanie im Weltkrieg. Und die Figur des Retters, die dagegen aufgeboten wurde, war ein neoantiker Proletarier im Rock des Soldaten, ein neuer Prometheus, ein roter Riese, ein proletarischer Sankt Georg, der sozialistische Übermensch. Der Kommunismus war insoweit immer auch ein Kult des MENSCHEN (in Großbuchstaben), von dem Gorki früh gekündet hatte. Die Selbstverherrlichung der Partei in der Gestalt ihres Führers trug alle Züge eines modernen Götzenkultes. Und nicht falsch waren die Assoziationen vieler – gerade religiös empfindender – Zeitgenossen wie Mereschkowski, die das phantastische Projekt des von Tatlin entworfenen »Turms der Internationale« im Jahre 1920, inmitten einer vollkommen devastierten Gesellschaft, mit dem Turmbau von Babel verglichen.

All diese Elemente einer religionsartigen Höchstmotiviertheit betreffen allerdings immer nur die Formationsgeschichte des inneren Parteikernes und die starke Anziehungskraft, die die kommunistischen Bewegungen in verschiedenen Ländern, vor allem in Situationen gesellschaftlicher Krisen und Erschütterungen, auf ein Umfeld meist jugendlicher Aktivisten ausgeübt haben, die sich unter ihre Fahnen stellten. Betrachtet man – am russischen Beispiel – die Transformation des ursprünglichen, im Feuer des Bürgerkrieges gehärteten Parteiordens in eine reguläre Staatsklasse, so kommen sofort andere, viel irdischere und konkretere Motive mit ins Spiel: solche eines Dranges nach beruflicher Tätigkeit und Karriere, nach Bildung und persönlicher Emanzipation oder eben nationale Gefühle und imperiales Machtstreben.

Auch diese waren natürlich der Überhöhung fähig und bedürftig. Ohnehin gab und gibt es eine »Religion der Nation«, die im 20. Jahrhundert auf vielfältige und organische Weise mit der des Sozialismus verschmolzen ist, besonders intensiv in den kommunistischen Parteien. Und es gab eine Religion der modernen Wissenschaften und der Technik; eine Religion der Jugend und ihrer Erziehung; eine Religion der Emanzipation der Frau, die sich »die andere Hälfte des Himmels« zu erobern habe. All das ist im Zuge der kommunistischen Staatsgründungen in die politische Staatsreligion mit eingeflossen. Und solange diese Staatsgründungen noch die Aura einer großen geschichtlichen Bewegung und eines Aufbruchs hatten, solange konnten sie tatsächlich alle derartigen Motive eines Strebens nach »Transzendenz«, nach einer Überwindung des eng gewordenen Horizonts der grauen Gegenwart, oder auch Motive einer Flucht aus der »Kontingenz«, der Zufälligkeit einer bloß individuellen Existenz, für sich mobilisieren. Und nur auf dieser Basis war dem Zirkel der politischen Führer der »Griff nach dem Totum«, nach einer totalitären Zertrümmerung der alten und der Formierung einer neuen Gesellschaft, überhaupt möglich.

Aber – dieser Griff ist nie gelungen. Die das Projekt einer totalitären Zurichtung der Gesellschaft betrieben, fühlten noch in den Enthusiasmen, die ihnen zuflossen, den Stoff eines gefährlichen Selbstbetätigungstriebes der Menschen und eine Reichhaltigkeit der Lebensinteressen, die potentiell gefährlich war. Und daher richteten sich ihre terroristischen Säuberungen gerade auch gegen die Enthusiasten des Aufbruchs und Umbruchs. Der Große Terror war eine einzige Bartholomäusnacht unter den wahren Gläubigen.

Andererseits dürfte ein großer Teil der zwangskollektivierten Bevölkerung – ich habe ihn den »helotischen« genannt – ganz außerhalb dieser »Religion« gelebt haben. Zwar gehörten deren Riten, Floskeln und Feiertage zwangsläufig zu ihrem Alltag; und da es religiöse oder traditionelle Festtage nicht mehr gab, feierte man eben die aus dem kommunistischen Mythenkalender entsprungenen, redete sich mit Genosse und Genossin an und sang dazu die Revolutionshymnen. Aber bedeutende Motivationsströme sind daraus schwerlich geflossen (außer im Vaterländischen Krieg, als die Hymnen und Insignien des Kommunismus für einen Augenblick zu solchen der Nation wurden). Dieses ganze, völlig außerhalb der offiziellen Politik stehende Segment der Gesellschaften des »realen Sozialismus« mit seinen störrischen, unterirdischen Formen der Verständigung und Selbstbehauptung ist wahrscheinlich bis heute viel zu wenig berücksichtigt worden. Man findet es nur in einigen Erinnerungsberichten und in den Erzählungen mancher Schriftsteller.

Das Gegenstück dazu ist der totale Zynismus im Zentrum der Macht. Man muß sich schon sehr bemühen, in den internen Schreiben Lenins, Dzierzynskis oder Trotzkis aus den Jahren des Bürgerkriegs den »heiligen« Furor oder »göttlichen Funken« eines Strebens nach Neustiftung der Gesellschaft aus dem Geiste der Vernunft zu finden, der in so prononcierter Form ihre veröffentlichten Schriften oder rhetorischen Höhenflüge durchzieht. Hier, in ihren handgeschriebenen Notizen, weht ein ganz anderer Wind. Wenn man den Briefwechsel zwischen Stalin und Molotow aus den Jahren 1925 bis 1936 oder die Memoiren Chruschtschows liest, wird man wieder einmal die intuitive Klugheit Hannah Arendts bewundern, die schrieb: »Freiheit vom Inhalt der eigenen Ideologie charakterisiert die innerste Schicht der totalitären Hierarchie.« Tatsächlich befindet man sich schlagartig in einer Welt des kältesten Agnostizismus mit einer grenzenlos zynischen Sicht auf die Menschen. Und die bis ans Kannibalische reichende moralische Depravation, mit der man sich auf dem Höhepunkt der Stalinära gegenseitig ans Messer lieferte, beerbte, verhörte, verhaftete und, wenn es sein mußte, folterte oder vergiftete – wo bringt man dieses Phänomen historisch-hermeneutisch unter? Ich habe ein paar vorsichtige Erklärungen geliefert. Und halte es ansonsten mit dem Satz Freuds: »Die Unsittlichkeit hat zu allen Zeiten an der Religion keine mindere Stütze gefunden als die Sittlichkeit.«

Wenn mir die Deutungsmuster einer »politischen Religion« näher sind als die einer strikten Ideologiegeschichte, dann deshalb, weil hier die Elemente des Psychologischen, des Irrationalen, des Apokalyptischen und des Regressiven sehr viel mehr Platz finden. Nicht umsonst beginnt Eric Voegelins 1938 verfaßte Reflexion über die ›Politischen Religionen‹ im alten Ägypten dreitausend Jahre vor Christus. Und es sollte nicht vergessen werden, daß es zu den Kulturleistungen der modernen Religionen gehört, daß sie die archaischen Menschenopfer durch symbolische Handlungen oder, wie im Christentum, ein für allemal durch das Sühneopfer von Gottes Sohn abgelöst haben. Damit ist jedenfalls klar, daß alle Beschwörungen des »religiösen« Charakters der totalitären Bewegungen mit ihren Blutkulturen und Menschenopfern von tiefen geschichtlichen Regressionen und modernen Archaismen handeln.

François Furets ›Das Ende einer Illusion‹ nimmt demgegenüber eine merkwürdige Zwischenposition ein. Ihm zufolge war der Kommunismus im wesentlichen die Erneuerung der großen »Illusion« vom Sinn der Geschichte als einer zwangsläufigen Verwirklichung der historischen Vernunft, wie sie zum ersten Male in der Französischen Revolution, so schien es, zur materiellen Gewalt wurde und die Massen ergriff. In der russischen Revolution habe diese »Illusion« in potenzierter Weise Auferstehung gefeiert – gestützt auf die

420

tiefe Enttäuschung über die nicht eingelösten Versprechen jener »Freiheit, Gleichheit, Brüderlichkeit«, die das Bürgertum wohl fordern und denken, aber selbst nicht repräsentieren und realisieren konnte.

Furet war klug genug zu sagen, daß es ihm nicht »um die Geschichte des Kommunismus« ging, sondern »um die Geschichte der Illusion des Kommunismus, solange diese durch die Sowjetunion Bestand und Vitalität hatte«. Diese Illusion erschien ihm jedoch derart wirkungsmächtig, daß »sie erst durch einen radikalen Widerruf der Geschichte ein Ende finden konnte«, durch die Auflösung der Sowjetunion und des um sie gescharten sozialistischen Lagers. Insofern ginge die Geschichte des Kommunismus also letztlich doch zu einem wesentlichen Teil in der Wirkungsmacht seiner »Idee« auf. Furet spricht von ihr als einer »Illusion« in dem Sinne, in dem Sigmund Freud die Religion als »Illusion« bezeichnet hat, nämlich als die naiv-magische Verwandlung der elementaren Gebote der menschlichen Zivilisation in scheinbar göttliche Gebote. Furet meint mit der »Illusion« des Kommunismus also eine säkulare Religion der Vernunft, der Geschichte und der Revolution.

Man muß sich allerdings entscheiden, ob man von einem genuinen Streben nach einer vernunftgeleiteten, wissenschaftlich begründeten Gesellschaftsordnung spricht oder nicht vielmehr vom Kult einer angemaßten Vernunft und Wissenschaftlichkeit, die sich sehr schnell als höchste Form des modernen Aberglaubens und des magischen Denkens erweist. Dann befinden wir uns in Wirklichkeit aber in der Sphäre einer gesteigerten Irrationalität, in der der Schlaf der Vernunft Ungeheuer gebiert. Keiner der modernen Obskurantismen und Okkultismen, keine Rassen- und Weltverschwörungstheorie, die sich nicht darauf berufen hätte, wissenschaftlich bewiesen zu sein. Und kaum eine große wissenschaftliche Erkenntnis, die nicht für obskure politische Zwecke mißbraucht worden wäre.

Ideologiehistoriker neigen generell dazu, die Bindekraft der großen geschichtlichen Ideologietransfers zu überschätzen. Tatsächlich meinte »Marxismus« in Rußland – wie Marx noch zu

Lebzeiten recht beunruhigt festgestellt hat – von Beginn an etwas ganz anderes als in Deutschland und in England wieder etwas anderes als in Frankreich. In China wurde er erst recht überformt und »sinisiert«. Schon zwischen den »Klassikern« des Marxismus-Leninismus herrschte, rückblickend betrachtet, mehr ein Verhältnis von wilder Aneignung und Ausschlachtung als von theoretischer Kontinuität. Wenn man eine historische Genealogie aufmachen wollte, dann müßte sie nicht heißen: Marx zeugte Lenin, Lenin zeugte Stalin, Stalin zeugte Mao, sondern – Lenin enteignete Marx, Stalin mumifizierte Lenin, Mao verdrängte Stalin.

Noch prekärer ist das Verhältnis zwischen den theoretisierenden Parteiführern und ihren kämpferischen Gefolgschaften. Mir scheint es generell eine abwegige Annahme, daß Menschen, weil sie in ihrem Leben diese oder jene Schrift gelesen oder Schulung bekommen haben, ein für allemal »Marxisten«, »Kommunisten« oder »Bolschewiki« geworden seien, so daß die angelesene »Überzeugung« auch das ganze Ensemble ihrer sozialen Ziele, ihrer Lebensvorstellungen und Verhaltensweisen bestimmen müsse. In Wirklichkeit handelte es sich bei den Führern, Kadern und Aktivisten der Bolschewiki immer noch um Bauernsöhne oder Bürgertöchter, Kosmopoliten oder Bodenständige, Facharbeiter oder Feldwebel, Ingenieure oder Ideologen, Russen oder Juden, Georgier oder Sibirier, Städter oder Provinzler, Junge oder Alte, Männer oder Frauen. Das Sein bestimmte ganz wesentlich das Bewußtsein. Dieses Sein hatte nicht mit dem Eintritt in die Partei begonnen, und es wurde auch danach nicht ausschließlich über die Partei definiert. Letzten Endes dienen alle Ideologien und Doktrinen, bewußt oder unbewußt, der Legitimation eigener Ambitionen, in die materielle Interessen und psychische Bedürfnisse, individuelle und kollektive Größenphantasien, altruistische Impulse ebenso wie kriminelle Energien eingehen. Das gilt allerdings auch für die westlichen Kommunisten und Sympathisanten der östlichen Regime. Von ihnen handelt Furets Buch eigentlich (und das über weite Strecken sehr erhellend).

Ist man damit also am Ende doch wieder bei der Sozial- und Strukturgeschichte angelangt? Daß es an solchen Forschungen entscheidend mangelt, für die jetzt erst zuverlässiges empirisches Material zur Verfügung steht, ist keine Frage. Nur ist aus ihnen allein der Interpretationsrahmen, in dem sie fruchtbar werden können, nicht zu gewinnen.

Wenn ich mich in dieser Darstellung an mehreren Stellen mit den sogenannten Revisionisten unter den westlichen Sowjetforschern kritisch auseinandergesetzt habe, dann weil in ihren akademischen Arbeiten eine Fülle potentiell erhellenden Materials in einen ebenso schiefen wie engen Interpretationsrahmen hineingepreßt worden ist. Das selbstgewählte Label einer »revisionistischen« Schule ergibt sich ja aus einer sterilen polemischen Frontstellung gegen die »Totalitarismustheoretiker«. Dabei produziert man das Fehl- und Mißverständnis, das man bekämpfen will, zuallererst einmal selbst. Dieses Fehl- und Mißverständnis besteht darin, daß »totalitäre« Macht als ein tatsächlicher *Zustand* oder ein vollendetes *System* lückenloser, monolithischer, ideologisch begründeter, von oben nach unten verlaufender Herrschaft dargestellt wird. Damit wird ein Popanz aufgebaut, der dann ein ums andere Mal »widerlegt« wird.

Natürlich haben die »Totalitarismustheoretiker« so etwas kaum jemals behauptet – ganz abgesehen von der Frage, ob es eine solche »Theorie« überhaupt gab. Was es gab, waren sehr unterschiedliche Versuche, das historisch Neuartige der faschistischen und kommunistischen Bewegungen zu erfassen. Hannah Arendt hat das in den eindrücklichen Satz gefaßt: »Das Entsetzen gilt nicht dem Neuen schlechthin, sondern der Tatsache, daß dies Neue den Kontinuitätszusammenhang unserer Geschichte und die Begriffe und Kategorien unseres politischen Denkens sprengt.«

Dieses »Neue« war für sie selbst allerdings ganz eindeutig der Nationalsozialismus. Sie begann ihr Buch über ›Elemente und Ursprünge totaler Herrschaft‹ 1944, als sich die Nachrichten aus Europa über den Judenmord der Nazis zur Gewißheit verdichteten. Sie eröffnete ihre Darstellung deshalb mit dem Antisemitismus, der ihr als Schlüssel zum gesamten Phänomen galt. Erst sehr viel später, 1948/49, versuchte sie das, was man mittlerweile über den Stalinismus wußte, mit dem typologisch zu vergleichen, was sie selbst und andere über den Nationalsozialismus und die faschistischen Bewegungen herausgefunden hatten. Aber ihr ganzes aus der Geschichte der völkischen und antisemitischen Bewegungen gewonnenes Modell – vom Bündnis des durch den modernen Imperialismus produzierten »Mobs« der »Massen« oder »Spießer« mit Demagogen aus den alten Eliten – paßte nicht recht auf die Geschichte der kommunistischen Bewegungen. Daraus ergeben sich viele anschließende Schiefheiten. Daß es trotz allem ein Buch voller kühner und erhellender Einsichten geworden ist, liegt an der Autorin und betrifft in der Hauptsache die Fragen, die ihr lebensgeschichtliches Hauptthema waren: der Nationalsozialismus, die bürgerliche Gesellschaft und die darin »verborgene Tradition« der jüdischen Geschichte.

Entsprechendes gilt für (fast) alle, die über »totalitäre Bewegungen« oder Formen »totaler Herrschaft« nachgedacht haben: nämlich daß sie ihr eigentliches Instrumentarium an den faschistischen Bewegungen und vor allem am Nationalsozialismus entwickelten. Das gilt auch für die bekannten »sechs Punkte«, mit denen der aus Deutschland emigrierte Carl Joachim Friedrich zusammen mit dem polnischen Emigranten Zbigniew Brzezinski totalitäre Diktaturen – im Unterschied zu demokratischen Staaten oder bloß autoritären Diktaturen – charakterisiert hat. Demnach zeichnen sie sich durch folgende Merkmale aus: eine offizielle Ideologie mit chiliastischem Charakter; eine alleinregierende Partei, die von einem Führer geleitet wird; das Monopol aller wichtigen Waffen; das Monopol aller Massenkommunikationsmittel; ein System terroristischer Polizeiherrschaft; eine zentral gelenkte Wirtschaft. Diese sechs Punkte markieren in der Tat so etwas wie den kleinsten gemeinsamen Nenner – und wirken gerade deshalb sowohl mit Blick auf den Nationalsozialismus wie mit Blick auf den Stalinismus eher harmlos.

Die hartnäckige Legende, die »Totalitarismustheorien« seien

vornehmlich Instrumente des Kalten Krieges und des Antikommunismus gewesen, erledigt sich angesichts dessen von selbst. Tatsache ist, daß die ersten wissenschaftlichen Darstellungen, die die *sowjetische* Geschichte systematisch unter dem Gesichtspunkt des Totalitarismus – als Kombination von Ideologie und Terror – darzustellen begannen, überwiegend in den sechziger und siebziger Jahren geschrieben wurden. Bis dahin war das fast ausschließlich eine Sache der Renegaten- und der frühen Dissidentenliteratur. Die Arbeiten von Bertram D. Wolfe, Robert Conquest, Richard Pipes, Adam B. Ulam, Leonard Schapiro, Robert C. Tucker, Alain Besançon und anderen sind natürlich auf unsicherer Materialbasis geschrieben. Aber was man ihnen allenfalls vorwerfen kann, ist – außer den mythisch überhöhten Zahlen, die dem Bewußtsein der Verfolgten entsprachen –, daß sie den Begriff des »Totalitarismus« allzu statisch und politologisch auffaßten und verwendeten. Anders gesagt, sie griffen zu kurz.

Die »Revisionisten« als die Jungtürken der Zunft und als Kinder der Entspannungsperiode haben sich im Gegenzug einer recht systematischen Untertreibung des Terrors befleißigt und versucht, das Totalitäre des Systems überhaupt in Frage zu stellen. Aber viele, sogar die meisten der chaotischen Züge des stalinistischen Systems, die sie beschreiben, sind gerade Produkte seines – selbstverständlich illusionären – Anspruchs auf Gestaltung und Kontrolle des gesellschaftlichen Ganzen, also seines totalitären Charakters.

Ironischerweise verdanken sich viele der methodischen Irrtümer der »Revisionisten« derselben Ursache, die die frühen Theorien über den »Totalitarismus« für das sowjetische System nur beschränkt anwendbar machte: nämlich daß sie von den sehr viel avancierteren Arbeiten über den Nationalsozialismus und Faschismus abgezogen waren. Die »Revisionisten« sind – in den Kategorien der NS-Forschung gesprochen – die »Funktionalisten« der Stalinismus-Forschung. Doch was für die NS-Forschung wichtig und originell war, ist für die Stalinismus-Forschung im wesentlichen eben verfehlt. Es handelt sich um zwei völlig verschiedene

Projekte in zwei völlig verschiedenen Gesellschaften. Wollte man Forschungskategorien unmittelbar als deskriptive Begriffe verwenden, dann könnte man sagen: Hitler war ein manischer »Intentionalist«, der »funktionalistisch« mit den vorhandenen gesellschaftlichen Kräften rechnen und operieren mußte. Dagegen sind alle Versuche, im sowjetischen System der Stalin-Ära irgendwelche nennenswerten »Konflikte« zwischen »Fraktionen« der Partei oder der »Eliten«, zwischen »regionalen Apparaten« und dem »Zentrum« oder zwischen wem auch immer aufzuspüren und diese Konflikte als den eigentlichen Motor der Prozesse jener Jahre, einschließlich des Terrors, zu präsentieren, vergeblich.

Ich bin gerade umgekehrt der Meinung, daß die kommunistischen Regime dem Begriff einer »totalitären« Gesellschaft erstmals wirklich nahegekommen sind. Nicht als *Zustand* – das wäre Orwells ›1984‹ –, aber als *Ambition*, die aufs »Totum« zielte und die Gesellschaft, eben weil sie das nicht erreichen konnte, einer rasenden Folge von Säuberungen und Aderlässen unterzog. Diese innere Dynamik des Prozesses – der sich über eine Reihe von Stufen aufgebaut und die Gesellschaft an den Rand der Auflösung getrieben hat, bevor sie nach Stalins Tod in einen »posttotalitären« Zustand der Erschöpfung und langsamen Auflösung überging – habe ich in groben Zügen nachzuzeichnen und zu entschlüsseln versucht.

Während die asiatischen Kommunismen unter ihren eigenen historischen Voraussetzungen zu betrachten sind, läßt sich die Sowjetunion in der Ära Lenins und Stalins, was die Exzesse totalitärer Macht und terroristischer Menschenvernichtung betrifft, tatsächlich nur mit dem deutschen Nationalsozialismus angemessen vergleichen – als einem demselben europäischen Kultur- und Geschichtsraum angehörigen Phänomen. Es ist das unbestreitbare Verdienst der Autoren des ›Schwarzbuchs‹, dies durch eine Zusammenstellung von Tatsachen und Dokumenten so festgestellt zu haben, daß sich nur noch um den Preis einer selbstgewählten, zynischen Ignoranz darüber hinweggehen läßt.

Allerdings kann sich Geschichtsschreibung mit der »Überführung« und moralischen Verurteilung längst abgelebter historischer Akteure nicht begnügen.* Sie kann nicht der Vergangenheit posthum »den Prozeß machen«, sondern muß sich auf das – zugegeben, gefährliche – Unternehmen eines nachvollziehenden Verstehens einlassen. Andernfalls landet man, wie Stéphane Courtois in seinem Epilog »Pourquoi?«, dabei, die Verbrechen der Kommunisten aus einer »kriminogenen Ideologie« abzuleiten – was in seiner tautologischen Schlichtheit an Daniel Goldhagen erinnert, für den der Judenhaß vom Antisemitismus kam, so wie für Fritz Reuters Onkel Bräsig die verbreitete Armut von der allgemeinen Powreth.

Tatsächlich ist die Diskussion um das ›Schwarzbuch‹ in erster Linie eine Frage der Selbstverständigung einer westlichen intellektuellen Öffentlichkeit, deren eigene Erfahrungen mit kommunistischen Parteien und Staaten nur aus kurzen historischen Episoden oder ganz aus zweiter Hand stammen. Es geht eher um die einstige Faszination an den östlichen Experimenten und um die frenetischen Verurteilungen des »Antikommunismus« im Namen eines »Antifaschismus«, der zum universellen Vorwurf gegen die bürgerliche Gesellschaft geworden war; um die Aufarbeitung der neokommunistischen »Neuen Linken« nach 1968 und um die Romantiken des »weltweiten Befreiungskampfes« der siebziger Jahre, der in Kampuchea und anderswo in Massakern endete, die man negationistisch verleugnen wollte. Diese Selbstverständigung ist notwendig und überfällig – und ganz besonders in Deutschland, wo die Haltung zur Geschichte der kommunistischen Staaten in einer komplizierten Weise von der Beschäftigung mit dem Nationalsozialismus überlagert und oft narzißtisch verstellt oder verzerrt wird.

* Es soll betont werden, daß eine Reihe von Beiträgen des ›Schwarzbuches‹ – darunter die Hauptbeiträge von Nicolas Werth über die Sowjetunion und von Jean-Louis Margolin über China – diesen eng gesetzten Rahmen vielfach überschreitet und wichtige Hinweise zu den subjektiven Motivationen und den objektiven Handlungslogiken der Akteure enthält.

Das ›Schwarzbuch‹ ist jedoch nicht aus einem Prozeß der gesellschaftlichen und historischen Selbsterforschung der postkommu-
nistischen Länder hervorgegangen. Gerade dort stößt eine solche
Diskussion sogar auf Ablehnung oder Widerstände – erst recht,
wenn sie von außen kommt und auf die Forderung eines »Tribunals« hinausläuft.

Das hat allerdings Gründe. Der Nationalsozialismus wurde
wegen seiner Menschheitsverbrechen verurteilt, nachdem er radikal besiegt wurde. »Nürnberger Tribunale« – oder auch Haager
Tribunale – sind nur möglich, wenn die Verantwortlichen tatsächlich einer internationalen Jurisdiktion im physischen Sinne unterworfen werden können. Dies wird aber nur dort der Fall sein, wo
auch das Völkerrecht berührt ist und wo die angeklagten »Verbrechen gegen die Menschlichkeit« sich gegen fremde Völker oder
gegen bestimmte, abgegrenzte Minderheitengruppen in ihren Grenzen gerichtet haben, für die sich jemand außerhalb zuständig
fühlte. So war es im Falle der »Istanbuler Prozesse« 1919/20 gegen
die Schlächter der Armenier, und so ist es jetzt im Falle des Haager
Tribunals gegen die Anstifter und Exekutoren der bosnischen
Massaker.

Dazu gehört die Tatsachenfeststellung an Ort und Stelle. Als die
Tore von Auschwitz geöffnet wurden, war das Grauen »frisch«
und es traf die Beobachter als Schock. Und dann gab es eben einen
Nürnberger Prozeß und etliche Folgeprozesse, in denen die Tatsachen festgehalten und festgestellt wurden und in denen die ganze
Welt – bis hin zur Vernehmung Eichmanns in Jerusalem – die Phy-
siognomie und den Charaktertypus der Täter sehr genau studieren
konnte. Kurzum, es gab und gibt bis heute eine dichte und vielseitige Kontinuität der Überlieferung und der Verurteilung der nationalsozialistischen Verbrechen, die sich mit der historischen Distanz nicht abgeschwächt, sondern womöglich noch verstärkt und
intensiviert hat.

In der Sowjetunion begann im Jahre 1958 der entlassene Häftling Solschenizyn damit, neben eigenen Aufzeichnungen auch die
Berichte von Mitgefangenen und Angehörigen von Verurteilten zu

sammeln und in einem Erddepot zu verstecken. Gewiß, seit den sechziger Jahren findet sich auch hier eine zunehmend dichte und vielseitige Kontinuität biographischer Überlieferung, sachlicher Darstellung und wissenschaftlicher Analyse. Aber abgesehen von den zweifelhaften Geheimprozessen gegen Berija und eine Reihe seiner führenden Schergen nach Stalins Tod hat es bis heute keinen einzigen Prozeß gegen einen stalinistischen Massenmörder gegeben, und es wird ihn auch nicht mehr geben. Der Prozeß gegen die Kommunistische Partei der Sowjetunion endete 1993 als juristische Farce. Damit war aber mehr gescheitert als eine noch so beschränkte Schuldfeststellung und Sühne; damit war eine ganze Dimension des historischen Rechtsgefühls, man kann wohl sagen: endgültig, verlorengegangen.

Es gibt allerdings Gründe für dieses Scheitern einer politischen und juristischen Aufarbeitung, die auf den Charakter des Systems selbst zurückverweisen. Als ich im Herbst 1996 mit Lew Rasgon in Moskau sprach, der siebzehn Jahre im Lager verbrachte und – durch Zufall und wache Aufmerksamkeit – später Gelegenheit hatte, mit einigen an Massenerschießungen beteiligten Schergen der Stalinzeit zu reden, sagte er mir, daß er gegen sie keinen Haß mehr empfinde. Warum? Erstens waren es über die Jahrzehnte hinweg so viele, daß man gar nicht wüßte, wo anfangen und wo aufhören. Zweitens waren auch diese Leute in ein terroristisches System eingebunden und haben im Grunde nur durch Zufall überlebt. Und daß sie – anders als die Angehörigen des so gründlich untersuchten Hamburger »Reserve-Polizeibataillons 101« – im Falle einer Weigerung selbst erschossen worden wären, steht außer Frage.

Aber drittens, und das ist das Wichtigste, gab es auf dem Höhepunkt des Terrors kaum noch eine Regel, wer in welcher Weise zum Opfer wurde und wer nicht. Die Tatsache, daß es die einen traf und die anderen nicht, erhielt damit fast den Charakter eines Unglücksfalls, eines schicksalhaften Verhängnisses, eines Fatums. Das macht die Empörung im nachhinein fast abstrakt. Es ist *leichter*, mit denen, die als designierte Opfer aus einer Gesellschaft ausgegrenzt wurden, emphatisch mitzufühlen und sich von denen, die als »Täter«, »Mittäter« oder »Zuschauer« daran mitgewirkt haben, abzugrenzen – als eine Situation emotional noch einmal zu vergegenwärtigen, in der nachts die »Schwarzen Raben« ausschwärmten, um nach kaum nachvollziehbaren Kriterien aus dieser Straße oder jener Wohnung einen abzuholen, der irgendwie auf die Liste geraten war. Und das konnte eben buchstäblich jeder sein.

Diese *Universalität* des Terrors hat aber noch weiterreichende Folgen: Denn es ist eine geradezu unerträgliche und intellektuell kaum zu bewältigende Vorstellung, ein Volk könnte – aus seiner Mitte heraus – das alles »sich selbst« zugefügt haben! Eine forcierte Suche nach den Schuldigen neigt daher beinahe automatisch dazu, diese »draußen« zu suchen oder irgendwelche »inneren Feinde«, die in Wirklichkeit »Fremde« sind, verantwortlich zu machen. Und dafür liefert, so paradox es ist, gerade der sowjetische Freund-Feind-Kanon, der sich ohne weiteres mit älteren Verschwörungstheorien verknüpfen läßt, die nur allzu passenden Antworten: der Imperialismus, das Finanzkapital, die Kosmopoliten, die Zionisten, die Juden …

Alle noch so bewegenden literarischen Zeugnisse, enthüllenden Dokumente und schockierenden Beschreibungen können deshalb nichts daran ändern, daß nun alles im Morast einer anonymen historischen »Tragik« versinkt, die die Mörder und Gemordeten gleichermaßen umschließt. Der Wind der Geschichte hat sämtliche Orte des Schreckens verweht und die dort gemachten Erfahrungen in bloße »Literatur« verwandelt. Im Mai 1990 schrieb ich im Frankfurter ›PflasterStrand‹:

»Heute öffnen sich im Mutterland der Großen Sozialistischen Oktoberrevolution endlich die Archive. Und gleichzeitig öffnen sich die Gräber. Das ist ein geschichtlicher Moment von furchtbarer Intensität. Inmitten der mehr oder minder dichtbesiedelten Kerngebiete Rußlands – und keineswegs nur im hohen Norden und fernen Sibirien – ist der Archipel der Lager und »Sondergebiete« wie ein urzeitliches Monstrum aufgetaucht: eine Welt verfallener Wachtürme und Baracken, geisterhaft leerer Klöster und

Paläste, manchmal von überirdischer Schönheit. Und fast immer umgeben von regelmäßig angeordneten oder irregulär verstreuten Gräberfeldern ...

Aber niemand scheint mehr da, der diesen historischen Moment in seiner ganzen furchtbaren Intensität wahrnimmt. Oder jedenfalls erscheint das, was wahrgenommen wird, ungleich abstrakter, ferner, mysteriöser als die anderen Menschheitsverbrechen dieses Zeitalters. Es scheint, als sollte die Überlegenheit des Kommunismus über seinen primitiveren Gegenspieler, den Faschismus, darin noch einen letzten Triumph feiern.«

Anfang Mai 1995 war ich zufällig Zeuge, wie der mittlerweile verstorbene, unvergeßliche Lew Kopelew in der ihm eigenen hartnäckigen Weise einem russischen Radioreporter deutlich zu machen versuchte, daß der historische Sieg vom Mai 1945 für Rußland in Wahrheit eine geschichtliche Niederlage bedeutet habe, weil er nicht zur Selbstbefreiung führte, sondern die Sowjetunion in ein noch gewaltigeres Imperium verwandelte. Die Deutschen hätten aus ihrer Niederlage die besseren Konsequenzen gezogen. Ob der Reporter seinen Hörern diese bittere Einsicht des alten Kopelew übermittelt hat, weiß ich nicht.

Wie es eigentlich möglich war, daß die Bundesrepublik Deutschland sich in ihrer Nachkriegsgeschichte so vergleichsweise undramatisch in eine zivile Gesellschaft verwandelt hat, obwohl sie rechtlich und materiell auf dem geschleiften Fundament des Dritten Reiches aufbaute, das die äußerste Antithese einer Zivilgesellschaft darstellte, ist eine historisch bedeutsame Frage. Weder handelte es sich um eine gelungene »Reeducation«, noch kann etwa von einer moralischen Selbstläuterung die Rede sein. Die Wahrheit ist nüchterner. Am Anfang stand die Tatsache eines radikalen Scheiterns. Man hatte alles, aber wirklich alles auf eine Karte gesetzt, man hatte keine Verbrechen gescheut und sich die Menschheit zum Feind gemacht. Danach mußte etwas völlig Neues beginnen. Die Besatzung schuf den politischen Rahmen, die Marshallplanhilfen und die Montanunion lieferten die ökonomischen Anstöße. Und die Deutschen stürzten sich in den Wiederaufbau als die Hauptform ihrer »Vergangenheitsbewältigung«. Hannah Arendt bemerkte 1950 bei ihrem Besuch in der Bundesrepublik: »Beobachtet man die Deutschen, wie sie geschäftig durch die Ruinen ihrer tausendjährigen Geschichte stolpern und für die zerstörten Wahrzeichen nur ein Achselzucken übrig haben oder wie sie es einem verübeln, wenn man sie an die Schreckenstaten erinnert, welche die ganze übrige Welt nicht loslassen, dann begreift man, daß die Geschäftigkeit zu ihrer Hauptwaffe bei der Abwehr der Wirklichkeit geworden ist.«

Möglich war das allerdings nur, weil das Land zwar in Trümmern lag, die Gesellschaft als solche – zumindest als »Arbeitsgesellschaft« – jedoch intakt geblieben war. Gebäude kann man wiederaufbauen, Maschinen neu konstruieren. Akkumulierte Wissensbestände, eingespielte Arbeitsteilungen, soziale Differenzierungen, erworbene Berufshaltungen lassen sich nur unvergleichlich schwerer wiederherstellen.

Die Menschen in den Republiken der kollabierten Sowjetunion stehen genau vor dieser Aufgabe. Sie ist so präzedenzlos wie die Geschichte, die sie durchlebt haben. Meines Wissens war es Lech Walesa, der dafür die intuitive, erhellende Metapher gefunden hat: »Es ist leicht, aus einem Fisch eine Fischsuppe zu bereiten. Aber versuche mal, aus einer Fischsuppe wieder einen Fisch zu machen!«

Das ist mehr als nur ein Aperçu. Es besagt, daß eine Gesellschaft ein historisch entstandener, komplexer, lebendiger Zusammenhang ist, den man zwar verändern, aber nicht in toto »säubern«, »zerschlagen« und »neu erschaffen« kann. Der Kommunismus war bisher der radikalste Versuch in diese Richtung. Er ist zutiefst gescheitert.

LITERATURVERZEICHNIS

Die folgende Liste zählt nur die Buchtitel, Zeitschriftenbeiträge und Zeitungs-
artikel auf, die zitiert oder für die sachlichen Angaben unmittelbar verwendet
worden sind.

Akçam, Taner: Armenien und der Völkermord. Die Istanbuler Prozesse und die
    türkische Nationalbewegung, Hamburg 1996
Allilujewa, Swetlana: Zwanzig Briefe an einen Freund, Wien 1967
Altrichter, Helmut: Die Sowjetunion. Von der Oktoberrevolution bis zu Stalins
    Tod. Bd. I: Staat und Partei; Bd. II: Wirtschaft und Gesellschaft (zusammen
    mit Heiko Haumann), München 1987
Aly, Götz: »Endlösung«, Völkerverschiebung und der Mord an den europäischen
    Juden, Frankfurt/M. 1996²
Arendt, Hannah: Elemente und Ursprünge totaler Herrschaft, München – Zürich
    1986
– : Besuch in Deutschland (1950). In: Hannah Arendt, Zur Zeit. Politische Essays,
    Berlin 1986
Awtorchanow, Abdurachman: Das Rätsel um Stalins Tod, Frankfurt/M. 1984
Babel, Isaak: Die Reiterarmee. Hrsg., neu übersetzt und kommentiert von Peter
    Urban, Berlin 1994
– : Tagebuch 1920. Hrsg. von Peter Urban, Berlin 1990
– : Briefe 1925–1939. Hrsg. von Gerhard Hacker, Münster 1995
Baldajew, Dancik S.: Gulag-Zeichnungen, hrsg. von Hans-Peter Böffgen, Thees
    Klahn und Andrzej Klamt, Frankfurt/M. 1993
Barkai, Avraham: Das Wirtschaftssystem des Nationalsozialismus, Frankfurt/M.
    1988
Bauer, Johannes: ›Großer Terror‹ und ›Säuberungen‹ im Stalinismus.
    Eine Forschungsübersicht. In: Zeitschrift für Geschichtswissenschaft, H. 4,
    1997
Berdjajew, Nicolaj: Das neue Mittelalter. Betrachtungen über das Schicksal
    Rußlands und Europas, Tübingen 1950
Beyrau, Dietrich: Intelligenz und Dissens. Die russischen Bildungsschichten in der
    Sowjetunion 1917–1985, Göttingen 1993
– : Bildungsschichten unter totalitären Bedingungen. Überlegungen zu einem
    Vergleich zwischen NS-Deutschland und der Sowjetunion unter Stalin.
    In: Archiv für Sozialgeschichte 34, 1994

Bortoli, Georges: Als Stalin starb. Kult und Wirklichkeit, Stuttgart 1974

Bown, Matthew Cullerne: Kunst unter Stalin 1924–1956, München 1991

Brandt, Heinz: Die soziale Revolution des Nikita Sergejewitsch Chruschtschow. In: Entstalinisierung. Der XX. Parteitag der KPdSU und seine Folgen, hrsg. von Reinhard Crusius und Manfred Wilke, Frankfurt/M. 1977

Brandt, Sabine: Der Osten seines Herzens. Zum hundersten Geburtstag des Dichters und DDR-Kulturministers Johannes R. Becher. In: Frankfurter Allgemeine Zeitung, 22. 5. 1991

Brecht, Bertolt: Die Erziehung der Hirse. In: Gedicht 3, Frankfurt/M. 1960

Broszat, Martin: Nationalsozialistische Konzentrationslager 1933–1945. In: Anatomie des SS-Staates, Bd. 2, München 1965

Brovkin, Vladimir N.: New Tasks in the Study of the Russian Revolution and the Civil War. In: The Bolsheviks in Russian Society. The Revolution and the Civil Wars, ed. by Vladimir N. Brovkin, New Haven 1997

Bry, Carl Christian: Verkappte Religionen, Gotha – Stuttgart 1925

Bulgakowa, Jelena: Margarita und der Meister. Tagebücher, Erinnerungen, Berlin 1993

Bulgakowa, Oksana: Der Mann mit der Pfeife oder Das Leben ist ein Traum. Studien zum Stalinbild im Film. In: Führerbilder. Hitler, Mussolini, Roosevelt, Stalin in Fotografie und Film, hrsg. von Martin Loiperdinger, Rudolf Herz, Ulrich Pohlmann, München 1995

Bykau, Wassil: Stalins Logik: Feinde nicht ›durchfüttern‹. In: Der Spiegel, Nr. 42, 1988

Carlyle, Thomas: Helden und Heldenverehrung, Jena 1913

Carrère d'Encausse, Hélène: Risse im Roten Imperium. Das Nationalitätenproblem in der Sowjetunion, Wien u. a. 1979

Chardin, Teilhard de: Der Mensch im Kosmos. Hier zitiert nach: Rudolf Bahro, Die Alternative. Zur Kritik des real existierenden Sozialismus, Köln – Frankfurt/M. 1977

Chruschtschow erinnert sich. Hrsg. von Strobe Talbott, Reinbek bei Hamburg 1971 (Im Anhang: Geheimrede auf dem XX. Parteitag der KPdSU, April 1956)

Conquest, Robert: Der Große Terror. Sowjetunion 1934–1938, München 1992

– : The Harvest of Sorrow. Soviet Collectivization and the Terror-Famine, New York 1986

Courtois, Stéphane: Les Crimes du Communisme. In: Le Livre noir du Comunisme. Crimes, terreur et répression, hrsg. von Stéphane Courtois u. a., Paris 1997 (dt. Ausgabe: Das Schwarzbuch des Kommunismus, hrsg. von Stéphane Courtois u. a., München 1998)

– : Pourquoi? In: Ebenda

Deng Xiaoping: Die Reform der Revolution. Eine Milliarde Menschen auf dem Weg, hrsg. von Helmut Martin, Berlin 1988

Der Nationalsozialismus. Dokumente 1933–1945, hrsg. von Walther Hofer, Frankfurt/M. 1982 (869–950)

Dimitroff, Georgi: Arbeiterklasse gegen Faschismus. Bericht auf dem VII. Weltkongreß der Kommunistischen Internationale, Moskau 1935 (Reprint Bonn 1974)

434

Djilas, Milovan: Gespräche mit Stalin, Frankfurt/M. 1962

Dolezel, Stephan/Loiperdinger, Martin: Hitler in Parteitagsfilm und Wochenschau. In: Führerbilder. Hitler, Mussolini, Roosevelt, Stalin in Fotografie und Film, hrsg. von Martin Loiperdinger, Rudolf Herz, Ulrich Pohlmann, München 1995

Eckart, Dietrich: Der Bolschewismus von Moses bis Lenin. Zwiegespräch zwischen Adolf Hitler und mir, München 1924

Ehemalige Nationalsozialisten in Pankows Diensten (Dokumentation). Zusammengestellt und herausgegeben vom Untersuchungsausschuß Freiheitlicher Juristen. Dritte, ergänzte Auflage 1960

Ehrenburg, Ilja: Menschen - Jahre - Leben, Bde. I–III, München 1962

– : Menschen – Jahre – Leben, Bd. IV, Berlin 1990

Ennker, Benno: Die Anfänge des Leninkults in der Sowjetunion, Köln u. a. 1997

Enzensberger, Hans Magnus: Das höchste Stadium der Unterentwicklung. Eine Hypothese über den Real Existierenden Sozialismus. In: Transatlantik 7, 1982

– : Die Helden des Rückzugs. In: Frankfurter Allgemeine Zeitung, 9. 12. 1989

Etkind, Alexander: Eros des Unmöglichen. Die Geschichte der Psychoanalyse in Rußland, Leipzig 1996

Feuchtwanger, Lion: Moskau 1937. Ein Reisebericht für meine Freunde, Amsterdam 1937

Figes, Orlando: A People's Tragedy. The Russian Revolution 1891–1924, London 1996

Fitzgerald, Sheila: Constructing Stalinism: Changing Western and Soviet Perspectives. In: The Stalin Phenomenon, hrsg. von Alec Nove, New York 1992

– : How the Mice buried the Cat: Scenes from behind the Great Purges in 1937 in the Russian Provinces. In: The Russian Review 52, 1993

– : Stalin's Peasants. Resistance and Survival in the Russian Village after Collectivization, Oxford 1994

Fleischer, Helmut: Zur Historisierung des Sowjetsozialismus. In: Universitas, H. 7, 1989

– : Eine historisierende Betrachtung unseres Zeitalters. Zur Notwendigkeit einer epochenübergreifenden Betrachtung von Weltkrieg, Sowjetrevolution und Faschismus. In: Die Schatten der Vergangenheit. Impulse zur Historisierung des Nationalsozialismus, hrsg. von Uwe Backes, Eckhard Jesse, Rainer Zitelmann, Frankfurt/M. – Berlin 1990

– : Epochenphänomen Marxismus, Frankfurt/M. 1993

– : Marxismus: Sieg der Ideologie über die Ideologiekritik. In: Der Marxismus in seinem Zeitalter, hrsg. von Helmut Fleischer, Leipzig 1994

– : Lenin historisch lesen. In: Jahrbuch für Historische Kommunismusforschung 1994, Berlin 1994

Freud, Sigmund: Die Zukunft einer Illusion. In: Sigmund Freud, Kulturtheoretische Schriften, Frankfurt/M. 1974

– : Das Unbehagen in der Kultur. In: Ebenda

Furet, François: Das Ende der Illusion. Der Kommunismus im 20. Jahrhundert, München – Zürich 1996

– : Demokratie im 20. Jahrhundert und die Entwicklung der kommunistischen

Idee. Vortrag in der Johann-Wolfgang-Goethe-Universität in Frankfurt am 7. Mai 1996 (Manuskript)

Getty, J. Arch: Origins of the Great Purges: The Soviet Communist Party Reconsidered, 1933–1938, New York 1985

– : The Politics of Stalinism. In: The Stalin Phenomenon, hrsg. von Alec Nove, New York 1992

– : The Politics of Repression Revisited. In: Stalinist Terror. New Perspectives, hrsg. von J. Arch Getty and Roberta T. Manning, Cambridge 1993

Gábor T. Rittersporn / Viktor N. Zemskov: Victims of the Soviet Penal System in the Prewar Years: A First Approach on the Basis of Archival Evidence. In: The American Historical Review, No. 4, 1993

Ginsburg, Jewgenija: Gratwanderung, München – Zürich 1984

Goebbels, Joseph: Tagebücher 1924–1945. Hrsg. von Ralf Georg Reuth, München – Zürich 1993

– : Die zweite Revolution. Briefe an Zeitgenossen, Zwickau 1926

– : Michael. Ein deutsches Schicksal in Tagebuchblättern, München 1929

Goldhagen, Daniel: Hitlers willige Vollstrecker. Ganz gewöhnliche Deutsche und der Holocaust, Berlin 1996

Golomstok, Igor: Totalitarian Art in the Soviet Union, the Third Reich, Fascist Italy und the People's Republic of China, London 1990

Gorbatschow, Michail: ›Zurück dürfen wir nicht!‹ Auswahl der wichtigsten Reden M. S. Gorbatschows aus den Jahren 1984–1987, hrsg. von Horst Temmen, Bremen 1987

– : Perestroika. Die zweite russische Revolution. Eine neue Politik für Europa und die Welt, München 1987

Gorki, Maxim: Unzeitgemäße Gedanken über Kultur und Revolution, Frankfurt/M. 1972

– : Lénine, Paris 1925

– : Mit wem seid ihr, ›Meister der Kultur‹? In: Gorki. Ein Lesebuch für unsere Zeit, Weimar 1953

Grigorenko, Pjotr: Der sowjetische Zusammenbruch 1941, Frankfurt/M. 1969

Grossmann, Wassilij: Leben und Schicksal. Roman, München – Hamburg 1984

Groys, Boris: Gesamtkunstwerk Stalin. Die gespaltene Kultur in der Sowjetunion, München – Wien 1988

– : Die Erfindung Rußlands, München – Wien 1995

Günther, Hans: Der sozialistische Übermensch. Maksim Gor'kij und der sowjetische Heldenmythos, Stuttgart – Weimar 1993

Haffner, Sebastian: Der Teufelspakt. Fünfzig Jahre deutsch-russische Beziehungen, Reinbek bei Hamburg 1967

– : Anmerkungen zu Hitler, München 1978

Hass, Gerhart: 23. August 1939. Der Hitler-Stalin-Pakt. Dokumentation, Berlin 1990

Heberer, Thomas: Chinesischer Sozialismus = Sozialistischer Konfuzianismus? Der Widerstreit zwischen Tradition und Moderne. In: Nachdenken über China, hrsg. von Ulrich Menzel, Frankfurt/M. 1990

Hellbeck, Jochen: Fashioning the Stalinist Soul: The Diary of Stepan Podlubnyj
(1931–1939). In: Jahrbücher für Geschichte Osteuropas, H. 3, 1996

Hellebust, Rolf: Aleksei Gastev and the Metallization of the Revolutionary Body.
In: Slavic Review, No. 3, 1977

Heller, Michail: Geschichte der Sowjetunion, Bd. I: 1914–1939 (zusammen mit
Alexander Nekrich), Königstein/Ts. 1981

Hermlin, Stephan: Stalin. In: Aufbau, H. 12, 1949

–: Leben in Deutschland, als Kommunist. In: Stephan Hermlin, Traum der
Gemeinsamkeit. Ein Lesebuch, Berlin 1985

Hillgruber, Andreas: Sowjetische Außenpolitik im Zweiten Weltkrieg,
Königstein/Ts. – Düsseldorf 1979

–: (Hrsg.): Staatsmänner und Diplomaten bei Hitler. Vertrauliche Aufzeichnungen
1939–1941, München 1969

»Historikerstreit«. Die Dokumentation der Kontroverse um die Einzigartigkeit der
nationalsozialistischen Judenvernichtung, München – Zürich 1987

Hitler, Adolf: Sämtliche Aufzeichnungen 1905–1924, hrsg. von Eberhard Jäckel,
Stuttgart 1980

–: Mein Kampf, München 1925/1927

Hobsbawm, Eric: Das Zeitalter der Extreme. Weltgeschichte des 20. Jahrhunderts,
München – Wien 1995

Hodos, Georg Herrmann: Schauprozesse. Stalinistische Säuberungen in Osteuropa
1948–54, Frankfurt/M. – New York 1988

Holitscher, Arthur: Drei Monate in Sowjet-Russland, Berlin 1921

Holl, Adolf: Im Keller des Heiligtums. Geschlecht und Gewalt in der Religion,
Stuttgart 1991

Ionin, Leonid: Die unvollendete Biographie des Josef Stalin. In: Leonid Ionin,
Russische Metamorphosen. Aufsätze zu Politik, Alltag und Kultur, hrsg. von
Jan Wielgohs, Berlin 1995

Jerofejew, Wenedikt: Meine kleine Leniniade. In: Lettre International, Nr. 9 (1990)

Just, Arthur W.: Mit Ilsebill freiwillig nach Sibirien, Berlin 1932

Jünger, Ernst: Der Arbeiter. Herrschaft und Gestalt, Hamburg 1932

Katynskoe Djelo. Moshno li postawitj totschky? In: Wojennye Archivy Rossii, 1
Wypusk 1993, Moskau 1993

Kernsnowskaja, Jefrosinija: ›Ach Herr, wenn unsre Sünden uns verklagen‹. Eine
Bildchronik aus dem Gulag. Mit einem Geleitwort von Lew Kopelew und einem
Vorwort von Wladimir Wigiljanskij, Kiel 1991

Kershaw, Ian: Der NS-Staat. Geschichtsinterpretationen und Kontroversen im
Überblick, Reinbek bei Hamburg 1988

–: Moshe Lewin: The Regimes and their Dictators: Perspectives of Comparison.
In: Ian Kershaw/Moshe Lewin, Stalinism and Nazism: Dictatorships in
Comparison, Cambridge 1997

Kiessling, Wolfgang: Partner im Narrenparadies. Der Freundeskreis um Noel Field
und Paul Merker, Berlin 1994

Knight, Amy: Beria. Stalin's First Lieutenant, Princeton 1996

Koenen, Gerd: Der unerklärte Frieden. Deutschland, Polen und Rußland. Eine
Geschichte, Frankfurt/M. 1985

–: Der Kindertraum vom Kommunismus. Essay. In: PflasterStrand, Juli 1990
–: Die großen Gesänge. Lenin, Stalin, Mao Tse-tung. Führerkulte und Helden-
mythen des 20. Jahrhunderts (zweite, erw. Ausgabe), Frankfurt/M. 1991
–: Mythus des 21. Jahrhunderts? Vom russischen zum Sowjet-Antisemitismus –
ein historischer Abriß. In: Gerd Koenen/Karla Hielscher: Die schwarze Front.
Der neue Antisemitismus in der Sowjetunion, Reinbek bei Hamburg 1991
–: Bolschewismus und Nationalsozialismus – Geschichtsbild und Gesellschafts-
entwurf. In: Stalinismus und Nationalsozialismus. Terroristische Diktaturen im
Vergleich, hrsg. von Matthias Vetter, Köln 1994
–: Überprüfungen an einem ›Nexus‹. Der Bolschewismus -und die deutschen Intel-
lektuellen nach Revolution und Weltkrieg 1917–1924. In: Tel Aviver Jahrbuch
für deutsche Geschichte, Bd. XXIV, 1995
–: Das absolute Böse und die ganz normalen Täter. Zur Vergleichbarkeit des
Unvergleichbaren: Warum Stalinismus und Nazismus doch nicht über einen
Kamm zu scheren sind. In: Frankfurter Allgemeine Zeitung, 10. Dezember 1997
–: Werkstatt des Neuen Menschen. Lebenszeugnisse der Stalinzeit. In: Wissen-
schaftsjahrbuch '98, hrsg. von Rainer Flöhl und Henning Ritter, Frankfurt/M.
1998
–: Vom Geist der russischen Revolution. Die ersten Augenzeugen und Interpreten
der Umwälzungen im Zarenreich. In: Deutschland und die russische Revolution
1917-1924, hrsg. von Gerd Koenen und Lew Kopelew (= West-östliche Spiege-
lungen, Reihe A, Band 5), München 1998
–: ›Indien im Nebel‹. Die ersten Reisenden ins ›neue Rußland‹. Neun Modelle projektiver Wahrnehmung. In: Ebenda
–: Stalins letzter Wahn. Der »zionistische Agent« Paul Merker und der geplante
Ostberliner Schauprozeß 1953. In: Frankfurter Allgemeine Zeitung, 7. März
1998
Koestler, Arthur: Sonnenfinsternis. Roman, Frankfurt/M. – Berlin – Wien 1979
–: Sowjet-Mythos und Wirklichkeit. In: Arthur Koestler, Der Yogi und der Kom-
missar. Auseinandersetzungen, Frankfurt/M. 1974
–: Ein Gott, der keiner war (mit Beiträgen von Arthur Koestler, Ignazio Silone
u. a., München 1962
–: Frühe Empörung. Gesammelte autobiographische Schriften. Erster Band, Wien
u. a., 1970
Konrád, György: Antipolitik. Mitteleuropäische Meditationen, Frankfurt/M.
1985
Kopelew, Lew: Und schuf mir einen Götzen. Lehrjahre eines Kommunisten,
Hamburg 1974
–: Aufbewahren für alle Zeit!, Hamburg 1976
–: Staatsmacht und Nation. In: Lew Kopelew, Im Willen zur Wahrheit. Analysen
und Einsprüche, Frankfurt/M. 1984
Kostyrtschenko, Gennadi: Die Ärzte-Affäre. Beitrag auf der Tagung »Spätstalinis-
mus und die jüdische Frage« am Zentralinstitut für Mittel- und Osteuropastudien der Katholischen Universität Eichstätt, Mai 1997 (Ein Tagungsband, hrsg.
von Leonid Luks, erscheint im Herbst 1998)

Kotkin, Stephen: Steeltown, USSR. Soviet Society in the Gorbachev Era, Berkeley 1991

Krawtschenko, Victor A.: Ich wählte die Freiheit. Das private und politische Leben eines Sowjetbeamten, Hamburg o. J.

Laqueur, Walter: Deutschland und Rußland, Berlin 1965

Latyschew, A. G.: Rassekretscheny Lenin, Moskau 1996

Lenin, W. I.: Was tun? Brennende Fragen unserer Bewegung (1902).
In: Lenin Werke (LW), Bd. 5

– : Assimilierung oder Absonderung? (1903). In: W. I. Lenin, Über die Judenfrage, Wien – Berlin 1932

– : Briefe an Gorki, Wien 1924

– : Über das Selbstbestimmungsrecht der Nationen (1914). In: LW, Bd. 20

– : Der Krieg und die russische Sozialdemokratie (1914). In: LW, Bd. 21

– : Über den Nationalstolz der Großrussen (1914). In: Ebenda

– : Der Imperialismus als höchstes Stadium des Kapitalismus (1916).
In: LW, Bd. 22

– : Werden die Bolschewiki die Staatsmacht behaupten? (Sept./Okt. 1917)
In: LW, Bd. 26

– : Die Krise ist herangereift (Oktober 1917). In: Ebenda

– : Ratschläge eines Außenstehenden (Oktober 1917). In: Ebenda

– : Wie soll man den Wettbewerb organisieren? (Dezember 1917). In: Ebenda

– : Die nächsten Aufgaben der Sowjetmacht (April 1918). In: LW, Bd. 27

– : Über linke Kinderei und über Kleinbürgerlichkeit (Mai 1918). In: Ebenda

– : Referat über die internationale Lage. II. Kongreß der Kommunistischen Internationale, Juli-August 1920. In: LW, Bd. 31

– : Rede auf der IX. Gesamtrussischen Konferenz der KPR (B), September 1920.
In: Ebenda

– : Über die Naturalsteuer (Mai 1921). In: LW, Bd. 32

– : XI. Parteitag der KPR (B). Politischer Bericht des Zentralkomitees (März 1922).
In: Ebenda

– : Zur Frage der Nationalitäten oder der ›Autonomisierung‹ (1922/23).
In: LW, Bd. 33

– : Über unsere Revolution (1923). In: Ebenda

– : Über das Genossenschaftswesen (1923). In: Ebenda

Lewada, Juri: Die Sowjetmenschen 1989–1991. Soziogramm eines Zerfalls, München 1993

Lorenz, Richard: Sozialgeschichte der Sowjetunion 1, 1917–1945, Frankfurt 1978

Lukács, Georg: An die Kaderabteilung der Komintern. Bericht über die ›Arbplan‹, 3. 4. 1941 (publiziert durch Reinhard Müller). In: Mittelweg 36, Oktober/November 1996

Luks, Leonid: Zum Stalinschen Antisemitismus – Brüche und Widersprüche.
In: Jahrbuch für Historische Kommunismusforschung 1997, Berlin 1997

Maier, Hans: Voraussetzungen und Durchbruch totalitärer Politik im 20. Jahrhundert. In: Die Verführungskraft des Totalitären. Beiträge auf dem Hannah-Arendt-Forum 1997 in Dresden, hrsg. von Klaus-Dietmar Henke (= Hannah

Arendt-Institut für Totalitarismusforschung – Berichte und Studien Nr. 12),
Dresden 1997

– : Politische Religionen – ein Begriff und seine Grenzen. In: Totalitarismus und
Politische Religionen. Konzepte des Diktaturvergleichs, Bd. II, hrsg. von Hans
Maier und Michael Schäfer, Paderborn u. a. 1997

Majakowski, Wladimir: 150 Millionen. Nachgedichtet von Johannes R. Becher,
Berlin 1924

Malanowski, Wolfgang: ›Rücken an Rücken oder Brust an Brust?‹ Über Viktor
Suworows Thesen zum deutsch-sowjetischen Krieg 1941. In: Der Spiegel
Nr. 10/1989

Malaschenko, Larissa / Ekschtut, semjon: Wes Sinklit (Zu den Zeichnungen von
Meschlauk). In: Rodina, H. 7, 1997

Malia, Martin: Vollstreckter Wahn. Rußland 1917–1991, Stuttgart 1994

Mandelstam, Nadeschda: Das Jahrhundert der Wölfe. Eine Autobiographie,
Frankfurt/M. 1971

Mann, Heinrich: Die Züge des Berufenen. In: Die Welt im Licht. J. W. Stalin im
Werk deutscher Schriftsteller. Hrsg. von Günther Caspar, Berlin (DDR) 1954

Margolin, Jean-Louis: Chine: une longue marche dans la nuit. In: Le Livre Noir du
Communisme. Crimes, terreur et répression, hrsg. von Stéphane Courtois u. a.,
Paris 1997

– : Vietnam: Les impasses d'un Communisme de guerre. In: Ebenda

Margolina, Sonja: Das Ende der Lügen. Rußland und die Juden im 20. Jahrhundert, Berlin 1992

Martin, Helmut: Kult und Kanon. Entstehung und Entwicklung des Staatsmao-
ismus 1935–1978, Hamburg 1978

›Materialno obosnowatj genialnostj Lenina‹ (Dossier über die Untersuchungen an
Lenins Hirn). In: Istotschnik, H. 1, 1994

Mehnert, Klaus: Jugend in Sowjet-Rußland, Berlin 1932 (Nachdruck in: Klaus
Mehnert, Amerikanische und russische Jugend um 1930, Stuttgart 1973)

Melgunow, Sergej P.: Der rote Terror in Rußland 1918–1923, Berlin 1924

Meyer, Fritjof: Weltmacht im Abstieg. Der Niedergang der Sowjetunion,
München 1984

Michnik, Adam: Polnischer Frieden. Aufsätze zur Konzeption des Widerstandes,
Berlin 1985

Müller, Reinhard (Hrsg.): Georg Lukács/Johannes R. Becher/Friedrich Wolf u. a. –
Die Säuberung. Moskau 1936: Stenogramm einer geschlossenen Parteiversammlung, Reinbek bei Hamburg 1991

– : Die Akte Wehner. Moskau 1937 bis 1941, Reinbek bei Hamburg 1994

Musil, Robert: Der Mann ohne Eigenschaften, Reinbek bei Hamburg 1978

NaumoW, Wladimir: Zur Geschichte der Geheimrede N. S. Chruščevs auf dem
XX. Parteitag der KPdSU. In: Forum für osteuropäische Ideen- und Zeitgeschichte, H. 1, 1997

– : Die Zerschlagung des Jüdischen Antifaschistischen Komitees (JAK).
Beitrag auf der Tagung »Spätstalinismus und die jüdische Frage« am Zentralinstitut für Mittel- und Osteuropastudien der Katholischen Universität Eich-

stätt, Mai 1997 (Ein Tagungsband, hrsg. von Leonid Luks, erscheint im
Herbst 1998)

Nekrich (Nekritsch), Alexander: Geschichte der Sowjetunion, Bd. II: 1940–1980
(zusammen mit Michail Heller), Königsstein/Ts. 1981

Neprawedny sud. Posledni stalinski rasstrel. Stenogramma sudebnowo prozessa
nad tschlenami ewrejskowo komiteta. Redaktion: W. P. Naumow, Moskau
1994

Nolte, Ernst: Die faschistischen Bewegungen (= dtv-Weltgeschichte des 20. Jahrhundert, Bd. 4), München 1966

– : Der europäische Bürgerkrieg 1917–1945. Nationalsozialismus und Bolschewismus, Frankfurt/M. - Berlin 1987

– : Das Zeitalter des Marxismus. In: Der Marxismus in seinem Zeitalter, hrsg. von
Helmut Fleischer, Leipzig 1994

Nolte, Hans-Heinrich: ›Drang nach Osten‹. Sowjetische Geschichtsschreibung der
deutschen Ostexpansion, Köln – Frankfurt/M. 1976

Nove, Alec: Das sowjetische Wirtschaftssystem, Baden-Baden 1980

– : Stalin and Stalinism – Some Introductory Thoughts. In: The Stalin Phenomenon, hrsg. von Alec Nove, New York 1992

– : Victims of Stalinism: How many? In: Stalinist Terror. New Perspectives, hrsg.
von J. Arch Getty and Roberta T. Manning, Cambridge – New York 1993

Orwell, George: 1984, Frankfurt/M. u. a., 1976

Osipova, Taisia: Peasant Rebellions: Origin, Scope, Dynamics and Consequences.
In: The Bolsheviks in Russian Society. The Revolution and the Civil Wars, hrsg.
von Vladimir N. Brovkin, New Haven 1997

Paléologue, Maurice: Am Zarenhof während des Weltkrieges. Tagebücher und
Betrachtungen, Bd. II, München 1927

Paquet, Alfons: Im kommunistischen Rußland. Briefe aus Moskau, Jena 1919

– : Der Geist der russischen Revolution, München 1919

– : Moskauer Tagebuch. In: Von Brest-Litowsk zur deutschen Novemberrevolu-
tion. Aus den Tagebüchern, Briefen und Aufzeichnungen von Alfons Paquet,
Wilhelm Groener und Albert Hopman, März bis November 1918. Hrsg. von
Winfried Baumgart, Göttingen 1971

Paustowski, Konstantin: Beginn eines unbekannten Zeitalters. Erzählungen vom
Leben (Erster Band), München 1981

Pirker, Theo (Hrsg.): Die Moskauer Schauprozesse 1936–1938, München 1963

Podlubny, Stepan: Tagebuch aus Moskau 1931–1939, hrsg. von Jochen Hellbeck,
München 1996

Price, Morgan Philips: Die Russische Revolution. Erinnerungen aus den Jahren
1917–1919, Hamburg 1921

Rasgon, Lew: Nichts als die reine Wahrheit. Erinnerungen, Berlin 1992

– : ›Wer zuckt, dem geben wir den Rest.‹ Gespräch von Lew Rasgon mit einem
Henker der Stalinzeit. In: Der Spiegel Nr. 2/1989

Reimann, Günter: Berlin – Moskau 1932. Das Jahr der Entscheidung, Hamburg
1993

Reuth, Ralf Georg: Goebbels. Eine Biographie, München 1990

Riegel, Klaus-Georg: Der Marxismus-Leninismus als politische Religion. In: Totalitarismus und Politische Religionen. Konzepte des Diktaturvergleichs, Bd. II, hrsg. von Hans Maier und Michael Schäfer, Paderborn u. a. 1997

Rigoulot, Pierre: Crimes, Terreur et Secret en Corée du Nord. In: Le Livre Noir du Communisme. Crimes, terreur et répression, hrsg. von Stéphane Courtois u. a., Paris 1997

Rimmel, Lesley A.: Another Kind of Fear: The Kirov Murder and the End of Bread Rationing in Leningrad. In: Slavic Review, No. 3, 1997

Rittersporn, Gabor T.: The Onmipresent Conspiracy: On Soviet Imagery of Politics and Social Relations in the 1930's. In: Stalinist Terror. New Perspectives, ehrsg. von J. Arch Getty and Roberta T. Manning, Cambridge 1993

Rohrwasser, Michael: Der Stalinismus und die Renegaten, Stuttgart 1991

Rossianow, Kirill A.: Editing Nature. Joseph Stalin and the New Soviet Biology. In: Isis, Bd. 84, 1993

Rossmann, Jeffrey J.: Weaver of Rebellion and Poet of Resistance: Kapiton Klepikov (1880-1933) and Shop-Floor-Rebellion to Bolshevik Rule. In: Jahrbücher für Geschichte Osteuropas, H. 3, 1996

Rühle, Jürgen: Literatur und Revolution. Die Schriftsteller und der Kommunismus, Köln 1960

Sartre, Jean-Paul: Die Kommunisten und der Frieden. In: Krieg im Frieden! Artikel, Aufrufe, Pamphlete 1948–1954, hrsg. von Traugott König, Reinbek bei Hamburg 1982

Schalamow, Warlam: Schocktherapie. Kolyma-Geschichten, Berlin 1990

Schentalinski, Witali: Das auferstandene Wort. Verfolgte russische Schriftsteller in ihren letzten Briefen, Gedichten und Aufzeichnungen, Bergisch-Gladbach 1996

Schklowski, Wiktor: Sentimentale Reise, Frankfurt/M. 1964

Schlögel, Karl: Jenseits des Großen Oktober. Das Laboratorium der Moderne – Petersburg 1909–1921, Berlin 1988

– : Der große Exodus. Die russische Emigration und ihre Zentren, hrsg. von Karl Schlögel, München 1994

– : ›Sowjetmarxismus‹. Einen ›toten‹ Text neu lesen. In: Der Marxismus in seinem Zeitalter, hrsg. von Helmut Fleischer, Leipzig 1994

– : Es werde Stadt! (Eine Fahrt nach Magnitogorsk). In: Die Zeit, 18. März 1994

– : Landschaft nach der Schlacht. Besichtigung der sowjetischen und amerikanischen Industriewalstatt. In: Frankfurter Allgemeine Zeitung, 21. Februar 1998

Scholmer, Joseph: Die Toten kehren zurück. Bericht eines Arztes aus Workuta, Köln-Berlin 1954

Scholochow, Michail: Der stille Don. Bde. 1–4, Berlin (Ost) 1947

Schwarz, Michael: ›Proletarier‹ und ›Lumpen‹. Sozialistische Ursprünge eugenischen Denkens. In: Vierteljahreshefte für Zeitgeschichte, H. 4, 1994

Scott, John: Behind the Urals. An American Worker in Russia's City of Steel, hrsg. von Stephen Kotkin (Reprint der Ausgabe von 1942), Indiana 1989

Shlapentokh, Dmitry: Bolshevism, Nationalism and Statism: Soviet Ideology in Formation. In: The Bolsheviks in Russian Society. The Revolution and the Civil Wars, hrsg. von Vladimir N. Brovkin, New Haven 1997

Sieburg, Friedrich: Die rote Arktis. ›Malygins‹ empfindsame Reise, Frankfurt/M.
1932

Silberner, Edmund: Kommunisten zur Judenfrage. Zur Geschichte von Theorie
und Praxis des Kommunismus, Opladen 1983

Simon, Rainald: Verblichene Blutspuren. Die Opfer der chinesischen Kulturrevolution. In: Nachdenken über China, hrsg. von Ulrich Menzel, Frankfurt/M. 1990

Sinjawskij, Andrej: Der Traum vom neuen Menschen oder Die Sowjetzivilisation,
Frankfurt/M. 1989

Slutsch, Sergej: Deutschland und die UdSSR 1918-1939. Motive und Folgen außenpolitischer Entscheidungen. In: Deutsch-russische Zeitenwende. Krieg und
Frieden 1941–1995, hrsg. von Hans-Adolf Jacobsen u. a., Baden-Baden 1995

Smith, Scott: The Socialist-Revolutionaries and the Dilemma of Civil War. In: The
Bolsheviks in Russian Society. The Revolution and the Civil Wars, hrsg. von
Vladimir N. Brovkin, New Haven 1997

Snow, Edgar: Roter Stern über China, Frankfurt 1970

Solschenizyn, Alexander: Ein Tag im Leben des Iwan Denissowitsch. Roman,
München-Zürich 1963

– : Der Archipel Gulag 1918-1956. Versuch einer künstlerischen Bewältigung,
Bde. 1–3, Bern – München 1974–1976

– : Lenin in Zürich. Die entscheidenden Jahre zur Vorbereitung der Oktoberrevolution, Reinbek bei Hamburg 1980

– : Die Eiche und das Kalb. Skizzen aus dem literarischen Leben, Darmstadt-
Neuwied 1975

Sorokin, Wladimir: Kuß für Genosse Stalin. Geschichtsparodie: »Der Fall Berlin«.
In: Frankfurter Allgemeine Zeitung, 23. 8. 1994

Spengler, Tilman: Lenins Hirn, Reinbek bei Hamburg 1991

Stalin, Jossif W.: Marxismus und nationale Frage. In: J. W. Stalin, Werke, Bd. 2

– : Rede auf dem ZK-Plenum am 25. 1. 1925. In: J. W. Stalin, Werke, Bd. 7

– : Über die rechte Abweichung in der KPdSU (B). In: Fragen des Leninismus,
Berlin (Ost) 1949 (Reprint Berlin-West 1970)

– : Das Jahr des großen Umschwungs. Zum 12. Jahrestag des Oktober. In: Ebenda

– : Zu den Fragen der Agrarpolitik in der UdSSR. Rede auf der Konferenz
marxistischer Agrarwirtschaftler, 27. 12. 1929. In: Ebenda

– : Über die Aufgaben der Wirtschaftler. Rede auf der ersten Allunionskonferenz
der Funktionäre der sozialistischen Industrie, 4. Februar 1931. In: Ebenda

– : Die Ergebnisse des Ersten Fünfjahrplans. Bericht vor dem ZK-Plenum,
7. 1. 1933. In: Ebenda

– : Rechenschaftsbericht an den XVII. Parteitag über die Arbeit des ZK der KPdSU
(B), 26. 1. 1934. In: Ebenda

– : Geschichte der Kommunistischen Partei der Sowjetunion (Bolschewiki). Kurzer
Lehrgang, Moskau 1938 / Berlin (Ost) 1947

– : Rechenschaftsbericht an den XVIII. Parteitag über die Arbeit des ZK der KPdSU
(B), 10. 3. 1939. In: Fragen des Leninismus, Berlin (Ost) 1949

– : Über den Grossen Vaterländischen Krieg der Sowjetunion (Ansprachen und Befehle), Frankfurt/M. 1972 (Reprint)

–: Ökonomische Probleme des Sozialismus, Berlin (DDR) 1952

Stalin, Josef Wissarionowitsch: Kurze Lebensbeschreibung. Verfasser: G. Alexandrow u. a., Moskau 1947

Stalin. Briefe an Molotow 1925–1936. Hrsg. von Lars T. Lih, Oleg Naumow und Oleg Chlewnjuk, Berlin 1996

Starkov, Boris A.: Narkhom Ezhov. In: Stalinist Terror. New Perspectives, hrsg. von J. Arch Getty and Roberta T. Manning, Cambridge 1993

Steinberg, Isaak: Gewalt und Terror in der Revolution. Oktoberrevolution oder Bolschewismus, Berlin 1931

Stettner, Ralf: ›Archipel Gulag‹. Stalins Zwangsarbeitslager. Terrorinstrument und Wirtschaftsgigant. Entstehung, Organisation und Funktion des sowjetischen Lagersystems 1928–1956, Paderborn u. a. 1996

Stölting, Erhard: Eine Weltmacht zerbricht. Nationalitäten und Religionen in der UdSSR, Frankfurt/M. 1990

–: Charismatische Aspekte des politischen Führertums. Das Beispiel Stalins. In: Politische Religion – religiöse Politik, hrsg. von Richard Faber, Würzburg 1997

Suworow, Viktor: Der Eisbrecher. Hitler in Stalins Kalkül, Stuttgart 1989

Ternon, Yves: Der verbrecherische Staat. Völkermord im 20. Jahrhundert, Hamburg 1996

Trotzki, Leo: Literatur und Revolution, Wien 1924 (München 1972)

–: Über Lenin. Material für einen Biographen, Berlin 1924 (Frankfurt/M. 1964)

–: Mein Leben. Versuch einer Autobiographie, Berlin 1929 (Frankfurt/M. 1974)

–: Geschichte der Russischen Revolution. Bde. 1–3, Frankfurt/M. 1960

–: Soll der Faschismus wirklich siegen? Deutschland – der Schlüssel zur internationalen Lage. In: Leo Trotzki, Schriften über Deutschland, Bd. 1, Frankfurt/M. 1971

–: Verratene Revolution. Was ist die Sowjetunion und wohin treibt sie?, Antwerpen u. a. 1936 (In: Leo Trotzki, Schriften 1: Sowjetgesellschaft und stalinistische Diktatur. Bd. 1.2: 1936–1940, hrsg. von Helmut Dahmer u. a., Hamburg 1988

–: Rede über den Moskauer Prozeß, 9. 2. 1937. In: Ebenda

–: Thermidor und Antisemitismus (1937). In: Ebenda

Tschujew, Feliks: Sto sorok bessed s Molotowym, Moskau 1991

Tuchman, Barbara: Der ferne Spiegel. Das dramatische 14. Jahrhundert, München 1982

Ueberschär, Gerd R./Bezymenskij, Lev A. (Hrsg.): Der deutsche Angriff auf die Sowjetunion 1941. Die Kontroverse um die Präventivkriegsthese, Darmstadt 1998

Vetter, Matthias: Antisemiten und Bolschewiki. Zum Verhältnis von Sowjetsystem und Judenfeindschaft 1917–1939, Berlin 1995

Viola, Lynn: The Second Coming: Class Enemies in the Soviet Countryside, 1927–1935. In: Stalinist Terror. New Perspectives, hrsg. von J. Arch Getty and Roberta T. Manning, Cambridge 1993

Voegelin, Eric: Die politischen Religionen, Wien 1938

Voslensky, Michael S.: Nomenklatura. Die herrschende Klasse der Sowjetunion, Wien u. a. 1980

Waksberg, Arkadi: Die Verfolgten Stalins. Aus den Verließen des KGB, Reinbek bei
Hamburg 1993

Wallach, Erica: Licht um Mitternacht. Fünf Jahre in der Welt der Verfemten,
München 1969

Wehner, Markus: ›Licom k derevne‹. Sowjetmacht und Bauernfrage 1924–1925.
In: Jahrbücher für Geschichte Osteuropas, H. 1, 1994

– : Stalinistischer Terror. Genese und Praxis der kommunistischen Gewaltherr-
schaft in der Sowjetunion 1917–1953. In: Aus Politik und Zeitgeschichte,
B 37–38, 1996

– : Der Große Terror. Im Sommer 1937: Stalins Mordmaschinerie erfaßt die ganze
Sowjetunion. In: Frankfurter Allgemeine Zeitung, 30. August 1997

– : Bauernpolitik im proletarischen Staat. Die Bauernfrage als zentrales Problem
der sowjetischen Innenpolitik 1921–1928, Köln u. a. 1998

Weichmann, Herbert und Elsbeth: Alltag im Sowjetstaat. Macht und Mensch,
Wollen und Wirklichkeit in Sowjet-Rußland, Berlin 1931

Weissberg-Cybulski, Alexander: Hexensabbath. Die Gedankenpolizei – Die große
Tschistka, Frankfurt 1951

Werth, Nicolas: Un État contre son Peuple. Violences, répressions, terreurs en
Union Soviétique. In: Le Livre Noir du Communisme. Crimes, terreur et
répression, hrsg. von Stéphane Courtois u. a., Paris 1997

Wettig, Gerhard: Stalin und die deutsche Frage. Die Note vom 10. März 1952.
In: Osteuropa, H. 12, 1997

Wischljew, Oleg: Am Vorabend des 22. 6. 1941. In: Deutsch-russische Zeitenwende. Krieg und Frieden 1941–1995, hrsg. von Hans-Adolf Jacobsen u. a.,
Baden-Baden 1995

Wolfe, Bertram D.: Sechs Schlüssel zum Sowjetsystem, Frankfurt/M. 1959

– : Lenin, Trotzki, Stalin. Drei, die eine Revolution machten. Eine biographische
Geschichte, Frankfurt/M. 1965

Wolkogonow: Dimitri: Lenin. Utopie und Terror, Düsseldorf u. a. 1994

– : Trotzki. Das Janusgesicht der Revolution, Düsseldorf u. a. 1992

– : Stalin. Triumph und Tragödie, Düsseldorf 1989

Wyschinski, A. J.: Gerichtsreden, Berlin (DDR) 1952

›Wy rasporjadilis moltschatj absolutno!‹ (Dokumentation zur Abstammungsge-
schichte Lenins). In: Otetschestwennyje Archivy, H. 4, 1992

Zaplin, W. W.: O shisni semji Blankow w gorodach Starokonstantinowe i
Shotimire. In: Otetschestwennyje Archivy, H. 2, 1992

Zeidler, Manfred: Reichswehr und Rote Armee 1920–1933. Wege und Stationen
einer ungewöhnlichen Zusammenarbeit, München 1994

445

NAMENREGISTER

ANDREI S. MARKOVITS & SIMON REICH
DAS DEUTSCHE DILEMMA
DIE BERLINER REPUBLIK ZWISCHEN MACHT
UND MACHTVERZICHT
Mit einem Vorwort von Joschka Fischer

Welche Rolle will die Berliner Republik im Europa des 21. Jahrhunderts spielen – die einer »überdimensionierten Schweiz« oder die einer verantwortlichen Führungsmacht? Andrei S. Markovits und Simon Reich zeigen, daß die Macht Deutschlands wachsen wird, und das nicht absichtlich, sondern gleichsam von selbst; sie wird wachsen nicht in ihrer militärischen Dimension, sondern in ihrer wirtschaftlichen. Nur wenn die Deutschen dieser strukturellen Machtfülle mit dem nötigen Selbstbewußtsein begegnen, können sie ihrer politischen Verantwortung für die Stabilität Europas gerecht werden.

> »Markovits und Reich schreiben mit der Unbefangenheit Außenstehender; von deutschen Autoren wäre dieses Buch so gut wie undenkbar, denn seine Verfasser rühren an ein hierzulande heißes Eisen.«
> *Frankfurter Allgemeine Zeitung*

368 Seiten, Gebunden
ISBN 3-8286-0047-6

PAUL NOACK
ERNST JÜNGER
EINE BIOGRAPHIE

Ernst Jünger, geboren 1895, gestorben 1998, ist eine der erstaunlichsten und umstrittensten Figuren des Jahrhunderts. Sein Ästhetizismus ist viel gehaßt, sein revolutionsverliebter Konservatismus viel verachtet worden, ohne daß er darauf auch nur reagiert hätte. Jünger war immer Antiavantgarde; seine Bücher aber, mehr allerdings vielleicht noch sein Leben, sind von außerordentlicher Modernität. Woher kam dieser Mann? Wer prägte und beeinflußte ihn? Paul Noack legt den Bericht eines großen und vieldeutigen Lebens vor.

»Widerlicher Kerl – träumt meine Träume.«
Theodor W. Adorno über Ernst Jünger

»Ich halte Jünger für den letzten ernstzunehmenden Vertreter einer literarischen Gegen-Moderne.«
Durs Grünbein

ca. 360 Seiten, mit zahlr. Abb., Gebunden
ISBN 3-8286-0024-7

2. Auflage 1999

© 1998 Alexander Fest Verlag, Berlin
Alle Rechte vorbehalten,
auch das der photomechanischen Wiedergabe
Umschlaggestaltung: Ott + Stein, Berlin
Umschlagreproduktion: CitySatz & Nagel, Berlin
Buchgestaltung: sans serif, Lisa Neuhalfen, Berlin
Druck und Bindung: Clausen & Bosse, Leck
Printed in Germany 1998
ISBN 3-8286-0058-1